Roller
Multinationale Unternehmen

GABLER EDITION WISSENSCHAFT

Arndt Roller

Multinationale Unternehmen in Irland

Staatliche Strategien und volkswirtschaftliche Effekte

Mit einem Geleitwort
von Prof. Dr. Reinhard R. Doerries

Springer Fachmedien Wiesbaden GmbH

Die Deutsche Bibliothek - CIP-Einheitsaufnahme

Roller, Arndt:
Multinationale Unternehmen in Irland : staatliche Strategien und
volkswirtschaftliche Effekte / Arndt Roller. Mit einem Geleitw. von Reinhard R. Doerries.
- Wiesbaden : Dt. Univ.-Verl. ; Wiesbaden : Gabler, 1999
(Gabler Edition Wissenschaft)
Zugl.: Erlangen, Nürnberg, Univ., Diss., 1997

ISBN 978-3-8244-6607-8 ISBN 978-3-663-08236-1 (eBook)
DOI 10.1007/978-3-663-08236-1

n 2

Ursprünglich erschienen bei Betriebswirtschaftlicher Verlag Dr. Th. Gabler GmbH, Wiesbaden, und Deutscher Universitäts-Verlag, Wiesbaden GmbH, 1999.

Lektorat: Ute Wrasmann / Brigitte Knöringer

http://www.gabler-online.de
http://www.duv.de

Höchste inhaltliche und technische Qualität unserer Werke ist unser Ziel. Bei der Produktion und Verbreitung unserer Werke wollen wir die Umwelt schonen. Dieses Buch ist deshalb auf säurefreiem und chlorfrei gebleichtem Papier gedruckt. Die Einschweißfolie besteht aus Polyäthylen und damit aus organischen Grundstoffen, die weder bei der Herstellung noch bei der Verbrennung Schadstoffe freisetzen.

Andrea, meiner Familie und meinen Freunden gewidmet

GELEITWORT

Im Zuge der weltweit erkennbaren Globalisierung genügt es nicht mehr, den Außenhandel zu forcieren und eventuell dadurch wirtschaftliche Schwächen im Innern auszugleichen. Im Gegenteil, es wird zunehmend notwendig, Teile von Unternehmen in anderen Ländern anzusiedeln und sich den dort herrschenden ökonomischen und politischen Bedingungen in vieler Weise anzupassen. Erkenntnisse über die Entwicklung anderer Volkswirtschaften sind deshalb längst nicht mehr nur von akademischem Interesse.

Die Studie von Arndt Roller befaßt sich mit einem Land, dessen wirtschaftliche Entwicklung in den letzten Jahren ein viel besprochenes, wenngleich nicht immer verstandenes Thema gewesen ist. Das vormals unendlich arme Irland, das sich erst langsam von den Folgen der Herrschaft Großbritanniens befreien konnte, ist seit einiger Zeit eine der wenigen europäischen Nationen, die mit positiven wirtschaftlichen Daten aufwarten können.

Da der Modernisierungsprozeß Irland noch nicht sehr alt ist, erstaunt es nicht, daß die Aktenlage im Lande noch längst nicht den Ansprüchen der Forschung genügen kann. Gleichwohl ist es Arndt Roller gelungen, die rapide fortschreitende Modernisierung überzeugend darzustellen und dabei aufzuzeigen, wie dadurch nicht nur die Unternehmensstruktur im Lande verändert, sondern auch zunehmend hergebrachte Kulturformen der Iren berührt werden. Besonders faszinierend dabei ist der Wandel im irischen politischen Denken, der grundsätzlich neue Ansätze in der Wirtschaft gefördert und aus der rückständigen kleinen Nation an der Peripherie Europas einen von der modernen internationalen Wachstumsindustrie geschätzten Standort geschaffen hat. Daß dabei die Erwartungen der Optimisten, wie die Kritiker im Lande gern vermerken, häufig nicht erfüllt wurden, ist nicht sonderlich überraschend. Die neutrale, aber kritisch reflektierende Untersuchung von Arndt Roller geht in der Erörterung der Widersprüchlichkeiten des irischen Wachstumsprozesses weiter als alle bisherigen Publikationen. Ob Irland das eindrucksvolle Wachstum aufrechterhalten kann, wenn andere, noch eher unterentwickelte Nationen Europas um günstige Bedingungen in der European Union konkurrieren, muß eine offene Frage bleiben. Die auf den Erfahrungen der letzten Jahre basierenden, in Irland geschaffenen wirtschaftlichen Ausgangspositionen erlauben aber durchaus eine positive Prognose.

Arndt Roller ist ein Vertreter der neuen, endlich international orientierten Generation deutscher Wissenschaftler, und seine ausgewogene Arbeit ist zweifellos eine vorzügliche Analyse der Konflikte zwischen internationalen Unternehmen und den nationalen Wissenschaftsinteressen vor allem kleinerer Länder. Die äußerst sorgfältig erarbeitete Studie ist aber auch - und dafür schuldet ihm die Forschung Dank - ein wesentlicher Beitrag zum besseren Verstehen der irischen Republik.

Prof. Dr. Reinhard R. Doerries

VORWORT

Jeder Schriftsteller wird bestätigen, daß das Schreiben eines Buches eine einsame und zuweilen mühsame Tätigkeit ist. Bei mir war es nicht anders. Das Ringen mit dem Zeitplan und dem auferlegten Tagespensum haben mir allerdings viele Menschen sehr erleichtert. Sie haben dazu beigetragen, daß meine Arbeit vor allem das Bewältigen von intellektuellen und organisatorischen Herausforderungen, Faszination und Spaß bedeutete. Es ist mir eine große Freude, diesen Menschen an dieser Stelle zu danken.

Wer wie ich das Privileg hat, über ein irisches Thema zu promovieren, lernt zwangsläufig die Facetten des Landes kennen. Das deutsche Bild Irlands ist erfüllt von den zutreffenden Klischees der schönen Landschaft, der guten Laune und dem Hang zum dunklen Bier. Irland ist aber viel mehr als das. Unter anderem beheimatet das Land viele herausragende Köpfe in Wirtschaft und Wissenschaft. Besonders einigen Wissenschaftlern des Trinity College in Dublin verdanke ich viel. Diese ehrwürdige und schöne Universität durfte ich bei meinen zahlreichen Aufenthalten in Irland immer wieder als „home base" nutzen; Professoren wie Frances Ruane, Patrick Keatinge, John O'Hagan und P.J. Drudy haben mir als Ansprechpartner und Ratgeber sehr geholfen. Mir, dem ehemaligen Austauschstudenten, widmeten Sie großzügig ihre knappe Zeit. So versetzten sie mich unter anderem in die Lage, mit vielen Persönlichkeiten der Wirtschaft, der Verwaltung und der Wissenschaft Irlands faszinierende Gespräche zu führen und mehr über das Land zu erfahren, als es anderen Gästen vergönnt ist. Ich bedanke mich für die gewährte Gastfreundschaft und Hilfsbereitschaft meiner irischen Gesprächspartner.

In Deutschland gilt mein Dank zunächst und ausdrücklich meinem Doktorvater, Herrn Prof. Dr. Reinhard Doerries, der meine wissenschaftliche Laufbahn entscheidend geprägt hat. Sein positiver Einfluß auf mich hat die Grenzen des Universitätslebens weit überschritten. Ebenfalls danke ich Herrn Prof. Dr. Bernecker für die Übernahme des Koreferats.

Ein besonderer Dank gilt meiner Familie, deren Liebe und uneingeschränkte Unterstützung unendlich wertvoll für mich sind. Ich danke meinen Freunden, die meine Dissertationsphase auch zu einem Freizeiterlebnis gemacht haben. Schließlich danke ich Andrea: Du hast mich immer unterstützt, auch und gerade wenn es wirklich wichtig war. Das werde ich nie vergessen.

Andrea, meiner Familie und meinen Freunden ist diese Arbeit gewidmet.

Arndt Roller

INHALTSVERZEICHNIS

ABBILDUNGSVERZEICHNIS

TABELLENVERZEICHNIS

INHALTSVERZEICHNIS

TABELLENVERZEICHNIS

VERZEICHNIS DER ABKÜRZUNGEN UND IRISCHEN BEGRIFFE

AIFTA	Anglo-Irish Free Trade Agreement
AtaT	Angestellte in technischen und administrativen Tätigkeiten
Baile Atha Cliath	Irische Bezeichnung für die Hauptstadt Dublin
Besch.	Beschäftigung
BIP	Bruttoinlandsprodukt
BSP	Bruttosozialprodukt
CEO	Chief Executive Officer
CIO	Committee on Industrial Organisation
CIP	Census of Industrial Production
CSO	Central Statistics Office
Daíl	Das irische Parlament
DIIH	Deutsch-Irische Industrie- und Handelskammer
EEC	European Economic Community
EG	Europäische Gemeinschaft
ESRI	Economic and Social Research Institute
EU	Europäische Union
EWG	Europäische Wirtschaftsgemeinschaft
F & E	Forschung & Entwicklung
FAZ	Frankfurter Allgemeine Zeitung
FDI	Foreign Direct Investment
FII	Federation of Irish Industries
GATT	General Agreement on Tariffs and Trade
GB	Großbritannien
GoI	Government of Ireland
IBEC	Irish Business and Employers Confederation
ICTU	Irish Congress of Trade Unions
IDA	Industrial Development Authority
IEE	Irish Economy Expenditures

IFSC	International Financial Services Centre
IMD	International Institute for Management Development
IMF	International Monetary Fund
IPRG	Industrial Policy Review Group
IRP	Irisches Pfund
IRS	Internal Revenue Service
LIS	"Locate in Scotland"
MIT	Massachusetts Institute of Technology
MNC	Multinational Corporation
MuM	Metallverarbeitung und Maschinenbau
NAFTA	North American Free Trade Association
NESC	National Economic and Social Council
OECD	Organisation for Economic Co-Operation and Development
R & D	Research and Development
SDC	Sectoral Development Committee
SFADCO	Shannon Free Airport Development Company
Taoiseach	Der irische Premierminister
Tsd.	Tausend
UCD	University College Dublin
UN	United Nations
UNCTC	United Nations Centre on Transnational Corporations

I. EINLEITUNG

A. Die Relevanz des Themas

Die Republik Irland[1] ist ein kleines Land, eine Insel im Nordwesten Europas und einziges Land der Europäischen Union (EU) ohne Festlandsanbindung. Jahrhundertelange Abhängigkeit vom übermächtigen, unerwünschten Nachbarn Großbritannien führte bis lange nach der politischen Unabhängigkeit zu einer landwirtschaftlich dominierten Wirtschaft mit mangelhafter Wettbewerbsfähigkeit.

Irland ist heute das Land mit dem stärksten Wirtschaftswachstum innerhalb der Europäischen Union und der OECD-Staaten. Die Exportleistung der Iren pro Kopf der Bevölkerung liegt höher als die der Japaner.[2] In der internationalen Wirtschaftspresse wird die Republik als Wunderland oder - in Anlehnung an die asiatischen Boomländer - auch als "Celtic Tiger" bezeichnet.

Diese dramatischen Veränderungen in den fundamentalen irischen Wirtschaftsdaten sind das Ergebnis verschiedener Faktoren der letzten Jahrzehnte. Maßgeblichen Einfluß besaß dabei die Ansiedlung multinationaler Unternehmen. 1.100 ausländische Betriebe in allen Industriebereichen erwirtschaften heute mehr als 50% des industriellen Outputs und mehr als 70% der Exporte. Die ausländischen Firmen beschäftigen nahezu jeden zweiten Industriearbeitnehmer.[3] Neben Nahrungsmittelherstellern und Konsumgüterproduzenten sind es vor allem Hi-Tech-Unternehmen mit exzellenter weltweiter Reputation, deren Präsenz in Irland zur wirtschaftlichen Entwicklung beiträgt. Bestellt ein Kunde heute in Europa einen Personal Computer, so stammen die Intel-Microchips und die Microsoft-Software mit großer Wahrscheinlichkeit aus den irischen Niederlassungen dieser Unternehmen. Zehn der zwölf größten amerikanischen Chemiekonzerne haben ihre Zweigniederlassungen auf der "Grünen Insel".[4]

Die Präsenz solcher Konzerne an einem Standort mit den anfangs genannten Eigenschaften verwundert diejenigen, die mit der "Grünen Insel" vor allem Butter, Guinness-Bier und die den Tourismus ankurbelnde sympathische Rückständigkeit

---

1 Wird in dieser Arbeit von "Irland" oder "irisch" gesprochen, so ist die Republik Irland gemeint. Ausnahmen von dieser Regel werden ausdrücklich gekennzeichnet.

2 Stand: Juni 1996.

3 Kein anderes Land in Europa oder innerhalb der OECD ist so von multinationalen Unternehmen abhängig wie Irland. Für genaue Zahlen und Analysen siehe Kapitel IV.

4 Umfangreiche Beispiele für in Irland ansässige Firmen und dort hergestellte Produkte listet auf: IDA, Achieve European Competitive Advantage in Ireland, (Dublin: IDA, November 1995), S. 6.

verbinden.[5] In der Tat stellt sich die Frage, wie es zur Wahl Irlands als Standort für internationale Hi-Tech-Konzerne kam.

B. Die Zielsetzung der Arbeit und der Gang der Untersuchung

Die Präsenz von 1.100 multinationalen Unternehmen ist kein zufälliges Ereignis, sondern das Ergebnis einer seit den späten 50er Jahren mit bemerkenswerter Konsequenz durchgesetzten Ansiedlungsstrategie gegenüber multinationalen Unternehmen. Zu einer Zeit, als in Europa noch die Angst vor Überfremdung und ausländischer Kontrolle die wirtschaftspolitischen Entscheidungen einiger Staaten beherrschte, suchte Irland bereits gezielt ausländische Investoren und bemühte sich intensiv um deren Wohlwollen.

Ziel dieser Arbeit ist die Beurteilung der Effekte, welche die Ansiedlung multinationaler Unternehmen auf die Wirtschaft und speziell die Industrie des Gastlands Irland hat. Damit verbunden ist die Erörterung der irischen Ansiedlungsstrategie und Erwartungshaltung.

Es gibt vielfältige Möglichkeiten, die Beantwortung dieser Fragen vorzunehmen, die sich in ähnlicher Form viele andere Industriestaaten der Welt stellen.[6] Hier basiert die Beurteilung auf zwei Fundamenten.

Nach der Einleitung dient Kapitel II dazu, theoretische und konzeptionelle Grundlagen der Arbeit aufzuzeigen. Neben einer knappen Erläuterung der Theorie der multinationalen Unternehmung werden die wichtigsten Bereiche erläutert, in denen multinationale Unternehmen einen volkswirtschaftlichen Effekt leisten. Eine Erläuterung der Determinanten der Effekte schließt die strategischen Optionen und Standortentscheidungen solcher Firmen ein. Daraufhin werden die Möglichkeiten der Gastländer analysiert, auf die Eigenschaften der Zweigniederlassungen Einfluß zu nehmen. Abschließend wird die gewählte Methodik der Arbeit erläutert und von anderen Ansätzen abgegrenzt.

Kapitel III untersucht die Politik Irlands gegenüber multinationalen Unternehmen seit Gründung der Republik und zeigt parallel dazu Trends in deren Entwicklung auf. Dieses Kapitel leistet - nach der Erarbeitung der Beurteilungsgrundlage in Kapitel II - eine detaillierte Analyse der Erwartungshaltung der irischen Republik gegenüber multinationalen Unternehmen. Basierend auf einer Beurteilung der wichtigsten Standortvorteile Irlands in den 90er Jahren liefert Kapitel III damit ein bedeutsames

---

5 Diese Charakterisierung des Landes wird in Irland auch gerne das "Bord Failte-Image" genannt. Bord Failte ist die staatliche irische Organisation, die für die Förderung des Tourismus zuständig ist.

6 Eine Darstellung der verschiedenen theoretischen Optionen findet sich in Kapitel II.

ABBILDUNGSVERZEICHNIS

Zwischenergebnis dieser Arbeit. Im letzten Abschnitt wird nämlich die theoretisch begründete mit der real ausgedrückten Erwartungshaltung verglichen, und etwaige Abweichungen werden herausgestellt. Zusätzlich werden Widersprüche zwischen Ansiedlungsstrategie und Erwartungshaltung offengelegt.

Damit ist das Fundament für den Hauptteil der Arbeit, die empirische Wirkungsanalyse in Kapitel IV, gelegt. Hier werden die wirtschaftlichen Auswirkungen multinationaler Unternehmen auf Basis des irischen statistischen Datenmaterials der jüngeren Vergangenheit herausgearbeitet. Die Auswahl der untersuchten Effekte richtet sich nach der Bedeutung, die ihnen von irisch-politischer und wissenschaftlicher Seite entgegengebracht wird, sowie dem vorhandenen Datenmaterial. Die Beurteilung, inwieweit die Auswirkungen positiver oder negativer Art sind, fußt auf

- dem Vergleich mit der einheimischen Industrie aufgrund von empirisch-statistischem Datenmaterial[7]
- dem Grad der Erfüllung politischer Wunschvorstellungen (Kapitel III) und
- dem Vergleich mit den theoretisch zu erwartenden Effekten (Kapitel II).
- Kapitel V faßt die Ergebnisse der Arbeit zusammen und liefert Handlungsempfehlungen für die zukünftige irische Politik.

C. Bisherige Publikationen zum Thema

> "Transnational corporations have become central actors of the world economy and, in linking foreign direct investment, trade, technology and finance, they are a driving force of economic growth. ... The impact of transnational corporations on economic development has fascinated both researchers and policy-makers since the mid-60s."[8]

Aufgrund dieser besonderen Faszination und der großen ökonomischen und wirtschaftspolitischen Bedeutung international operierender Firmen existieren zahlreiche Veröffentlichungen über ihre Effekte auf die betroffenen Volkswirtschaften. Bei Literaturrecherchen kommt man zu dem Ergebnis, daß in Ländern mit großer Bedeutung der Direktinvestitionen die Anzahl der wissenschaftlichen Publikationen zu die-

---

7 Diese Arbeit legt neben einer umfassenden Analyse von vorhandener Literatur sowie veröffentlichtem und unveröffentlichtem Datenmaterial auch Wert auf Erfahrungen und Eindrücke einflußreicher Zeitgenossen der irischen Wissenschaft, Wirtschaft und Politik. Der Verfasser ist dankbar für die zahlreichen Möglichkeiten zu Interviews, Telefonaten und sonstigen Kontakten mit irischen Persönlichkeiten.

8 Karl P. Sauvant/ John H. Dunning, "Preface", Transnational Corporations and Economic Development, Hg. Sanjaya Lall, (London: Routledge, 1993), S. vii-viii, hier S. viif. Sauvant und Dunning sind als Gesamtherausgeber der United Nations Library of Transnational Corporations, die die besten wissenschaftlichen Arbeiten zum Themengebiet bündelt, in besonderem Maße qualifiziert, eine solche Beurteilung vorzunehmen.

sem Thema zunimmt.[9] Erstaunlich ist, daß außerhalb Irlands sowohl die Kenntnis von der ungewöhnlichen Bedeutung der multinationalen Unternehmen als auch das Forschungsinteresse daran gering zu sein scheint. Irland wird ausdrücklich nur in einigen Diskussionsbeiträgen über EU-Mitgliedstaaten portraitiert.[10] In den Standardwerken wird Irland dagegen vernachlässigt. Über die Ursachen läßt sich nur spekulieren: es mag an der fehlenden wirtschaftlichen Bedeutung des Landes sowie an seiner peripheren Lage liegen. Ausländische Beobachter konzentrieren sich offenbar eher auf den ausgiebig behandelten Fall Großbritanniens.[11]

In Irland sind die Situation und die Verhaltensweisen der multinationalen Unternehmen seit knapp 40 Jahren ein Thema wissenschaftlicher und öffentlicher Diskussion. Bemerkenswert ist dabei, daß es sich in vielen Fällen um ein Nebenprodukt bei der Suche nach einem Erklärungsansatz für die als mangelhaft betrachtete Leistungsfähigkeit der einheimischen Industrie handelt und nicht direkt um eine Analyse der Auswirkungen multinationaler Unternehmenspräsenz. Die Arbeiten mit einem solchen ausdrücklichen Forschungsschwerpunkt beziehen sich häufig auf Einzelaspekte.[12] Die wenigen umfangreicheren Arbeiten verfolgen einen anderen Beurteilungsschwerpunkt[13] als die vorliegende Dissertation und sind teilweise veraltet.[14] Die einzige Ausnahme stellt eine Sammlung von Aufsätzen aus dem Jahr 1991 dar, die unter

---

9 Beispiele sind die umfangreichen Darstellungen von multinationalen Unternehmen in Entwicklungs- oder Schwellenländern. Zudem wird aufgrund ihrer großen internationalen Bedeutung auch die Situation der Direktinvestitionen in den G-7 Staaten umfangreich in der Literatur abgehandelt.

10 Siehe z.B. Stephen Thomsen/ Stephen Woolcock, Direct Investment and European Integration, (London: Pinter Publishers, 1993), S. 53-55. Frans Somers (Hg.), European Community Economies, 2. Aufl., (London: Pitman, 1994). Die einzige umfangreichere deutsche Quelle zum Thema internationale Produktion in Irland ist nach Kenntnis der Verfassers eine Studie, die sich mit der Motivation deutscher Investoren in Irland beschäftigt. Reinhard Armbruster, Erfahrungen: Deutsche Unternehmer in der Republik Irland, (München: GBI Verlag, 1985).

11 Vgl. u.a. Stephen Young/ Neil Hood/ James Hamill, Foreign Multinationals and the British Economy, (Beckenham: Croom Helm, 1988); David Bailey/ George Harte/ Roger Sugden, Making Transnationals Accountable - a significant step for Britain, (London: Routledge, 1994); Max Munday, Japanese Manufacturing Investment in Wales, (Cardiff: University of Wales, 1990).

12 Eine erstklassige, wenn auch unveröffentlichte Arbeit mit Schwerpunkt auf Technologietransfer und Verbindungen zwischen multinationalen Unternehmen und einheimischer Industrie hat McDonnell-Lenoach verfaßt. Valerie McDonnell-Lenoach, Foreign Direct Investment and its Effects on Irish Manufacturing Industries, unveröffentlichte Thesis für den Titel M.Litt., University of Dublin, Trinity College, 1993.

13 Vgl. Paule Salerno-O'Shea, Les Implications Etrangères en Irlande 1973-1989, unveröffentlichte Dissertation, Université Charles de Gaulle, Lille III, (Lille: 1994).

14 Teeling arbeitete mit empirischen Daten über die Bedeutung von US-Firmen in Irland, Buckley versuchte sich an einer umfassenderen Studie, die auch ökonometrische Ansätze enthält. John J. Teeling, The Evolution of Offshore Investment, unveröffentlichte Dissertation, Harvard University, 1975. Peter J. Buckley, The Effects of Foreign Direct Investment on the Economy of the Irish Republic, unveröffentlichte Dissertation, University of Lancaster, 1975.

Federführung von McAleese und Foley als Buch zusammengestellt wurden und verschiedene Effekte beleuchten.[15] Das geringe Forschungsinteresse an Irland ist bedauerlich, erleichtert doch gerade die Überschaubarkeit des Landes und der Mangel an irischen multinationalen Unternehmen[16] die Chance, zu validen Schlußfolgerungen zu kommen. Abschließend und auf Basis der umfangreichen Literaturrecherchen des Autors ist festzuhalten, daß eine Beurteilung der Effekte der multinationalen Unternehmen auf die Wirtschaft des Gastlandes auf Basis einer umfangreichen Analyse der nationalen Erwartungshaltung bislang kaum je erstellt worden ist.[17] Auszuschließen ist dies für den Fall der Republik Irland.

D. Inhaltliche Abgrenzung und die Datenproblematik

Trotz des Anspruchs der Arbeit, ein umfassendes Bild der Aktivitäten multinationaler Unternehmen in Irland zu geben, sind aufgrund der Komplexität des Themas Abgrenzungen unumgänglich.

Die dargelegte Zielsetzung der Arbeit verdeutlicht, daß hier die Interaktion von industriepolitischen Maßnahmen und volkswirtschaftlichen Auswirkungen eine wichtige Rolle spielt. Der Einfluß von innen- oder parteipolitischen Begebenheiten auf die Entwicklung irischer Industriepolitik wird aber kaum berücksichtigt.[18] Die Auswirkungen der multinationalen Unternehmen werden hier auf die ökonomischen Effekte begrenzt[19], die aus irischer Sicht als wesentlich erachtet werden. Eine solche volkswirtschaftliche Betrachtung multinationaler Unternehmen schließt eine betriebswirtschaftliche Perspektive aus. Dennoch werden Entwicklungen in einzelnen Unternehmen genutzt, um ökonomische Zusammenhänge zu illustrieren.

---

15 Anthony Foley/ Dermot McAleese (Hg.), Overseas Industry in Ireland, (Dublin: Gill and Macmillan, 1991).

16 Im Jahr 1993 existierten gerade 36 eigene multinationale Unternehmen irischer Herkunft. Dagegen gab es 1007 Niederlassungen multinationaler Unternehmen in Irland. Dies ist die niedrigste Quote aller Industriestaaten. United Nations Conference on Trade and Development, World Investment Report 1994, (New York/ Genf: United Nations, 1994), S. 4.

17 Eine gewisse Parallele im Ansatz wählt van den Bulcke, der in einem Artikel ebenfalls ermittelt, bis zu welchem Grad industriepolitische Ziele durch multinationale Unternehmen in Belgien erreicht wurden. Daniel van den Bulcke, "Belgian Industrial Policy and Foreign Multinational Corporations: Objectives versus Performance", Governments and Multinationals, Hg. Walter H. Goldberg, (Cambridge, Mass.: Oelgeschlager, Gunn & Hain, 1983), S. 219-248.

18 Wird in dieser Arbeit von Politik gesprochen, so entspricht der Terminus grundsätzlich dem englischen Begriff *Policy*, nicht *Politics*. Für Leser, die mit der englischsprachigen ökonomischen Forschung vertraut sind, sei hinzugefügt, daß die Arbeit nicht dem Forschungsansatz der *Economics*, sondern dem der *Political Economy* folgt.

19 Die Effekte multinationaler Unternehmen sind aber auch sozio-kultureller Art und können die politische Haltung der Bevölkerung oder deren Konsumverhalten verändern. United Nations Centre on Transnational Corporations (UNCTC), Transnational Corporations in World Development: Trends and Prospects, (New York: United Nations Publications, 1988), S. viii. Solche Einflüsse werden in dieser Arbeit nicht behandelt.

mit mindestens dreißig Arbeitskräften. In dieser Arbeit werden daher die Daten der IDA und der ihr übergeordneten Organisation Forfás vor allem verwendet, um längerfristige Beschäftigungsentwicklungen zu analysieren. Dies ist für den Zeitraum von 1973 bis 1995 möglich. Andere Zahlen stammen entweder aus dem Census of Industrial Production, dem statistischen Bundesamt allgemein, oder weiteren Veröffentlichungen irischer Ökonomen.

II. THEORETISCHE UND KONZEPTIONELLE GRUNDLAGEN

"All that theory can do is to give the artist or soldier points of reference and standards of evaluation ... with the ultimate purpose not of telling him how to act but of developing his judgement."[37]

Die Zielsetzung der Dissertation macht eine Darstellung theoretischer und konzeptioneller Grundlagen erforderlich. Es geht hier jedoch nicht um eine Erweiterung der überbordenden Literatur zur Theorie der multinationalen Unternehmung, sondern einzig um die knappe Erläuterung der für diese Arbeit entscheidenden Aspekte. Grundlage für die weiteren Erklärungen stellt die kurze Darstellung der Theorie multinationaler Unternehmen, ihrer Motivation und ihrer Verhaltensweisen dar. Es schließt sich die Erklärung der Effekte multinationaler Unternehmen auf Gastländer in kleinen, offenen Volkswirtschaften und deren Bestimmungsfaktoren an. Daraufhin wird dargelegt, welche Möglichkeiten die politisch Verantwortlichen im Gastland haben, auf die Verhaltensweisen der multinationalen Unternehmen Einfluß zu nehmen. Schließlich bildet die Erörterung verschiedener Ansätze zur Beurteilung und Messung ökonomischer Effekte der multinationalen Unternehmen für das Gastland den Schlußpunkt dieses Kapitels und liefert den konzeptionellen Rahmen für die weitere Vorgehensweise.

A. Die Theorie der multinationalen Unternehmung

In dieser Arbeit wird ein Unternehmen als "multinational" bezeichnet, wenn es in mindestens zwei Ländern Produktionsfaktoren kontrolliert.[38] Die dafür im Ausland notwendigen Investitionen werden als "Direktinvestitionen" bezeichnet.[39]

Diese Definitionen haben sich international durchgesetzt, da sie die statistische Erfas-

---

37 Carl von Clausewitz, On War, (Princeton: Princeton University Press, 1976), S. 15. Zitiert nach: Henry Mintzberg/ James Brian Quinn/ Sumantra Ghoshal, The Strategy Process, European Edition, (Hertfordshire: Prentice Hall, 1995), S. xiii. Einschränkend ist anzumerken, daß der Verfasser nach Lektüre des Buches im deutschen Original keine solche Äußerung durch von Clausewitz finden konnte. Vgl. Carl von Clausewitz, Vom Kriege, (Ditzingen: Reclam, 1991).

38 Edith Penrose, "Multinational Corporations", The New Palgrave: A Dictionary of Economics, Hg. John Eatwell/ Murray Milgate/ Peter Newman, (London: Macmillan Press, 1987), Vol. 4, S. 562. Bei der Erwähnung von multinationalen Unternehmen in Irland sind - exakt gesprochen - die Niederlassungen nicht-irischer multinationaler Unternehmen in der Republik Irland gemeint. Zum Zweck der sprachlichen Auflockerung werden in dieser Arbeit multinationale Unternehmen auch als ausländisch oder international bezeichnet. Die Begriffe Unternehmen, Betrieb und Firma werden - trotz existierender Unterschiede - ebenfalls synonym verwandt.

39 Herbert G. Grubel, "Foreign Investment", The New Palgrave: A Dictionary of Economics, Hg. John Eatwell/ Murray Milgate/ Peter Newman, (London: Macmillan Press, 1987), Vol. 2, S. 403-405, hier S. 403. Deswegen gilt in dieser Arbeit die von Dunning bevorzugte Definition für multinationale Unternehmen als "...firms that engage in foreign direct investment". John H. Dunning, International Production and the Multinational Enterprise, (London: Allen & Unwin, 1981), S. 3. Für eine ausführliche Begriffsbestimmung und -abgrenzung, auch zu Portfolioinvestitionen, siehe Plum, S. 5.

sung von multinationalen Unternehmen erleichtern.[40] Auch das CSO klassifiziert alle Industriebetriebe in Irland als "ausländisch", wenn mindestens 50% des Eigenkapitals in ausländischem Eigentum sind.[41] Der Regelfall in Irland ist jedoch die neugegründete Niederlassung, die zu 100% im Eigentum des multinationalen Unternehmens ist. Diese Niederlassung im Gastland[42] wird auch als Tochtergesellschaft, das Hauptunternehmen im Herkunftsland als Muttergesellschaft oder Stammunternehmen bezeichnet.

"Eine allgemeine Theorie der Multinationalen Unternehmung gibt es bis heute nicht, nur eine fast unübersehbare Vielzahl zum Teil widersprüchlicher wissenschaftlicher Beiträge zu Teilgebieten".[43] Bei der Frage, welche Faktoren bei der Entwicklung vom unilateralen zum multinationalen Unternehmen eine Rolle spielen, hat sich aber die von Dunning entwickelte "eklektische Theorie" in der Literatur durchgesetzt.[44] Die Akzeptanz dieser auch als OLI-Ansatz[45] bekannten Theorie beruht nicht zuletzt auf der Tatsache, daß sie die wesentlichen theoretischen Ansätze bündelt und leicht verständlich zusammenfügt.[46] Dunnings Theorie betont drei wesentliche Einflußfaktoren für

---

40 Hermann Schulte-Mattler, Direktinvestitionen: Gründe für das Entstehen von multinationalen Unternehmen, Dissertation Universität-Gesamthochschule Essen 1988, (Frankfurt: Peter Lang Verlag, 1988), S. 6. Es gibt auch Autoren, die die Abgrenzung in transnationale Unternehmen und multinationale Unternehmen vornehmen. Transnationale Unternehmen entsprechen der Definition, die oben genannt wurde, wogegen multinationale Unternehmen in mindestens sechs Ländern Produktionsfaktoren besitzen müssen. Diese Unterteilung ist statistisch impraktikabel und erscheint zudem willkürlich, da die Festlegung auf gerade sechs Länder nicht begründet wird. Vgl. u.a. Raymond Vernon, "International Investment and International Trade in the Product Cycle", Quarterly Journal of Economics, Vol. LXXX, Nr. 2, Mai 1966, S. 199-207.

41 CSO, Census of Industrial Production 1988, S. 8. Damit unterschätzt das CSO die Bedeutung multinationaler Unternehmen, da schon eine Beteiligung von 25,01% ausreichend für eine Beherrschung des Unternehmens sein könnte. Vgl. Bailey/ Harte /Sugden, S. 9.

42 Eine zusätzliche Schwierigkeit bei der begrifflichen Abgrenzung von multinationalen Unternehmen ist die Frage nach dem Herkunftsland des multinationalen Unternehmens. So hat der Konzern Asea Brown Boveri zwar seinen offiziellen Hauptsitz in der Schweiz, besteht aber aus zahlreichen Ländergesellschaften in allen Kontinenten, die weitgehend autonom operieren. Vgl. zum Thema "stateless corporation" u.a. Michael R. Czinkota/ Ilkka A. Ronkainen/ Michael H. Moffett, International Business, 3. Aufl., (Fort Worth: The Dryden Press, 1994), S. 355. Da solche Konzerne gegenwärtig die Ausnahme darstellen, halten die meisten Autoren die herkömmliche Klassifikation aber noch für gerechtfertigt. John M. Stopford/ Susan Strange, Rival States, Rival Firms, (Cambridge: Cambridge University Press, 1991), S. 232f. Die Klassifizierung von Herkunfts- und Gastländern ist noch aus einem anderem Grund umstritten. So stellt z.B. die Guinness-Brauerei ihr Bier seit der Firmengründung traditionell in Dublin her. Da aber die Holding, Arthur Guinness & Sons plc, ihren Sitz in London hat, gelten die Dubliner Brauerei und andere Betriebe in den Statistiken des CSO als "ausländisch". Diese Problematik wird in Kapitel IV berücksichtigt. Vgl. auch IDA, Overseas Companies in Ireland, (Dublin: IDA, April 1996).

43 Schulte-Mattler, S. 1.

44 Vgl. Schulte-Mattler, S. 3; Gerhard Braun, Die Theorie der Direktinvestition, Dissertation Univ. Tübingen, (Köln: Institut für Wirtschaftspolitik, 1988), S. 324.

45 OLI steht für die Anfangsbuchstaben der drei wesentlichen Einflußfaktoren für die Internationalisierung von Unternehmen in englischer Sprache: ownership-advantages, locational-advantages, internalization advantages, s.u.

46 Der Begriff "eklektisch" ist somit passend, da Dunning verschiedene zuvor entwickelte Denkmodelle in seiner neuen Theorie integriert. Für Einzelheiten zu diesem Thema vgl. Schulte-Mattler, S. 7ff.; Ingo Stein, "Die Theorien der Multinationalen Unternehmung", Kompendium

terminanten entscheidend mitbestimmt. Generell lassen sich globale und multiinländische Strategien unterscheiden. Die multiinländische Strategie führt dazu, daß in jedem Land bzw. in jeder Region eine weitgehend selbständig geführte Tochtergesellschaft arbeitet, die im Zwang lokaler Anpassung neben der reinen Produktion auch Schlüsselfunktionen wie Marketing oder Forschung und Entwicklung ansiedelt.[53] Dem gegenüber stehen die global orientierten Strategien. Hier versuchen die multinationalen Unternehmen, ein Produkt bzw. eine Produktreihe möglichst unverändert als "Weltprodukt" überall ähnlich zu verkaufen. Die Konsequenz für die Gastländer: die meisten Niederlassungen sind reine Produktionsbetriebe ohne Eigenständigkeit, da andere know-how-trächtige Bereiche im Stammland bleiben können. Daraus ergeben sich in der Regel ein geringer Aufbau von Managementqualitäten einheimischer Arbeitnehmer und ein geringer Anteil qualifizierter Arbeitsplätze aufgrund fehlender Schlüsselfunktionen.[54] Zudem gelten letztere Tochtergesellschaften als anfälliger für Rationalisierungen oder gar Schließungen bei unternehmensweiten Entscheidungen.[55] Die Strategie definiert auch den *Motivationstypus der Direktinvestition*. Generell werden kostenorientierte, marktorientierte und Mischformen der erstgenannten Motive für Direktinvestitionen unterschieden.[56] Bei marktorientierten Direktinvestitionen ist das Unternehmen bestrebt, besseren Zugang zu neuen Märkten zu erreichen oder seine Präsenz in wichtigen Absatzmärkten zu verbessern. Generell kann es darum gehen, in einem bestimmten Land eine Niederlassung zu errichten, um diesen Markt zu bedienen, oder eine Präsenz in einem Land aufzubauen, um so Zugang zu einem größeren Wirtschaftsraum zu erlangen. Eine solche Exportplattform, in diesem Fall für den EU-Markt, stellt die Republik Irland für die meisten Investoren dar. Die Niederlassungen bei kostenorientierten Direktinvestitionen werden in der Regel die Wertschöpfungsaktivitäten ansiedeln, die sie als besonders kostenintensiv empfinden und bei denen der Unterschied z.B. bei den Lohnkosten im Gastland relativ zu einem Alternativstandort besonders deutlich ist. Allerdings gilt das nicht für alle Unternehmensaktivitäten. So sind die Bereiche Forschung und Entwicklung oder Marketing, die mit hochqualifizierten und daher teuren Mitarbeitern besetzt sind, selten in einem Gastland zu finden.

---

53 Der Zwang zu lokaler Anpassung ergibt sich bei Produkten, die starke Anpassung in unterschiedlichen Ländern oder Kulturkreisen erfordern, z.B. dem Mediengeschäft.

54 Ein britisches Autorenteam untersuchte in einem interessanten Artikel am Beispiel Schottlands die Bedeutung der Strategien multinationaler Unternehmen für das Gastland ausführlicher, als das in dieser Arbeit möglich ist. S. Young/ N. Hood/ S. Dunlop, "Global Strategies, Multinational Subsidiary Roles and Economic Impact in Scotland", Regional Studies, Vol 22., Nr. 6, 1988, S. 487-497.

55 Die Einteilung in multiinländische und globale Strategien ist das Ergebnis einer vereinfachten Adaption der Gedanken von Bartlett und Ghoshal, zitiert nach: Charles W.L. Hill, International Business - Competing in the Global Marketplace, (Burr Ridge, Illinois: Irwin, 1994), Kapitel 12, "Strategy of International Business".

56 Thomsen/ Woolcock, S. 3f. Diese Einteilung der Motive bzw. Determinanten wird in der Literatur häufig differenzierter betrachtet. Für die Zwecke dieser Arbeit ist eine solche Grobklassifikation aber ausreichend. Dies gilt besonders, da sich alle Motivarten den zwei genannten subsumieren lassen. Vgl. u.a. OECD, International Investment and Multinational Enterprises, (Paris: OECD, 1983), S. 41.

Diese Arbeiten werden überwiegend im heimischen Sitz der Zentrale durchgeführt. Dies geschieht zum einen, um Redundanzen zu vermeiden, zum anderen aber auch aus Sicherheitsgründen.

Letztere Gründe sind es, die häufig den *Modus des Eintritts* in ein neues Land und damit eine weitere wesentliche Determinante für die Effekte auf das Gastland bestimmen. Generell werden die 100%ige, neugegründete Tochtergesellschaft[57], das Joint-Venture sowie die Akquisition eines bestehenden Unternehmens unterschieden. Greenfield-Investments werden von Unternehmen bevorzugt, die vollständige Kontrolle über die Produktionsfaktoren behalten wollen. Dieser Modus wird bei einem völligen Fehlen staatlicher Vorschriften oder Empfehlungen häufig gewählt, da die Angst vor dem Verlust von Know-how durch den Joint-Venture-Partner oder der Wunsch, die möglichen Gewinne der Investition alleine zu nutzen und generell selbständig zu agieren, meist die Vorteile des Joint-Ventures überwiegt.[58] Letztere liegen vor allem im besseren Verständnis des neuen Marktes durch den in der Regel im Gastland ansässigen Venture-Partner, durch das geteilte Risiko und die Möglichkeit, vom Know-how des Partners zu profitieren.[59] Die Effekte für das Gastland werden sich durch die Wahl der Investitionsform unterscheiden: Joint-Ventures mit einheimischen Unternehmen erleichtern den Technologie-Transfer unter anderem durch Lerneffekte für die Mitarbeiter. Greenfield-Investments bringen für das Gastland unter anderem höhere ausländische Investitionssummen. Die Übernahme bestehender Unternehmen wird von seiten des Gastlandes mehrheitlich als unerwünscht betrachtet, da es außer einer Veränderung der Eigentums- und damit Entscheidungsmachtverhältnisse wenige direkte Veränderungen oder gar wirtschaftliche Verbesserungen mit sich bringt.

Von Bedeutung für die Effekte auf das Gastland sind gleichsam *Branche* und *Größe* des investierenden Unternehmens. Bei der Mineralölindustrie ist offensichtlich die Existenz von Rohstoffen bedeutsamer als in der Computerindustrie. Die Branche mit ihren spezifischen Charakteristika definiert häufig die Strategie des Unternehmens. So weist Savary nach, daß es neben globalen Strategien auch "globale Branchen" gibt, in denen die gleichnamige Strategie dominant ist. Beispiele für "globale Branchen" liefern die Halbleiterproduktion oder die pharmazeutische Industrie, die weitgehend unabhängig von regionalen Unterschieden weltweit ähnliche oder identische Produkte herstellen und daher in ihrer Standortwahl besonders flexibel sind.[60] Die Größe des Gesamtunternehmens spielt für die Effekte auf das Gastland ebenfalls eine Rolle. So

57 In dieser Arbeit auch als "Investition auf der Grünen Wiese" oder "Greenfield-Investment" bezeichnet.

58 John M. Stopford, "European Practices and Policies", Direct Foreign Investment: Costs and Benefits, Hg. Richard D. Robinson, (New York: Praeger, 1987), S. 69-94., hier S. 82f.

59 Hill, S. 402-409.

60 Julien Savary, "European Integration, Globalisation and Industrial Location in Europe", Hg. Howard Cox/ Jeremy Clegg/ Grazia Ietto-Gillies, The Growth of Global Business, (London: Routledge, 1993), S. 150-179, hier S. 160.

Federführung von McAleese und Foley als Buch zusammengestellt wurden und verschiedene Effekte beleuchten.[15] Das geringe Forschungsinteresse an Irland ist bedauerlich, erleichtert doch gerade die Überschaubarkeit des Landes und der Mangel an irischen multinationalen Unternehmen[16] die Chance, zu validen Schlußfolgerungen zu kommen. Abschließend und auf Basis der umfangreichen Literaturrecherchen des Autors ist festzuhalten, daß eine Beurteilung der Effekte der multinationalen Unternehmen auf die Wirtschaft des Gastlandes auf Basis einer umfangreichen Analyse der nationalen Erwartungshaltung bislang kaum je erstellt worden ist.[17] Auszuschließen ist dies für den Fall der Republik Irland.

D. Inhaltliche Abgrenzung und die Datenproblematik

Trotz des Anspruchs der Arbeit, ein umfassendes Bild der Aktivitäten multinationaler Unternehmen in Irland zu geben, sind aufgrund der Komplexität des Themas Abgrenzungen unumgänglich.

Die dargelegte Zielsetzung der Arbeit verdeutlicht, daß hier die Interaktion von industriepolitischen Maßnahmen und volkswirtschaftlichen Auswirkungen eine wichtige Rolle spielt. Der Einfluß von innen- oder parteipolitischen Begebenheiten auf die Entwicklung irischer Industriepolitik wird aber kaum berücksichtigt.[18] Die Auswirkungen der multinationalen Unternehmen werden hier auf die ökonomischen Effekte begrenzt[19], die aus irischer Sicht als wesentlich erachtet werden. Eine solche volkswirtschaftliche Betrachtung multinationaler Unternehmen schließt eine betriebswirtschaftliche Perspektive aus. Dennoch werden Entwicklungen in einzelnen Unternehmen genutzt, um ökonomische Zusammenhänge zu illustrieren.

---

15 Anthony Foley/ Dermot McAleese (Hg.), Overseas Industry in Ireland, (Dublin: Gill and Macmillan, 1991).

16 Im Jahr 1993 existierten gerade 36 eigene multinationale Unternehmen irischer Herkunft. Dagegen gab es 1007 Niederlassungen multinationaler Unternehmen in Irland. Dies ist die niedrigste Quote aller Industriestaaten. United Nations Conference on Trade and Development, World Investment Report 1994, (New York/ Genf: United Nations, 1994), S. 4.

17 Eine gewisse Parallele im Ansatz wählt van den Bulcke, der in einem Artikel ebenfalls ermittelt, bis zu welchem Grad industriepolitische Ziele durch multinationale Unternehmen in Belgien erreicht wurden. Daniel van den Bulcke, "Belgian Industrial Policy and Foreign Multinational Corporations: Objectives versus Performance", Governments and Multinationals, Hg. Walter H. Goldberg, (Cambridge, Mass.: Oelgeschlager, Gunn & Hain, 1983), S. 219-248.

18 Wird in dieser Arbeit von Politik gesprochen, so entspricht der Terminus grundsätzlich dem englischen Begriff *Policy*, nicht *Politics*. Für Leser, die mit der englischsprachigen ökonomischen Forschung vertraut sind, sei hinzugefügt, daß die Arbeit nicht dem Forschungsansatz der *Economics*, sondern dem der *Political Economy* folgt.

19 Die Effekte multinationaler Unternehmen sind aber auch sozio-kultureller Art und können die politische Haltung der Bevölkerung oder deren Konsumverhalten verändern. United Nations Centre on Transnational Corporations (UNCTC), Transnational Corporations in World Development: Trends and Prospects, (New York: United Nations Publications, 1988), S. viii. Solche Einflüsse werden in dieser Arbeit nicht behandelt.

In der vorliegenden Arbeit geht es ausschließlich um ausländische multinationale Unternehmen in Irland und demnach nicht um eine Betrachtung der Aktivitäten von multinationalen Unternehmen mit Stammsitz in Irland. Die Einschränkung bedeutet jedoch keinen großen Informationsverlust, da nur wenige solcher Betriebe existieren.[20]

Diese Arbeit konzentriert sich auf multinationale Industriebetriebe in Irland. Das liegt einerseits an der herausragenden Stellung, die den Unternehmen dieses Sektors bei der wirtschaftlichen Entwicklung generell beigemessen wird[21], andererseits an der Zielstellung Irlands. Die Republik hatte ihre Ansiedlungsstrategie bis Ende der 80er Jahre ausschließlich auf Industriebetriebe ausgerichtet. Seit jener Zeit werden mit Erfolg auch bestimmte Dienstleistungen in Irland angesiedelt, so daß deren Effekte und Aktivitäten ebenfalls in dieser Arbeit berücksichtigt werden. Allerdings sind ausländische Industriebetriebe noch heute ungleich bedeutender als multinationale Dienstleister.

Eine solche Aussage führt mitten in das Problemfeld der Abgrenzung von industriellen und dienstleistenden Tätigkeiten in modernen, als "Industrie"-Unternehmen klassifizierten Betrieben. Industrieunternehmen werden häufig von Service-Tätigkeiten dominiert.[22] Das sprachliche Problem, daß der Begriff "service-industry" im Englischen geläufig ist und sich z.B. auch auf das Bankwesen bezieht, macht eine Abgrenzung nicht leichter. Die vorliegende Arbeit beschäftigt sich für den Zeitraum bis zum Ende der 80er Jahre ausschließlich mit ausländischen Unternehmen der verarbeitenden Industrie.[23] Ab Ende der 80er Jahre jedoch wird der Bereich "Internationally Traded Service" in die Betrachtung mit eingeschlossen, da das Zahlenmaterial dazu zwingt und dieser neue Bereich Teil der irischen Marketingbemühungen wurde.

Die vorliegende Arbeit analysiert die ökonomischen Effekte multinationaler Unternehmen. Daß dabei der einheimische Sektor als Vergleichsmaßstab herangezogen wird[24], bedeutet nicht, daß dessen Leistungsfähigkeit Thema dieser Arbeit ist. Die folgenden Kapitel machen schnell deutlich, daß sich die einheimische Industrie im Vergleich zu anderen europäischen Ländern eher schwach entwickelt hat. Es ist nicht

---

20 Vgl. Kapitel I.C. Das bekannteste international operierende Unternehmen Irlands ist die Jefferson Smurfit Group, die vor allem im Bereich Verpackungsmaterial und -know-how tätig ist. Die Smurfit-Familie gilt als eine der einflußreichsten der Republik.

21 Vgl. u.a. Bailey/ Harte/ Sugden, S. 3.

22 Peter J. Buckley/ Stephen Young, "The Growth of Global Business: Implications and Research Agendas", Hg. Howard Cox/ Jeremy Clegg/ Grazia Ietto-Gillies, The Growth of Global Business, (London: Routledge, 1993), S. 207-219. Die irische Niederlassung des Computerherstellers Gateway 2000 ist ein gutes Beispiel für eine Firma, die in irischen Statistiken naturgemäß als Industriebetrieb klassifiziert wird. Allerdings arbeiten von den 1100 Mitarbeitern dieses rasch expandierenden Unternehmens in Irland 700 in einem Call-Center. Thomas Schmitt, "Abenteuer, Spaß und viele Kuhflecken", Handelsblatt, 21. Mai 1996, S. 16.

23 Dieser Begriff entspricht der irischen Klassifikation "Manufacturing".

24 Für eine Begründung siehe Kapitel II.

Ziel der Dissertation, die Gründe und Lösungsvorschläge für diesen Zustand zu erarbeiten. Der Autor verweist auf die Fülle von Veröffentlichungen und Erklärungsansätzen in der volkswirtschaftlichen Literatur Irlands, in der das Thema sehr ausführlich und kontrovers behandelt wird.[25]

Inhaltliche Eingrenzungen ergeben sich ebenfalls durch die problematische Datenlage in Irland bezüglich multinationaler Unternehmen. Kaum eine wissenschaftliche Arbeit über multinationale Unternehmen bleibt vom Problem fehlender, veralteter oder inkompatibler Daten verschont.[26] Auch in Irland ist das veröffentlichte Datenmaterial über multinationale Unternehmen sehr beschränkt. Zwei Hauptquellen für solche Informationen existieren. Die *Industrial Development Authority* (IDA), als die für die Ansiedlung von ausländischen Betrieben in Irland verantwortliche Behörde, veröffentlicht seit 1973 Zahlen über die Beschäftigungshöhe in den multinationalen Unternehmen Irlands.[27] Allerdings sind diese in den einzelnen Jahren veröffentlichten Angaben nur schwer miteinander vergleichbar, da sie teilweise auf unterschiedlicher Berechnungsgrundlage ermittelt wurden. Daher wird in dieser Arbeit auch auf das Datenmaterial zurückgegriffen, das die IDA einigen Wissenschaftlern für ihre Veröffentlichungen zur Verfügung gestellt hat und das aufgrund gleicher Berechnungsmethoden eine zeitraumbezogene Analyse ermöglicht.[28] Gleiches gilt für die *Irish Economy Expenditure Surveys*, die seit ihrer ersten Erhebung 1983 Aufschluß über die Verbindungen ausländischer Betriebe zur irischen Wirtschaft geben. Dennoch sind Zahlen über die Beschäftigung in dieser Arbeit der wesentliche Indikator für die Entwicklung multinationaler Betriebe.[29] Die in anderen Ländern gebräuchliche Messung multinationaler

---

25 Vgl. u.a. die umfangreiche Abhandlungen von: David M.W.N. Hitchens/ J.E. Birnie, The Competitiveness of Industry in Ireland, (Aldershot: Avebury, 1994); Lars Mjoset, The Irish Economy in a Comparative Institutional Perspective, National Economic and Social Council (NESC) Report Nummer 93, (Dublin: NESC, Dezember 1992). Kieran A. Kennedy, ebenfalls seit vielen Jahren mit diesem Problemfeld beschäftigt, zieht den resignierten Schluß: "Itis fair to say, however, that we still lack a conclusive explanation as to why indigenous industry fared so poorly." Kieran A. Kennedy, "Irish Enterprise in the 20th Century", Enterprise and the Irish Economy, Hg. Andrew E. Burke, (Dublin: Oak Tree Press, 1995), S. 53-70, hier S. 67.

26 Diese Kritik trifft nach Einschätzung von Thomsen und Woolcock in allen EU-Staaten zu. Stephen Thomsen/ Stephen Woolcock, Direct Investment and European Integration, (London: Pinter Publishers, 1993), S. 24.

27 Seit dem 1.1.1994 publiziert auch die der IDA vorgesetzte Organisation Forfás (vgl. Kapitel III.D.) Zahlen über ausländische Unternehmen in Irland.

28 Die neuesten und interessantesten Zahlen lassen sich häufig den Veröffentlichungen von Frances Ruane, Professor of Industrial Economics, Trinity College, entnehmen. Frau Ruane ist Mitte des Jahres 1992 Aufsichtsratsmitglied der IDA geworden und wechselte 1994 in den Aufsichtsrat von Forfás, der heutigen Dachorganisation der IDA. Interview mit Frau Ruane am 1.11.1995 in Dublin. Vgl. auch Kapitel III.C.2.

29 Die jüngsten, bis zum Juni 1996 veröffentlichten Daten über die Beschäftigung beziehen sich auf das Jahr 1995.

Präsenz mit Hilfe von Angaben über Direktinvestitionen[30] existiert in der irischen Fachliteratur nicht. Dies liegt nach Ansicht des Verfassers an einem Mangel an eigenen irischen Statistiken sowie der mangelnden Zuverlässigkeit internationaler Vergleiche.[31]

Informationsmaterial über multinationale Unternehmen bezüglich des Exports, des Outputs und der Beschäftigung veröffentlicht das irische *Central Statistics Office* (CSO) im *Census of Industrial Production*. Die Unterscheidung in einheimische und ausländische Industriebetriebe wurde erstmals für das Erfassungsjahr 1983 vorgenommen.[32] Die jüngsten Zahlen berichten über das Jahr 1990.[33] Die Verspätung bei der Veröffentlichung dieser wichtigen Fakten liegt nach Ansicht irischer Wissenschaftler an internen Problemen des CSO[34]; die Statistiker rechtfertigen sich mit nötigen Umstellungen ihrer Datenbasis aufgrund von EU-Richtlinien[35]. Der Autor ist dankbar, daß das CSO ihm unveröffentlichte und vorläufige Informationen aus dem Census of Industrial Production für das Jahr 1993 zur Verfügung stellte, die eine Unterscheidung in ausländische und inländische Industriebetriebe ermöglichen.[36]

Die Angaben von IDA und CSO sind nur beschränkt kompatibel. Das CSO erfaßt alle Industrieunternehmen mit drei oder mehr Arbeitnehmern, die IDA dagegen nur solche

---

30 Vgl. u.a. Victor C. Simoes, "Portugal", Multinational Enterprises, Economic Structure and International Competitiveness, Hg. John H. Dunning, (Chichester: John Wiley, 1987), S. 337-378, hier S. 339-341. Hafiz Mirza, Multinationals and the Growth of the Singapore Economy, (London: Croom Helm, 1986), S. 66ff.

31 Zur Problematik der Nutzung von Direktinvestitionsströmen in wissenschaftlichen Untersuchungen vgl. u.a. Rolf Jungnickel, "Direktinvestitionen, internationale", Handwörterbuch Export und Internationale Unternehmung, Hg. Klaus Macharzina/ Martin K. Welge, (Stuttgart: Poeschel, 1989), Spalten 308-315, hier Sp. 309f. Plum weist in ihrer Dissertation ebenfalls darauf hin, daß gerade bei Länderanalysen die unterschiedlichen Meß- und Klassifikationsmethoden bei Direktinvestitionen zu großen Schwierigkeiten beim Streben nach validen Schlußfolgerungen führen. Monika Plum, Auswirkungen von Direktinvestitionen in Empfängerländern, Dissertation Univ. Münster 1994, (Bergisch Gladbach/ Köln: Eul, 1995), S. 36f. So werden in den Rechenschaftberichten der IDA teilweise auch Investitionssummen durch ausländische Projekte veröffentlicht, jedoch beziehen sie sich dann auf jeweils angekündigte Direktinvestitionen und nicht unbedingt auf die tatsächlich erfolgten. Vgl. u.a. IDA, Annual Report 1992, (Dublin: IDA, 1993), S. 16.

32 CSO, Census of Industrial Production 1983, (Dublin: Stationery Office, Mai 1987).

33 CSO, Census of Industrial Production 1990, (Dublin: Stationery Office, Mai 1993). Im Juni 1996 lag der Census of Industrial Production für das Jahr 1991 noch immer nicht vor.

34 Interview mit P.J. Drudy, Professor of Industrial Economics, Trinity College, am 19.4.1996 in Dublin.

35 Telefonat mit Kevin Moriarty, dem für den Census of Industrial Production Verantwortlichen beim CSO am 23.4.1996.

36 CSO, Unveröffentlichte Dokumente mit vorläufigem Zahlenmaterial, Manufacturing Local Units, 1993; Summary of Activity in Broad Industrial Sectors Classified by Nationality of Ownership; sowie CSO, Industrial Local Units, 1993 - Details of Activity (59 Variables) for each Industrial Sector; zur Verfügung gestellt von Mary Murphy, Census of Industrial Production-Division des CSO in Cork, September 1996.

mit mindestens dreißig Arbeitskräften. In dieser Arbeit werden daher die Daten der IDA und der ihr übergeordneten Organisation Forfás vor allem verwendet, um längerfristige Beschäftigungsentwicklungen zu analysieren. Dies ist für den Zeitraum von 1973 bis 1995 möglich. Andere Zahlen stammen entweder aus dem Census of Industrial Production, dem statistischen Bundesamt allgemein, oder weiteren Veröffentlichungen irischer Ökonomen.

II. THEORETISCHE UND KONZEPTIONELLE GRUNDLAGEN

> "All that theory can do is to give the artist or soldier points of reference and standards of evaluation ... with the ultimate purpose not of telling him how to act but of developing his judgement."[37]

Die Zielsetzung der Dissertation macht eine Darstellung theoretischer und konzeptioneller Grundlagen erforderlich. Es geht hier jedoch nicht um eine Erweiterung der überbordenden Literatur zur Theorie der multinationalen Unternehmung, sondern einzig um die knappe Erläuterung der für diese Arbeit entscheidenden Aspekte. Grundlage für die weiteren Erklärungen stellt die kurze Darstellung der Theorie multinationaler Unternehmen, ihrer Motivation und ihrer Verhaltensweisen dar. Es schließt sich die Erklärung der Effekte multinationaler Unternehmen auf Gastländer in kleinen, offenen Volkswirtschaften und deren Bestimmungsfaktoren an. Daraufhin wird dargelegt, welche Möglichkeiten die politisch Verantwortlichen im Gastland haben, auf die Verhaltensweisen der multinationalen Unternehmen Einfluß zu nehmen. Schließlich bildet die Erörterung verschiedener Ansätze zur Beurteilung und Messung ökonomischer Effekte der multinationalen Unternehmen für das Gastland den Schlußpunkt dieses Kapitels und liefert den konzeptionellen Rahmen für die weitere Vorgehensweise.

A. Die Theorie der multinationalen Unternehmung

In dieser Arbeit wird ein Unternehmen als "multinational" bezeichnet, wenn es in mindestens zwei Ländern Produktionsfaktoren kontrolliert.[38] Die dafür im Ausland notwendigen Investitionen werden als "Direktinvestitionen" bezeichnet.[39]

Diese Definitionen haben sich international durchgesetzt, da sie die statistische Erfas-

---

37 Carl von Clausewitz, On War, (Princeton: Princeton University Press, 1976), S. 15. Zitiert nach: Henry Mintzberg/ James Brian Quinn/ Sumantra Ghoshal, The Strategy Process, European Edition, (Hertfordshire: Prentice Hall, 1995), S. xiii. Einschränkend ist anzumerken, daß der Verfasser nach Lektüre des Buches im deutschen Original keine solche Äußerung durch von Clausewitz finden konnte. Vgl. Carl von Clausewitz, Vom Kriege, (Ditzingen: Reclam, 1991).

38 Edith Penrose, "Multinational Corporations", The New Palgrave: A Dictionary of Economics, Hg. John Eatwell/ Murray Milgate/ Peter Newman, (London: Macmillan Press, 1987), Vol. 4, S. 562. Bei der Erwähnung von multinationalen Unternehmen in Irland sind - exakt gesprochen - die Niederlassungen nicht-irischer multinationaler Unternehmen in der Republik Irland gemeint. Zum Zweck der sprachlichen Auflockerung werden in dieser Arbeit multinationale Unternehmen auch als ausländisch oder international bezeichnet. Die Begriffe Unternehmen, Betrieb und Firma werden - trotz existierender Unterschiede - ebenfalls synonym verwandt.

39 Herbert G. Grubel, "Foreign Investment", The New Palgrave: A Dictionary of Economics, Hg. John Eatwell/ Murray Milgate/ Peter Newman, (London: Macmillan Press, 1987), Vol. 2, S. 403-405, hier S. 403. Deswegen gilt in dieser Arbeit die von Dunning bevorzugte Definition für multinationale Unternehmen als "...firms that engage in foreign direct investment". John H. Dunning, International Production and the Multinational Enterprise, (London: Allen & Unwin, 1981), S. 3. Für eine ausführliche Begriffsbestimmung und -abgrenzung, auch zu Portfolioinvestitionen, siehe Plum, S. 5.

sung von multinationalen Unternehmen erleichtern.[40] Auch das CSO klassifiziert alle Industriebetriebe in Irland als "ausländisch", wenn mindestens 50% des Eigenkapitals in ausländischem Eigentum sind.[41] Der Regelfall in Irland ist jedoch die neugegründete Niederlassung, die zu 100% im Eigentum des multinationalen Unternehmens ist. Diese Niederlassung im Gastland[42] wird auch als Tochtergesellschaft, das Hauptunternehmen im Herkunftsland als Muttergesellschaft oder Stammunternehmen bezeichnet.

"Eine allgemeine Theorie der Multinationalen Unternehmung gibt es bis heute nicht, nur eine fast unübersehbare Vielzahl zum Teil widersprüchlicher wissenschaftlicher Beiträge zu Teilgebieten".[43] Bei der Frage, welche Faktoren bei der Entwicklung vom unilateralen zum multinationalen Unternehmen eine Rolle spielen, hat sich aber die von Dunning entwickelte "eklektische Theorie" in der Literatur durchgesetzt.[44] Die Akzeptanz dieser auch als OLI-Ansatz[45] bekannten Theorie beruht nicht zuletzt auf der Tatsache, daß sie die wesentlichen theoretischen Ansätze bündelt und leicht verständlich zusammenfügt.[46] Dunnings Theorie betont drei wesentliche Einflußfaktoren für

---

40 Hermann Schulte-Mattler, Direktinvestitionen: Gründe für das Entstehen von multinationalen Unternehmen, Dissertation Universität-Gesamthochschule Essen 1988, (Frankfurt: Peter Lang Verlag, 1988), S. 6. Es gibt auch Autoren, die die Abgrenzung in transnationale Unternehmen und multinationale Unternehmen vornehmen. Transnationale Unternehmen entsprechen der Definition, die oben genannt wurde, wogegen multinationale Unternehmen in mindestens sechs Ländern Produktionsfaktoren besitzen müssen. Diese Unterteilung ist statistisch impraktikabel und erscheint zudem willkürlich, da die Festlegung auf gerade sechs Länder nicht begründet wird. Vgl. u.a. Raymond Vernon, "International Investment and International Trade in the Product Cycle", Quarterly Journal of Economics, Vol. LXXX, Nr. 2, Mai 1966, S. 199-207.

41 CSO, Census of Industrial Production 1988, S. 8. Damit unterschätzt das CSO die Bedeutung multinationaler Unternehmen, da schon eine Beteiligung von 25,01% ausreichend für eine Beherrschung des Unternehmens sein könnte. Vgl. Bailey/ Harte /Sugden, S. 9.

42 Eine zusätzliche Schwierigkeit bei der begrifflichen Abgrenzung von multinationalen Unternehmen ist die Frage nach dem Herkunftsland des multinationalen Unternehmens. So hat der Konzern Asea Brown Boveri zwar seinen offiziellen Hauptsitz in der Schweiz, besteht aber aus zahlreichen Ländergesellschaften in allen Kontinenten, die weitgehend autonom operieren. Vgl. zum Thema "stateless corporation" u.a. Michael R. Czinkota/ Ilkka A. Ronkainen/ Michael H. Moffett, International Business, 3. Aufl., (Fort Worth: The Dryden Press, 1994), S. 355. Da solche Konzerne gegenwärtig die Ausnahme darstellen, halten die meisten Autoren die herkömmliche Klassifikation aber noch für gerechtfertigt. John M. Stopford/ Susan Strange, Rival States, Rival Firms, (Cambridge: Cambridge University Press, 1991), S. 232f. Die Klassifizierung von Herkunfts- und Gastländern ist noch aus einem anderem Grund umstritten. So stellt z.B. die Guinness-Brauerei ihr Bier seit der Firmengründung traditionell in Dublin her. Da aber die Holding, Arthur Guinness & Sons plc, ihren Sitz in London hat, gelten die Dubliner Brauerei und andere Betriebe in den Statistiken des CSO als "ausländisch". Diese Problematik wird in Kapitel IV berücksichtigt. Vgl. auch IDA, Overseas Companies in Ireland, (Dublin: IDA, April 1996).

43 Schulte-Mattler, S. 1.

44 Vgl. Schulte-Mattler, S. 3; Gerhard Braun, Die Theorie der Direktinvestition, Dissertation Univ. Tübingen, (Köln: Institut für Wirtschaftspolitik, 1988), S. 324.

45 OLI steht für die Anfangsbuchstaben der drei wesentlichen Einflußfaktoren für die Internationalisierung von Unternehmen in englischer Sprache: ownership-advantages, locational-advantages, internalization advantages, s.u.

46 Der Begriff "eklektisch" ist somit passend, da Dunning verschiedene zuvor entwickelte Denkmodelle in seiner neuen Theorie integriert. Für Einzelheiten zu diesem Thema vgl. Schulte-Mattler, S. 7ff.; Ingo Stein, "Die Theorien der Multinationalen Unternehmung", Kompendium

die Internationalisierung von Unternehmen. *Unternehmens*spezifische Vorteile gegenüber ausländischen Betrieben, zum Beispiel durch höheres technisches Know-how, überlegene Kenntnisse im Marketing oder der Unternehmensführung, bilden die notwendige Bedingung für Direktinvestitionen. Sind solche Vorteile vorhanden, kommt es darauf an, ob dem Unternehmen eine *Internalisierung*, also die Nutzung seiner Wettbewerbsvorteile durch eigene Produktion, rentabler erscheint als der Export oder die Vergabe von Lizenzen. Es ist zu berücksichtigen, daß diese alternativen Formen der Internationalisierung mit wesentlich geringerem Risiko verbunden sind als der Aufbau eines Werkes oder einer Niederlassung in einem fremden Land. Risiken bestehen zum Beispiel in Form von mangelnder Kenntnis des fremden Marktes, des sozialen und rechtlichen Umfeldes bzw. politischen Veränderungen. Im schlimmsten Fall drohen den Direktinvestoren gar Enteignungen.

Die Entscheidung, trotz der größeren finanziellen und unternehmerischen Risiken statt des Exports oder der Vergabe von Lizenzen den Schritt in die Multinationalität zu wagen, hängt stark von der Existenz und der Art *länderspezifischer* Vorteile des potentiellen Gastlandes ab. Diese Vorteile können zum Beispiel in Form von Bodenschätzen oder niedrigen Lohnkosten bestehen, durch den leichten Zugang zu interessanten Märkten oder durch die Existenz von finanziellen Anreizen, die das Stammland oder ein alternativer Standort nicht oder nicht in diesem Maße bieten. Diese Vorteile müssen gegenüber potentiellen Nachteilen überwiegen, die dem Unternehmen durch das fremde ökonomische und soziale Umfeld entstehen können.[47]

Es handelt sich demnach um eine Standortentscheidung, die im Rahmen der Gesamtstrategie des Unternehmens getroffen wird ("location follows strategy"). Nach einer genauen Untersuchung der Standorte in verschiedenen Ländern wird von der Muttergesellschaft die Entscheidung für das Land getroffen, das den spezifischen Bedürfnissen des Gesamtunternehmens am ehesten entspricht. Die Gesamtstrategie des multinationalen Unternehmens entscheidet daher auch über die Elemente der Wertschöpfungskette des Unternehmens, die in das Ausland verlagert werden, sowie die Art und Weise, wie das geschieht.[48] Die weltweite Optimierung der Wertschöpfungsaktivitäten kann somit dazu führen, daß die Niederlassungen einzelner Gastländer nur einige wenige wertschöpfende Aktivitäten ausführen dürfen.

---

der Internationalen Betriebswirtschaftslehre, Hg. Siegfried G. Schoppe, (München: Oldenbourg, 1991), S. 49-151, hier 140f. Dunning veröffentlichte seine Theorie das erste Mal in: John H. Dunning, "Trade, Location of Economic Activity and the MNE: A Search for an Eclectic Approach.", The International Allocation of Economic Activity: Proceedings of Nobel Symposium Held at Stockholm, Hg. B. Ohlin/ P.-O. Hesselborn/ P.M. Wijkman, (London: Macmillan, 1977), S. 395-418.

47 Die vorgenommene Schilderung ist - stark gekürzt - entnommen aus: Dunning, International Production and the Multinational Enterprise, S. 109ff.

48 Zum Beispiel durch Investitionen auf der grünen Wiese, durch Joint-Ventures oder Akquisitionen.

Die Form der länderspezifischen Vorteile und die Motivation, den Schritt in die Internationalisierung zu wagen, sind auch die wesentlichen Einflußfaktoren für die volkswirtschaftlichen Effekte, die diese Betriebe im Gastland auslösen.

B. Die Effekte multinationaler Unternehmen für die Volkswirtschaft des Gastlandes und ihre Bestimmungsfaktoren

Bei der Analyse der volkswirtschaftlichen Auswirkungen multinationaler Unternehmen ergeben sich zahlreiche Schwierigkeiten. Bereits in der Einleitung wurde auf die Probleme der Datenbeschaffung hingewiesen. Zusätzliche Schwierigkeiten entstehen aufgrund der Vielschichtigkeit und Interdependenz der Auswirkungen sowie ihrer teilweise schwierigen Meßbarkeit.[49] Allerdings ist es möglich, verschiedene Hauptfelder für die Konsequenzen der Ansiedlung internationaler Produktion zu identifizieren. Dazu gehören:

- Zufluß von Kapital, Technologie und unternehmerischem Know-how,
- Beschäftigung (quantitativ und qualitativ),
- Wirtschaftswachstum,
- Außenhandel,
- Wirtschaftsstruktur und nationale Wettbewerbsfähigkeit,
- nationale Souveränität[50].

Welche Effekte wie stark auf welches Gastland einwirken, welche Gastländer überhaupt für die multinationalen Unternehmen in Frage kommen und wie die Präsenz dieser Firmen beurteilt wird, hängt grundsätzlich von den zwei Protagonisten mit ihren jeweiligen Eigenschaften und Erwartungen ab: dem investierenden multinationalen Unternehmen[51] und dem die Direktinvestition empfangenden Gastland. Generalisierungen sind daher mit größter Vorsicht zu belegen.[52] Bei der **Eigenschaftsanalyse der multinationalen Unternehmen** muß im besonderen Maße auf die *Strategie des Gesamtunternehmens* Wert gelegt werden, da deren Gestaltung die weiterführenden De-

---

49 Stephen Young/ Neil Hood/ James Hamill, Foreign Multinationals and the British Economy, S. 63-65.

50 Diese Liste bezieht sich auf Schlüsselfaktoren und ist selbst dann noch stark erweiterbar. Vgl. u.a. Michael P. Todaro, Economic Development, 5. Aufl., (New York: Longman, 1994), S. 531ff.; Peter J. Buckley, "Direktinvestitionen, Auswirkungen von", Handwörterbuch Export und Internationale Unternehmung, Hg. Klaus Macharzina/ Martin K. Welge, (Stuttgart: Poeschel, 1989), Sp. 289-307. Mit nahezu den gleichen Worten schreibt Buckley als Co-Autor in einem englischsprachigen Buch: Peter J. Buckley/ Michael Z. Brooke, International Business Studies: an Overview, (Oxford: Blackwell, 1992), S. 245-254. Zum Thema Effekte multinationaler Unternehmen vgl. auch Peter Dicken, Global Shift: The Internationalization of Economic Activity, 2. Aufl., (London: Paul Chapman Publishing, 1992), S. 388-408, im folgenden: Dicken, Global Shift. Das exzellente Buch von Dicken bietet auf S. 389 eine Abbildung der für ihn bedeutsamsten "areas of TNC impact".

51 Schon in der Einleitung wurde geklärt, daß in dieser Arbeit vorrangig multinationale Industriebetriebe betrachtet werden, wenn nicht ausdrücklich anders erwähnt.

52 Sauvant/ Dunning, S. viii.

terminanten entscheidend mitbestimmt. Generell lassen sich globale und multiinländische Strategien unterscheiden. Die multiinländische Strategie führt dazu, daß in jedem Land bzw. in jeder Region eine weitgehend selbständig geführte Tochtergesellschaft arbeitet, die im Zwang lokaler Anpassung neben der reinen Produktion auch Schlüsselfunktionen wie Marketing oder Forschung und Entwicklung ansiedelt.[53] Dem gegenüber stehen die global orientierten Strategien. Hier versuchen die multinationalen Unternehmen, ein Produkt bzw. eine Produktreihe möglichst unverändert als "Weltprodukt" überall ähnlich zu verkaufen. Die Konsequenz für die Gastländer: die meisten Niederlassungen sind reine Produktionsbetriebe ohne Eigenständigkeit, da andere know-how-trächtige Bereiche im Stammland bleiben können. Daraus ergeben sich in der Regel ein geringer Aufbau von Managementqualitäten einheimischer Arbeitnehmer und ein geringer Anteil qualifizierter Arbeitsplätze aufgrund fehlender Schlüsselfunktionen.[54] Zudem gelten letztere Tochtergesellschaften als anfälliger für Rationalisierungen oder gar Schließungen bei unternehmensweiten Entscheidungen.[55] Die Strategie definiert auch den *Motivationstypus der Direktinvestition*. Generell werden kostenorientierte, marktorientierte und Mischformen der erstgenannten Motive für Direktinvestitionen unterschieden.[56] Bei marktorientierten Direktinvestitionen ist das Unternehmen bestrebt, besseren Zugang zu neuen Märkten zu erreichen oder seine Präsenz in wichtigen Absatzmärkten zu verbessern. Generell kann es darum gehen, in einem bestimmten Land eine Niederlassung zu errichten, um diesen Markt zu bedienen, oder eine Präsenz in einem Land aufzubauen, um so Zugang zu einem größeren Wirtschaftsraum zu erlangen. Eine solche Exportplattform, in diesem Fall für den EU-Markt, stellt die Republik Irland für die meisten Investoren dar. Die Niederlassungen bei kostenorientierten Direktinvestitionen werden in der Regel die Wertschöpfungsaktivitäten ansiedeln, die sie als besonders kostenintensiv empfinden und bei denen der Unterschied z.B. bei den Lohnkosten im Gastland relativ zu einem Alternativstandort besonders deutlich ist. Allerdings gilt das nicht für alle Unternehmensaktivitäten. So sind die Bereiche Forschung und Entwicklung oder Marketing, die mit hochqualifizierten und daher teuren Mitarbeitern besetzt sind, selten in einem Gastland zu finden.

---

53 Der Zwang zu lokaler Anpassung ergibt sich bei Produkten, die starke Anpassung in unterschiedlichen Ländern oder Kulturkreisen erfordern, z.B. dem Mediengeschäft.

54 Ein britisches Autorenteam untersuchte in einem interessanten Artikel am Beispiel Schottlands die Bedeutung der Strategien multinationaler Unternehmen für das Gastland ausführlicher, als das in dieser Arbeit möglich ist. S. Young/ N. Hood/ S. Dunlop, "Global Strategies, Multinational Subsidiary Roles and Economic Impact in Scotland", Regional Studies, Vol 22., Nr. 6, 1988, S. 487-497.

55 Die Einteilung in multiinländische und globale Strategien ist das Ergebnis einer vereinfachten Adaption der Gedanken von Bartlett und Ghoshal, zitiert nach: Charles W.L. Hill, International Business - Competing in the Global Marketplace, (Burr Ridge, Illinois: Irwin, 1994), Kapitel 12, "Strategy of International Business".

56 Thomsen/ Woolcock, S. 3f. Diese Einteilung der Motive bzw. Determinanten wird in der Literatur häufig differenzierter betrachtet. Für die Zwecke dieser Arbeit ist eine solche Grobklassifikation aber ausreichend. Dies gilt besonders, da sich alle Motivarten den zwei genannten subsumieren lassen. Vgl. u.a. OECD, International Investment and Multinational Enterprises, (Paris: OECD, 1983), S. 41.

Diese Arbeiten werden überwiegend im heimischen Sitz der Zentrale durchgeführt. Dies geschieht zum einen, um Redundanzen zu vermeiden, zum anderen aber auch aus Sicherheitsgründen.

Letztere Gründe sind es, die häufig den *Modus des Eintritts* in ein neues Land und damit eine weitere wesentliche Determinante für die Effekte auf das Gastland bestimmen. Generell werden die 100%ige, neugegründete Tochtergesellschaft[57], das Joint-Venture sowie die Akquisition eines bestehenden Unternehmens unterschieden. Greenfield-Investments werden von Unternehmen bevorzugt, die vollständige Kontrolle über die Produktionsfaktoren behalten wollen. Dieser Modus wird bei einem völligen Fehlen staatlicher Vorschriften oder Empfehlungen häufig gewählt, da die Angst vor dem Verlust von Know-how durch den Joint-Venture-Partner oder der Wunsch, die möglichen Gewinne der Investition alleine zu nutzen und generell selbständig zu agieren, meist die Vorteile des Joint-Ventures überwiegt.[58] Letztere liegen vor allem im besseren Verständnis des neuen Marktes durch den in der Regel im Gastland ansässigen Venture-Partner, durch das geteilte Risiko und die Möglichkeit, vom Know-how des Partners zu profitieren.[59] Die Effekte für das Gastland werden sich durch die Wahl der Investitionsform unterscheiden: Joint-Ventures mit einheimischen Unternehmen erleichtern den Technologie-Transfer unter anderem durch Lerneffekte für die Mitarbeiter. Greenfield-Investments bringen für das Gastland unter anderem höhere ausländische Investitionssummen. Die Übernahme bestehender Unternehmen wird von seiten des Gastlandes mehrheitlich als unerwünscht betrachtet, da es außer einer Veränderung der Eigentums- und damit Entscheidungsmachtverhältnisse wenige direkte Veränderungen oder gar wirtschaftliche Verbesserungen mit sich bringt.

Von Bedeutung für die Effekte auf das Gastland sind gleichsam *Branche* und *Größe* des investierenden Unternehmens. Bei der Mineralölindustrie ist offensichtlich die Existenz von Rohstoffen bedeutsamer als in der Computerindustrie. Die Branche mit ihren spezifischen Charakteristika definiert häufig die Strategie des Unternehmens. So weist Savary nach, daß es neben globalen Strategien auch "globale Branchen" gibt, in denen die gleichnamige Strategie dominant ist. Beispiele für "globale Branchen" liefern die Halbleiterproduktion oder die pharmazeutische Industrie, die weitgehend unabhängig von regionalen Unterschieden weltweit ähnliche oder identische Produkte herstellen und daher in ihrer Standortwahl besonders flexibel sind.[60] Die Größe des Gesamtunternehmens spielt für die Effekte auf das Gastland ebenfalls eine Rolle. So

---

57 In dieser Arbeit auch als "Investition auf der Grünen Wiese" oder "Greenfield-Investment" bezeichnet.

58 John M. Stopford, "European Practices and Policies", Direct Foreign Investment: Costs and Benefits, Hg. Richard D. Robinson, (New York: Praeger, 1987), S. 69-94., hier S. 82f.

59 Hill, S. 402-409.

60 Julien Savary, "European Integration, Globalisation and Industrial Location in Europe", Hg. Howard Cox/ Jeremy Clegg/ Grazia Ietto-Gillies, The Growth of Global Business, (London: Routledge, 1993), S. 150-179, hier S. 160.

zeigen kleine Unternehmen bei ihrer Standortentscheidung teilweise eine größere Neigung, sich den entwicklungspolitischen Zielen des Gastlandes anzupassen, als große multinationale Konzerne.[61]

In enger Verbindung mit den oben vorgestellten unternehmerischen Determinanten für die Effekte multinationaler Unternehmen auf das Gastland stehen - gemäß dem OLI-Paradigma von Dunning - die **spezifischen Eigenschaften des Gastlandes**. Für die hier angestrebte Analyse Irlands werden daher die folgenden Eigenschaften im Hinblick auf ihre Konsequenzen für das Verhalten multinationaler Unternehmen erläutert:

- die Größe und der Grad der Offenheit des Gastlandes
- der Entwicklungsstand der Wirtschaft und des Staates
- die Einstellung der Politik gegenüber ausländischen Investoren.

Die Republik Irland ist das klassische Lehrbuchbeispiel für eine *kleine, offene Volkswirtschaft*.[62] Da keine allgemein gültige Definition für small open economies existiert, werden in dieser Arbeit als Klassifikationsmerkmale die Exportabhängkeit und eine Einwohnerzahl von weniger als zehn Millionen festgelegt.[63] Irland mit seinen 3,523 Millionen Einwohnern und einem Exportanteil von 84,8% des Bruttosozialprodukts erfüllt diese Merkmale[64] und liegt innerhalb der OECD-Staaten auf einem Spitzenplatz.[65] Ebenfalls als kleine und offene Volkswirtschaften innerhalb Europas klassifiziert werden u.a. Österreich, Finnland, Dänemark und die Schweiz.[66]

Die Klassifizierung eines Landes als klein und exportabhängig hat verschiedene Kon-

---

61 Vgl. u.a. Horst Steinmann/ Brij Kumar/ Albert Wasner, "Entwicklungspolitische Aspekte der Direktinvestitionen deutscher Mittelbetriebe in Brasilien", Internationale Unternehmensführung, Hg. Wilhelm Wacker/ Helmut Hausmann/ Brij Kumar, (Berlin: Erich Schmidt, 1981), S. 415-429.

62 Zu diesem Ergebnis kommen u.a.: Sean Nolan/ Dermot Nolan, "Economic Growth: Theory and Analysis", The Economy of Ireland: Policy and Performance, Hg. John W. O'Hagan, 6. Aufl., (Dublin: Irish Management Institute, 1991), S. 208-249, hier S. 226; Anthony J. Leddin/ Brendan M. Walsh, The Macroeconomy of Ireland, 3. Aufl., (Dublin: Gill and Macmillan, 1995), S. 13f. Die Bezeichnung "small open economy" ist in der angelsächsischen Wirtschaftsliteratur ein feststehender Begriff und wird in dieser Arbeit fortan als "kleine, exportabhängige Wirtschaft" übersetzt oder im Original verwendet.

63 Walsh setzt eine Einwohnerzahl von 25 Millionen als Obergrenze fest. Vivien Walsh, "Technology and the Competitiveness of Small Countries", Small Countries Facing the Technological Revolution, Hg. Christopher Freeman/ Bengt-Ake Lundvall, (London: Pinter, 1988), S. 37-66, hier S. 37. Zum Thema vgl. auch den Aufsatz von Dermot P. O'Doherty, "Globalisation and Performance of Small Firms within the Smaller European Economies", The Impact of Globalization on Europe's Firms and Industries, Hg. Marc Humbert, (London: Pinter Publishers, 1993), S. 141-151.

64 IDA, Facts about Ireland 1996, (Dublin: IDA, 1996), S. 1.

65 Bei der Kennzahl "Anteil des Exports am Bruttoinlandsprodukt" erreicht Irland den höchsten Wert innerhalb der OECD-Staaten. Gemessen an der Einwohnerzahl sind nur Island, Luxemburg und Neuseeland kleiner. OECD, OECD Economic Surveys 1994-1995: Ireland, (Paris: OECD, Juni 1995), abschließende Vergleichstabelle "Basic Statistics: International Comparisons". Vgl. auch Kapitel IV.C.

66 Mjoset, S. 31. Diese Länder sind am ehesten mit Irland zu vergleichen, denn sie sind klein, exportabhängig, spätindustrialisiert und Energieimporteure. Ebenda, S. 30.

sequenzen auf seine Attraktivität für multinationale Unternehmen und deren Eigenschaften einerseits sowie für die staatliche Erwartungshaltung gegenüber multinationalen Unternehmen andererseits. Die multinationalen Unternehmen motiviert bei der Ansiedlung in einem kleinen Land nur selten die ausschließliche Belieferung des dortigen Marktes. Vielmehr müssen weitere Faktoren, wie z.B. der Zugang zu anderen, größeren Wirtschaftsräumen, vorhanden sein. Dabei stellt sich die Frage, warum sich multinationale Unternehmen nicht gleich in solchen größeren Ländern ansiedeln. Das ist dann weniger attraktiv, wenn das kleine Land neben einem freien, unbürokratischen Zugang zu anderen Märkten besondere Wettbewerbsvorteile bzw. eine generell hohe Wettbewerbsfähigkeit vorweisen kann. Niedrige Faktorkosten und eine gute Faktorausstattung, z.B. bei der Frage nach hochqualifiziertem Personal, können dann ausschlaggebend sein. Die Konsequenzen für die Erwartungshaltung des Gastlandes lassen sich ebenfalls logisch nachvollziehen. Die Bedeutung des Außenhandels für die Wirtschaft der small open economies läßt vermuten, daß die Verantwortlichen - neben den generell vorhandenen "normalen" Wünschen, z.B. nach mehr Beschäftigung - vor allem exportorientierte Direktinvestoren für attraktiv halten, um so die Handelsbilanz zu entlasten. Solche ausländischen Investoren stellen damit eine willkommene Ergänzung zu den Exportbemühungen der einheimischen Industrie dar, die Importbedürfnisse der Bevölkerung und der Wirtschaft auszugleichen.

Eng verbunden mit der Klassifizierung der Gastländer in Größe und Offenheit ist die Frage nach dem *Entwicklungsstand des Gastlandes*. Den Entwicklungsstand messen Volkswirtschaftler häufig anhand der Arbeitsproduktivität, des Bildungsniveaus und der Qualität der Infrastruktur. Kleine Länder haben das Problem, daß der beschränkte einheimische Markt die einheimischen Unternehmen dazu zwingt, sehr früh in ihrer Entwicklung Exportmärkte zu erschließen oder andernfalls in ihrer Entwicklung zu stagnieren. Ist letzteres der Fall, so werden diese Unternehmen als Kooperationspartner für multinationale Unternehmen nur eine geringe Rolle spielen. Das Potential für Joint-Ventures verringert sich, die Bedeutung von Greenfield-Investments wird erhöht. Kommt man auf die Bedeutung des Entwicklungsstandes zurück, so ist bei zunehmendem Entwicklungsstand mit einem proportionalen Anstieg der positiven Effekte multinationaler Unternehmen zu rechnen.[67] Multinationale Unternehmen besitzen generell die Neigung, vor allem in entwickelten Staaten zu investieren, aus denen sie zum größten Teil auch stammen.[68] An Standorten, die als unterentwickelt gelten, werden bevorzugt reine Produktions- bzw. Montagebetriebe mit niedrigem Qualifikationsniveau und minimalen Verbindungen zur einheimischen Wirtschaft angesiedelt.[69] Irland gilt heute als Industrieland und Mitglied der "Ersten Welt", nach außen dokumentiert

---

67 Buckley, "Direktinvestitionen, Auswirkungen von", Sp. 290. Vgl. auch Jungnickel, Sp. 311 und die Ergebnisse von Plum, S. 251 u. S. 253.

68 Todaro, S. 528.

69 Vgl. auch Sanjaya Lall, "Transnational Corporations and Economic Development", Transnational Corporations and Economic Development, Hg. Sanjaya Lall, (London: Routledge, 1993), S. 1-27, hier S. 6.

durch die Mitgliedschaft in der OECD. Dies war jedoch nicht immer so. Zu Beginn der irischen Förderung ausländischer Unternehmen Ende der 50er Jahre waren die hohe Arbeitslosigkeit und die hohe Geburtenrate bei einer gleichzeitig starken Bedeutung der Landwirtschaft deutliche Indikatoren für eine niedrigere Entwicklungsstufe, die Buckley "intermediate development" nennt.[70]

Als dritter Punkt spielt die *Haltung der politisch Verantwortlichen gegenüber ausländischen Investoren* für die Effekte der multinationalen Unternehmen auf das Gastland eine große Rolle. Sieht man von der Extremposition einer reinen Blockadehaltung ab, die Direktinvestitionen unmöglich macht, und konzentriert man sich auf die Möglichkeiten der Selektion und Förderung von ausländischen Investoren, so ergeben sich auch hier, z.B. über die Wahl bestimmter Anreize, Einflußfaktoren auf die Effekte für die Volkswirtschaft des Gastlandes. Diese Anreize gehen über natürliche, per definitionem eben nicht durch den Staat beeinflußbare Standortvorteile hinaus. Klassische Anreize zur Gewinnung von multinationalen Unternehmen sind Steuervorteile oder die Subventionsgewährung. Darüber hinaus kann dem möglichen Investor aber auch bei der Wahl von geeigneten Immobilien geholfen bzw. es können bürokratische Hemmnisse verringert werden. In einer globalisierten Welt, mithin in einer Welt, in der Unternehmen immer internationaler und deswegen mobiler in ihren Standortentscheidungen werden, müssen Staaten auf ihre Wettbewerbsfähigkeit in Relation zu alternativen Standorten achten. Die Wettbewerbsfähigkeit von Standorten wird in dieser Arbeit definiert als Saldo der Standortvor- und -nachteile aus der Perspektive des jeweiligen potentiellen Investors.[71] Dessen Wünschen kommt ein Staat u.a. dann nach, wenn in eine Verbesserung der Berufsausbildung und der Transportinfrastruktur investiert wird oder durch den Wegfall von bürokratischen Hemmnissen Investitionen begünstigt werden. Den multinationalen Unternehmen fällt dabei eine besondere Rolle zu: sie sind - als mobile Investoren in räumlich inflexiblen Staaten - die Richter, die mit ihren Investitionsentscheidungen über die Güte der Standortpolitik der Staaten urteilen.[72]

Es stellt sich die Frage, wie der Staat das Verhalten des potentiellen Investors so beeinflussen kann, daß die hervorgerufenen Effekte auf das Gastland den wirtschaftspolitischen Erwartungen möglichst entsprechen. Bevor diese Frage beantwortet wird, kann schon hier festgehalten werden, daß die Determinanten der Effekte vielfältig sind und daher Generalisierungen über die Effekte multinationaler Unternehmen vermieden werden sollten. Jede Betrachtung von Direktinvestitionen muß die spezifische Aus-

70 Buckley, The Effect of Foreign Direct Investment on the Economy of the Irish Republic, S. 9.
71 Zur Wettbewerbsfähigkeit von Staaten vgl. Michael E. Porter, "The Competitive Advantage of Nations", Harvard Business Review, März-April 1990, S. 73-93.
72 John H. Dunning, Globalisation: The Challenge for National Economic Regimes, (Dublin: Economic and Social Research Institute (ESRI), 1993), S. 8.

gangssituation in einem Land und somit mindestens die oben genannten Determinanten berücksichtigen.[73]

C. Die Einflußmöglichkeiten des Gastlandes auf das Verhalten der multinationalen Unternehmen

Die bisherigen Erläuterungen haben verdeutlicht, daß die Verantwortlichen in den multinationalen Unternehmen und in den Gastländern eine unterschiedliche Zielsetzung verfolgen. Die Manager sind dafür verantwortlich, ihre Unternehmensziele zu erreichen. Dies läßt sich bei Unternehmen, die in mehreren Ländern operieren, nur über eine möglichst optimale Positionierung von Wertschöpfungsaktivitäten an den jeweils geeignetsten Standorten erreichen.[74] Das Gastland dagegen hat vor allem ein Interesse daran, daß der Investor in den Bereichen aktiv wird, die als besonders bedeutsam für die wirtschaftliche Entwicklung des Landes angesehen werden.[75] So macht es beispielsweise für einen multinationalen Konzern durchaus Sinn, eine ausländische Niederlassung aufzubauen, deren einziges Ziel die Montage von zuvor aus anderen Werken importierten Teilen ist. Die Überwindung von Zollschranken oder die Ausnutzung extrem niedriger Löhne kann so vorteilhaft sein, daß die durch den Aufbau der Niederlassung entstehenden Kosten weit überkompensiert werden. Für das Gastland bedeutet eine solche sogenannte "Screwdriver"-Anlage zwar neue Arbeitsplätze und zusätzliche Steuereinnahmen. Die Erwartungen bezüglich des Technologietransfers oder sonstiger Verbindungen zur einheimischen Wirtschaft dürften sich so aber nicht erfüllen. "MNEs and states are two systems, ..., each potentially useful to each other, yet each containing features antagonistic to each other."[76]

Die unterschiedlichen Interessenlagen der zwei Gruppen machen sich vor allem die politisch Verantwortlichen in den Gastländern nicht immer bewußt.[77] Die verschiedenen Ausrichtungen bedeuten jedoch nicht zwangsläufig einen Zielkonflikt. In der überwiegenden Zahl der Fälle hängt eine Entscheidung des Gastlandes, eine Investition

---

73 Sauvant/ Dunning, S. viii. Dies gilt auch für die Betrachtung von Effekten für die Herkunftsländer multinationaler Unternehmen.

74 "We must recognize that multinational corporations are not in the development business; their objective is to maximize their return on capital." Todaro, S. 527f. Selbstverständlich kann ein multinationales Unternehmen auch eine soziale Zielsetzung haben, die dann aber in der Regel als Teilziel gilt.

75 John Fayerweather, "Internationale(n) Unternehmung, Begriff der", Handwörterbuch Export und Internationale Unternehmung, Hg. Klaus Macharzina/ Martin K. Welge, (Stuttgart: Poeschel, 1989), Sp. 926-948, hier Sp. 936-937.

76 Raymond Vernon, "Sovereignty at Bay: Twenty Years After", Multinationals in the Global Political Economy, Hg. Lorraine Eden/ Evan H. Potter, (New York: St. Martin's Press, 1993), S. 19-24, hier S. 19.

77 In diesem Zusammenhang weist Schwendiman darauf hin, daß auch multinationale Unternehmen keine karitativen Organisationen oder Entwicklungshelfer sind, sondern sich in erster Linie den Gewinnzielen des Unternehmens verpflichtet fühlen. John S. Schwendiman, "The Multinational Corporation and the Host-Country Environment", Direct Foreign Investment: Costs and Benefits, Hg. Richard D. Robinson, (New York: Praeger, 1987), S. 185-200.

im Land zu gestatten bzw. gar gut zu heißen und aktiv zu unterstützen, von der Frage des Saldos von positiven und negativen Auswirkungen ab. Dieses Ergebnis kann beim gleichen Investitionsprojekt für jedes einzelne Gastland bzw. jeden Standort unterschiedlich ausfallen, abhängig von dessen spezifischer Interessenlage und Erwartungshaltung gegenüber multinationalen Investoren. Das obige Beispiel einer reinen Montage-Niederlassung klingt zunächst unattraktiv. Für Standorte hingegen, die unter hoher Arbeitslosigkeit bei niedrig Qualifizierten leiden, kann es sich dennoch um ein interessantes Investitionsobjekt handeln. Die Frage nach der Beurteilung der verschiedenen Effekte wird im nächsten Abschnitt aufgegriffen und beantwortet.

Zunächst konzentriert sich das Interesse auf zwei Forschungsfragen, die wie kaum ein anderes wirtschaftspolitisches Thema europäische Regierungen in diesem Jahrzehnt bewegt haben: wie läßt sich das Verhalten von multinationalen Unternehmen im Sinne des Standorts beeinflussen?[78] Daraus leitet sich unmittelbar die zweite Frage ab: was kann und darf eine Region von einem multinationalen Unternehmen erwarten?

Als das gegenwärtig akzeptierteste Modell zur Analyse der Beziehung von Gastland und multinationalen Unternehmen gilt das Verhandlungsmachtmodell.[79] Die Verhandlungsmacht beider Seiten hängt von drei Faktoren ab:

"- The value each side places on what the other has to offer
- The number of comparable alternatives available to each side
- Each party's time horizon."[80]

Der letzte Faktor gründet auf der bekannten Kaufmannsweisheit, daß jeder, der unter Druck, in diesem Falle Zeitdruck, handelt, und dieses den Verhandlungspartner merken läßt, Nachteile bei der Verhandlungsposition in Kauf nehmen muß. Der Wert, den jede Seite dem Angebot der Gegenseite beimißt, ergibt sich aus einer Sammelposition verschiedener Entscheidungsaspekte.[81] Er steht in engem Zusammenhang mit der Frage nach der Anzahl vergleichbarer Alternativen und deren exakter relativen Qualität.

Es ist die Zahl der relevanten Alternativen, die - im Zusammenhang mit den bisherigen

---

78 Dabei ist diese Frage zu trennen von der mit ihr eng verbundenen: wie schafft ein Staat es, daß sich multinationale Unternehmen für das Gastland überhaupt interessieren?

79 Stephen J. Kobrin, "Testing the Bargaining Hypothesis in the Manufacturing Sector in Development Countries", International Organization, Vol. 41, 1987, S. 609-638, hier S. 610.

80 Hill, S. 214. Es gibt zahlreiche andere Ansätze in der Literatur über die Verhandlungsmacht von Gastland und multinationalem Unternehmen. Der Ansatz von Hill wird hier aufgrund seiner Prägnanz gewählt. Für alternative Vorstellungen zum Thema Verhandlungsmacht siehe Buckley, "Direktinvestitionen, Auswirkungen von", Sp. 306; Theodore H. Moran, "Governments and Transnational Corporations", Governments and Transnational Corporations, Hg. Theodore H. Moran, (London: Routledge, 1993), S. 1-32, hier S. 4-6; Robert Z. Aliber, The Multinational Paradigm, (Cambridge, Mass.: MIT Press, 1993), S. 241ff. Dicken, 1992, S. 409-412.

81 So hängt die Verhandlungsposition nicht zuletzt davon ab, wie wichtig dem Staat die Ansiedlung ausländischer Firmen auch politisch gesehen ist oder um welche Investitionssummen es sich bei einem Projekt handelt. Die Firma wird bei ihrer Entscheidung berücksichtigen, wie wichtig das Gastland als Auftraggeber oder Rohstofflieferant ist. Ebenda, S. 411, mit Bezug auf Kobrin, 1987.

Erkenntnissen über multinationale Unternehmen betrachtet - spätestens in den 90er Jahren Verhandlungsnachteile für kleine, exportabhängige Gastländer wie die Republik Irland gebracht hat. Für multinationale Unternehmen sind generell alle im Zuge der Firmenstrategie denkbaren Standorte relevant. Die Manager müssen nicht unbedingt nur mit den Verantwortlichen auf nationaler Ebene verhandeln. Häufig wetteifern unterschiedliche Regionen des gleichen Staates miteinander um die Gunst von Investoren.[82] Auch auf kommunaler Ebene kann es zu einem Konkurrenzkampf kommen. Sollte dennoch kein Standort, z.B. in Europa, den Vorstellungen der Firma entsprechen, so kann im ungünstigen Fall eine Region außerhalb Europas als Standort in Erwägung gezogen oder auf das Projekt ganz verzichtet werden, um statt dessen die bisherigen Kapazitäten besser auszunutzen oder auszubauen.

Meist ist das nicht nötig. Die verschiedenen Staaten sind heute in der Regel sehr darauf bedacht, Investoren zufriedenzustellen. Betrachtet man die Determinanten der Verhandlungsmacht, so liegt das wiederum an der Frage der Alternativen. Prinzipiell ist die einzige Alternative zur Ansiedlung multinationaler Unternehmen die Förderung der einheimischen Wirtschaft. In Zeiten der wirtschaftlichen Krise oder von Phasen, in denen die einheimische Wirtschaft nicht in der Lage ist, alle von staatlicher Seite geäußerten wirtschaftspolitischen Ziele zu erfüllen, wird das Interesse an multinationalen Unternehmen größer. Diese simple Feststellung muß noch um ein weiteres Phänomen ergänzt werden.

Dunnings Theorie setzt voraus, daß das Unternehmen zum Schritt in die Internationalität besondere, sogenannte "unternehmensspezifische Vorteile" mitbringt. Anders formuliert: das Unternehmen muß besonders wettbewerbs- und leistungsfähig sein. Für Wirtschaftspolitiker bedeutet das, daß gerade die Hoffnungsträger der einheimischen Wirtschaft die Firmen sein werden, die im Laufe ihres Entwicklungsprozesses zumindest Teile der Wertschöpfungskette ins Ausland verlagern.[83] Dies liegt sowohl an marktbegründeten als auch an kostenorientierten Motiven (s.o.). Auch bei günstigsten Rahmenbedingungen wird also die heimische Wirtschaft zunächst einmal "geschwächt"[84], werden Arbeitsplätze verlagert, wird das Wachstum verringert. Um diese unvermeidlichen Entwicklungen zu kompensieren, müssen umgekehrt ausländische Investoren ins Land geholt werden. Im Terminus des hier angesprochenen Verhandlungsmachtmodells gesprochen: Es gibt für eine moderne offene Volkswirtschaft keine Alternativen zu Direktinvestitionen. Die Wahlmöglichkeit bezieht sich nur auf

---

82 So können ausländische Investoren in Großbritannien den scharfen Wettbewerb Schottlands, Englands, Nordirlands und Wales zu ihrem Vorteil und - im Fall erhöhter Subventionssummen - zum Nachteil des britischen Steuerzahlers nutzen. Vgl. Bailey/ Harte/ Sugden, S. 16f.

83 Eines der wenigen multinationalen Unternehmen irischer Herkunft, der Verpackungskonzern Jefferson Smurfit, hat den Schritt in die Internationalität aus diesen Gründen gewagt. Interview mit Michael Pettigrew, Group Secretary, Jefferson Smurfit Group, Dublin, am 11.4.1996 in Dublin.

84 Es handelt sich aber auch um eine "Stärkung" des heimischen Standortes, wenn bestehende Arbeitsplätze durch den Aufbau ausländischer Niederlassungen gesichert werden.

die Entscheidung zwischen verschiedenen Investitionsprojekten. Deren Anzahl bzw. der Faktor "Anzahl der Alternativen" ist abhängig von der Wettbewerbsfähigkeit des Staates.

Die Globalisierung der Märkte verstärkt diese Entwicklung. Hervorgerufen durch technische Revolutionen in der Kommunikations- und Transporttechnologie, die Triadenbildung[85] sowie die Liberalisierungsbestrebungen im Welthandel hat die Globalisierung für die Nationalstaaten tiefgreifende Konsequenzen. Die ökonomischen Konsequenzen sind mit denen für die Unternehmen eng verzahnt. Das Streben um Wettbewerbsfähigkeit in globalen Märkten zwingt die Firmen, Standortvorteile konsequent auszunutzen.

Die so entstandenen Größenordnungen sind immens. So wurden 1990 weltweite Direktinvestitionsströme in einer Höhe von 238 Milliarden US-$ gemessen.[86] Die Wachstumsraten der Direktinvestitionen lagen dabei deutlich über denen anderer ökonomischer Größen wie dem Bruttosozialprodukt und dem weltweiten Export in den 80er Jahren.[87] Jungnickel sprach schon 1989 von einer multinationalisierten Weltwirtschaft, in der die internationalen Wirtschaftsbeziehungen stärker durch die Auslandsproduktion der internationalen Unternehmen und konzerninterne Transaktionen geprägt seien als durch den traditionellen Außenhandel.[88]

Die Herausforderung für nationale Regierungen liegt in der Attraktion interessanter Investments durch multinationale Unternehmen, um die aus dem Land strömenden Direktinvestitionen zu substituieren bzw. idealerweise zu überkompensieren. Mit anderen Worten: Es entbrennt ein Wettbewerb der Staaten um einen ständig steigenden Pool von Direktinvestitionen und damit mittelfristig um den nationalen Wohlstand. Diese Erkenntnis ist in dieser krassen, alle Staaten der Erde umfassenden Form neu; das Phänomen führt vor allem in den wohlhabenden hochentwickelten Ländern zu Angstgefühlen. Einige Länder, darunter gerade auch Deutschland, bemerken das Absinken ihrer relativen Wettbewerbsfähigkeit, die im Negativsaldo zwischen herein- und herausströmenden Direktinvestitionen besonders deutlich wird. Zusätzlich zu absinkendem Wohlstand verzeichnen die Staaten einen schleichenden Verlust ihrer nationalen Autonomie bei der Wirtschaftspolitik. Sie registrieren, daß sie - mit ihrem im wesentlichen auf den nationalen Wirtschaftsraum beschränkten Einfluß - gegen die

---

85 Unter der Triade werden in dieser Arbeit die EU, die NAFTA und die ostasiatischen Staaten unter der wirtschaftlichen Führung Japans verstanden. Der Begriff Triade wurde vom ehemaligen Chef von McKinsey in Japan, Kenichi Ohmae, eingeführt. Vgl. Kenichi Ohmae, Macht der Triade, (Wiesbaden: Gabler, 1985).

86 IMF, Balance of Payments Statistics Yearbook, Part 1 and 2, (Washington: IMF, 1993); zitiert nach: Plum, S. 41.

87 United Nations Conference on Trade and Development, World Investment Report 1993, (New York: United Nations, 1993), S. 15.

88 Rolf Jungnickel, "Weltwirtschaft und internationale Unternehmung", Handwörterbuch Export und Internationale Unternehmung, Hg. Klaus Macharzina/ Martin K. Welge, (Stuttgart: Poeschel, 1989), Sp. 2232-2250. Für eindrucksvolle Zahlen über die Bedeutung der multinationalen Unternehmen für die Weltwirtschaft vgl. auch Czinkota/ Ronkainen/ Moffet, S. 356.

weltweit agierenden Unternehmen zunehmend ins Hintertreffen geraten.[89] Die multinationalen Unternehmen werden zunehmend zu Richtern über die Güte nationaler Wirtschaftspolitik im internationalen Vergleich. Unter der Prämisse, daß Wirtschaftspolitik vor allem die richtigen Rahmenbedingungen für wirtschaftliches Wachstum schaffen sollte[90], legen die multinationalen Unternehmen mit ihren Investitionsentscheidungen fest, wer gewinnt und wer verliert. Dabei kommt ihnen der harte Konkurrenzkampf der Nationalstaaten um Investoren zugute. Diese Entwicklung ist unumkehrbar und wird sich im Gegenteil noch weiter verschärfen.[91]

Betrachtet man nun wieder die Verhandlungsmachtdeterminanten des multinationalen Unternehmens und die staatlichen Einflußmöglichkeiten, so läßt sich festhalten: für geplante Direktinvestitionen, die überhaupt nur an einem oder sehr wenigen Standorten verwirklicht werden können, ist die Verhandlungsposition des Staates oder der Region relativ gut. Dies trifft z.B. für Projekte zur Ausbeutung bestimmter Rohstoffvorkommen wie Mineralöl, Erzen oder Holz zu.[92] Für Länder ohne bemerkenswerte Rohstoffvorkommen oder ohne einen aus Unternehmensperspektive strategisch bedeutsamen heimischen, gegenüber Exporten abgeschotteten Markt bedeutet dies umgekehrt eine geschwächte Verhandlungsposition. Innerhalb der EU-Staaten gilt dies vorwiegend für marktorientierte Direktinvestitionen, die generell in allen Staaten der EU durchgeführt werden können und damit zunächst für alle 15 Mitgliedstaaten interessant werden. Der Wettbewerb um diese Projekte kann dann so intensiv sein, daß das multinationale Unternehmen einen Standort gegen den anderen ausspielen kann. In Kapitel III werden solche Beispiele für Irland erläutert.

Welche Möglichkeiten zur Einflußnahme bleiben dem Gastland also noch, um die Vorteile der potentiellen Investments zu vergrößern und Nachteile zu verringern? Zunächst einmal ist festzuhalten, daß die eindeutigste Form die Verweigerung zur Erlaubnis für ein Investment ist.[93] Geht man jedoch davon aus, daß das Investment generell gewünscht wird, so ist nur der wettbewerbsfähige Staat mit günstigen Rahmenbedingungen in der Lage, Verhandlungsmacht auszuüben. Da die Schaffung natio-

---

89 Dies gilt z.B. in dem wichtigen Bereich der Fiskalpolitik.

90 Dies ist ein Hauptanliegen liberaler Wirtschaftspolitik. Es ist zu überlegen, ob nicht die "Wohlfahrt des Volkes" wichtiger ist.

91 Vgl. u.a. Susan Strange, "Big Business and the State", Multinationals in the Global Political Economy, Hg. Lorraine Eden/ Evan H. Potter, (New York: St. Martin's Press, 1993), S. 101-107, und im gleichen Buch Lorraine Eden, "Thinking Globally - Acting Locally: Multinationals in the Global Political Economy", S. 1-18, hier S. 9. Vgl. auch o.V., "Allein der Markt regiert", Der Spiegel, 23.9.1996, S. 80-95.

92 Es ist zu berücksichtigen, daß rohstoffabhängige Direktinvestitionen in ihrem relativen Anteil an den gesamten Direktinvestitionen immer stärker an Bedeutung verlieren.

93 Zum Thema staatlicher Verbote oder Beschränkungen durch Gastländer gegenüber multinationalen Unternehmen vgl. u.a. Moses Naim, "Government Regulation of Foreign Investment: Emerging Lessons from Latin America", Direct Foreign Investment: costs and benefits, Hg. Richard D. Robinson, (New York: Praeger, 1987), S. 41-67, hier S. 58-60; Thomas A. Poynter, "Managing Government Intervention: A Strategy for Defending the Subsidiary", Columbia Journal of World Business, Winter 1986, Vol. 21, S. 55-65.

naler Wettbewerbsvorteile oftmals langwierige Prozesse bedeutet, z.B. bei Verbesserungen des Qualifikationsniveaus der Arbeitskräfte durch Reformen des Bildungssystems, bleibt kleinen Gastländern oft keine andere Wahl, als Anreize zu gewähren.[94] Diese wirken in der Regel sofort und bestehen zum Beispiel in Form von Subventionen oder Steuervorteilen. Gewährt ein Land solche Vergünstigungen und sind diese entscheidend für die Wahl des Standortes, so sind andere Länder gezwungen nachzuziehen. Es kommt zu einem Effekt, den Stopford sehr bildhaft und zutreffend "dowry-chasing" nennt.[95] Andere nennen die Auswüchse schlicht "foreign investment wars".[96] Solche martialischen Bezeichnungen illustrieren die Härte des Wettbewerbs.[97]

Setzt man voraus, daß der Wettbewerb gewonnen wurde und daß der Investor - mit welchen Standortvorteilen auch immer gelockt - tatsächlich im Empfängerland investiert, so ändert sich die Verhandlungsmacht zugunsten des Empfängerlandes. Diese These vertreten zumindest die Repräsentanten des "Obsolescing Bargaining"-Modells, das 1971 von Raymond Vernon[98] entwickelt wurde und noch heute als wichtiges Denkgerüst gilt.[99] Vernon erklärt die sich mit zunehmendem Alter der Investition abschwächende Verhandlungsposition des Unternehmens mit dem Phänomen der "sunk cost". Sobald die Investition durchgeführt worden ist, sei das Unternehmen vom Wohlwollen des Gastlandes abhängig. Diese Vorstellung des "Obsolescing Bargain", auch heute noch in vielen Lehrbüchern als richtig dargestellt, hat gute 20 Jahre nach ihrer Entwicklung jedoch einige Kratzer bekommen. Das liegt an den durch die Globalisierung veränderten Prämissen bzw. Rahmenbedingungen. Zwar besteht die sunk cost-Problematik noch immer, allerdings führen die in vielen Branchen, vor allem in den als generell attraktiv empfundenen Hi-Tech-Sektoren, rasant verkürzten Produktlebenszyklen dazu, daß einmal getroffene Investitionsentscheidungen sehr viel schneller als noch vor 25 Jahren revidiert werden können. Ein Vertrauensverlust des Staates, z.B. durch Vertragsbrüchigkeit gegenüber einem Investor, würde bei der nächsten Investitionsentscheidung sehr viel schneller bestraft. Zudem würde sich eine solche

---

94 Vivien Walsh, S. 57, spricht von der besonders schwachen Verhandlungsposition kleiner, exportabhängiger Staaten gegenüber multinationalen Unternehmen.

95 Stopford, "European Practices and Policies", S. 79.

96 Vgl. Dennis J. Encarnation/ Louis T. Wells, Jr., "Competitive Strategies in Global Industries: A View from Host Governments", Competition in Global Industries, Hg. Michael E. Porter, (Boston: Harvard Business School Press, 1986), S. 267-290, hier S. 268.

97 Hill, S. 211f., gibt eine Reihe von Beispielen für die Konkurrenz von Staaten um Direktinvestitionen. Vgl. auch die Ausführungen in Kapitel III.D. über die irischen Bemühungen bei der Attraktion ausländischer Investoren.

98 Raymond Vernon, Professor of International Affairs Emeritus an der Harvard Universität, und noch immer einer der weltweit renommiertesten Wissenschaftler auf dem Gebiet der multinationalen Unternehmung und ihrer Beziehung zu Staaten, hat das Modell in seinem Buch "Sovereignity at Bay" erläutert. Raymond Vernon, Sovereignty at Bay: The MultinationalSpread of U.S. Enterprises, (New York: Basic Books, 1971). In einem Artikel aus dem Jahr 1993 blickt er auf die weltwirtschaftlichen Veränderungen zurück, die sich seit den frühen 70er Jahren ergeben haben, und die die heutige Gültigkeit seiner damals formulierten Thesen beeinflussen. Vgl. Vernon, "Sovereignty at Bay: Twenty Years After".

99 Kobrin, S. 610.

Verhaltensweise innerhalb einer Branche schnell herumsprechen. Einen Lichtblick für Gastländer stellt aber wenigstens die Feststellung dar, daß Investoren bei Zufriedenheit mit einem Standort im Verlauf der Zeit mehr hochqualifizierte Tätigkeiten ins Land bringen.[100] Allerdings hat dies nicht unbedingt etwas mit einer schlechteren Verhandlungsposition zu tun, sondern mit besseren Erfahrungswerten und einem somit als niedriger empfundenen Risiko.

Das Fazit dieses Subkapitels muß demnach lauten: in einer globalisierten Wirtschaftswelt ist die Verhandlungsmacht von Staaten gegenüber multinationalen Unternehmen geschwächt. Es geht mehr um ein "take-what-you-can-get" als um eine gezielte Suche nach passenden Investitionen. Die These von der verringerten Marktmacht der national agierenden Staaten gegenüber den multinational agierenden Investoren in einer globalisierten Welt ist nach den bisherigen Erläuterungen gerechtfertigt und in der neueren Literatur auch allgemein akzeptiert.[101] Ausnahmen bilden nur die Staaten, deren nationale Wettbewerbsfähigkeit so stark gegenüber anderen ist, daß sie unter einer großen Zahl potentieller Investoren die besten wählen können. Als Handlungsempfehlung läßt sich also für Staaten ableiten: Rahmenbedingungen schaffen, die multinationalen Unternehmen so attraktiv erscheinen, daß sie sich unbedingt dort niederlassen wollen. So wird durch größere Auswahl die Macht der staatlichen Seite aufgebaut, auch "nein" sagen zu können. Diese Aufforderung unterstützt die These, daß Gaststaaten nur die Ansiedlung multinationaler Unternehmen in den Branchen fördern sollten, in denen sie einen Wettbewerbsvorteil haben, der von Konkurrenten nur schwierig oder langfristig kopiert werden kann.[102] Nur durch die Schaffung eines optimalen Investitionsumfeldes mit entsprechenden Rahmenbedingungen bietet man die länderspezifischen Vorteile[103], die die Wettbewerbsfähigkeit garantieren.[104]

Ist die Möglichkeit zur Beeinflussung der Verhaltensweisen multinationaler Unternehmen beschränkt, so liegt es nahe, auch die Erwartungshaltung gegenüber den Niederlassungen der international operierenden Firmen einzuschränken. Welche Erwartungen gerechtfertigt sind, wie man die damit verbundenen Effekte messen kann und welche Grundlage für die Analyse und Beurteilung gewählt werden kann, wird im folgenden untersucht.

---

100 Lorraine Eden, "Bringing the Firm Back In: Multinationals in International Political Economy", Multinationals in the Global Political Economy, Hg. Lorraine Eden/ Evan H. Potter, (New York: St. Martin's Press, 1993), S. 25- 58, hier S. 51.

101 Vgl. u.a. den Aufsatz von Moran, den er in seiner Eigenschaft als Herausgeber eines Bandes der renommierten Reihe "United Nations Library of Transnational Corporations" veröffentlichte. Moran, S. 17ff.; Dicken, 1992, S. 412.

102 Diese Empfehlung des Verfassers wird u.a. unterstützt von Dunning in seinem neuen umfassenden Lehrbuch. John H. Dunning, Multinational Enterprises and the Global Economy, (Wokingham: Addison-Wesley, 1993), S. 548ff. Vgl. auch Plum, S. 253.

103 Vgl. Dunnings eklektische Theorie, vorgestellt in Kapitel II.A.

104 Eine reine Konzentration der Wirtschaftspolitik auf ideale Rahmenbedingungen birgt die Gefahr einer Vernachlässigung sozialer Interessen. Dieser Zielkonflikt ist aber hier kein Thema, da es allein um die Verhandlungsmacht zwischen Unternehmen und dem Staat geht.

D. Die Beurteilung und die Messung der Effekte

> "Few areas in the economics of development arouse so much controversy and are subject to such varying interpretations as the issue of the benefits and costs of private foreign investment."[105]

Bisher wurde vermieden, die angeführten Auswirkungen der Direktinvestitionen als positiv oder negativ zu klassifizieren.[106] Das obige Beispiel der "Screwdriver"-Anlage verdeutlicht, daß die Frage nach den Nutzen und Kosten immer nur aus Sicht des betroffenen Standortes beantwortet werden kann.[107] Dessen wirtschaftliche, politische und soziale Zielsetzungen bestimmen die Frage nach der Beurteilung der Effekte.[108] Jede Analyse sollte die Absichten des einzelnen Gastlandes berücksichtigen.[109] Problematisch kann es sein, diese Zielsetzungen und die Erwartungen gegenüber multinationalen Unternehmen zu erfassen. In dieser Arbeit werden zu diesem Zweck die wirtschaftspolitischen Publikationen der jeweiligen irischen Regierungen mit Bezügen zu Direktinvestitionen erläutert, analysiert und ausgewertet.[110]

Diese Zielsetzungen beziehen sich in der Regel nicht auf ein einzelnes Wirkungsfeld. Sie setzen sich häufig aus verschiedenen Bereichen zusammen. Für eine umfassende Beurteilung der Effekte multinationaler Unternehmen geht es eben auch um ein Abwägen und Saldieren der jeweils als negativ oder positiv empfundenen Wirkungen auf die volkswirtschaftliche Entwicklung.[111] Dabei gilt die Aussage von Louis T. Wells, Jr.[112], daß es nur sehr wenige Arbeiten gibt, die aufgrund von empirisch überprüfbaren Daten Gesamteffekte erarbeiten.[113]

Die Knappheit an solchen Studien hat Gründe. Ein wichtiger Grund ist die bereits angesprochene Datenmisere. In vielen Ländern lassen sich Effekte nicht messen, da kein hinreichendes Datenmaterial vorliegt. Einer der bekanntesten Wissenschaftler im Gebiet des International Business stellt fest: "Opinions proliferate, but rigorously con-

---

105 Todaro, S. 531.

106 Dicken formuliert die Frage pointierter: "Beauty or the Beast? The Costs and Benefits of Transnational Corporations". Dicken, 1992, Überschrift zu Kapitel 12, S. 387.

107 Moran, S. 2.

108 Allgemeine, ökonometrische Aussagen über vermeintlich immer positive Eigenschaften kann es nach Meinung des Verfassers nicht geben.

109 Vgl. z.B. Todaro, S. 535: "Clearly, any real assessment of the pros and cons of MNCs in development requires case studies of a given MNC in a specific country". Vgl. auch Plum, S. 257.

110 Vgl. Kapitel III.

111 Richard S. Eckaus, "A Survey of the Theory of Direct Investment in Developing Countries", Direct Foreign Investment: Costs and Benefits, Hg. Richard D. Robinson, (New York: Praeger, 1987), S. 111-130, hier S. 121.

112 Wells, Jr., ist Professor für Internationales Management an der Harvard Business School.

113 "... relatively little work has been undertaken to determine the overall impact of foreign investment based on macro data." Louis T. Wells, Jr., "Evaluating Foreign Investment: With Special Reference to Southeast Asia", Direct Foreign Investment: Costs and Benefits, Hg. Richard D. Robinson, (New York: Praeger, 1987), S. 17-39, hier S 17.

ducted empirical studies are still relatively scarce."[114] Lall spricht in diesem Satz indirekt einen weiteren wichtigen Aspekt an. So ist an dieser Stelle festzuhalten, daß die Form der Analyse und Beurteilung immer von der Position des Beurteilenden, seiner subjektiven Grundhaltung und dem Zeitgeist beeinflußt wird.[115] Dies gilt besonders für ein wirtschaftsrelevantes und für viele Staaten existentiell bedeutsames Thema wie die Präsenz multinationaler Unternehmen. Die vorliegende Arbeit bemüht sich vor dem Hintergrund eines marktwirtschaftlich geprägten Wirtschaftsverständnisses um ein nüchternes Abwägen der Fakten.[116]

Wissenschaftler, vor allem aber nationale Entscheidungsträger, neigen dazu, die Effekte multinationaler Unternehmen auf den Standort mit unrealistischen, einem wirtschaftspolitischen Idealbild entsprechenden Alternativen zu messen. Ein solches Ideal könnte sich durch eine große Anzahl von hochbezahlten und ausgiebig innerbetrieblich ausgebildeten Mitarbeitern, durch hohe Exportorientierung bei rein inländischen Zulieferbindungen und hohen steuerpflichtigen Gewinnen auszeichnen, ohne dabei Subventionen oder andere Vergünstigungen verlangt zu haben. Wer solche Erwartungen hat, gelangt somit fast zwangsläufig zu einem negativen Ergebnis über die Leistungen der tatsächlich angesiedelten multinationalen Unternehmen. Diese Haltung wird in der Literatur sehr bildhaft auch als "nirwana"-Ansatz bezeichnet.[117] Der nirwana-approach kommt fast unausweichlich zu einem enttäuschenden Ergebnis multinationaler Unternehmenspräsenz. Er wird deshalb gerne von Kritikern der internationalen Unternehmen verwendet.

Diese Kritik am "nirwana"-approach verlangt nach einer besseren Beurteilungsgrundlage der Effekte von multinationalen Unternehmen auf die Volkswirtschaft des Gastlandes. Bei der Suche nach einer solchen Alternative ist festzuhalten, daß alle Studien generell mit einem methodischen Problem zu kämpfen haben, das auch in dieser Arbeit nicht überwunden wird: das Fehlen einer nachvollziehbaren "Was-wäre-wenn-...?"-Alternative.[118] Die ideale Vergleichsgrundlage für die Auswirkungen ist die Frage, was wäre geschehen, wenn multinationale Unternehmen nicht in das Land gekommen

---

114 Lall, "Transnational Corporations and Economic Development", S. 1. Lall widerfährt die besondere Ehre, wie Moran (s.o.) als Herausgeber eines Bandes der United Nations Library of Transnational Corporations gewählt worden zu sein. Als Herausgeber der Gesamtreihe fungieren Karl P. Sauvant und John H. Dunning.

115 Eine interessante Einteilung ideologischer Perspektiven im Rahmen der Internationalen Politischen Ökonomie leistet Hill, S. 196ff. Er stellt in Übereinstimmung mit anderen Autoren fest, daß die Haltung von Staaten gegenüber ausländischen Unternehmen sich in den letzten 30 Jahren immer positiver entwickelt hat. Für eine grundsätzlich ähnliche, wenn auch anders bezeichnete Einteilung vgl. Moran, S. 2.

116 Dieses Bemühen spiegelt sich auch in der Wahl der genutzten Quellen und Darstellungen sowie der Wahl der Interview-Partner wider.

117 Frohmund Grünärml, "Entwicklungspolitik und multinationale Unternehmung", Handwörterbuch Export und Internationale Unternehmung, Hg. Klaus Macharzina/ Martin K. Welge, (Stuttgart: Poeschel, 1989), Sp. 452-468, hier Sp. 461.

118 Geoffrey Jones, The Evolution of International Business, (London: Routledge, 1996), S. 231-234.

wären? Ein solcher Vergleichsmaßstab ist, vor allem für einen längeren Betrachtungszeitraum, aber kaum wissenschaftlich fundiert rekonstruierbar.[119] Er ist folgerichtig auf Vermutungen aufgebaut, deren Richtigkeit weder zu beweisen noch zu widerlegen sind, und ist aus diesem Grund nicht hilfreich.

Kommt man zu dem Schluß, daß diese "counterfactual"-Situation als Beurteilungsalternative ausscheidet, so drängt sich der Vergleich der multinationalen Industrie mit der bestehenden einheimischen Industrie auf.[120] Für die politisch Verantwortlichen ist damit die korrekte Meßlatte gefunden, denn die extreme "Was-wäre-wenn-...?"-Situation ist diejenige, in der es nur einheimische Industrie geben würde. Dabei ist jedoch zu berücksichtigen, daß multinationale Unternehmen aufgrund ihrer Unterschiede zu solonationalen Betrieben zwangsläufig teilweise anders geartete Effekte im Gastland hervorrufen würden. Multinationale Unternehmen können bei der Entwicklung eines Gastlandes immer nur eine "second-best"-Alternative sein.[121] Aufgrund ihrer besonderen Charakteristika kann die Ansiedlung multinationaler Unternehmen langfristig die Entwicklung einer konkurrenzfähigen einheimischen Industrie nicht ersetzen.[122] Ist diese aber nicht oder nur bedingt vorhanden, so muß eine faire Bewertung der ökonomischen Effekte multinationaler Unternehmen durch den Vergleich mit der tatsächlichen Leistungsfähigkeit der existierenden einheimischen Industrie erfolgen.[123]

Der Vergleich mit der Industrie muß dann die spezifische Erwartungshaltung und die jeweiligen einheimischen nationalen Prioritäten berücksichtigen. Die Identifikation dieser Prioritäten kann in jeder Studie *normativ* vollzogen werden, indem der Wissenschaftler auf Basis seiner Untersuchungen solche nationalen Ziele vorgibt. Sinnvoller erscheint jedoch die vorangestellte *positive* Analyse der tatsächlichen wirtschaftspolitischen Ziele gegenüber multinationalen Unternehmen, der Gründe für diese Ziele und der zur Erfüllung der Ziele vom Gastland eingeleiteten Maßnahmen.[124]

Diese Vorstellungen und Anforderungen werden im Rahmen der hier vorgenommenen Untersuchungen berücksichtigt und integriert. Dagegen wurde die Option einer ökonometrischen Wirkungsanalyse verworfen. Zwar böte die Ökonometrie exakte Ergebnisse, jedoch müßten aufgrund der hohen Komplexität der Faktoren so viele

---

119 Lall, "Transnational Corporations and Economic Development", S. 4.

120 Ahiakpor macht deutlich, daß der volkswirtschaftliche Beitrag eines multinationalen Unternehmens am besten durch den Vergleich mit der Performance der einheimischen Unternehmen im gleichen Sektor vollzogen wird. James C.W. Ahiakpor, Multinationals and Economic Development, (London: Routledge, 1990), S. 29.

121 Dermot McAleese/ Anthoney Foley, "The Role of Overseas Industry in Industrial Development", Overseas Industry in Ireland, Hg. Anthoney Foley/ Dermot McAleese, (Dublin: Gill and Macmillan, 1991), S. 1-28, hier S. 2.

122 Michael P. Todaro, Economic Development in the Third World, 4. Aufl., (London: Longman, 1989), S. 480.

123 Dicken, 1986, S. 356; Ahiakpor, S. 29.

124 Es ist dann ex-post immer noch möglich, eventuell falsche oder unangemessene Erwartungen zu identifizieren.

simplifizierende Annahmen getroffen werden, daß die Aussagekraft der Resultate stark beeinträchtigt würde.[125] Eine Alternative stellte eine projektbezogene, soziale Kosten-Nutzen-Berechnung dar. Jedoch würde der immense Aufwand einer solchen Studie den Rahmen dieser Arbeit sprengen. Außerdem käme man dann zu Einzelbetrachtungen, die hier nicht gewünscht sind. Auch ein partialer Ansatz, der sich einen einzelnen Effekt, zum Beispiel die Beschäftigung, herausgreift, wäre interessant. Diese Arbeit aber ist explizit an der Bandbreite der aus irischer Sicht maßgeblichen Effekte interessiert. Das geht auf Kosten des Umfangs und der Analysetiefe in einzelnen Feldern, erlaubt jedoch gleichzeitig eher die Formulierung von wirtschaftspolitischen Empfehlungen und hat daher höhere praktische Relevanz.[126]

Für den Fall der Republik Irland und auf der Grundlage der hiermit abgeschlossenen Erörterungen über das Wesen der multinationalen Unternehmung und ihr Verhältnis zu Gaststaaten wird nun die Politik gegenüber multinationalen Unternehmen und den entsprechenden Erwartungen erläutert. Auf Basis dieser Erwartungen werden dann die einzelnen Effekte für die Republik gemessen und beurteilt. Es werden jene Effekte betrachtet, die in den Erwartungen Irlands eine exponierte Rolle spielen und gespielt haben. Die Beurteilung erfolgt dabei durch den Vergleich mit der einheimischen Industrie und der Erreichung nationaler Ziele und Erwartungen. Diese Ziele und Erwartungen werden unter anderem im nächsten Kapitel vorgestellt.

---

125 Vgl. auch Stephen Young/ Neil Hood/ James Hamill, Foreign Multinationals and the British Economy,
S. 63ff.

126 Young/ Hood/ Hamill, S. 64ff.

III. DIE IRISCHE POLITIK GEGENÜBER MULTINATIONALEN UNTERNEHMEN UND TRENDS IN DEREN ENTWICKLUNG

Nach der Erläuterung der theoretisch-konzeptionellen Grundlagen bietet dieses Kapitel einen historischen Abriß über die Entwicklung der irischen Industriepolitik[127] und der Erwartungshaltung gegenüber multinationalen Unternehmen. Parallel dazu wird die zunehmende Bedeutung dieser Unternehmen bis Ende der 60er Jahre beschrieben. Für den Zeitraum von den 70er bis zu den 90er Jahren geschieht dies in Kapitel IV. Abschließend wird - nach einer Erläuterung der Standortattraktivität Irlands in den 90er Jahren - kritisch analysiert, inwieweit theoretisch gerechtfertigte (s. Kapitel II) und in Irland tatsächlich gestellte[128] Erwartungen divergieren.

In diesem Abschnitt beschränkt sich die Erklärung bestimmter Entwicklungen wesentlich auf die wechselseitige Einflußnahme industriepolitischer und ökonomischer Effekte. Dem Verfasser ist bewußt, daß sowohl politische als auch ökonomische Entwicklungen das Ergebnis einer Vielzahl von Einflußfaktoren sind. Der lange Beobachtungszeitraum verhindert jedoch eine umfassendere Darstellung der Sachverhalte.

A. Die politischen Richtungswechsel bis zum Ende der 50er Jahre

Die irische Haltung gegenüber multinationalen Unternehmen muß vor dem Hintergrund der jeweilig herrschenden industriepolitischen Grundrichtung gesehen werden. Der Wechsel zum Freihandel Ende der 50er Jahre spielt dabei eine besonders wichtige Rolle, da die Veränderungen in dieser Phase die wirtschaftspolitische Grundhaltung der Republik Irland bis zum heutigen Tage bestimmen.

1. Die Zeit bis zum Ende des Protektionismus

In der Dekade nach Erlangung der Unabhängigkeit im Jahr 1922 war die irische Wirtschaftspolitik von einer "laissez-faire"-Haltung gekennzeichnet. Nach der politischen Teilung der Insel verblieben die wenigen industrialisierten Gebiete Irlands - vor allem Belfast und Umgebung - bei Großbritannien.[129] In der somit stark landwirtschaftlich geprägten Volkswirtschaft[130] Irlands gab es zwar Bestrebungen, das Land zu industria-

---

127 Wenn hier von Politik gesprochen wird, so richtet sich das nach dem englischen Begriff "policy", nicht nach "politics". Es geht also um Verfahrensweisen und Ziele, nicht um das Zustandekommen der Politik.

128 Die Erwartungshaltung Irlands wird aus den diesbezüglichen Stellungnahmen der irischen Regierungen sowie durch Interviews mit Experten ermittelt.

129 Kennedy, "Irish Enterprise in the 20th Century", S. 53. Prof. Kennedy ist der Direktor des Economic and Social Research Institute (ESRI), des wichtigsten irischen Wirtschaftsforschungsinstituts.

130 Nur 50.000 Menschen oder 5% der arbeitenden Bevölkerung waren 1922 in der Industrie beschäftigt, 1931 waren es gerade 61.900. John O'Hagan/ Kyran P. McStay, The Evolution of Manufacturing Industry in Ireland, (Dublin: Helicon, 1981), S. 12.

lisieren; abgesehen von der Einführung einiger weniger, niedriger Zölle direkt nach der Unabhängigkeit blieb die Industrie aber sich selber überlassen.

Zu einem drastischen Kurswechsel in der irischen Wirtschaftspolitik kam es ab 1932, als der neue Taoiseach[131] Eamon de Valera[132], unterstützt von seinem Minister für Industrie und Handel, Seán Lemass, nach der Regierungsübernahme durch Fianna Fáil eine rigide Protektionismuspolitik einleitete.[133] Die Gründe für den Wandel zum Protektionismus waren weniger ökonomischer als vielmehr politischer Natur.[134] De Valera und Lemass wollten nach Erlangung der politischen Unabhängigkeit vom übermächtigen Nachbarn Großbritannien auch die noch bestehende wirtschaftliche Abhängigkeit beendet sehen.

Einen wichtigen Bestandteil der nun eingeleiteten "Autarkie"-Politik[135] stellte der Versuch dar, eine "import-substituierende Industrialisierung" in Gang zu setzen[136]. Ziel dieser Bestrebungen war es, die stark agrarorientierte Volkswirtschaft[137] des Landes unter dem Schutz einer Vielzahl hoher Importzölle[138] und weiterer restriktiver Maßnahmen einer erfolgreichen Industrialisierung zu unterziehen.[139] Sie sollte bestmöglichen Ersatz für bislang durch Import beschaffte Produkte liefern und so das ökonomische Wachstum des Landes stimulieren.

Unterstützung durch ausländische Firmen war in diesem Industrialisierungsprozeß nicht vorgesehen. Ganz im Gegenteil war die Haltung der irischen Regierung gegen-

---

131 Die irische Bezeichnung für den Premierminister der Republik Irland.

132 De Valera gilt genau wie Seán Lemass als einer der bedeutendsten irischen Politiker des 20. Jahrhunderts. Steht der Name de Valera vor allem für den Konflikt mit Großbritannien, gilt Lemass - aufgrund seines Wirkens als Taoiseach ab Ende der 50er Jahre - als großer Erneuerer und Modernisierer. Für eine sehr aufschlußreiche und umfassende Biographie de Valeras vgl. Tim Pat Coogan, De Valera, (London: Arrow, 1993). Für die politische Rolle von Lemass ab Ende der 50er Jahre vgl. u.a. Dermot Keogh, Twentieth-Century Ireland: Nation and State, (Dublin: Gill & Macmillan, 1994), S. 243-294.

133 Schon 1928 verdeutlichte Seán Lemass vor dem Daíl seinen - damals noch protektionistischen - Standpunkt: "... we believe that Ireland can be made a self-contained unit...". Zitiert aus: James Meenan, The Irish Economy since 1922, (Liverpool: Liverpool University Press, 1970), S. 319.Latecomer S. 58;

134 Darüber besteht in der Literatur Übereinstimmung, jedoch muß auch der nach der Weltwirtschaftskrise europaweite Trend zum Protektionismus berücksichtigt werden. Vgl. Kieran A. Kennedy/ Thomas Giblin/ Deirdre McHugh, The Economic Development of Ireland in the Twentieth Century, (London: Routledge, 1988), S. 232.

135 "Autarkie" wurde als Übersetzung der englischen Bezeichnung "self-sufficiency" gewählt.

136 Tom Garvin, "Political Cleavages, Party Politics and Urbanisation in Ireland: the Case of the Periphery-Dominated Centre", European Journal of Political Research, Nr. 2, 1974, S. 307-327, hier S. 316.

137 So betrug 1936 der Anteil der Industrie an der Gesamtbeschäftigung nur 16,4%, während die Landwirtschaft 50,1% der Arbeitsplätze stellte. Central Statistics Office (CSO), The Trend of Employment and Unemployment 1986-1988, (Dublin: Stationery Office, Juni 1991), S. 13-14.

138 1937 wurden Zölle auf 1.947 Artikel erhoben, 1931 waren es gerade 68. Jonathan Haughton, "The Historical Background", Economy of Ireland: Policy and Performance, Hg. John W. O'Hagan, 6. Aufl., (Dublin: Irish Management Institute, 1991), S. 1-51, hier S. 33.

139 Frank Long, "Foreign Direct Investment in an Underdeveloped European Economy - The Republic of Ireland", World Development, Vol. 4, Nr. 1, 1976, S. 59-84, hier S. 60.

über multinationalen Unternehmen in dieser Phase ausgesprochen negativ. Den deutlichsten Ausdruck fand eine solche ablehnende Einstellung in einem bemerkenswerten Instrument des Protektionismus, dem Control of Manufacturers Act, der 1932/1934 Gesetzeskraft bekam und somit zu den ersten wirtschaftspolitischen Maßnahmen der neuen Regierung zählte. Das Gesetz schrieb bei den Eigentumsverhältnissen neugegründeter Unternehmen der irischen Industrie eine Mehrheitsbeteiligung in irischer Hand zwingend vor.[140] Damit beabsichtigte die irische Regierung, die ausländische, speziell britische Einflußnahme auf den Industriesektor zu beschränken. Diese rigide Form des "Economic Nationalism" machte ausländische Direktinvestitionen - die ja Kontrolle durch Mehrheitsbeteiligung implizieren - somit illegal. Auch wenn das Gesetz vom Ministerium für Industrie und Handel nur lax gehandhabt wurde[141], so drückte es doch deutlich die staatliche Ablehnung ausländischer Einflußnahme aus.

Die Auswirkungen der "import-substituierenden Industrialisierung" waren zweischneidig. Auf der positiven Seite muß festgehalten werden, daß im Zeitraum von gut 20 Jahren, bis Anfang der 50er Jahre, der Industriesektor deutlich expandierte (s. Tabelle 1). So ergab sich neben einem deutlichen Anstieg des Bruttooutputs[142] ein Anstieg in der industriellen Beschäftigung von 1931 bis 1951 um mehr als 100%, wenngleich der Anteil der Industrie an der Gesamtbeschäftigung immer noch gering blieb.[143]

Tabelle 1: Kennzahlen des Industriesektors, 1929 und 1951

	1929	1951
Beschäftigung	62.500	140.300
Bruttooutput (in Millionen IRP)[144]	53,9	267,3
Anteil des Exports am Produktionswert	44,6%	16%

Quelle: Eigentabelle; Daten aus: O'Malley, Latecomer[145], S. 57 u. 63.

140 John F. McCarthy, "Ireland's Turnaround: Whitaker and the 1958 Plan for Economic Development", Planning Ireland's Future: The Legacy of T.K. Whitaker, Hg. John F. McCarthy, (Dublin: Glendale Press, 1990), S. 11-73, hier S. 61.

141 Kennedy/ Giblin/ McHugh, S. 44. Haughton, S. 34. Eine Darstellung des Ausmaßes ausländischer Unternehmen trotz staatlicher Restriktion findet sich in Kapitel III.A.4.

142 Die Begriffe Output und Produktionswert werden in dieser Arbeit synonym verwendet.

143 23,2% (incl. Bergbau und Bauwesen) gegenüber 40,8% in der Landwirtschaft. CSO, The Trend of Employment and Unemployment 1986-1988, S. 13.

144 Nicht inflationsbereinigt; IRP steht für Irisches Pfund.

145 Eoin O'Malley, Industry and Economic Development - The Challenge for the Latecomer, (Dublin: Gill and Macmillan, 1989), S. 60; im folgenden: O'Malley, Latecomer.

Anfang der 50er Jahre waren aber auch die Nachteile der gewählten Strategie nicht mehr zu übersehen. Denn die Expansion der "import-substituierenden" Industrien ergab sich vor allem in einigen wenigen Sektoren, die sich auf die Produktion von Konsumgütern für den streng geschützten heimischen Markt beschränkten[146], z.B. bei Nahrungsmitteln, Textilien und der Schuhproduktion.[147] Der Investitionsgüterbereich, der anspruchsvolleres technisches Niveau, größeren Kapitalaufwand und insgesamt höhere Markteintrittsbarrieren erfordert hätte, zeigte dagegen kaum Fortschritte[148] und hatte auch wenig Aussicht auf Erfolg.[149] Das Wachstum innerhalb der Konsumgütersektoren war vor allem auf die künstliche Abschirmung des Binnenmarktes vor Importen zurückzuführen. Der fehlende Wettbewerb aus dem Ausland begünstigte die Entstehung einer unproduktiven, ineffizienten Industrie[150], die - weitgehend chancenlos auf Exportmärkten - sich auf die Produktion für den kleinen Binnenmarkt beschränken mußte, der wiederum eine für die internationale Konkurrenzfähigkeit notwendige effiziente Unternehmensgröße in vielen Fällen verhinderte.[151]

Die geringe Exportfähigkeit[152] (s. Tabelle 1) stand im Gegensatz zur ständig steigenden Nachfrage nach Importgütern; die Autarkiebestrebungen zeigten im Industriesektor nur sehr begrenzten Erfolg. Viele Unternehmen dieser Zeit wurden gar als reine Montagebetriebe importierter Einzelteile charakterisiert[153], und insbesondere der erhöhte Bedarf nach Investitionsgütern mußte nahezu komplett aus dem Ausland gedeckt werden. Da auch gesamtwirtschaftlich der Importbedarf im Konsumgütersektor konstant hoch blieb und die Exporte im Agrarsektor stagnierten[154], kam es zu einer chronisch negativen Handels- und Zahlungsbilanz.

Im Verlauf der 50er Jahre zeigte sich dann die langfristige Unzulänglichkeit einer

---

146 Desmond A. Gillmor, Economic Activities in the Republic of Ireland: A Geographical Perspective, (Dublin: Gill and Macmillan, 1985), S. 229-230.

147 CSO, Census of Industrial Production, keine weiteren Angaben. Zitiert nach: O'Malley, Latecomer, S. 56.

148 Indikator für das Fehlen von Technologiesektoren ist die Feststellung, daß nach 30 Jahren Protektionismus in den 60er Jahren so gut wie keine industrielle Forschung und Entwicklung stattfand. Research and Technology Survey Team to the Minister for Industry and Commerce, Science and Irish Economic Development, Band 1, (Dublin: Stationery Office, 1964), S. 68.

149 Patrick O'Farrell, Entrepreneurs and Industrial Change: The Process of Change in Irish Manufacturing, (Dublin: Irish Management Institute, 1986), S. 8; im folgenden: O'Farrell, Entrepreneurs.

150 Haughton, S. 35.

151 Dieser Prozeß wurde in der volkswirtschaftlichen Literatur zuerst von Albert O. Hirschmann, "The Political Economy of Import-Substituting Industrialisation in Latin America", The Quarterly Journal of Economics, Vol. XXXII, Nr. 1, 1968, S. 1-32, belegt.

152 Abgesehen von der Nahrungsmittelverarbeitung. O'Malley, Latecomer, S. 62.

153 Kieran A. Kennedy, "Industry: The Revolution Unfinished", Ireland in Transition, Hg. Kieran A. Kennedy, (Dublin: Mercier Press, 1986), S. 40-49, hier S. 40.

154 Eoin O'Malley, Industrial Policy and Development: A Survey of Literature from the Early 1960s to the Present, (Dublin: Stationery Office, Dezember 1980), S. 5; im folgenden: O'Malley, Survey of Literature.

protektionierten Volkswirtschaft in vollem Umfang: die zwanzigjährige Phase langsamer industrieller Expansion kam vollends zum Stillstand, und der kleine gesättigte Binnenmarkt bot keine Chancen für weiteres Wachstum. Die Erkenntnis, daß Wachstum durch Export aufgrund fehlender Konkurrenzfähigkeit[155] weitgehend unmöglich war, traf das Land um so härter, als der wirtschaftliche Aufschwung in den westeuropäischen Nachbarländern wesentlich durch den starken Anstieg der Industrieexporte ausgelöst wurde.[156] Auch die bis dahin geläufige Erhöhung der Staatsausgaben zur Ankurbelung der Nachfrage wurde durch die schwere Zahlungsbilanzkrise unmöglich.[157] Die dramatische Zahlungsbilanzproblematik führte im Gegenteil zu einer strengen Sparpolitik, die die Konjunktur noch weiter abschwächte.

Die Stagnation des Produktionswertes in den 50er Jahren fiel mit einem Rückgang in der industriellen Beschäftigung zusammen, die dann 1958 den niedrigsten Stand des Jahrzehnts erreichte. Eine Kompensation der seit langem zurückgehenden Beschäftigung im landwirtschaftlichen Sektor war damit nicht mehr möglich, so daß die Gesamtbeschäftigung stark fiel. Durch die hohe Arbeitslosigkeit erreichte die Zahl der Emigranten den höchsten Stand seit 70 Jahren.[158] Das Pro-Kopf-Einkommen der Iren sank auf den niedrigsten Stand in Westeuropa.[159] Die Schwere der Rezession und die fehlende positive Perspektive führten zum weitverbreiteten Gefühl einer nationalen Krise, die aufgrund des gleichzeitigen Nachkriegs-Booms bei den westeuropäischen Nachbarn um so härter empfunden wurde.[160]

2. Der Wechsel zu Outward-Looking Policies

Das Bewußtsein, daß die bisherige Politik keine Hoffnung auf Besserung bringen würde, leitete den Prozeß ein, der - nach dem Wechsel zum Protektionismus - eine

155 Ebenfalls zu berücksichtigen ist die Tatsache, daß die Protektion des heimischen Marktes Gegenmaßnahmen auf potentiellen Exportmärkten provozieren kann.

156 Brian Girvin, Between Two Worlds: Politics and Economy in Independent Ireland, (Dublin: Gill and Macmillan, 1989), S. 175.

157 Paul Bew/ Henry Patterson, Seán Lemass and the Making of Modern Ireland, (Dublin: Gill and Macmillan, 1982), S. 128.

158 O'Malley, Latecomer, S. 65; Von 1948 bis 1958 haben durchschnittlich 30.000 Menschen pro Jahr das Land verlassen. Mjoset, S. 270. Emigration ist ein Problem, das Irland stärker trifft als jedes andere Land der EU. Mit seinen historischen Wurzeln hat die Auswanderung zu viel Leid in den auseinandergerissenen Familien geführt. Nur in seltenen Fällen war die Emigration freiwillig. Vielmehr wurde sie vor allem durch wirtschaftliche Notlage und Aussichtslosigkeit der Bevölkerung verursacht. Die Höhe der Nettoemigration ist daher in Irland ein Indikator für die wirtschaftliche Lage der Republik und ein Gradmesser für die allgemeine Befindlichkeit. Neben den familiären Tragödien war und ist es aus volkswirtschaftlicher Sicht besonders bedenklich, daß häufig die hochausgebildeten, besonders ehrgeizigen jungen Leute das Land verlassen, nachdem sie jahrelang mit großem Aufwand in Irland ausgebildet wurden. Ardagh, S. 69.

159 McCarthy, S. 60. Das Durchschnittseinkommen 1956 war nur halb so hoch wie das Großbritanniens. 34 Jahre nach der Unabhängigkeit schmerzte diese Tatsache die Iren besonders. O'Malley, Latecomer, S. 78.

160 Ebenda, S. 65.

erneute radikale Kehrtwende in der Wirtschaftspolitik der Republik Irland hervorrief. Dieser neue Kurs bestimmt die Grundlagen der irischen Wirtschaftspolitik bis zum heutigen Tage. Das gilt auch für die grundsätzliche Haltung gegenüber der Ansiedlung multinationaler Unternehmen als Instrument irischer Industriepolitik.

Obgleich schon zuvor bedeutende Einzelmaßnahmen weg vom reinen Protektionismus durchgesetzt worden waren, wird die Veröffentlichung des Wirtschaftsreports "Economic Development"[161] im Jahre 1958 als eigentlicher Auslöser der Kehrtwende angesehen.[162] Die Analysen und Forderungen dieses Reports des Staatssekretärs im Finanzministerium, T.K. Whitaker, wurden gekürzt, aber inhaltlich nahezu unverändert in das unmittelbar darauf erschienene Regierungsprogramm (First)"Programme for Economic Expansion"[163] übernommen und bildeten damit die theoretische Grundlage der neuen Wirtschaftspolitik, der "Outward-Looking Policies". Statt der als gescheitert angesehenen Politik der Import-Substituierung forderte Whitaker im "Economic Development" als Lösung der drängenden ökonomischen Probleme des Landes das genaue Gegenteil: "export-led growth", langfristiges ökonomisches Wachstum durch den Verkauf irischer Produkte auf internationalen Märkten.[164] Der gesättigte Inlandsmarkt bot nach Ansicht des Staatssekretärs nicht mehr die Aussicht auf Wachstum.[165]

Großes Gewicht wurde bei dieser exportorientierten Strategie auf die Bedeutung der Industrie gelegt.[166] In einer immer noch landwirtschaftlich dominierten Volkswirtschaft[167] sollten gerade die industriellen Exporte deutlich ausgeweitet werden.[168] Dies

---

161 Secretary of the Department of Finance, Economic Development, (Dublin: Stationery Office, November 1958), im folgenden: Economic Development.

162 Dies entspricht der vorherrschenden Meinung in der ökonomischen Literatur Irlands. Vgl. Dermot McAleese, zum Beispiel in: "Industrial Policy and Performance in Ireland", A Competitive Future for Europe, Hg. Paul R. Beije et al., (London/ New York: Croom Helm, 1987), S. 146-177.; O'Hagan/ McStay, S. 23; O'Farrell, Entrepreneurs, S. 8; John Blackwell/ Eoin O'Malley, "The Impact of EEC Membership on Irish Industry", Ireland and the European Community, Hg. P.J. Drudy/ Dermot McAleese, (Cambridge: Cambridge University Press, 1984), S. 107-144, hier S. 109. Girvin, S. 192, dagegen sieht das Papier als vornehmlich psychologische Hilfe an.

163 Government of Ireland (GoI), Programme for Economic Expansion, (Dublin: Stationery Office, November 1958), im folgenden: GoI, Programme for Economic Expansion. Dieses Wirtschaftsprogramm war auf fünf Jahre angelegt und sollte dann nach Bedarf von weiteren gefolgt werden. Das geschah noch zweimal und wurde nach Veröffentlichung des "Third Programme" eingestellt. Für Einzelheiten zu diesem Thema siehe u.a.: John Bradley, "Economic Planning: Lessons of the Past and Future Prospects", Administration, Vol. 36, Nr. 1, 1988.

164 Economic Development, S. 4.

165 Ebenda, S. 13-14.

166 Genauer auf den "Manufacturing"-Sektor. Der englische Begriff "Manufacturing" entspricht der deutschen Definition einer "Industrie im engeren Sinn", also ausschließlich dem produzierenden Gewerbe. Herbert Baum, "Industrie", Vahlen's Großes Wirtschaftslexikon, Hg. Erwin Dichtl/ Otmar Issing, Bd. 1, (München: Beck u. Vahlen, 1987), S. 842. Der zur "Industry" zählende Bergbau sowie die in Irland wichtigere Stein- und Torfgewinnung sind also nicht gemeint. Wenn nicht ausdrücklich anders gekennzeichnet, wird im folgenden "Industrie" als Industrie im engeren Sinne verstanden.

167 Economic Development, S. 13.

168 GoI, Programme for Economic Expansion, S. 35.

entsprach der sich in den 50er Jahren durchsetzenden Erkenntnis, daß die Landwirtschaft in der zweiten Hälfte des 20. Jahrhunderts keine vorherrschende Quelle von Einkommens- oder Wachstumssteigerungen mehr darstellen könnte.[169] Aufgrund des Mangels an natürlichen Ressourcen schien vor allem die Ausweitung des produzierenden Gewerbes, mit seinen hohen Einkommen und arbeitsintensiven Produktionsprozessen, den meistversprechenden Sektor für ein langfristiges Wachstum in Output und Beschäftigung darzustellen.[170]

Heute ist das "Economic Development" - trotz vorausgegangener Einzelmaßnahmen - als Ausgangspunkt für eine neue Politik berühmt und anerkannt.[171] Die eigentliche Leistung besteht in der Entwicklung eines "coherent framework"[172] für die Neuausrichtung der irischen Wirtschaftspolitik.[173] Der "zusammenhängende Rahmen" für die geplante Export-Strategie bestand aus drei Hauptelementen:

- einem klaren Bekenntnis zum *Freihandel,*
- der Ausdehnung staatlicher *Exportanreize* für die verarbeitende Industrie und
- der aktiven *Förderung multinationaler Unternehmen*, solange diese zum industriellen Export beitragen würden.[174]

Das Bekenntnis zum *Freihandel* war stark von außen beeinflußt. Im Laufe der 50er Jahre entschieden sich immer mehr westliche Industrieländer, protektionistische Barrieren zu beseitigen und Freihandel einzuführen;[175] zudem zeichnete sich bereits die Errichtung einer europäischen Freihandelszone ab.[176] Irland sah sich zur Anpassung gezwungen, wollte es sich wirtschaftlich nicht weiter isolieren und damit Gefahr laufen, den Abstand zum Lebensstandard auf dem Kontinent noch zu vergrößern.[177] Der

---

169 Frances Ruane, "The Traded Sector: Industry", The Economy of Ireland: Policy and Performance, Hg. John W. O'Hagan, 6. Aufl., (Dublin: Irish Management Institute, 1991), S. 345-377, hier S. 346.

170 Ruane, "The Traded Sector: Industry", S. 346; P.J. Drudy, "From Protectionism to Enterprise: A Review of Irish Industrial Policy", Enterprise and the Irish Economy, Hg. Andrew E. Burke, (Dublin: Oak Tree Press, 1995), S. 71-92, hier S. 72.

171 Dies gilt auch für die große Verehrung, die dem inzwischen verstorbenen T.K. Whitaker in Irland entgegengebracht wird. Laut der "Irish Times", der führenden Tageszeitung Irlands, gilt Whitaker als "the architect of modern Ireland". Zitiert nach: Ardagh, S. 70. Ardagh vergißt jedoch auch nicht zu erwähnen, daß ohne den Aufstieg von Lemass zum Taoiseach die Vorstellungen Whitakers kaum durchsetzbar gewesen wären. Ebenda.

172 Kennedy, "Industry: The Revolution Unfinished", S. 41.

173 Im folgenden wird ausschließlich auf die den Industriesektor betreffenden Vorstellungen eingegangen. Doch behandeln "Economic Development" und das "First Programme for Economic Expansion" auch ausführlich die Landwirtschaft sowie den Dienstleistungssektor.

174 O'Malley, Latecomer, S. 72.

175 Kennedy, "Industry: The Revolution Unfinished", S. 41.

176 GoI, Programme for Economic Expansion, S. 7. Am 25.3.1957 wurde mit der Unterzeichnung der Verträge von Rom die Europäische Wirtschaftsgemeinschaft gegründet. Norbert Vanhove/ Geert Sanders, "The Single European Market: An Overview", The Single European Market and the Irish Economy, Hg. Anthony Foley/ M. Mulreany, (Dublin: Institiute of Public Administration, 1990), S. 27.

177 GoI, Programme for Economic Expansion, S. 7. Economic Development, S. 2.

dem Freihandel implizite, zügige Abbau der hohen Importzölle unterstützte bzw. erzwang[178] also eine konsequente Exportstrategie. Einerseits war es nur durch die Öffnung der eigenen Grenzen durchsetzbar, irischen Produkten den Markteintritt im Ausland zu ermöglichen; andererseits konnte nur durch die Konkurrenz mit ausländischen Produkten auf dem heimischen Markt ein effizienter Industriesektor aufgebaut werden, der sich auch auf den angestrebten Exportmärkten zu behaupten wüßte.[179] Die Gefahr eines Zusammenbruchs weiter Teile der wettbewerbsunfähigen Industrie wurde von Regierungsseite erkannt, jedoch hingenommen, da langfristig die Entstehung neuer Produktionszweige sinnvoller erschien.[180] Um das Risiko für die bestehende Industrie abzumildern, sollten in einigen als überlebensfähig angesehenen Sektoren für eine Übergangszeit noch Zölle aufrechterhalten werden.[181]

Als staatliche Langzeitmaßnahme für die Ausrichtung hin zum Export sollten großzügige finanzielle *Exportanreize* wirken.[182] Im Verlauf der 50er Jahre wurden bereits eine ganze Reihe von Einzelmaßnahmen getroffen. Noch im Rahmen einer protektionistischen Politik durchgesetzt, entsprachen diese eher der immer dringlicheren Notwendigkeit einer Ausweitung der Exporte zur Abmilderung der Zahlungsbilanzkrise als einer langfristig exportorientierten Strategie. Nichtsdestotrotz stellten diese Anreize nachträglich bedeutende Instrumente der neuen Politik dar.[183] Nicht als exportfördernd, sondern generell zur Ausweitung des industriellen Sektors gedachte Maßnahmen waren schon 1952 begonnen und 1956 ausgeweitet worden.[184] Spezielle Förderung der Exporttätigkeit ergab sich dann seit 1956 im *Finance Act*, der eine 50%ige Steuererleichterung für die Exportgewinne vorsah, die über denen des Vorjahres lagen. 1958 wurde diese Steuererleichterung für Exportumsätze auf 100% angehoben, und zusätzlich wurden beschleunigte Abschreibungsmöglichkeiten beschlossen.[185]

---

178 Je nachdem, ob man die Outward-Looking Policies als innenpolitisch hilfreich oder als von außen erzwungen ansieht.

179 GoI, Programme for Economic Expansion, S. 8.

180 T.K. Whitaker, "From Protection to Free Trade - The Irish Experience", Administration, Vol. 21, Nr. 4, keine weiteren Angaben. Zitiert nach: O'Malley, Survey of Literature, S. 16.

181 Tatsächlich kam es erst Mitte der 70er Jahre, nach dem Beitritt Irlands zur EG, zu einem umfassenden Abbau von Importzöllen. Vgl. Kapitel III.C.

182 Außerdem sollten sie kurzfristig die Umstellung auf den internationalen Wettbewerb erleichtern.

183 Exportanreize sollten zudem die Konkurrenz irischer Produkte untereinander auf dem inländischen Markt mildern oder zumindest nicht verstärken.

184 Die Subventionsgewährung wurde in diesen Gesetzen sehr großzügig ausgelegt. Der "Underdeveloped Areas Act" von 1952 förderte die unterentwickelten Regionen des Westens mit Subventionen, die bis zu 50% der Kosten für Maschinen und Ausrüstung und bis zu 100% der Kosten für Grundstücke, Gebäude sowie die Aus- und Weiterbildung der Arbeiter übernahmen. Der "Industrial Grants Act" von 1956 ermöglichte die Übernahme von bis zu zwei Dritteln der Kosten für industrielle Gebäude und Land auch außerhalb der unterentwickelten Regionen. O'Malley, Survey of Literature, S. 88ff.

185 Ebenda.

3. Die Erwartungen gegenüber zukünftigen multinationalen Unternehmen

Der Wunsch nach einer aktiven Ansiedlungsförderung ausländischer Unternehmen in der irischen Industrie ergibt sich als Konsequenz der genannten Forderungen. Nur so läßt sich verstehen, daß dieser Vorstellung - nach 36 Jahren eines gesetzlichen Verbots genau solcher Ansiedlung - kein schwerwiegender Widerstand entgegengesetzt wurde.

Die Entscheidung für den Freihandel, also die Konkurrenz mit Weltmarktprodukten im Import wie im Export, allein auf Grundlage des Agrarsektors und der weitgehend ineffizienten irischen Industrie hätte zu einem totalen ökonomischen Desaster in der schwer angeschlagenen irischen Wirtschaft geführt.[186] Der Niedergang einiger alter Industrien wurde als unvermeidlich angesehen. Um dies zu kompensieren, waren bedeutende Investitionen zur Erschließung neuer Industriezweige nötig.[187] Zudem konnte durch neue Investitionen aus dem Ausland kurzfristig die schwere Zahlungsbilanzkrise gemildert werden. Die ausgeblutete irische Wirtschaft[188] allein war dazu nicht in der Lage; der Staat befand sich in großen finanziellen Schwierigkeiten.[189] Für die Strategie aber mittel- und langfristig bedeutsamer als eine reine Kapitalzufuhr war die Ansiedlung multinationaler Unternehmen zur Schaffung neuer Arbeitsplätze in modernen, konkurrenzfähigen Industriezweigen.[190] Rückblickend beschreibt Whitaker deutlich, wie sehr die Arbeitslosigkeit an den Kräften des Landes zehrte und die Entscheidung der Planer zugunsten multinationaler Unternehmen beeinflußte:

> "At last it seemed more sensible to attract foreign industry here rather than watch tens of thousands of young persons leave Ireland every year to work for the multinationals overseas."[191]

Eine dominante Rolle multinationaler Unternehmen war jedoch weder im Regierungsprogramm noch im "Economic Development" vorgesehen. Vielmehr sollte sich langfristig - durch die Initialhilfe und im Windschatten der know-how-trächtigen und exporterfahrenen Ausländer[192] - eine international erfolgreiche *irische* Industrie entwickeln.

Die Vorstellungen des dem Parlament vorzulegenden Regierungsprogramms waren

---

186 Diese Ansicht vertritt Whitaker in einem Artikel, der mit deutlichen Worten rückblickend auf die Situation Ende der 50er Jahre eingeht. T.K. Whitaker, "Economic Development 1958-85", Ireland in Transition, Hg. Kieran A. Kennedy, (Dublin: Mercier Press, 1986), S. 10-18, hier S. 12.

187 GoI, Programme for Economic Expansion, S. 34 u. S. 44.

188 Die privaten Sparguthaben und Kapitalinvestitionen waren 1958 auf den niedrigsten Stand seit der Republikgründung zurückgegangen. Kennedy, "Industry: The Revolution Unfinished", S. 40.

189 Bew/ Patterson, S. 121. Daher wurde auch eine grundsätzlich stärkere Investitionstätigkeit des Privatsektors eingefordert, einschließlich ausländischer Investoren. GoI, Programme for Economic Expansion, S. 8.

190 Economic Development, S. 218.

191 Whitaker, "Economic Development 1958-1985", S. 12.

192 "Foreign Industrialists will bring skills and techniques we need...". Economic Development, S. 218.

vorsichtig formuliert: "...we must be prepared to welcome foreign participation, financial and technical, in new industrial activities aimed at exports."[193] Die Forderung nach gezielter Werbung für den Standort Irland - wie im "Economic Development" vorgesehen[194] - wurde nicht übernommen, jedoch war die Regierung darauf vorbereitet, "... weitergehende Maßnahmen zu überdenken, falls sich die Bestimmungen des Industrial Development Act 1958 als unangemessen erweisen."[195]

Dieses Gesetz, bereits kurz vor Veröffentlichung des "Economic Development" verabschiedet, hob die Restriktionen des *Control of Manufacturers Act* aus dem Jahr 1932 (s. Kap. III.A.1.) weitgehend auf. Wie bei den Exportanreizen war so bereits durch den *Industrial Development (Encouragement of External Investment) Act*, so der volle Name, ein wichtiger Schritt hin zur politischen Realisierbarkeit getan. Das Gesetz erlaubte auf ministerielle Anweisung hin ausländische Mehrheitsinvestitionen, solange diese in neue, exportorientierte Industrien flossen. Jedoch war der Industrial Development Act mehr ein Verzicht auf bestehende Verbote als eine "Ermutigung"[196], auch wenn es - ohne ausdrückliche Erwähnung im Gesetz - rechtlich die Gleichstellung multinationaler Unternehmen und der irischen Industriebetriebe bei den Exportanreizen ermöglichte.[197] Durch die Einbindung in die Gesamtstrategie bekam die Entscheidung des Parlaments für den Industrial Development Act somit eine neue Qualität.[198]

Dem neuen "Programme for Economic Expansion" als Gesamtpaket der angeführten Veränderungen stimmten im Daíl alle Parteien zu.[199] Die gesamtparteiliche Zustimmung für einen so radikalen Wandel der Wirtschaftspolitik wurde mit der überwältigenden wirtschaftlichen Notlage begründet.[200] Daß damit jedoch auch die neue politische Haltung gegenüber multinationalen Unternehmen genehmigt wurde, war überraschend, spielten doch seit den 30er Jahren auch nationalistisch-persönliche Gründe eine große Rolle bei der bis dahin vorherrschenden Ablehnungshaltung.[201] Das

193 GoI, Programme for Economic Expansion, S. 36.

194 "Continous and widespread publicity abroad is essential to attract them." (= foreign industrialists, der Verfasser). Economic Development, S. 218.

195 GoI, Programme for Economic Expansion, S. 37. Deutsche Übersetzung durch den Verfasser. Diese Passage, die auch in der Literatur nur selten erwähnt wird, ermöglicht den Standpunkt, daß die tatsächliche Regierungshaltung gegenüber multinationalen Unternehmen wesentlich positiver war als offiziell dargestellt.

196 Dem entsprach der bis zur zweiten Lesung im Daíl bestehende Name "Control of Manufacturers (Amendment) Bill". Bew/ Patterson, S. 123-124.

197 Peter J. Buckley, "Some Aspects of Foreign Private Investment in the Manufacturing Sector of the Economy of The Irish Republic", The Economic and Social Review, Vol. 5, Nr. 3, April 1974, S. 301-321, hier S. 302; im folgenden: Buckley, "Some Aspects".

198 Siehe das obige Zitat aus: GoI, Programme for Economic Expansion, S. 37.

199 Bew/ Patterson, S. 66.

200 Zudem übten auch die Medien keine bedeutende Kritik. McCarthy, S. 58-59.

201 Dies beruhte auf der Angst vor einer ökonomischen Abhängigkeit von England. Noch 1957 warnte Seán Lemass vor der "Gefahr durch die Ansiedlung großer internationaler Kartelle". Über die innenpolitischen Streitigkeiten zum Thema Foreign Capital, die sich insbesondere vor der Ratifizierung des Control of Manufacturers (Encouragement of External Investment) Act

läßt den Schluß zu, daß die diesbezüglichen Konsequenzen des Regierungsprogrammes nur wenigen bewußt schienen und die Parlamentarier von einer nur gemäßigten zukünftigen Bedeutung ausländischer Unternehmen in Irland ausgingen. Zusammen mit den zwingenden ökonomischen Vorteilen, die eine Einbindung multinationaler Unternehmen in die Gesamtstrategie erwarten ließen, wurde so die breite Zustimmung möglich.[202] Von einer Konzentration der neuen Strategie auf Erfolge bei der Ansiedlung multinationaler Unternehmen bereits zu diesem Zeitpunkt kann nicht gesprochen werden; Ende der 50er Jahre war eine solche Haltung politisch nicht opportun.[203]

4. Die damalige Bedeutung multinationaler Unternehmen

Die nur gemäßigt positive Erwartungshaltung gegenüber ausländischen Unternehmen und deren Begrenzung auf exportorientierte Industrieunternehmen lassen sich auch durch die bisherigen Erfahrungen des Landes mit ausländischen Unternehmen während des Protektionismus begründen. Zwar liegen keine offiziellen Informationen zum Ausmaß und zu den Aktivitäten multinationaler Unternehmen in dieser Zeit vor[204], es existieren jedoch einige Hinweise. So ergab eine Umfrage des "Committee on Industrial Organisation" (CIO)[205], daß im Zeitraum 1960/61 von 22 untersuchten Sektoren fünf mehrheitlich unter ausländischer Kontrolle standen.[206] Über solche Daten herrscht Dissens[207]; allgemein akzeptiert ist jedoch die Tatsache, daß ausländischen, speziell britischen Unternehmen während der Phase des Protektionismus trotz der auferlegten Reglementierungen große Bedeutung in der irischen Industrie zukam.[208] Sie entgingen

---

entluden, und die ambivalente Rolle von Seán Lemass siehe u.a. Bew/ Patterson, Kapitel 5, S. 119-144; Girvin, S. 169-201.

202 Diese These des Verfassers wurde in einem Interview befürwortet von Dr. Michael Gallagher, Lecturer in Political Science, Trinity College, Dublin, am 23. April 1996.

203 Als Beispiel dafür, wie stark die Vorbehalte gegenüber ausländischen Investoren bei einigen Abgeordneten noch waren, zitiert Jacobsen aus einer Rede im Dail vom 15. März 1961, in der ein nicht namentlich genannter Abgeordneter die ausländischen Investoren als "... a few Japs, a few Jews, or a few Negroes..." bezeichnete, die irische Subventionen in Anspruch nähmen, ohne daß das irische Volk Nutzen daraus zöge: "I warn the minister that they will pack their bags tomorrow or the day after and clear off...". John Kurt Jacobsen, Chasing Progress in the Irish Republic, (New York: Cambridge University Press, 1994), S. 77.

204 Die Unterlagen der zuständigen IDA bleiben für jedwede Veröffentlichung verschlossen, "due to their sensitive nature". Girvin, S. 231. Ohne Angabe von Gründen verweigerte auch Finbar Tumelty, der bei Forfás u.a. für die Kontakte mit externen Wissenschaftlern zuständige Mitarbeiter, den Zugang zu den betreffenden Dokumenten. Telefonat mit Finbar Tumelty, 3. April 1997.

205 Das CIO wurde im Zuge der Freihandelsoffensive Irlands gegründet und sollte helfen, die irische Wirtschaft auf den freien Wettbewerb vorzubereiten.

206 Catherine Brock, "The CIO Industrial Survey", Journal of the Statistical and Social Inquiry Society of Ireland, Vol. 21, Nr. 2, 1964, S. 176-188, hier S. 183, 187.

207 Ohne selber exakte Werte anzugeben, spricht Dermot McAleese, "Ireland in the World Economy", Ireland in Transition, (Dublin: Mercier Press, 1986), S. 19-30, hier S. 21, von einem "deutlich niedrigeren" Anteil.

208 Kennedy, "Industry: The Revolution Unfinished", S. 40: "There was a sizeable minority of foreign establishments...".

dem *Control of Manufacturers Act* durch Lizenzabkommen und "Joint-Ownership"-Vereinbarungen oder einfach durch - in "bemerkenswertem Umfang"[209] erteilte - ministerielle Ausnahmeregelungen.[210] Weil sie durch die Abschottung des traditionell als Heimmarkt angesehenen Irland am stärksten betroffen waren[211] und nur geringe logistische Schwierigkeiten beim Aufbau neuer Fabriken zu bewältigen hatten[212], versuchten vor allem britische Unternehmen in den 30er und 40er Jahren, die Importzölle durch die teilweise Verlagerung von Produktionsstätten nach Irland zu umgehen. Die Erhaltung Irlands als Absatzmarkt motivierte diese Unternehmen, nicht etwaige Vorteile der Republik als Produktionsstandort.

Folgerichtig handelte es sich bei den multinationalen Unternehmen während des Protektionismus im wesentlichen um Produktionsbetriebe zur Herstellung von Konsumgütern ohne hohen technischen Anspruch sowie hochwertiger Nahrungsmittel.[213] Sie standen daher also oft in Konkurrenz zu den heimischen Produzenten und hatten wenig oder gar keine Exportneigung.[214] Vielen war der Export gar ausdrücklich verboten, da die Muttergesellschaften diese Aufgabe selber abdeckten.[215] Diese Betriebe standen damit den Zielen des "Programme for Economic Expansion" entgegen. Die wunschgemäßen exportorientierten multinationalen Industrieunternehmen stellten denn auch ein Phänomen dar, das sich erst in den 50er Jahren weltwirtschaftlich durchsetzte.[216] Begünstigt durch lange Boom-Jahre und den weltweiten Abbau protektionistischer Schranken suchten insbesondere amerikanische Großunternehmen zunehmend attraktive ausländische Produktionsstandorte zur besseren Belieferung der überseeischen Märkte.[217]

---

209 Kieran A. Kennedy, "Economic Development and the Entrepreneurial Environment", Economic Performance in Two Small European Economies: Ireland and Austria Compared, Hg. Alan Matthews/ Eda Sagarra, (Dublin: Trinity College, Departments of Economics and German, März 1988), S. 108-124, hier S. 116. Im folgenden: Kennedy, "Economic Development".

210 Ebenda; O'Malley, Latecomer, S. 63. Keiner der beiden Autoren liefert eine Begründung für diese Ausnahmen. Kennedy erläutert jedoch in einem jüngeren Beitrag, daß sich wegen des Mangels an technischem und unternehmerischem Know-how in Irland bei der Führung von Großbetrieben die irischen Regierungen gezwungen sahen, Ausnahmeregelungen für britische Unternehmen zu gewähren, um in einigen Branchen Lieferengpässe zu vermeiden. Kennedy, "Irish Enterprise in the 20th Century", S. 56.

211 O'Malley, Latecomer, S. 63.

212 Ebenda, S. 162.

213 Nick Garnett, "Changes on the Way", Ireland: Financial Times Survey, 24. September 1987, S. 3. O'Malley, Latecomer, S. 163.

214 Diese Charakterisierung, auch den überwiegend britischen Ursprung der multinationalen Unternehmen betreffend, ist, wenn nicht exakt belegt, so doch allgemein anerkannt und stammt von O'Malley, u.a. veröffentlicht in: Eoin O'Malley, "Multinational versus Indigenous Industry in the Republic of Ireland", Unfamiliar Territory - The Reshaping of European Geography, Hg. Michael Hebbert/ Jens Christian Hansen, (Aldershot: Avebury, 1990), S. 55-72, hier S. 55; im folgenden: O'Malley, "Multinational versus Indigenous".

215 Kennedy, "Economic Development", S.116.

216 O'Malley, Latecomer, S. 82.

217 Dunning, International Production and the Multinational Enterprise, S. 266.

B. Die Zeit bis zum Ende der 60er Jahre

Im folgenden werden die staatlichen Maßnahmen erläutert, die der Ansiedlung multinationaler Unternehmen dienten. Kapitel III.B.2. untersucht dann die Erfolgswirksamkeit dieser Maßnahmen.

1. Die politischen Maßnahmen

Die Durchsetzung der Ziele des "Programme for Economic Expansion" und damit auch der Ansiedlung multinationaler Unternehmen wurde von der irischen Regierung mit großer Konsequenz verfolgt. Im Interesse einer allgemeinen Ausweitung des Industriesektors wurden die bereits bestehenden finanziellen und steuerlichen Hilfen weiter ausgebaut. Der *Industrial Grants Act* von 1959 ermöglichte eine Übernahme von bis zu 100% der Kosten für Gebäude und Grundstücke bei neuen Industrieprojekten in unterentwickelten Regionen; 1963 wurden diese Hilfen, die auch in abgemilderter Form für Maschinen gewährt wurden, auf das ganze Land ausgedehnt.[218] Der *Finance Act* von 1960 verlängerte die bereits 1958 beschlossene 100%ige Steuerbefreiung für Exportgewinne von zehn auf fünfzehn Jahre.[219]

Um die Hilfsmaßnahmen zu implementieren, wurde eine ganze Reihe staatlicher Institutionen ins Leben gerufen. Zusätzlich wurden bestehende Organisationen mit neuen Aufgaben betraut. Letzteres traf auf die Industrial Development Authority (IDA) zu. Seit ihrer Gründung 1949/50 sollte sie für eine allgemeine Ausweitung der industriellen Basis sorgen; nach 1958 wurde diese Behörde auch mit der Attraktion ausländischer Investoren betraut.

Die Ansiedlungsstrategie der IDA konzentrierte sich zu Beginn der 60er Jahre auf arbeitsintensive Industriezweige[220], um so dem dringlichsten Problem des Landes, der Arbeitslosigkeit und der damit verbundenen Emigration, Herr zu werden. Potentiellen Investoren konnte die IDA eine hohe Verfügbarkeit von englischsprechenden[221] Arbeitskräften zu niedrigen Lohnkosten garantieren. Diese Vorteile und vor allem die in Europa damals einzigartige Großzügigkeit der finanziellen und steuerlichen Anreize[222] sollten überzeugende Argumente für Investoren darstellen und die Nachteile der peripheren Lage und des einschränkenden Wunsches nach reiner Export-Orientierung ausgleichen.

---

218 So bestimmten es der Underdeveloped Areas (Amendment) Act und der Industrial Grants (Amendment) Act. O'Malley, Survey of Literature, S. 89.

219 Ebenda. Dieser ungewöhnlich großzügige fiskale Exportanreiz wird als "Export Profits Tax Relief" (EPTR) bezeichnet.

220 Jim Fitzpatrick, "Foreign Investment in the Republic of Ireland", Multinational Business, Winter 1987, S. 1-12, hier S. 3.

221 Speziell wichtig für die amerikanischen und britischen Unternehmen.

222 Dermot McAleese, "Capital Inflow and Direct Foreign Investment in Ireland 1952 to 1970", Journal of the Statistical and Social Inquiry Society of Ireland, Vol. XXII, Part IV, 1971/72, S. 61-99, hier S. 86. Im folgenden: McAleese, "Capital Inflow".

Die neue Strategie erwies sich von Beginn an als äußerst erfolgreich.[223] Die neuangesiedelten multinationalen Unternehmen hatten starken Anteil am Wirtschaftswachstum von 4,5% per annum und einer Verdoppelung der Industrieexporte im Zeitraum von 1959 bis 1963.[224] Diese Zahlen übertrafen deutlich die als optimistisch angesehenen Erwartungen des "Programme for Economic Expansion" von 2,5% Wachstum pro Jahr. Der in der Bevölkerung materiell spürbare Aufschwung[225] brachte neues Selbstvertrauen und erleichterte die weitere Implementierung der Outward-Looking Policies.[226] Aus heutiger Sicht werden vor allem die frühen 60er Jahre auch die "Lemass-Era" genannt, bezeichnet nach dem verantwortlichen Premierminister Sean Lemass.[227] Die Lémass-Era steht neben einem bis dahin unbekannten dauerhaften wirtschaftlichen Aufschwung für eine Phase allgemeiner Modernisierung der gesamten irischen Gesellschaft.[228]

Die allgemeine Begeisterung und Aufbruchstimmung[229] dieser Zeit führte im "Second Programme for Economic Expansion"[230], direkt nach Ablauf des ersten Programms eingesetzt und ebenfalls für fünf Jahre angelegt, zu einer nun deutlich positiveren Erwartungshaltung des irischen Staates gegenüber multinationalen Unternehmen. Da "... die Expansion des industriellen Sektors ein Schlüsselziel ..."[231] für den weiteren Erfolg der Strategie sei, dürfe nunmehr "... externen Investitionen kein Hindernis in den Weg gelegt werden."[232] Der 1964 veröffentlichte zweite Teil des Programms kündigte gar eine "...intensivierte Kampagne zur Ansiedlung ausländischer Unternehmen..."[233] an. Zwangsläufig wurden 1964 alle noch bestehenden Beschränkungen des *Control of Manufacturers Act* aufgehoben.[234] Dies bedeutet, daß seit dieser Zeit multinationale

---

223 Genauere Daten in Kapitel III.B.2.

224 Tony Gray, 5 mal Irland, 5. Aufl., (München: Piper, 1987), S. 129.

225 Brown berichtet für den Zeitraum von 1959 bis 1963 von einem Anstieg der Kraftfahrzeugzulassungen um 29,5% und einer Zunahme des privaten Konsums um 11,5% für den Zeitraum von 1958 bis 1961. Terence Brown, Ireland, 5. Aufl., (London: Fontana Press, Mai 1990), S. 242.

226 Kennedy, "Industry: The Revolution Unfinished", S. 36.

227 Nach Ansicht von Ardagh könnten sie mit gleicher Berechtigung auch die "Whitaker-Ära" heißen. Ardagh, S. 70.

228 Als ein Symbol für die Modernisierung der Gesellschaft steht die Verfassungsänderung von 1972. Mit einer Zweidrittel-Mehrheit wurde der Passus aus der Verfassung gelöscht, in dem bestimmt wird, daß "...die Heilige Katholische und Apostolische und Römische Kirche als Wächterin des Glaubens, zu dem sich die große Mehrheit der Bürger bekennt..." in der Republik eine "...besondere Position..." habe. Ohne den Wandel in der Gesellschaft in den 60er Jahren wäre diese Verfassungsänderung - die einer formalen Trennung von Staat und Kirche durch Aufgabe der "special position" entsprach - in dem streng katholischen Land nicht möglich geworden. Vgl. u.a. Ardagh, S. 160; Bernhard Hemrich, "Scheidung auf irisch", FAZ, 27.11.1995, S. 1.

229 Brown, S. 241-242.

230 GoI, Second Programme for Economic Expansion, (Dublin: Stationery Office, August 1963).

231 Ebenda, S. 38.

232 Ebenda.

233 GoI, Second Programme for Economic Expansion, Part II, (Dublin: Stationery Office, 1964), S. 154.

234 O'Malley, Survey of Literature, S. 89.

Unternehmen keinerlei Beschränkungen - auch bezüglich der Gewinnrückführung[235] - mehr unterliegen. Eine solche liberale Haltung eines Staates gegenüber multinationalen Unternehmen war zu dieser Zeit ungewöhnlich. Die meisten Nationen behielten sich Einschränkungen bei der Ansiedlung ausländischer Betriebe vor. Vor allem in Frankreich kam es - auch unter dem Einfluß des vielbeachteten Buches von Servan-Schreiber[236] - zu Vorbehalten gegenüber einer möglichen amerikanischen Wirtschaftsübermacht in Europa. In Irland war von solchen Vorbehalten nichts zu spüren. Im Gegenteil: die IDA baute ihr Netz von Büros in potenten Investorländern weiter aus, mit den USA als besonders interessantem Schwerpunkt.

Auf dem Gebiet des Freihandels setzte Irland den eingeschlagenen Weg ebenfalls konsequent durch, wenn auch die Höhe der Importzölle nur zögerlich zurückgeschraubt wurde.[237] Die bereits am 31. Juli 1961 erfolgte Bewerbung Irlands für die Mitgliedschaft in der Europäischen Wirtschaftsgemeinschaft (EWG) wurde zwar noch abgelehnt[238], jedoch verdeutlichte das Anglo-Irish Free Trade Agreement (AIFTA) aus dem Jahr 1965 mit dem ehemaligen Erzfeind England, wie ernst es dem Land mit der Öffnung war.[239] Dieses Abkommen führte zu einer Abschaffung aller Außenzölle zwischen den beiden Staaten.

Ende der 60er Jahre zeichnete sich innen- und außenpolitisch immer deutlicher ab, daß ein Beitritt der Republik zur EWG kurz bevorstand.[240] Diese Entwicklung fiel mit den aufkommenden Schwierigkeiten der IDA bei der Ansiedlung von multinationalen Unternehmen in arbeitsintensiven Branchen zusammen. Immer mehr solcher Unternehmen zogen die mit Billiglöhnen werbenden Staaten in Fernost dem Standort Irland vor. Gleichzeitig konnten die irischen Verantwortlichen keine nennenswerten Erfolge

---

235 Auf die wichtigen wirtschaftlichen Effekte dieser ungewöhnlich liberalen Haltung in den 80er Jahren wird in Kap. IV.C. eingegangen.

236 In seinem Buch kritisiert Servan-Schreiber die Vormachtstellung der USA in Europa durch die zunehmenden Direktinvestitionen und die damit verbundene wirtschaftliche und technische Hegemonie. Es gilt als eines der meistverkauften Wirtschaftsbücher seiner Zeit und traf den Mitte der 60er Jahre in Europa anzutreffenden latent anti-amerikanischen Zeitgeist. Häufig zitiert wurde eine für die Europäer düstere Prognose: "Fifteen years from now it is quite possible that the world's third greatest industrial power, just after the United States and Russia, will not be Europe, but American Industry in Europe". Jean-Jacques Servan-Schreiber, The American Challenge, (New York: Avon, 1968), S. 3. Der Titel der französischen Originalausgabe lautet: Jean Jacques Servan-Schreiber, Le Defi Americain, (Paris: Denoel, 1967).

237 Girvin, S. 194.

238 Dies geschah als Folge der ablehnenden Haltung des französischen Staatspräsidenten Charles de Gaulle gegenüber einem britischen Beitritt. Kennedy/ Giblin/ McHugh, S. 67. Nach dem Veto von de Gaulle brach auch Irland aufgrund seiner engen Handelsverflechtungen mit Großbritannien die Verhandungen mit der Europäischen Gemeinschaft ab. Vgl. u.a. Fergal Lynch, "Evolution of the European Economy 1957-1989", The Single European Market and the Irish Economy, Hg. Anthony Foley/ Michael Mulreany, (Dublin: Institute of Public Administration, 1990), S. 459-471, hier S. 461.

239 Ein weiteres Bekenntnis zur Handelsliberalisierung leistete Irland 1967 mit seinem Beitritt zum Welthandelsabkommen GATT (General Agreement on Tariffs and Trade).

240 Patrick Keatinge, "Editor's Introduction", Ireland and EC Membership Evaluated, Hg. Patrick Keatinge, (London: Pinter Publishers, 1991), S. xviii-xxi, hier S. xix.

bei der Entwicklung einer international wettbewerbsfähigen, einheimischen Industrie feststellen. Der außerordentlich starke Aufschwung der 60er Jahre ruhte vor allem auf den Schultern neuer ausländischer Investoren.

Die IDA war somit gezwungen, ihre Promotionstrategie den neuen Marktbedingungen anzupassen. Daher konzentrierte sich die Organisation auf eine neue Zielgruppe innerhalb der exportorientierten multinationalen Unternehmen. Kapital- und technologieintensive Unternehmen sollten dafür sorgen, daß Irland auch in Zukunft mit großem Erfolg Neuansiedlungen ausländischer Unternehmen vermelden konnte. Die neue Richtung der Werbe- und Förderungsstrategie zeichnete sich schon seit 1969 ab. Die genauen Gründe und Zusammenhänge werden zum besseren Verständnis erst in Kapitel III.C.1 erläutert.

2. Die Entwicklung der multinationalen Unternehmen

Jede Analyse multinationaler Unternehmen in Irland in den 60er Jahren hat unter folgender Prämisse zu leiden: von offizieller irischer Seite wurde kein öffentlich zugängliches Datenmaterial erstellt. Jedoch durften einige ausgewählte Wissenschaftler Einblick in bestimmte Unterlagen der IDA nehmen. Die renommiertesten Arbeiten wurden von McAleese[241], Buckley[242] und Teeling[243] verfaßt.[244] Letzterer veröffentlichte Daten über die Anzahl der neugeschaffenen Arbeitsplätze von 1960 bis Juli 1971 (s. Abbildung 1).

---

241 McAleese, "Capital Inflow", S. 63-99.

242 Buckley, "Some Aspects". Diese Veröffentlichung nahm einige Ergebnisse der kurz darauf vollendeten Dissertation des Autors vorweg. Buckley, The Effects of Foreign Direct Investment on the Economy of the Irish Republic. Buckley ist heute einer der weltweit führenden Wissenschaftler auf dem Gebiet der multinationalen Unternehmen.

243 Teeling, The Evolution of Offshore Investment. Wie Buckley ist auch Teeling irischer Herkunft. Für den Forschungsbereich multinationale Unternehmen und Direktinvestitionen in Irland sind diese beiden Arbeiten und die von Salerno-O´Shea nach Kenntnis des Verfassers bis heute die einzigen Dissertationen geblieben.

244 Arbeiten, die nicht auf IDA-Material basieren und daher auch zu anderen Ergebnissen kommen, werden hier nicht berücksichtigt. Vgl. u.a. Denis O'Hearn, "Estimates of New Foreign Manufacturing Employment in Ireland (1956-72)", The Economic and Social Review, Vol. 18, Nr. 3, April 1987, S. 173-188.

Abbildung 1: Neugeschaffene Arbeitsplätze in exportorientierten multinationalen Unternehmen, 1960-1971

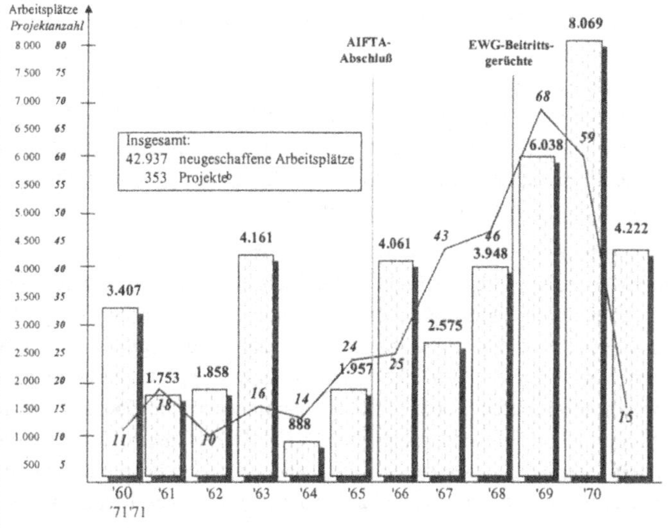

a: Zahlen für 1971 wurden im Juli erfaßt.
b: Die Anzahl der Investitionsprojekte (11 im Jahr 1960, 15 im Jahr 1971), die für die Schaffung von jeweils neuen Arbeitsplätzen in diesem Zeitraum verantwortlich sind, entspricht nicht unbedingt der Anzahl neuer multinationaler Betriebe in Irland, da ein Unternehmen in mehreren Projekten engagiert sein kann.

Quelle: Teeling, S. 10.

Die Entwicklung bei den *neugeschaffenen Arbeitsplätzen* in den exportorientierten multinationalen Unternehmen schwankte stark. Jedoch zeigt sich, daß die Höhe der Arbeitsplatzschaffung in der zweiten Hälfte der 60er Jahre zugenommen hat. Es drängt sich die Vermutung auf, daß die zunehmende Öffnung des Landes nach außen diese Zunahme unterstützte. Dem Abschluß des AIFTA 1965 folgte ein Jahr später ein deutlicher Anstieg der Neubeschäftigung gegenüber den beiden Vorjahren. Nachdem der Beitritt Irlands zur EWG im Jahre 1969 nahezu feststand, stieg die Neubeschäftigung ebenfalls deutlich. Nach Buckleys Angaben über die *Gesamtbeschäftigung* in irischen und ausländischen "Neuen Industrien"[245] beschäftigten diese Unternehmen im März

245 Die neuentstandenen, exportorientierten und damit subventionsgeeigneten Industrieunternehmen wurden von der IDA als "New Industries" klassifiziert. IDA, Annual Report 1971-72, (Dublin: IDA, Dezember 1972), S. 11.

1967 16.100 Arbeitskräfte und im März 1971 bereits 38.100.[246] Über 80% dieser Leute arbeiteten 1971 in den Niederlassungen multinationaler Unternehmen. Den Prozentsatz im Jahr 1967 schätzt Buckley als nur wenig niedriger ein.[247]

Den wesentlich größeren Anteil der multinationalen Unternehmen an der Schaffung von Arbeitsplätzen in exportorientierten, neuen Industrieunternehmen beschreibt auch McAleese. Er spricht im Zeitraum von 1960 bis 1970 von 401 neuen Projekten durch multinationale Unternehmen[248], im Gegensatz zu nur 169 von irischer Seite.[249] Wenn die Arbeiten der zitierten Wissenschaftler teilweise zu unterschiedlichen Zahlen kommen, so wird doch deutlich, daß multinationale Unternehmen den größten Beitrag zur Schaffung neuer Arbeitsplätze in der Industrie leisteten.

Auch für die Verbesserung der irischen Handels- und Zahlungsbilanz sorgten vor allem die neuen multinationalen Unternehmen. Neben dem Zufluß von ausländischem Privatkapital gelang dies durch deren starke Exportorientierung. Bei einem Anteil von nur 13,3% am gesamten Output des Industriesektors im Jahr 1970 sorgten die "ausländischen, subventionierten Firmen"[250] für 29,5% des gesamten Exports. Zieht man die traditionell stark irisch dominierten Bereiche Nahrungsmittel und Getränke ab, ergibt sich gar eine Beteiligung am Gesamtexport von 46,1%.[251] Das große Problem der defizitären Zahlungsbilanz, die das besonders außenhandelsabhängige Irland Mitte der 50er Jahre ökonomisch fast in die Knie gezwungen hatte, wurde so deutlich gemildert.

Diese Zahlen liefern Hinweise dafür, daß multinationale Unternehmen den wesentlichen Anteil am wirtschaftlichen Aufschwung des Landes in den 60er Jahren hatten.[252] Das Bruttosozialprodukt der irischen Wirtschaft stieg im Zeitraum von 1961 bis 1973 um 4,1%, der Bruttoproduktionswert der Industrie gar um 6,2% per annum. Die Republik hatte solche Wirtschaftszahlen bis zu diesem Zeitpunkt noch nicht erlebt. Mit einem jährlichen Wachstum der industriellen Beschäftigung von 1,9% gelang es, den Abbau der Beschäftigung in der Landwirtschaft zu kompensieren.[253] Dies war um so bemerkenswerter, als Irland in diesem Zeitraum - ebenfalls zum ersten Mal seit der Gründung des Freistaates - eine Nettoimmigration erlebte.[254] Das Pro-Kopf Einkommen stieg um 60% und übertraf dabei deutlich das Einkommenswachstum Großbritanniens.[255] Irland begann endlich, sich dem Boom in West-Europa anzuschließen.

Die Verantwortlichen der IDA konnten mit dem Erfolg ihrer Ansiedlungsstrategie aus

---

246 Buckley, "Some Aspects", S. 305.
247 Ebenda.
248 Zu beachten ist, daß diese Zahl deutlich über der von Teeling genannten liegt.
249 McAleese, "Capital Inflow", S. 78.
250 Diese Definition schließt die im Protektionismus entstandenen Unternehmen aus.
251 Buckley, "Some Aspects", S. 304.
252 Mjoset, S. 274ff.
253 Nolan/ Nolan, S. 236.
254 D.J. Maher, The Tortuous Path: The Course of Ireland's Entry into the EEC 1948-73, (Dublin: Institute of Public Administration, 1986), S. 251.
255 Haughton, S. 40.

dem Ausland also sehr zufrieden sein. Neben dem in der westlichen Welt allgemein spürbaren Wirtschaftsaufschwung wurde die positive Entwicklung der multinationalen Unternehmen durch den weltweit starken Anstieg der Direktinvestitionen begünstigt.[256] Die USA und mit einigem Abstand Großbritannien waren die bedeutendsten Exporteure von Direktinvestitionen in den 60er Jahren.[257] Auch bei den multinationalen Unternehmen in Irland dominierten Betriebe aus diesen beiden Ländern. Von den angesiedelten 401 multinationalen Projekten[258] waren 178 britischer Herkunft. Allein die Projekte britischer Unternehmen überstiegen damit die Anzahl der 169 irischen. Immerhin noch 98 Projekte waren amerikanischer Herkunft, 72 stammten von deutschen Unternehmen.[259] Die Dominanz der Briten erklärt sich durch die traditionell engen Bindungen mit Irland.[260] Dies gilt mit Abstrichen auch für die USA.[261] Gemeinsam konnten britische und amerikanische Unternehmen von der englischen Muttersprache der irischen Arbeitnehmer profitieren.

Den *Amerikanern* ging es darum, innerhalb Europas einen Standort für die Belieferung der dortigen Märkte aufzubauen. Wenn die Standortentscheidung dann zugunsten der Iren fiel, so hatte dies - neben den angesprochenen kulturellen Bindungen - im wesentlichen zwei Gründe, die auch für die britischen, deutschen und anderen europäischen multinationalen Unternehmen gleichermaßen galten. Erstens konnte Irland die im europäischen Vergleich niedrigsten Lohnkosten[262] bei hoher Verfügbarkeit von Arbeitskräften vorweisen. Die Lohngesamtkosten waren so niedrig[263], daß auch für Hersteller aus Europa ein Anreiz entstand, eine Verlagerung der Produktion nach Irland - trotz anschließender Rückführung der Endprodukte ins Stammland - zu veranlassen. Wirklich rentabel wurde die Ansiedlung zweitens durch die vom irischen Staat gewährte Steuerbefreiung auf alle Exportgewinne und durch die großzügigen Subventio-

---

256 Kennedy/ Giblin/ McHugh, S. 65/66.

257 Henry Krägenau, Internationale Direktinvestitionen 1950-1973, (Hamburg: Verlag Weltarchiv, 1975), S. 184 u. 196.

258 McAleese, "Capital Inflow", S. 78.

259 Ebenda.

260 Neben der engen geographischen und wirtschaftlichen Bindung ist es sicher nicht vermessen, zu behaupten, daß auch enge kulturelle Bindungen zwischen Großbritannien und Irland bestehen. Jahrhundertelange koloniale Unterdrückung der Iren durch die Briten haben - auch wenn Iren das im Gespräch gerne leugnen - starken Einfluß auf z.B. das irische Politik- und Rechtssystem, die Architektur und das Verkehrswesen gehabt. Selbstverständlich haben sich die Iren eine eigene Kultur erhalten, doch sind heute viele Elemente - so die irische Sprache - akut bedroht. Vgl. Ardagh, S. 289-304, für eine informative Illustration der Bemühungen, die irische Sprache lebendig zu erhalten.

261 Die "cultural links" mit den USA sind schwächer als die mit Großbritannien. Die Hauptverbindung besteht aufgrund der zahlreichen irischen Emigranten, die in den USA eine neue Heimat gefunden haben. Viele Amerikaner haben daher "Irish roots". Prominente irischstämmige Amerikaner sind die Ex-Präsidenten John F. Kennedy und Ronald Reagan. Zur Akkulturation irischer Emigranten in den USA siehe u.a. Reinhard R. Doerries, Iren und Deutsche in der Neuen Welt, (Stuttgart: Franz Steiner, 1986).

262 Teeling, S. 16.

263 1965 waren die Lohnkosten in der irischen Industrie viermal niedriger als in den USA. Teeling, S. 16.

nen. Die steuerlichen und finanziellen Anreize waren ausschlaggebend für die Ansiedlung in Irland. Diese Vermutung wird durch die Tatsache bestätigt, daß sich nicht subventionswürdige multinationale Unternehmen in Irland fast überhaupt nicht niederließen.[264] Die *britischen* Unternehmen suchten vor allem im Nahrungsmittelsektor lohnende Investitionsprojekte zur Absicherung ihrer Rohstofflieferungen.[265] Das AIFTA ermöglichte ihnen genau wie den US-Firmen, die Lohnkostenvorteile in Irland auszunutzen, ohne beim Export nach Großbritannien Zölle befürchten zu müssen.

Die bemerkenswert hohen Investitionen *deutscher* Firmen in Irland führt Breathnach neben den finanziellen Anreizen vor allem auf die hohe Verfügbarkeit an kostengünstigen Arbeitskräften zurück, die nach den vielen männlichen Kriegstoten und dem schnellen deutschen Wirtschaftswachstum in Deutschland selten geworden waren.[266] Ein besonderer Standortvorteil kristallisierte sich im Verlauf der Recherchen bei Interviews mit der Deutschen Botschaft in Irland heraus. Wenn auch in einschlägigen Untersuchungen nicht erwähnt[267], so empfanden in den 50er und 60er Jahren einige deutsche Investoren - vor allem mit mittelständischem Hintergrund - die extrem westliche periphere Lage Irlands als Vorteil. Der Kalte Krieg und die latente Angst vor einer Invasion der Sowjetunion in Deutschland führten bei verschiedenen Firmenchefs zum Wunsch nach einem Refugium für den Ernstfall, das durch die Sowjetunion nicht direkt bedroht war.[268]

Trotz der begrenzten Informationen über multinationale Unternehmen zu dieser Zeit in Irland lassen sich einige generelle Charakterisierungen vornehmen. Die großen Erfolge bei der Ansiedlung multinationaler Unternehmen wurden dadurch begünstigt, daß innerhalb der gesetzten Vorgaben der Strategie - exportorientierter Industriebetrieb - die Vorgehensweise der IDA unselektiv war.[269] Multinationale Unternehmen ließen sich in einer Vielzahl von Sektoren nieder. Dominant waren sie in der Produktion von Textilien und Kleidung, bei der Herstellung von Schuhen und Leder, der Kunststofferzeugung und -verarbeitung sowie anderen arbeitsintensiven Branchen.[270] Es handelte sich bei den geschaffenen Arbeitsplätzen in der Regel um Tätigkeiten mit niedrigem

---

264 IDA: Survey's Team Report, Survey of Grant-Aided Industry, (Dublin: IDA, Oktober 1967), S. 61. Im folgenden: IDA, Survey. McAleese, "Capital Inflow", S. 78.

265 Proinnsias Breathnach, "European Industrial Investment in Ireland: a Geographical Perspective", Ireland, Europe and the Single Market, Hg. Russell King, (Dublin: Geographical Society of Ireland, 1993), S. 44-55, hier S. 45.

266 Daraus ergab sich auch die Vorliebe dieser deutschen Firmen für Standorte in kleinen, entlegenen Ortschaften, da man dem Wettbewerb um Arbeiter entgehen wollte. Ebenda.

267 Vgl. u. a. Reinhard Armbruster, Erfahrungen: Deutsche Unternehmer in der Republik Irland, (München: GBI Verlag, 1985).

268 Übereinstimmend und unabhängig voneinander sprachen Karl-Georg Schon und sein Nachfolger Lothar Seiwert diesen aus heutiger Sicht ungewöhnlichen Standortvorteil Irlands für deutsche Unternehmer an. Interview mit Karl-Georg Schon, Wirtschaftsattaché an der Deutschen Botschaft in Booterstown, Co. Dublin, 7. November 1995. Interview mit Lothar Seiwert, Wirtschaftsattaché der Bundesrepublik Deutschland in Irland, 10. April 1996.

269 McAleese, "Capital Inflow", S. 83.

270 Ebenda, S. 80.

Qualifikationsniveau. Dies lag daran, daß die international operierenden Unternehmen vor allem die Herstellung technisch ausgereifter Produkte nach Irland verlagerten. Oftmals handelte es sich dabei um nur eine arbeits- und damit lohnintensive Produktionsstufe, so daß der Standortvorteil der niedrigen Arbeitskosten optimal ausgenutzt werden konnte. Anspruchsvolle Arbeitsfelder wie Forschung und Entwicklung, Marketing oder Verwaltung betrieben die multinationalen Unternehmen weitgehend vom Stammland aus.[271]

Die Integration solcher multinationalen Unternehmen in die heimische Wirtschaft durch den Einsatz einheimischer Zulieferprodukte und Dienstleistungen war sehr gering.[272] Die in der ökonomischen Literatur als "Demonstrationseffekt" bezeichnete Entwicklung von einheimischen Unternehmensgründungen durch ehemalige Beschäftigte multinationaler Unternehmen war nicht spürbar und wohl tatsächlich nicht vorhanden.[273] Die Zielvorstellungen des "Economic Development" - die Entstehung einer wettbewerbsfähigen irischen Industrie im Schatten der multinationalen Unternehmen - wurden also nicht erfüllt.

Diese Eigenschaften multinationaler Unternehmen in Irland - nach Vernon[274] durchaus vergleichbar mit denen in Entwicklungsländern - waren also wenig erfreulich. Aber sie fanden in der Öffentlichkeit aufgrund der Erfolge bei der Arbeitsplatzschaffung, der Exportleistung und den Wachstumssteigerungen nur wenig Beachtung.[275] Das Desinteresse an den Eigenschaften und der Motivation dieser ausländischen Betriebe war nicht auf die Bevölkerung begrenzt. Innerhalb von gut zehn Jahren nach Einführung der Outward-Looking Policies schien auch bei den politisch Verantwortlichen die deutliche Ablehnung ausländischer Betriebe einer kritiklosen Akzeptanz gewichen zu sein.[276]

Der Enthusiasmus der 60er Jahre überdeckte denn auch - ohne daß es zu Änderungen in der staatlichen Industriestrategie gekommen wäre - das Sterben ganzer irischer Industriezweige, wie der Schuh- oder der Bekleidungsindustrie, die während der Protektionismus-Phase entstanden waren.[277] Es kam zu einem Austausch irischer Betriebe

---

271 Charles Cooper/ Noel Whelan, Science Technology and Industry in Ireland, (Dublin: Stationery Office, März 1973), S. 31.

272 IDA, Survey, S. 49.

273 McAleese, "Capital Inflow", S. 83.

274 Vernon, "International Investment and International Trade in the Product Cycle", S. 202.

275 O'Malley, Latecomer, S. 109.

276 Die übersteigerten Erwartungen zu Beginn der 70er Jahre (s. Kapitel III.C.) sind also das Resultat einer schon Ende der 60er Jahre einsetzenden kritiklosen Akzeptanz gegenüber multinationalen Unternehmen.

277 McAleese/ McDonald weisen darauf hin, daß Firmen in der Bekleidungsindustrie, die noch zu Zeiten des Protektionismus gegründet wurden, im Zeitraum von 1966 bis 1974 ihre Mitarbeiterzahl um knapp ein Drittel reduzieren mußten. Dermot McAleese/ Donogh McDonald, "Employment Growth and the Development of Linkages in Foreign-Owned and Domestic Manufacturing Enterprises", Oxford Bulletin of Economics and Statistics, Vol. 40, Nr. 4, 1978, S. 321-339, hier S. 323. Vgl. auch O'Farrell, Entrepreneurs, S. 12.

ohne Wettbewerbsfähigkeit durch die Niederlassungen ausländischer Firmen in arbeitsintensiven Sektoren mit niedrigen Löhnen. Daß dieser Kollaps in der Öffentlichkeit nicht stärker diskutiert wurde - aus Sicht klassischer Industrieländer wie der Bundesrepublik Deutschland kaum verständlich - liegt nach Meinung des Verfassers vor allem an der mangelnden industriellen Verwurzelung. Die untergehenden einheimischen Industriebetriebe hatten einen erst sehr kurzen Lebenszyklus hinter sich, sie waren als Produkt des Protektionismus häufig erst 30 Jahre alt. Im Bewußtsein und in den Sorgen der Bevölkerung spielte das Schicksal der im Vergleich zum europäischen Kontinent immer noch bedeutsamen Landwirtschaft eine ungleich größere Rolle.

Warum reagierten viele irische Industriebetriebe nicht auf die großzügigen staatlichen Fördermittel? Für die einheimischen Unternehmen waren die neugeschaffenen Anreize nur bedingt hilfreich. Steuerbefreiungen auf Exportgewinne helfen nur den Betrieben, die in der Lage sind, solche Gewinne zu erzielen, somit also wettbewerbs- und exportfähig sind. Der Mehrzahl irischer Unternehmen, die diese Fähigkeit nicht besaßen, gab diese Form der Unterstützung nur wenig Hilfestellung auf dem Weg dorthin. Die Defizite im technischen und unternehmerischen Know-how waren zu groß. Auch Subventionen und Zuschüsse halfen nur bedingt, als viele Unternehmen durch die verstärkte Konkurrenz der neuen Importe im Zuge des Freihandels vor dem Konkurs standen. Das in den 50er Jahren noch zu Zeiten des Protektionismus für einheimische Betriebe angelegte und dann systematisch ausgebaute Anreizsystem nutzte vorwiegend multinationalen Unternehmen. Diese Fehlentwicklung der 60er Jahre wurde aber erst in den 80er Jahren zu einem relevanten Thema irischer Industriepolitik (s. Kapitel III.C.2.). Die Konzentration der irischen Industriepolitik auf multinationale Unternehmen setzte sich in den 70er Jahren fort.

C. Die Zeit seit den 70er Jahren bis heute

1. Die Phase von der IDA-Reorganisation bis Ende der 70er Jahre

Die Kompetenzen der IDA wurden im Jahr 1969 erweitert. Im Zuge einer Rationalisierung der verschiedenen, mit der Wirtschaftsförderung beauftragten staatlichen Institutionen wurde die bisher für die Gewährung und Auszahlung von Subventionen zuständige Behörde An Foras Tioscal in die IDA eingegliedert. Seit diesem Zeitpunkt liegen neben der Promotion multinationaler und einheimischer Industrieunternehmen ebenfalls alle Subventionserteilungs- und Vergabekompetenzen bei der IDA allein.[278]

278 O'Malley, Survey of Literature, S. 90. Der national agierenden IDA sind noch zwei weitere, lokal arbeitende Entwicklungsbehörden unterstellt. Die Shannon Development, vormals Shannon Free Airport Development Company (SFADCO) betreut Firmen, die sich in der Freihandelszone um den Flughafen Shannon angesiedelt haben. In den vornehmlich gälisch sprechenden Regionen des irischen Nordwestens arbeitet zusätzlich zur IDA noch die Behörde Udaras Na Gaeltachta. Über die genauen Aufgaben dieser Behörden vgl. u.a. Leslie Sklair, "Foreign Investment and Irish Development: A Study of the International Division of Labour in

Diese Entscheidung hatte weitreichende Konsequenzen. Sie führte nach Meinung des Verfassers zu einer weitestgehenden Entpolitisierung der Industriepolitik in Irland seit dieser Zeit.

Bereits im Verlauf der 60er Jahre wurde der IDA freie Hand bei der Implementierung irischer Industriepolitik gelassen. Seit 1969 veränderte sich die Bedeutung der IDA allmählich von einem reinen Exekutivorgan zu einer Institution, deren Meinung das industriepolitische Programm einer jeden Regierung bis in die 90er Jahre wesentlich mitbestimmt hat.[279] Für die Richtlinien die Ansiedlung und Betreuung multinationaler Unternehmen betreffend, ist sie bis zum heutigen Tag bestimmend.[280] Offiziell ist die IDA aber noch heute an die Weisungen des zuständigen Ministeriums gebunden und - vor allem was die Budgetmittelverwendung angeht - dem Minister rechenschaftspflichtig.[281]

Der verstärkte Einfluß erleichterte der IDA die Durchsetzung der neuen Promotionsstrategie für die Ansiedlung ausländischer Betriebe zu Beginn der 70er Jahre. Bei der Attraktion multinationaler Unternehmen mit *arbeitsintensiven* Produktionsformen hatte es die IDA zunehmend schwer, sich gegen die Konkurrenz der Entwicklungsländer durchzusetzen. Vor allem die Staaten in Südostasien warben mit so niedrigen Lohnkosten und günstiger Infrastruktur[282], daß sich für multinationale Unternehmen, auch bei einer Absatzorientierung auf den europäischen Markt, eine Verlagerung oder Neuansiedlung der Niederlassungen dorthin lohnte.[283] Zudem versuchte die IDA, den geringen technischen Standard in den Betrieben und das teilweise daraus resultierende niedrige Qualifikationsniveau der Arbeitsplätze zu verbessern.

Beide Probleme, sowohl das der verschärften Konkurrenz als auch das der fehlenden technologischen Qualität, sollten durch einen Wechsel hin zu weiterhin exportorientierten, aber *kapitalintensiven* multinationalen Unternehmen, möglichst in High-Tech

---

the Midwest Region of Ireland", Progress in Planning, Vol. 29, Part 3, 1988, S. 147-216, hier S. 166-175.

279 Dabei ist festzuhalten, daß seit dem 1. Januar 1994 die Befugnisse der IDA insofern eingeschränkt sind, als sie nun Teil der Dachorganisation Forfás ist. Die Gründe und die Einzelheiten erläutert Kapitel III.C.2.

280 Die IDA wurde zum "embodiment of Irish Industrial Policy". Carole Craig/ John Parry, "Ireland: Back from the Brink", International Management, März 1990, S. 54-58, hier S. 55.

281 Erleichtert wurde der Machtzuwachs der IDA durch die große Übereinstimmung in der wirtschaftspolitischen Ideologie der beiden großen Volksparteien Irlands, Fianna Fail und Fine Gael. Regierungswechsel hatten daher keinen bemerkenswerten Einfluß auf den industriepolitischen Kurs Irlands. In dieser Arbeit wird deshalb auf die Erwähnung von Wechseln in der Regierung größtenteils verzichtet. Die vom Verfasser aufgestellte These der Entpolitisierung wurde in einem Interview von Michael Gallagher, einem der führenden Wissenschaftler im Forschungsbereich der irischen Politik und des irischen Parteiensystems, bestätigt. Interview mit Dr. Michael Gallagher, Lecturer in Political Science, Trinity College, Dublin, in Dublin am 23. April 1996. Vgl. auch Mary O'Sullivan, "Manufacturing and Global Competition", The Economy of Ireland, Hg. John O'Hagan, (Dublin: Gill and Macmillan, 1995), S. 363-396, hier S. 365.

282 Teeling, S. 15-16.

283 IDA, Annual Report 1971-72, S. 24.

Sektoren, gelöst werden.[284] In diesen Bereichen gab es zu Beginn der 70er Jahre einen nur kleinen Markt und unter möglichen Gastländern geringe Konkurrenz.[285] Irlands geographische Standortnachteile spielen für solche Unternehmen eine geringe Rolle, da bei den zu distribuierenden Produkten das Verhältnis von Wert zu Gewicht relativ hoch ist und so die anteiligen Transportkosten zu den Exportmärkten sinken. Die relativ große Entfernung zum europäischen Festland machte nach Ansicht der IDA die Ansiedlung von Schwerindustrien oder von Unternehmen mit großvolumigen Produkten grundsätzlich so gut wie unmöglich.[286]

Von den neuen kapitalintensiven Unternehmen erwartete die IDA eine Reihe neuer Vorteile für die industrielle Entwicklung. Zwar würden diese Betriebe für weniger direkte Beschäftigung sorgen als die arbeitsintensiven, doch durch die wesentlich höhere Produktivität und den damit höheren Beitrag zum industriellen Wachstum sollte dieser Nachteil indirekt ausgeglichen werden.[287] Das große Wachstumspotential solcher Branchen sollte zu einer längeren Lebensdauer der geschaffenen Arbeitsplätze führen und höherwertige und damit auch besser bezahlte Tätigkeiten ermöglichen. Außerdem versprachen sich die Verantwortlichen der IDA - neben der offensichtlichen Verbesserung der Zahlungsbilanz wegen des höheren Kapitalzuflusses - durch den erhöhten technologischen Standard einen verbesserten Know-how-Transfer zugunsten der einheimischen Industrie. Dies sollte vor allem durch den "Demonstrationseffekt" geschehen.[288]

Daß diese ungeheuer positive Erwartungshaltung[289] fast ohne öffentlichen Widerspruch blieb, muß vor dem Hintergrund der äußerst euphorischen wirtschaftlichen Stimmungslage in Irland gesehen werden.[290] Diese gründete sich zum einen auf die bisher erzielten ökonomischen Erfolge (s. Kapitel III.B.1. u. 2.) und zum anderen auf die enormen wirtschaftlichen Vorteile, die von dem bevorstehenden EWG-Beitritt erwartet wurden.[291]

---

284 Das heißt nicht, daß arbeitsintensive Betriebe mit den genannten Charakteristika nicht mehr erwünscht waren. Vielmehr handelte es sich um einen gleitenden Wechsel in den Anwerbungsbemühungen im Ausland.

285 Lee, S. 473.

286 IDA, Regional Industrial Plans 1973-77, Part I, (Dublin: IDA, Juni 1972), S. 37.

287 Indirekt deswegen, da durch höheres Wachstum die vermehrte Schaffung von Arbeitsplätzen in anderen Sektoren, vor allem im Dienstleistungsbereich, erwartet wurde.

288 Die Erwartungen der IDA wurden entnommen aus: IDA, Regional Industrial Plans 1973-77, Part I, S. 38-39. Der Titel dieses Dokuments verdeutlicht ein weiteres Ziel der IDA-Strategie: mit Hilfe ausländischer, "footloose" Industrien sollten auch die strukturschwächsten Regionen Irlands wirtschaftlich unterstützt werden.

289 Kindleberger kritisierte, die Vorstellungen des IDA Plans von 1972 hätten "utopian character" gehabt. Charles P. Kindleberger, Multinationals and the Small Open Economy, (Cambridge, Mass.: MIT Press, 1984), S. 111.

290 Kennedy charakterisierte die allgemeine Erwartungshaltung dieser Zeit mit den Worten 'the sky seems the limit'. Kennedy, "Industry: The Revolution Unfinished", S. 43.

291 Am 1. Januar 1973 erfolgte der Beitritt Irlands zur EWG, gemeinsam mit Großbritannien und Dänemark. Dem irischen Beitritt ging am 22. Mai 1972 ein Referendum voraus, bei dem 82%

Zuletzt noch 1970 von Regierungsseite geäußerte Bedenken, daß die bestehende einheimische Industrie den Beitritt zur EWG aufgrund des völligen Wegfalls von Importzöllen nicht verkraften könnte[292], schienen 1972 keine Bedeutung mehr zu haben. Neben einer Darstellung der Vorteile für die Landwirtschaft konzentrierte das Regierungsprogramm *Accession of Ireland to the European Communities* seine Hoffnungen auf die "Neuen Industrien". In bemerkenswert deutlicher Form[293] betonte die Regierung dabei deren Bedeutung für die angestrebte "Verbreiterung der industriellen Basis".[294]

Durch die Entstehung von Unternehmen in den "Neuen Industrien" sollte es im Jahr 1978 50.000 Arbeitsplätze mehr geben als 1970.[295] Die Regierung erwartete eine industrielle Wachstumsrate von 8,5%. Sowohl bei der Beschäftigung als auch beim Wachstum des Outputs lagen diese Prognosen damit noch über den bejubelten Spitzenwerten der 60er Jahre, als es zu einem Nettobeschäftigungszuwachs um 38.000 Stellen kam und das industrielle Wachstum bei durchschnittlich 6,2% pro Jahr lag.[296] Die nochmalige Steigerung sollte auch in den 70er Jahren weitgehend von neuen ausländischen Unternehmen erbracht werden.[297] Der traditionellen irischen Industrie, die noch immer mit den gleichen Problemen wie 1960 kämpfte, wurde kein positiver Beitrag zur Beschäftigung zugetraut[298], im besten Falle eine Erhaltung der bestehenden Arbeitsplätze.[299]

Spätestens ab diesem Zeitpunkt läßt sich nach Meinung des Verfassers eine Konzentration der Industriepolitik auf ausländische Unternehmen feststellen. Die Vorstellungen Whitakers Ende der 50er Jahre, daß multinationale Unternehmen im wesentlichen eine kurzfristige Anschubhilfe leisten würden, in deren Windschatten sich eine starke einheimische Industrie entwickeln könnte, wurden Anfang der 70er Jahre, noch vor dem Beitritt zur EWG, aufgegeben. Der Hauptgrund scheinen die größeren kurzfristigen Erfolge gewesen zu sein, die die Konzentration auf multinationale Unternehmen

---

der Iren dem Beitritt zustimmten. Die wirtschaftlichen Erwartungen bezogen sich auf Subventionen für die Agrarwirtschaft und auf allgemeine Transferzahlungen aus Brüssel zur Sanierung der Infrastruktur. Neben der verbesserten Infrastruktur sollte auch der freie Zugang zu den Märkten der Partnerstaaten die Standortattraktivität Irlands verbessern helfen. Lynch, S. 464.

292 GoI, Membership of the European Communities: Implications for Ireland, (Dublin: Stationery Office, April 1970), S. 28-29.

293 Diesen Eindruck gewinnt auch das NESC in einer späteren Studie. NESC, Ireland in the European Communities: Performance, Prospects and Strategy, (Dublin: Stationery Office, 1989), S. 99.

294 GoI, Accession of Ireland to the European Communities, (Dublin: Stationery Office, Januar 1972), S. 32; im folgenden: GoI, Accession. Der Begriff "Neue Industrien" bezeichnete die neu zu schaffenden Industriesektoren. Im Gegensatz zu den 60er Jahren waren jetzt die Sektoren gemeint, in denen kapitalintensive, technologisch anspruchsvolle Unternehmen arbeiteten. Ebenda.

295 GoI, Accession, S. 39.

296 Nolan/ Nolan, S. 236.

297 GoI, Accession, S. 37.

298 Ebenda, S. 33f.

299 GoI, Accession, S. 36.

versprach. Weder die IDA noch die Regierung wiesen darauf hin, daß die "Neuen Industrien" keinerlei Verwurzelung in der irischen Industrie hatten. Sie mußten vollständig importiert werden. Die Konsequenzen dieses kompletten Imports von Branchen ohne einheimische industrielle Tradition werden in Kapitel IV analysiert. Die Vernachlässigung der einheimischen Industrie bzw. einer geeigneten Förderung derselben von ausländischen Betrieben zu Anfang der 70er Jahre stellt aus heutiger Sicht einen kapitalen Fehler irischer Wirtschaftspolitik dar. Erst Mitte der 80er Jahre kam es zu einer Kurskorrektur.[300]

Das Vertrauen in das steigende Engagement multinationaler Unternehmen bezog die Regierung, genau wie die IDA, aus der Erwartung einer erhöhten Standortattraktivität Irlands nach dem vollzogenen Beitritt am 1. Januar 1973.[301] Multinationale Unternehmen hatten nun die Möglichkeit, von Irland aus ihre Produkte frei von protektionistischen Hemmnissen im Binnenmarkt zu vertreiben.[302] Dies war vor allem für Unternehmen aus außereuropäischen und Nicht-EWG Staaten attraktiv. Besondere Zielgruppe für die IDA waren amerikanische Unternehmen, die eine befürchtete Abschottung des EWG-Marktes zu umgehen suchten und weltweit die mit Abstand größte Direktinvestormacht der 70er Jahre darstellten.[303] Die Bedeutung amerikanischer Investoren für Irland verdeutlicht eine besondere Promotionmaßnahme. 1975 erschien im "Fortune"-Magazin eine Anzeige, in der der irische Premierminister für den Standort Irland unter anderem mit den Worten warb: "The main thing is that we impose as few conditions as possible".[304] Er versicherte zudem, daß sich diese Haltung auch bei zukünftigen Regierungswechseln nicht verändern werde.[305]

Der EWG-Beitritt sollte Irland helfen, die bisherige "take-what-you-can-get"- Haltung abzulegen.[306] Die IDA war zuversichtlich, daß sich die neuen potentiellen Investoren neben dem verbesserten Zugang zum europäischen Markt auch von den bereits vorhandenen Standortvorteilen beeindruckt zeigen würden. Noch 1969 wurde im *Industrial Development Act* eine Erhöhung der Zuschüsse für Investitionen ins Anlagevermögen auf 60% verabschiedet. Dies war für kapitalintensive Unternehmen besonders interessant. Die Steuerbefreiung auf Exportgewinne bestand weiter. Der einzige natürliche Standortvorteil Irlands, die junge, englischsprechende Bevölkerung, sollte

---

300 Vgl. Kapitel III.C.2.
301 GoI, Accession, S. 36.
302 Federation of Irish Industries (FII), Challenge: Industry and Free Trade, (Dublin: FII, 1968), S. 9.
303 Henry Krägenau, Internationale Direktinvestitionen: Ergänzungsband 1982, (Hamburg: Verlag Weltarchiv, 1982), S. 69.
304 Fortune, März 1995, S. 89. Zitiert nach Jacobsen, S. 27.
305 Jacobsen, S. 27.
306 Genau mit diesen Worten kennzeichnete die irische Regierung die Ansiedlungsstrategie der 60er Jahre. GoI, Third Programme: Economic and Social Development 1969-72, (Dublin: Stationery Office, März 1969), S. 95; im folgenden GoI, Third Programme.

durch verstärkte Investitionen in das irische Bildungswesen noch ausgebaut werden.[307]

Der Beitritt Irlands zur EWG fiel mit der ersten Ölkrise zusammen, die die Weltwirtschaft stagnieren ließ.[308] Doch obwohl die internationalen Rahmenbedingungen damit denkbar ungünstig waren, erwiesen sich die Wachstumsdaten in der irischen Wirtschaft als erfreulich. Im Zeitraum von 1973 bis 1979 erzielte Irland im Vergleich zu den anderen EWG-Staaten die höchsten Steigerungsraten des industriellen Outputs.[309] Die positive Entwicklung wurde von multinationalen Unternehmen stark beeinflußt.[310] Diese Feststellung veranlaßte 1976 und 1978 veröffentlichte Wirtschaftsprogramme zu der Forderung, daß die Anstrengungen bei der Ansiedlung ausländischer Unternehmen in Hi-Tech-Branchen intensiviert werden müßten, um anderen Standorten gegenüber konkurrenzfähig bleiben zu können.[311]

Dies galt um so mehr, als die Aufforderung der EG-Kommission im Jahr 1978, die ihrer Ansicht nach diskriminierende einseitige Steuerbefreiung auf *Exportgewinne* aufzuheben, einen Rückschlag für die irische Standortattraktivität bedeutete. Die irische Regierung kam daher dieser Aufforderung auch nur widerstrebend nach. Zunächst wurde von irischer Seite die bestehende Steuerbefreiung bis zum Jahr 1990 auf all jene Unternehmen ausgedehnt, die bereits eine Niederlassung in Irland hatten oder sich noch bis 1981 in Irland ansiedelten. Anstelle der Körperschaftsteuerbefreiung auf Exportgewinne wurde noch 1978 ein 10%iger Körperschaftsteuersatz auf *alle Gewinne* von Industrieunternehmen eingeführt. Gegen diesen Investitionsanreiz konnte die EG-Kommission nichts mehr einwenden.[312] Zum ersten Mal mußte die irische Regierung jedoch eine Beschneidung ihrer Standortpolitik der künstlichen Anreize durch eine supranationale Organisation erfahren. Es existieren keine direkten Stellungnahmen der

---

307 GoI, Accession, S. 43. Letztere Maßnahme, durch Lobbyisten-Arbeit der IDA ermöglicht, sollte sich vor allem ab den späten 80er Jahren als sehr weitsichtig herausstellen. So wurden u.a. auf technische Ausbildung konzentrierte "Regional Colleges" eingeführt, die in ihrem Niveau mit deutschen Fachhochschulen vergleichbar sind. Die IDA setzte somit erfolgreich eine neue Ausbildungsform durch, die den klassisch humanistischen Ausbildungsschwerpunkt der alten Hochschulen ergänzte, um so den Erfordernissen des Arbeitsmarktes stärker zu entsprechen. Paradebeispiel ist das Technical College in Limerick, das seine Maschinenbau- oder Informatikstudenten im Alter von ca. 20 Jahren entläßt und dessen erfolgreichste Absolventen vorzugsweise in den amerikanischen Hi-Tech-Unternehmen der Umgebung ihre Karriere beginnen.

308 Joseph Durkan, Industrial Policy from the 1930's to Culliton, (Dublin: UCD/ Department of Economics Policy Paper Number PP92/4, 1992), S. 6.

309 IDA, IDA Industrial Plan 1978-82, (Dublin: IDA, 1979), S. 16. Dies stellt trotz der Begünstigung durch eine niedrigere Ausgangsbasis eine erstaunliche und bis dahin in Irland noch nicht erreichte Leistung dar.

310 Zwischen 1973 und 1977 wuchsen amerikanische Direktinvestitionen in Irland prozentual schneller als in jedem anderen Land der Erde. George N. Yannopoulos, "FDI and European Integration: The Evidence from the Formative Years of the European Community", Journal of Common Market Studies, Vol. XXVIII, Nr. 3, März 1990, S. 235-259, hier S. 246.

311 GoI, Economic and Social Development 1976-1980, (Dublin: Stationery Office, September 1976), S. 29. GoI, National Development 1977-1980, (Dublin: Stationery Office, Januar 1978), S. 32. In beiden Dokumenten wurden Direktinvestitionen in High-Tech-Branchen als "high-quality investment" bezeichnet.

312 O'Malley, Latecomer, S. 123.

IDA oder der Regierung über mögliche Konsequenzen einer ersatzlosen Streichung der Steuerbefreiung auf Exportgewinne. Der renommierte Wissenschaftler John Stopford behauptet jedoch, daß die IDA von ungenannten multinationalen Unternehmen vor die Wahl gestellt wurde, die Steueranreize entweder fortzusetzen oder sich mit der Schließung der Niederlassungen abzufinden.[313]

Der vehemente Einsatz für die Erhaltung der irischen Standortattraktivität konnte aus Sicht der industriepolitisch Verantwortlichen nicht verwundern. Denn zum ersten Mal wurde die bisher in absoluten Zahlen so strahlend erscheinende Erfolgsbilanz der irischen Industriepolitik getrübt. Zwar erzielte die Industrie Irlands mit 5,5% Outputsteigerung pro Jahr im Zeitraum 1972-77 im europäischen Vergleich ein erstklassiges Ergebnis. Doch die Erwartungen des Jahres 1972 von 8,5% wurden damit klar unterschritten. Viel bedeutsamer jedoch war die mangelhafte Arbeitsplatzschaffung in der irischen Industrie. Erwartet wurde ein Nettozuwachs von 50.000 Arbeitsplätzen, tatsächlich waren es jedoch nur 14.717. Eine Minderung der Arbeitslosigkeit, das wirtschaftspolitische Hauptziel einer jeden irischen Regierung, konnte damit nicht erreicht werden. Die Arbeitslosenquote stieg von 5,8% im Jahr 1970 auf 7,3% im Jahr 1980.[314] Die multinationalen Unternehmen hatten großen Anteil daran, daß die Arbeitslosenzahlen nicht wesentlich höher lagen. Von den 14.717 zusätzlichen Arbeitsplätzen schufen sie 13.893, das entspricht einer Quote von 94,4%. Der verschwindend geringe Beitrag der einheimischen Industrie entsprach zwar den zu Beginn des Jahrzehnts geäußerten Erwartungen, im Vergleich zu den Leistungen der ausländischen Betriebe war er dennoch deprimierend.

Auch die Vorgaben der IDA, nahezu deckungsgleich mit denen des Regierungsprogramms von 1972, hatten sich damit nicht erfüllt. Die IDA war sich dessen voll bewußt und kam daher 1979 zu dem Schluß, daß die Verringerung der Arbeitslosigkeit das zentrale Thema kommender Anstrengungen sein müsse, denn "... the most pressing task for industry is to create more jobs."[315] Jedoch blieb die Behörde bei ihrem Kurs, sich auf kapitalintensive Industrien in Hi-Tech-Branchen zu konzentrieren.[316] Diese Strategie bedeutete aber keine Ablehnung gegenüber anderen Industrien. Wie in den 60er Jahren waren nahezu alle Kapitalgeber willkommen. Von einer Abkehr von der "take-what-you-can-get"-Haltung, wie sie noch 1969 von der damaligen Regierung verkündet wurde (s.o.), war nichts zu spüren. Der damalige Managing Director der IDA, Michael J. Killeen, formulierte es im Jahr 1975 drastisch so:

> "... we have not experienced the luxury of turning away viable industrial projects because they could not use native raw materials or because their potential linkages were not fully to our liking ... we cannot afford to shut

313 Stopford, "European Practices and Policies", S. 79.

314 Kieran A. Kennedy, "Employment", The Economy of Ireland: Policy and Performance, Hg. John O'Hagan, 6. Aufl., (Dublin: Irish Management Institute, 1991), S. 250-285, hier S. 261.

315 IDA, IDA Industrial Plan 1978-82, S. 15.

316 Ebenda, S. 17.

out any source which is currently supplying viable industries."[317]

Die Verhandlungsmacht des Staates gegenüber potentiellen Investoren bewegte sich demnach auch in den 70er Jahren gegen Null.

Stellte der geringe Anstieg bei den Arbeitskräften in der Industrie einen Rückschlag in der bisherigen erfolgreichen Entwicklung dar, so konnte doch bis zum Ende der 70er Jahre zumindest noch ein leichtes Wachstum der Gesamtbeschäftigung verzeichnet werden, das vor allem aus den positiven Effekten des Outputwachstums auf die Beschäftigung im Dienstleistungssektor resultierte. Doch die beginnende Rezession im Zuge der Zweiten Ölkrise Ende der 70er Jahre führte dazu, daß die Zahl der Arbeitsplätze in der Industrie von 1979 an konstant fiel, bis sie 1982 wieder den Stand von 1972 erreichte. Dies lag auch an der nachlassenden Zahl sich in Irland ansiedelnder multinationaler Unternehmen. Zum ersten Mal seit Ende der 50er Jahre sah sich die Strategie des "export-led growth" scharfer Kritik ausgesetzt. Die Arbeitslosigkeit und die Staatsverschuldung schnellten auf hohe Werte.[318]

2. Von Telesis über die nationale Krise bis heute

Vor diesem Hintergrund beauftragte das National Economic and Social Council[319] (NESC) die *Telesis Consultancy Group*, eine von irischen Institutionen unabhängige Tochterfirma der Unternehmensberatung Boston Consulting Group, mit einer umfassenden Analyse und Beurteilung irischer Industriestruktur und -politik.[320] Das 1982 veröffentlichte Dokument stellte die nach Meinung von Telesis stark überbetonte Rolle multinationaler Unternehmen in der Industrie in den Mittelpunkt seiner umfassenden Kritik.

Zwar hätten diese Betriebe einen großen positiven Beitrag zum Wachstum des industriellen Outputs und der Beschäftigung erbracht, jedoch seien die darüber hinausge-

---

317 Michael J. Killeen, Industrial Development and Full Employment, (Dublin: Industrial Development Authority, 1976), S. 11. Zitiert nach: Jacobsen, S. 27f.

318 Ruane, "The Traded Sector: Industry", S. 347. 1980 lag die Arbeitslosenquote noch bei 8,2% und damit nur knapp über dem EG-Durchschnitt. Schon 1985 mußte Irland 18,2% Arbeitslosigkeit verkraften. Kennedy, "Employment", S. 261. Die Staatsverschuldung lag 1982 bei 87,2% des Bruttoinlandsprodukts und damit - hinter Belgien - auf dem zweithöchsten Wert innerhalb der EG. Der EG-Durchschnitt betrug 47,9%. European Economy, zitiert nach: Philip Lane, "Government Intervention", The Economy of Ireland, 6. Aufl., Hg. John O'Hagan, (Dublin: Irish Management Institute, 1991), S. 110-135, hier S. 122.

319 Das NESC ist eine Institution, die es sich zum Ziel gemacht hat, die Wirtschaftskraft des irischen Staates zu fördern. Die Mitglieder des NESC werden von der Regierung, der Confederation of Irish Industry, dem Irish Congress of Trade Unions, der Irish Co-operative Organisation Society, der Irish Creamery Milk Suppliers' Association, der Irish Employers' Confederation und der Irish Farmers' Association nominiert. Das NESC war und ist verantwortlich für eine ganze Reihe umfassender und renommierter Studien über die irische Wirtschaft und gilt als seriöse Quelle. Die bislang am meisten Aufsehen erregende Studie stellt nach Auffassung des Verfassers aber der Telesis-Report dar.

320 Telesis Consultancy Group, A Review of Industrial Policy, (Dublin: NESC, 1982); im folgenden: Telesis.

henden Erwartungen nicht erfüllt worden.[321] Auf der Grundlage einer umfassenden Analyse multinationaler Unternehmen Ende der 70er Jahre kam Telesis zu dem Ergebnis, daß mit wenigen Ausnahmen ausländische Unternehmen in Irland keine gehobenen Geschäftsbereiche wie Marketing oder Stabsabteilungen besäßen, keine bemerkenswerte Anzahl Beschäftigter in anspruchsvollen Tätigkeiten vorweisen könnten und nicht ausreichend in die irische Industrie integriert seien.[322] Eine bemerkenswerte und für Irland erschreckende Erkenntnis war die Feststellung der Berater, daß es auch in den mit großen Erwartungen seit Ende der 60er Jahre angeworbenen, sogenannten Hi-Tech-Branchen wie der Elektronikindustrie keine signifikante Vermehrung hochqualifizierter Arbeitsplätze gab. Vielmehr hatte Irland die Feststellung zu verkraften, daß die neuen, modernen Industriesektoren in Irland vor allem die schlichten Glieder der Wertschöpfungskette ohne großen Know-how-Anteil ansiedelten. Nur ca. sieben Prozent der Mitarbeiter in der Elektronikindustrie Irlands im Jahre 1979 waren nach Meinung der Berater in irgendeiner Form beruflich höher qualifiziert, nur ein Prozent arbeitete als Ingenieure.[323]

Die harsche Kritik der Telesis Consultancy Group wurde dadurch verstärkt, daß die Unternehmensberatung auch für die Zukunft die Existenz höherwertiger Wertschöpfungsstufen und ein höheres Qualifikationsniveau der Arbeitsplätze bei den multinationalen Unternehmen in Irland weitestgehend ausschloß. Die Gründe dafür seien die besondere Motivation dieser Unternehmen und die sich daraus ergebenden Eigenschaften ihrer Niederlassungen.[324] Zwar gibt die Telesis Group keine Quellenangaben für ihre Darstellung, doch decken sich die geschilderten Ergebnisse bezüglich der Motivation und Eigenschaften multinationaler Unternehmen weitgehend mit den in Kapitel II dargestellten Ergebnissen der Arbeiten führender Ökonomen auf dem Gebiet der multinationalen Unternehmung. So spricht Telesis zum Beispiel auch davon, daß vor allem multinational agierende Unternehmen schon aus Gründen der Geheimhaltung Forschungs- und Entwicklungsarbeiten nur selten ins Ausland verlagern.[325]

Besonderen Wert legte Telesis auf die Feststellung, daß das irische Anreizsystem, mit seiner Förderung hoher Rentabilität durch niedrige Steuersätze und großzügige Subventionen, dem politischen Wunsch nach Ansiedlung kostenintensiver Forschungs- oder Verwaltungsaktivitäten zuwiderlaufe.[326]

Aufgrund des eingeschränkten Beitrags multinationaler Unternehmen für die Entwicklung einer langfristig lebensfähigen Industrie empfahl die Telesis-Group der Re-

---

321 Ebenda, S. 151.
322 Telesis, S. 151.
323 Ebenda, S. 139f. Noch heute sind viele dieser 1979 existenten und analysierten Betriebe in Irland ansässig. Insofern werfen die Erkenntnisse der Telesis Consultancy Group ein negatives Licht auf die "irische Erfolgsstory der 90er Jahre".
324 Telesis, S. 152, S. 155.
325 Ebenda.
326 Ebenda. Dieses Problem wird in Kapitel III.E. (Widerspruch zwischen wissenschaftlicher und politischer Erwartungshaltung) noch genauer erläutert.

gierung, sich stärker als bisher der desolaten einheimischen Industrie anzunehmen.[327] Dies sollte vor allem in Form verstärkter finanzieller Hilfen für irische Unternehmen geschehen.[328] Die Finanzierung sollte durch die Reduzierung der durchschnittlichen Subventionshöhe für multinationale Unternehmen um 30% erfolgen.[329] Dies bedeute keinen Standortnachteil, da die in Irland gewährten Subventionen im Vergleich zum Ausland exzessiv und damit unnötig hoch seien.[330] Die bisherige volle Subventionshöhe sollten nur noch die - voraussichtlich wenigen - Unternehmen bekommen, die genau festgelegte Zielvorgaben bezüglich der Forschungs- und Entwicklungsaktivitäten, der Zahl der Beschäftigten und des Einsatzes irischer Zulieferer erfüllten.[331]

Die deutliche Kritik und insbesondere die bis dahin tabuisierte Forderung nach einer Senkung der Investitionsanreize für ausländische Unternehmen führten zu einer lebhaften öffentlichen Debatte.[332] Bis zu Beginn der 80er Jahre hatten die gewaltigen wirtschaftlichen Wachstumsraten der letzten 20 Jahre für Selbstgefälligkeit gesorgt, die wirkliche Kritik und Forderungen nach strukturellen Änderungen der irischen Industriepolitik verhinderte.[333]

Die direkte offizielle Reaktion auf den Telesis-Report stellte das *White Paper on Industrial Policy* dar. Es enthielt die klare Absage an jegliche Reduzierung von Subventionen.[334] Aufgrund der gesteigerten internationalen Konkurrenz bei der Ansiedlung multinationaler Unternehmen durch Länder wie Spanien, Portugal und Griechenland sowie der hohen Arbeitslosigkeit hielt das Ministerium jegliche Senkung von Subventionen für eine "high risk strategy".[335] Unausgesprochen blieb die Befürchtung, daß eine noch so geringe Kürzung der finanziellen Hilfen das Vertrauen ausländischer Investoren in die Verläßlichkeit irischer Politik erschüttern könnte.[336] Das Weißbuch schloß sich der Kritik eines vielbeachteten Essays an, daß Telesis keine erfolgversprechende Handlungsalternative anbot, die in der schweren Rezession der 80er Jahre kurz- oder mittelfristig gleiche Erfolge erzielen konnte wie die Ansiedlung ausländischer

---

327 Telesis, S. 185, S. 200f.

328 Ebenda, S. 198.

329 Die 1981 schon hohe Staatsverschuldung ließ eine andere Finanzierung auch nicht mehr zu.

330 Die Unternehmensberatung spricht bildhaft von einem Anreizkuchen, bei dem die direkten Finanzhilfen nur "icing on the cake" darstellten. Telesis, S. 190.

331 Telesis, S. 227.

332 Eine Schilderung der vielfältigen Reaktionen liefern Jim Fitzpatrick/ John H. Kelly, "Industry in Ireland: Policies, Performance and Problems", Perspectives on Irish Industry, Hg. Jim Fitzpatrick/ John H. Kelly, (Dublin: Irish Management Institute, 1985), S. xvii-xli, hier S. xxvi-xxxiv.

333 Vgl. auch O'Malley, Latecomer, S. 88-89.

334 Department of Industry and Commerce, White Paper on Industrial Policy, (Dublin: Stationery Office, Juli 1984), S. 63.

335 Ebenda, S. 63f.

336 Diese Ansicht wurde vom NESC schon im Vorwort zum Telesis Report ausgedrückt. Telesis, S. 2.

Unternehmen.[337] Die stärkere Förderung der einheimischen Industrie schien zwar erstrebenswert, doch blieb diese Telesis-Empfehlung vage und schien eher als "...ein Wegweiser zum gewünschten Ziel, als eine Empfehlung, wie man dorthin gelangt."[338]

Doch vor dem Hintergrund der seit Anfang der 80er Jahre andauernden Rezession und der damit einhergehenden Staatsverschuldung wurden die einflußreichen Stimmen lauter, die eine moderate Kürzung der Ausgaben für multinationale Unternehmen forderten.[339] Noch im gleichen Jahr näherte sich auch die Regierung der Meinung von Telesis an. Eine vom Ministerium für Industrie und Handel erstellte Untersuchung unterstützte die Auffassung, daß zukünftig nur noch "extrem attraktive Projekte", die also Unternehmensfunktionen wie Forschung und Entwicklung oder Marketing einschlossen, die volle Höhe der Subventionen in Anspruch nehmen dürften.[340] Grundsätzlich sollte die Gesamtsumme der ausgezahlten Subventionen sinken und wesentlich selektiver auf der Grundlage klar gesetzter Leistungsziele erfolgen. Nach Ansicht des Ministeriums konnte sich der Standort Irland diese Modifikationen leisten, weil das angebotene Anreizpaket noch immer international konkurrenzfähig war.[341] Diese neue Haltung reflektierte der bereits 1986 im Daíl verabschiedete *Industrial Development Act*, der selektivere Vergabekriterien für Subventionen vorschrieb und statt auf die reine Höhe des investierten Kapitals mehr Wert auf Beschäftigung, Ausbildungsmaßnahmen sowie Forschung und Entwicklung bei multinationalen Unternehmen legte.[342]

Allgemein stellten Wissenschaftler in dieser Zeit ein neu erwachtes Interesse der Industriepolitik zugunsten der einheimischen Unternehmen fest[343], nachdem spätestens seit Beginn der 70er Jahre eine umgekehrte Betonung vorgelegen hatte. Der desolate Zustand weiter Teile der irischen Industrie konnte nicht länger ignoriert werden, zumal auch die multinationalen Betriebe den Abbau der industriellen Gesamtbeschäftigung

---

337 Sean Nolan, "The Telesis Report - A Review Essay", The Economic and Social Review, Vol. 14, Nr. 4, Juli 1983, S. 281-290, hier S. 287. Generell stimmte Nolan aber den Erkenntnissen des Telesis-Reports zu, wenn der Ökonom auch die mangelnde wissenschaftliche Exaktheit und die zu starke Betonung auf "Business School Language" der Untersuchung kritisierte. Ebenda, S. 281f.

338 Ebenda.

339 Vgl. u.a. NESC, A Strategy for Economic Development, 1986-1990, (Dublin: NESC, 1986), S. 275.

340 Department of Industry and Commerce, Review of Industrial Performance, 1986, (Dublin: Stationery Office, 1987), S. 43.

341 Ebenda, S. 17.

342 Einzelheiten dazu in Kapitel III.C.2.a. Seit dieser Zeit ist es auch Gepflogenheit der IDA, die möglichen Spielräume bei der Vergabe von Suventionen zu unterschreiten.

343 Frances Ruane, "The Traded Sector: Manufacturing", The Economy of Ireland, Hg. John O'Hagan, 5. Aufl., (Dublin: Irish Mangement Institute, 1987), S. 372-407, hier S. 393. Deirdre McHugh, The Changing Face of Irish Industrial Policy, unveröffentlichtes Vortragspapier zur Jahreskonferenz der Development Studies Association, Queen's University, Belfast, 20.-22. September 1989, S. 18. Jim Fitzpatrick/ Andy Storey, "Changing Policy Towards Overseas Investment", Overseas Industry in Ireland, Hg. Anthoney Foley/ Dermot McAleese, (Dublin: Gill and Macmillan, 1991), S. 48-64, hier S. 57.

nicht mehr ausgleichen konnten. Jedoch schien die oben erläuterte Erkenntnis des Telesis-Reports, daß der Beitrag multinationaler Unternehmen für die Entstehung hochqualifizierter Unternehmensfunktionen und die Entwicklung einer leistungsfähigen Industrie nur begrenzt sein kann, keine große Beachtung bei den industriepolitisch Verantwortlichen zu finden. Die wissenschaftlichen Erkenntnisse über das Verhalten international agierender Betriebe in kleinen, offenen Volkswirtschaften mit peripherer Lage und im westeuropäischen Vergleich niedriger industrieller Entwicklung schienen ignoriert zu werden. Vielmehr wurde im Zuge der Telesis-Empfehlungen ein Programm aufgelegt, das die Verbindungen von multinationalen Unternehmen und inländischen Betrieben durch Lieferbindungen stärken sollte. Das *National Linkage Programme* wurde mit dem Ziel initiiert, die Chancen inländischer Firmen als Zulieferer für die multinationalen Unternehmen zu verbessern. Die neue Erwartungshaltung gegenüber multinationalen Unternehmen - neben der Ansiedlung ganzheitlicher Funktionen vor allem die bessere Integration in die irische Wirtschaft - wurde auch mit Subventionen honoriert. So sollte das eingeschränkte Potential der 'multinational linkages' besser genutzt werden.

Die Maßnahmen des *Industrial Development Act* standen bereits im Zeichen einer schweren nationalen Wirtschaftskrise. Die schwache wirtschaftliche Entwicklung in ganz Europa hatte wie immer seit der Öffnung des Landes parallele Auswirkungen auf die Wirtschaft der Insel. Bezogen auf die industrielle Entwicklung setzten die inländischen Unternehmen ihren zu diesem Zeitpunkt schier unaufhaltsam scheinenden Abwärtstrend fort. Eine neue, fatale Entwicklung zeigte sich jedoch mit dem Rückgang der Beschäftigung in ausländischen Betrieben von 88.400 auf 78.700 im Zeitraum von 1980 bis 1987.[344] Neben der verschärften Konkurrenz durch die neuen EG-Mitglieder setzte Irland der Rückgang bei amerikanischen Direktinvestitionen nach Europa in den 80er Jahren zu.[345] Zusätzlich mußte die IDA hinnehmen, daß viele der arbeitsintensiven, noch in den frühen 60er Jahren nach Irland gekommenen Betriebe das Land verließen, um vor allem in Billiglohnländern neu aufzubauen.[346] Nach der Immigrationsphase der 70er Jahre verstärkten die zusätzlichen Jobsuchenden die Arbeitslosenproblematik. 1987 hatte Irland unter einer Arbeitslosenquote von 18% zu leiden.[347] Immer mehr gerade der hochausgebildeten Fachkräfte, häufig junge Universitätsabsolventen, verließen das Land mangels Perspektiven. Die Arbeitslosigkeit wurde von einer katastrophalen Schuldenkrise, ausgelöst durch kontinuierliche Kreditaufnahme im Ausland, begleitet. So hatte 1987 die Verschuldung Irlands einen Wert erreicht, der 119,8% des Bruttoinlandsprodukts entsprach. Diese Werte lösten die Befürchtung aus,

---

344 Eoin O'Malley/ Kieran A. Kennedy/ Rory O'Donnell, The Impact of the Industrial Development Agencies, A Report by the ESRI to the IPRG, (Dublin: Stationery Office Januar, 1992), S. 44f.

345 O'Malley/ Kennedy/ O'Donnell, S. 46.

346 Vgl. Kapitel IV. für eine Analyse des Beschäftigungsniedergangs in den 80er Jahren.

347 Mjoset, S. 384 oben.

daß die Staatsverschuldung völlig außer Kontrolle geraten könnte.[348] Verstärkt wurden die Rezessionsgefühle durch Inflationswerte von durchschnittlich 10,8% sowie ein Handelsbilanzdefizit.[349]

Die schwere Wirtschaftskrise Irlands verdeutlicht auch der Titel des 1987 ins Leben gerufenen Regierungsprogramms *Programme for National Recovery*. Der neue Taoiseach Charles Haughey verstand es, neben seiner Regierung sowohl die Arbeitgeber als auch die Gewerkschaften von einem Maßnahmenkatalog zu überzeugen, der in Deutschland wohl am ehesten "Bündnis für Arbeit" heißen würde. Neben einem kompletten Stopp des zuvor in den 80er Jahren üblich gewordenen "Deficit Spending" vereinbarten die Verhandlungspartner, die Löhne für die nächsten Jahre einzufrieren und Streiks zu vermeiden.[350] Dieser bemerkenswerte Beschluß[351] bedeutete einen maßgeblichen Schritt für die Gesundung der irischen Wirtschaft in den Folgejahren.[352]

Bezogen auf die industriepolitische Strategie setzte das *Programme for National Recovery* den seit Telesis maßgeblichen Trend eines verstärkten Interesses an der einheimischen Industrie fort.[353] Dies bedeutete jedoch keinesfalls, daß ausländische Unternehmen in Irland seitdem weniger erwünscht sind. Das Dokument stellte klar, daß die Förderung von ausländischem Investment "...will be intensified on a specialized basis".[354] Dabei sei auf eine stärkere Integration dieser Firmen in die irische Wirtschaft zu achten.[355]

Das *Programme for National Recovery* gilt nach anfänglicher Skepsis heute als großer

---

348 Philip Lane, 1991, S. 122. Die Zinslast entsprach 1987 einer Summe von IRP 1,935 Milliarden Pfund und damit 10,7% des Bruttosozialprodukts (BSP) der Republik Irland. Anthony Leddin/ Jim O'Leary, "Fiscal, Monetary and Exchange Rate Policy", The Economy of Ireland, Hg. John O'Hagan, 6. Aufl., (Dublin: Irish Management Institute, 1991), S. 159-195, hier S. 181.

349 Der Inflationswert bezieht sich auf den Durchschnitt der Jahre 1981 bis 1986. Forfás, Shaping Our Future - A Strategy for Enterprise in Ireland in the 21st Century, (Dublin: Forfás, Mai 1996), S. 81. Vgl. auch Somers, S. 29.

350 Daß die Gewerkschaften nach sehr zähen Verhandlungen diesem Plan zustimmten, erscheint ungewöhnlich. Diese Haltung ist zmindest teilweise durch den Wunsch des Irish Congress of Trade Unions (ICTU) nach Schutz vor den auch in Irland spürbaren Trends des Thatcherismus im irischen Arbeitsleben zu erklären. Die britische Premierministerin Margaret Thatcher hatte in den 80er Jahren die Verhandlungsmacht der britischen Gewerkschaften durch gesetzliche Maßnahmen deutlich eingeschränkt. Mjoset, S. 383.

351 Die Gewerkschaften akzeptierten die Stagnation der Reallöhne auch in den darauffolgenden, ebenfalls für jeweils drei Jahre gültigen Regierungsprogrammen. Department of the Taoiseach, Programme for Economic and Social Progress, (Dublin: Stationery Office, Januar 1991); GoI, Programme for Competitiveness and Work, (Dublin: Stationery Office, 1994). Letzteres Programm wird Ende 1996 neu verhandelt. Erste Anzeichen deuten darauf hin, daß die Geduld der irischen Arbeitnehmer dem Ende entgegengeht und die neuen Regelungen die bisherigen inflationsangepaßten Lohnsteigerungen übertreffen werden. Die Bedeutung der kooperativen Gewerkschaften für die Standortattraktivität Irlands erläutert Kapitel III.D.

352 Thomas Schmitt, "Dublin zittert dem Euro entgegen", Handelsblatt, 12.12.1996, S. 8.

353 Department of the Taoiseach, Programme for National Recovery, (Dublin: Stationery Office, Oktober 1987), S. 17.

354 Ebenda.

355 Ebenda.

Erfolg. Unterstützt durch einen allgemeinen europäischen wirtschaftlichen Aufwärtstrend - auch bedingt durch neue Integrationsbestrebungen innerhalb der EG[356] - begann sich die in ein enges finanzpolitisches Korsett gezwängte irische Wirtschaft langsam zu erholen. Klar war aber, daß sich die Lage am Arbeitsmarkt kaum entspannte. 1990 lag die Arbeitslosenquote bei 14% zwar um vier Punkte niedriger als 1987, allerdings damit im Vergleich zu den anderen OECD-Staaten immer noch viel zu hoch.[357]

Vor diesem Hintergrund beauftragte die irische Regierung eine Kommission mit einer großangelegten Analyse und Beurteilung irischer Industriepolitik. Zehn Jahre nach dem Telesis-Report sollte die *Industrial Policy Review Group* (IPRG) neue Akzente setzen.[358] Etwas besonderes stellte die Zusammensetzung der Gruppe dar. Unter dem Vorsitz des prominenten Wirtschaftsführers Jim Culliton[359] arbeiteten sieben Top-Manager großer irischer Unternehmen[360], der Wirtschaftswissenschaftler Sean Barrett und ein einflußreicher Gewerkschaftsfunktionär an Empfehlungen für die zukünftige irische Industriepolitik. Dabei wurden sie von siebzehn Teams, die teilweise umfangreiche Hintergrundstudien lieferten, und dem Harvard-Professor Michael Enright als Berater unterstützt. Das Kernziel lautete, neue Wege zu finden, um die hohe Arbeitslosigkeit zu bekämpfen.

Die besondere Zusammensetzung innerhalb der Gruppe zeigte sich schon in den ersten Formulierungen des Reports:

> "We have concluded that there are no short term solutions, no quick fixes and no soft options left. We found no unused cash reservoir which could be tapped to provide early and sustainable jobs. ... It is a time for change. ... Time to recognise that borrowing for short term gain has a huge price tag in terms of high taxation to pay the interest bill."[361]

Der Culliton-Report empfahl einen breiteren Ansatz für die Formulierung und Bewertung irischer Industriepolitik. Diese erweiterte Perspektive umfaßte auch die Infrastruktur, das Erziehungswesen, den technologischen Standard und das Steuersystem.

---

356 Nach Jahren der Stagnation im europäischen Einigungsprozeß wurde im Juni 1985 im Delors-Pakt ein Maßnahmenplan zur Erreichung eines Europäischen Binnenmarktes im Jahr 1992 veröffentlicht. Lynch, S. 469. Die Aussichten auf einen solchen Binnenmarkt führten auch zu einem verstärkten Zufluß von Direktinvestitionen vor allem aus den USA und Asien in die EU-Mitgliedstaaten. Grundlage für die verstärkten Investitionen war der Wunsch, rechtzeitig innerhalb der Marktgrenzen aktiv zu sein, von der prognostizierten Wachstumsdynamik des neuen, großen Marktes zu profitieren und eine befürchtete Abschottung Europas - Stichwort "Fortress Europe" - so zu umgehen. Vgl. auch Kapitel III.D.2.

357 Mjoset, S. 384.

358 Industrial Policy Review Group, A Time for a Change: Industrial Policy for the 1990s, (Dublin: Stationery Office, Januar 1992).

359 Der Chairman von Unidare, einem großen irischen Maschinenbauunternehmen, gab der Studie ihren heute üblichen Namen. Sie heißt allgemein "Culliton-Report" und wird daher im folgenden auch so zitiert.

360 Darunter war jedoch kein Manager aus den großen multinationalen Konzernen.

361 Culliton-Report, S. 7.

So sollte es möglich werden, jene Hemmnisse zu identifizieren, die einer erhöhten Wettbewerbsfähigkeit Irlands gegenwärtig und zukünftig im Wege standen.[362] Nur in der Verbesserung der nationalen Wettbewerbsfähigkeit, so die These der Autoren[363], liegt die Chance zur langfristigen wirtschaftlichen Gesundung der Industrie Irlands. Auf dieser ganzheitlichen Basis wurden konkrete Handlungsempfehlungen formuliert. Darin besteht die eigentliche Leistung des Culliton-Reports.[364]

Konkret bezogen auf die Rolle der ausländischen Industrie in Irland stellen die Verfasser fest, daß die ausländischen Investoren eine wichtige Rolle für die Entwicklung des Landes gespielt haben und weiter spielen werden.[365] Der Schlüssel zum Erfolg liege aber - bezogen auf Direktinvestitionen - in der besseren Integration der "Enclaves" in die heimische Wirtschaft. Wie die Telesis Consultancy Group kommen auch die Mitglieder der IRPG zu dem Ergebnis, daß bei der Ansiedlung von multinationalen Unternehmen zusätzlich mehr Wert auf die Ansiedlung von wichtigen Management-Funktionen mit Bezug zu Marketing oder Forschung und Entwicklung gelegt werden müsse.[366] Allerdings werden bedauerlicherweise keine neuen Zahlen bzw. Umfrageergebnisse über die Aktivitäten bei multinationalen Unternehmen veröffentlicht.

Culliton forderte zudem die IDA auf, sich bei der Ansiedlung von Multis mehr auf die Bereiche und Sektoren zu konzentrieren, in denen nationale Wettbewerbsvorteile existieren.[367] So sollen die Verbindungen zwischen Direktinvestoren und bestehenden Firmen erleichtert werden, statt sich weiter nur um Hi-Tech-Sektoren ohne Verbindung

---

362 Wegen der Konzentration auf die Empfehlungen gegenüber multinationalen Unternehmen können andere Aspekte hier nicht erläutert werden. Der Verfasser verweist daher auf die Lektüre des auch in Deutschland erhältlichen Originaltextes.

363 Die Formulierung dieser These allerdings ist keine eigenständige Leistung der IPRG. Vielmehr bezieht sich die Gruppe hier auf die Forschungsergebnisse des weltberühmten Wirtschaftswissenschaftlers Michael E. Porter. Der Harvard-Professor veröffentlichte 1990 ein Buch, das sich mit nationaler Wettbewerbsfähigkeit und ihren Determinanten beschäftigt. Professor Michael Enright assistierte Porter bei der Fertigstellung der Studie, die unter anderem auf Forschungsergebnisse in zehn Ländern zurückgreift. Sein Wissen stellte Enright, stellvertretend für Porter, der Culliton-Mannschaft als Berater zur Verfügung. Die beste Darstellung seiner Ideen und Konzepte - kurz und knapp - findet sich in Porter, "The Competitive Advantage of Nations". Das eigentliche Buch ist wesentlich detaillierter, muß sich aber den Vorwurf einiger Längen gefallen lassen. Michael E. Porter, Nationale Wettbewerbsvorteile, (Wien: Ueberreuter, 1993).

364 Wie überzeugend die Leistung des Reports war, zeigt die Entscheidung der Europäischen Kommision, methodisch ähnliche Studien für Spanien, Griechenland und Portugal in Auftrag zu geben. Sean D. Barrett, "The Culliton Report - Three Years On", Irish Banking Review, Frühjahr 1995, S. 43-51, hier S. 47.

365 Culliton-Report, S. 23.

366 Ebenda, S. 66f.

367 Ebenda, S. 24. Dabei haben die Autoren vor allem die Nahrungsmittelindustrie im Sinn. Ebenda, S. 102. Der nahrungsmittelverarbeitenden Industrie wird das Schlußkapitel der Studie gewidmet. Die nationalen Wettbewerbsvorteile werden im "grünen" Image der Insel, der starken landwirtschaftlichen Prägung und der in Einzelfällen ausgeprägten Marketing-Expertise einheimischer Betriebe festgemacht, z.B. bei der Vermarktung von "Kerrygold"-Butter. Ebenda, S. 85-104.

zur irischen Wirtschaft zu kümmern.[368] Um die Staatsfinanzen zu entlasten, wird vorgeschlagen, die Höhe der Investitionszuschüsse weiter zu reduzieren und Fördermittel stärker in Form von Eigenkapitalanteilen zu vergeben statt als nichtrückzahlbare Geschenke.[369] Das sei möglich, weil der Steuervorteil mit der 10%-Marke auch alleine stark genug sei.[370] Bei einem Vortrag des Culliton-Mitautors Dr. Sean Barrett hatte der Verfasser Gelegenheit, Barrett zu fragen, ob eine Rückfuhr der Subventionen nicht gefährlich sei. Der Wissenschaftler antwortete, daß Irland sicherlich einige ausländische Betriebe verlieren werde, sich diese Maßnahme aber insgesamt lohnen würde.[371] Barrett gab auch bezüglich der Steuerfrage einen wertvollen, weil über den schriftlichen Bericht hinausgehenden Hinweis. Die IPRG empfahl, keinerlei Schritte vorzunehmen, die auf eine Verlängerung der 10%-Rate bei der Körperschaftsteuer für Industriebetriebe über das Jahr 2010 hinaus hindeuten, da diese vor allem den hochrentablen ausländischen Niederlassungen nutze.[372] Diese bislang nie zuvor in einer offiziellen Studie veröffentlichte Empfehlung wird von Barrett präzisiert: die Steueranreize seien im internationalen Vergleich zu hoch und kosteten den irischen Steuerzahler Milliarden. Deswegen sei eine stufenweise Reduzierung der Steuerlast für ausländische Betriebe, gekoppelt an die Dauer ihres Engagements in Irland, die bessere Methode.[373]

Die Reaktion auf die am 1. Januar dem Minister für Industrie und Handel und am 10. Januar 1992 der Öffentlichkeit vorgestellte Untersuchung war durchweg positiv. Besonders der breite Untersuchungsansatz und die Zusammensetzung der Gruppe wurden hoch gelobt.[374] Mit seiner Fülle von Vorschlägen und Empfehlungen und der teilweise

---

368 "The promotion of foreign direct investment will also be linked to the targeted segments, with sustainable national advantage replacing the rhetoric of high-technology as the criterion for special attention." Culliton-Report, S. 24.

369 Ebenda, S. 71.

370 Die gleichlautende Formulierung des "icing on the cake", die die Subventionen für multinationale Unternehmen darstellen, stellt besonders deutlich heraus, wie ähnlich die Empfehlungen des Culliton-Reports bezüglich multinationaler Unternehmen denen des zehn Jahre zuvor veröffentlichten Telesis-Reports sind. P.J. Drudy geht noch weiter, wenn er schreibt, daß der Culliton-Report eine Bestätigung der Telesis-Ergebnisse darstellt. Drudy, "From Protectionism to Enterprise: A Review of Irish Industrial Policy", S. 83-86.

371 Diskussion des Verfassers mit Dr. Sean Barrett am 23. Januar 1992 im Trinity College, Dublin, während eines Studienaufenthaltes an dieser Universität.

372 Culliton-Report, S. 40.

373 Diskussion des Verfassers mit Dr. Barrett am 23. Januar 1992. Die Logik Barretts, dem Steuerzahler entgingen durch den 10%-Steuersatz Milliarden, erscheint fragwürdig. Eine Gegenposititon stellt die These dar, daß ohne diesen Steueranreiz die Unternehmen vielleicht erst gar nicht ins Land gekommen wären.

374 Diesen für ihn selber überraschenden Eindruck beschreibt Barrett in dem 1995 erschienenen Artikel. Barrett, S. 47. In Interviews mit Vertretern des Arbeitgeber- und des Gewerkschaftsdachverbandes fiel dem Verfasser ebenfalls die Zufriedenheit beider Tarifpartner mit der Studie und ihren Empfehlungen auf. Interviews mit Tom Wall, Industrial Commissioner, Irish Congress of Trade Unions (ICTU), am 17.4.1996 in Dublin und mit Brian Callanan, Trade and Industrial Affairs Director, Irish Business and Employers Confederation (IBEC), ebenfalls in Dublin am 18.4.1996.

scharf formulierten Kritik schien Culliton - in dieser Hinsicht vergleichbar mit dem 34 Jahre älteren "Economic Development" - frischen Wind in die Debatte um die irische Industriepolitik gebracht zu haben.[375]

Um die Dynamik und den Enthusiasmus kurz nach der Veröffentlichung nicht abebben zu lassen, hatte die Autorengruppe vorausschauend gefordert, eine "Task-Force" mit der Durchsetzung der Empfehlungen zu betrauen.[376] Die tatsächlich eingesetzte Moriarty-Gruppe zeigte dann in ihren Empfehlungen große Übereinstimmung mit den Zielen und Vorschlägen der Industrial Policy Review Group, die dann auch entsprechend in das Regierungsprogramm *Employment through Enterprise* übernommen wurden. Der neue Minister for Enterprise and Employment[377] machte in bezug auf Direktinvestitionen deutlich, daß ausländische Investments weiterhin umfassend gefördert werden müßten, daß es dabei aber auf eine stärkere Betrachtung der damit verbundenen Kosten ankomme.[378] Die im Culliton-Report geforderte und von der Moriarty-Task-Force unterstützte Kürzung der Subventionen und das angemahnte Auslaufenlassen der 10%-Körperschaftsteuer wurden allerdings nur vage kommentiert und keine konkreten Schritte in diese Richtung angekündigt.[379] Die Spezialisierung in den Ansiedlungsbemühungen müsse neben neuer direkter Beschäftigung vermehrt dazu führen, indirekte Arbeitsplätze durch stärkere Bindungen mit der einheimischen Industrie zu schaffen.[380] Die Kritik an den ausländischen Betrieben führte also wiederum nicht zu einer Ablehnungshaltung, sondern - analog zum Telesis-Report und dem anschließenden Regierungspapier "White Paper of Industrial Policy" 1984 - vielmehr zur Forderung nach einer selektiveren, qualitativ hochwertigeren Ansiedlungspolitik.

Die damit beauftragte IDA wurde durch eine andere Vorgabe des neugeschaffenen Ministeriums im gleichen Dokument in der Reichweite ihrer Kompetenzen empfindlich gestutzt. Die Regierung folgte dem Culliton-Vorschlag, die IDA nur noch mit der Ansiedlung und Betreuung von multinationalen Unternehmen zu beauftragen.[381] Dies stellte eine ganz anders geartete Aufgabe mit ganz anderen organisatorischen Aufga-

---

375 Aus rein akademischer Perspektive ist die Proliferation von Publikationen zum Thema "National Competitiveness" in Irland ein Indiz für diese These. Vgl. u.a. Hitchens/ Birnie, The Competitiveness of Industry in Ireland. Auch der Titel eines wichtigen Regierungsprogramms der 90er Jahre illustriert den neuen Fokus: GoI, Programme for Competitiveness and Work, (Dublin: Stationery Office, 1994). Für eine kritische Betrachtung des Culliton-Reports auf der Grundlage ökonometrischer Analyse siehe Moore McDowell, The Culliton Report: A Critical Review, (Dublin: UCD/ Department of Economics Policy Paper No. PP 92/2, 1992).

376 Culliton-Report, S. 84.

377 Im Zuge einer Regierungsumbildung entstand das Department for Enterprise and Employment aus dem bis Ende 1992 bestehenden Department of Industry and Commerce und dem Department of Labour.

378 Department for Enterprise and Employment, Employment through Enterprise - The Response of the Government to the Moriarty Task Force on the Implementation of the Culliton Report, (Dublin: Stationery Office, Mai 1993), S. 3.

379 Department of Enterprise and Employment, Employment through Enterprise, S. 14.

380 Ebenda.

381 Culliton-Report, S. 12 und S. 78.

ben dar als die Entwicklung und Förderung einheimischer Industriebetriebe, die folglich in die Hände einer anderen Organisation gelegt werden müßten.[382] Am 1. Januar 1994 übernahm die Behörde "Forbairt"[383] eben jene Aufgaben, die mit der Förderung der einheimischen Industrie zusammenhängen. Sowohl IDA als auch Forbairt[384] sind seitdem der Dachorganisation "Forfás" unterstellt, die als Holding vor allem mit der Koordination der nun in getrennten Organisationen durchgeführten Arbeit betraut ist. Sie soll damit auch für die Förderung stärkerer Verbindungen zwischen Multis und einheimischen Betrieben sorgen.[385] Eben das wird weithin bezweifelt. Dem Verfasser wurde im Zuge seiner Recherchen immer wieder deutlich, wie wenig die Betroffenen von der Regelung halten. Orientierungslosigkeit, Doppelarbeit und besonders die mangelnde Abstimmung bei der Entwicklung von Kooperationen zwischen in- und ausländischen Betrieben wurden als Hauptkritikpunkte von den Betroffenen genannt.[386] Diese Konsequenz des Culliton-Papiers verdeutlicht - bei allen sonstigen Parallelen - einen klaren Unterschied zum Telesis-Report. Telesis war trotz seines unabhängigen Status auf die Mithilfe der IDA gerade bei der Datenbeschaffung angewiesen. Die Culliton-Gruppe arbeitete dagegen fast ausschließlich mit dem Ministerium zusammen und hatte so mehr Möglichkeiten, die IDA in ihrer Arbeit zu kritisieren. Die Kritik bezog sich besonders auf die hohen Kosten pro geschaffenem Arbeitsplatz[387] und die schwachen Ergebnisse bei der Entwicklung der einheimischen Industrie.[388] Die höchst professionelle Arbeit der IDA gegenüber multinationalen Unternehmen wurde nicht angezweifelt.

In der Tat ist die Bilanz der IDA in den 90er Jahren beeindruckend.[389] Öffentlichkeits-

---

382 Department for Enterprise and Employment, Employment through Enterprise, S. 66.

383 Der gälische Begriff Forbairt bedeutet sinngemäß Entwicklung. Für den Begriff Forfás gebe es keine Übersetzung, es handle sich um ein Kunstwort. Telefonat mit Finbar Tumelty von Forfás am 12.9.1996.

384 "'Forbairt' will be empowered to support the development of indigenous industry .... 'IDA-Ireland' will be empowered to attract internationally mobile investment to Ireland." Department for Enterprise and Employment, Employment through Enterprise, S. 66.

385 "Forfás ... will also promote greater linkages between the indigenous and international sectors of Irish industry." Ebenda.

386 Dick Ryan, Head of Planning und damit in der IDA-Hierarchie unmittelbar dem Managing Director unterstellt, ging in einem Interview mit dem Verfasser am 25. April 1996 sogar so weit, die neue Regelung als "crazy" zu bezeichnen. Finbar Tumelty von Forfás und Joe Butler von der IDA machten aus ihrer ablehnenden Haltung ebenfalls keinen Hehl. Wie es ihrer Position als Board Member der IDA geziemt, wies Frances Ruane in einer Rede diskreter auf die Gefahren hin, die durch die Teilung für das National Linkage Programme bestünden. Frances Ruane, The Use of Sectoral Policies to Improve the Growth Potential of the Irish Economy, vorläufiges Manuskript vom 4.11.1993 für eine Rede vor der Irish Economic Conference über "Employment and Unemployment in Ireland" am 10.11.1993, S. 13f. (Achtung: es ist keine Zitierung dieses Manuskripts ohne ausdrückliche Genehmigung von Frances Ruane erlaubt.) Bemerkenswert ist ebenfalls, daß Kieran A. Kennedy als Mitglied der Moriarty Task Force sich der Teilungsempfehlung ausdrücklich nicht anschloß. Department for Enterprise and Employment, Employment through Enterprise, S. 64.

387 Culliton-Report, S. 63 u. S. 65.

388 Ebenda, S. 67.

389 Die Einzelheiten werden in Kapitel IV erläutert.

wirksame Ankündigungen neuer Investitionsprojekte weltweit bekannter High-Tech-Konzerne wie der Intel Corporation, Hewlett-Packard oder Microsoft häuften sich in der irischen Presse.[390] Ergänzt wurden diese positiven Ergebnisse durch Erfolge in einem neuen Kernzielbereich. Schon seit Ende der 80er Jahre begann die IDA, ihre Bemühungen um ausländische Direktinvestitionen auf den *Dienstleistungssektor* auszudehnen. Dies war zum einen das Ergebnis des weltweiten Rückgangs der industriellen Beschäftigung in entwickelten Volkswirtschaften. Gleichzeitig stiegen die Direktinvestitionen auf dem Gebiet der Dienstleistungen weltweit kräftig an.[391] Ein somit zwangsläufiger Abgleich der Erfordernisse international operierender Serviceunternehmen bzw. serviceintensiver Industriebetriebe mit den Standortvorteilen Irlands bereitete den Weg für die Identifizierung der neuen Marketing-Zielgruppe. Dabei zeigte sich die IDA besonders bei der Ansiedlung von Call-Centres[392], bei der Entwicklung von Software[393] und bei Finanzdienstleistungen sehr erfolgreich.[394] Heute sind Weltfirmen wie die Transportfirma United Parcel Service, der Internet-Anbieter America Online oder der Software-Konzern Oracle mit Service-Zentren in Irland vertreten. Die IDA hat damit Sektoren angesiedelt, für die der ewige Standortmalus der Peripherie und der hohen Transportkosten keinen echten Nachteil mehr darstellt.[395]

Besonders hinsichtlich der Banken und Versicherungen kann sich Irland mit einigen der prominentesten Namen schmücken. Die Schaffung des International Financial Services Centre (IFSC) im früher verwahrlosten Gelände der Custom House Docks an der Mündung des Liffey-Flusses hat zahlreiche Weltfirmen nach Dublin geholt. Angelockt von dem auf "International Services" ausgedehnten 10%igen Körperschaftsteuer (zunächst gültig bis zum Jahr 2005) sowie der großen Zahl junger, relativ kostengünstiger Akademiker haben unter anderem die Deutsche Bank und die Dresdner Bank, die Chase Manhattan oder Merrill Lynch hochspezialisierte Finanzdienstlei-

---

390 Für eine Liste aller größeren Neuansiedlungen in Irland vergleiche die Annual Reports der IDA.

391 Czinkota/ Ronkainen/ Moffett, S. 487. Die Autoren sprechen aber auch an, wie schwierig die Abgrenzung von Dienstleistungs- und Industrieunternehmen ist (vgl. Kapitel I.D.).

392 "Call-Centre" ist der mittlerweile auch in der deutschen Fachsprache durchgesetzte Oberbegriff für Dienstleistungen, die per Telefon erbracht werden, wie z.B. Telemarketing, Kundenhilfe oder telefonische Auftragsannahme. So werden z.B. alle Anrufe, die ein Kunde in Deutschland mit Hilfe einer deutschen gebührenfreien Telefonnummer an den Weltmarktführer bei Frachtdiensten, United Parcel Service (UPS), richtet, von einem deutschsprechenden Mitarbeiter der UPS in Dublin beantwortet. Dies ist aufgrund des modernen irischen Telefonnetzes, der niedrigen Lohnkosten und der Steuervorteile lohnender als die Beantwortung von Kundenanfragen in Deutschland. Denis Staunton, "Ireland now Germany's Land of Opportunity", The Irish Times, 12.4.1996, S. C2. Zur Entscheidung der UPS siehe o.V., "The Personnel Attraction for UPS", Business Ireland, Vol. 10, Nr. 1, Februar 1996, S. 2.

393 Die Entwicklung von Software könnte ebenso als Industriezweig klassifiziert werden. In vielen Statistiken gelten Software-Unternehmen als Dienstleister, werden aber als "Internationally Traded Services" und damit als Zielgruppe der IDA häufig in die Industriestatistiken mitaufgenommen. Diese offensichtliche Unlogik verstärkt die Probleme bei der empirischen Arbeit in Kapitel IV.

394 1995 waren in diesen Sektoren insgesamt 2648 Mitarbeiter beschäftigt, 1994 waren es erst 2079. IDA, Annual Report 1995, (Dublin: IDA, 1996), S. 7.

395 Ebenda, S. 4.

stungen nach Irland verlegt.[396] Sie schaffen in ihren kleinen Niederlassungen hochqualifizierte Jobs vor allem für irische Betriebswirte, Computerspezialisten und Rechtsanwälte.

Die neuen ausländischen Investoren trugen zu einem Boom bei, der seit ca. 1993 in Irland anhält. Dieser Zustand ist gegenwärtig in Dublin deutlich zu fühlen..[397] Eine neue Schicht von gut verdienenden jungen Leuten trägt zu einer bemerkenswerten Entwicklung von Baile Atha Cliath zu einer chicen, trendweisenden Metropole bei. Die Grüne Insel gilt als wirtschaftliches Vorzeigeland, das mit seinen Wachstumsraten seit 1992 alle OECD-Staaten übertrifft und den - in Anlehnung an die asiatischen Tigerstaaten wie Singapur oder Malaysia entstandenen - Ehrentitel "Celtic Tiger" gerne trägt.[398]

Das dauerhafte Wirtschaftswachstum wurde endlich auch in Beschäftigungswachstum umgesetzt, so daß die IDA die hochgesteckten Ziele des *National Development Plan* jeweils erfüllen konnte. Diese Regierungsveröffentlichungen von 1989 und 1993 stellen Rechtfertigungsstudien für die Verwendung von Mitteln aus den Fördertöpfen der Europäischen Union in der Republik Irland dar. Die *National Development Plans* sind jeweils für einen Zeitraum von vier Jahren angelegt. Für diesen Zeitraum werden auch Zielvorgaben der Regierung für die Schaffung neuer Arbeitsplätze gemacht. Im Programm von 1993[399] werden für die Jahre von 1994 bis 1999 jährlich 9.000 neue Stellen durch die Ansiedlung neuer und die Expansion bestehender multinationaler Unternehmen in Irland erwartet. Von der gesamten einheimischen Industrie werden im gleichen Zeitraum 11.000 neue Arbeitsplätze gefordert. Die Strategie gegenüber multinationalen Unternehmen entspricht der des Culliton-Reports.

> "The approach will be to concentrate on the sectors and market niches where Ireland has the greatest competitive advantage and to maximise the benefits of inward investment by providing linkages between indigenous and foreign-owned firms."[400]

Die Erwartungshaltung der Verantwortlichen gegenüber ausländischen Investoren bleibt also hoch. Trotz einer seit den 80er Jahren verstärkt festzustellenden Schwerpunktverschiebung zur Stärkung der einheimischen Industrie bleiben die Multis eine feste Größe bei der nationalen Wirtschaftsplanung. Sie sind und werden auch in Zukunft bedeutsam sein für:

- die Schaffung von langfristig überlebensfähigen Arbeitsplätzen, die ein hohes Qualifikationsniveau erfordern und deswegen überdurchschnittlich bezahlt werden;

---

396 IDA, Achieve Global Competitive Advantage in Financial Services, (Dublin: IDA, September 1995).

397 Die Recherche wurde im Sommer 1996 abgeschlossen.

398 Antoin E. Murphy, The Irish Economy - Celtic Tiger or Tortoise, (Dublin: Money Markets International, November 1994), S. 5.

399 GoI, National Development Plan 1994-1999, (Dublin: Stationery Office, 1993).

400 Ebenda, S. 32.

- die Steigerung des industriellen und gesamtwirtschaftlichen Outputs;
- den Anstieg der Nettoexportleistung und damit die Verbesserung der irischen Handels- und Zahlungsbilanz;
- die Förderung der einheimischen Unternehmen durch die Inanspruchnahme einheimischer Güter und Dienstleistungen sowie den Transfer von Technologie.[401]

Irland bringt der Ansiedlung von multinationalen Unternehmen also weiterhin große Erwartungen entgegen. Es handelt sich um Erwartungen, die in bemerkenswerter Konstanz und mit bemerkenswerter Ähnlichkeit seit über 40 Jahren formuliert werden, die unabhängig von parteipolitischen Grundrichtungen der jeweiligen Regierung zu sein scheinen und die auch unabhängig von der konjunkturellen Lage sind. Zudem decken sich diese Erwartungen nur bedingt mit den theoretisch fundierten Aussichten (vgl. Kapitel II).

Die Unterschiede zwischen der Erwartungshaltung Irlands und den Ergebnissen der wissenschaftlichen Forschung werden, genau wie die Widersprüche zwischen politischen Maßnahmen und der Wunschhaltung, in Kapitel III.E. analysiert. Kapitel IV geht dann ausführlich darauf ein, welche Effekte in Irland im Zeitraum seit 1973 durch die Ansiedlung multinationaler Unternehmen tatsächlich eingetreten sind. Im Sinne einer fruchtbaren Analyse und Beurteilung der weiteren Zusammenhänge erscheint es an dieser aber Stelle zunächst angebracht, auf die Attraktivität des Standortes Irland relativ zu seinen Wettbewerbern einzugehen.

D. Die heutige Attraktivität Irlands als Standort für multinationale Unternehmen

In diesem Subkapitel wird keine umfassende Standortanalyse Irlands vorgenommen. Das ist hier weder möglich noch beabsichtigt. Vielmehr werden in Fortsetzung der bisherigen Argumentation des Kapitels III einige aus Sicht ausländischer Investoren bemerkenswerte Standortvorteile der "Grünen Insel" hervorgehoben. Dieses Ziel wird in drei Abschnitten erarbeitet. Zunächst erfolgt eine Darstellung der irischen Investitionsanreize. Die anschließende Beurteilung der wichtigsten irischen Standortvorteile nutzt die Ergebnisse einer Motivationsumfrage bei multinationalen Unternehmen als Gerüst für weitergehende Erkenntnisse. Abschließend wird die Attraktivität Irlands

---

401 Dies ist eine Zusammenfassung der in den 90er Jahren aufgestellten Forderungen und Wünsche, also der Erwartungshaltung gegenüber multinationalen Unternehmen. Sie stammen aus den wichtigsten Regierungsdokumenten der letzten Jahre unter verschiedenen irischen Kabinetten. GoI, National Development Plan, 1989-1993, (Dublin: Stationery Office, März 1989), S. 17. Department of Industry and Commerce, Review of Industrial Performance, 1990, (Dublin: Stationery Office, 1990), S. 66. Department of the Taoiseach, Programme for Economic and Social Progress, (Dublin: Stationery Office, 1991), S. 45. GoI, National Development Plan 1994-1999. GoI, Operational Programme for Industrial Development 1994-1999, (Dublin: Stationery Office, 1994). GoI, Programme for Competitiveness and Work, (Dublin: Stationery Office, 1994).

relativ zu Konkurrenten gezeigt. Ein Exkurs über die Ansiedlung der Firma Intel illustriert die Zusammenhänge und ist bei der abschließenden Zusammenfassung der Ergebnisse hilfreich.

1. Investitionsanreize in Irland heute

Standortvorteile treten in vielfältiger Weise auf. Die bisherigen Ausführungen verdeutlichen, daß sich Irland bei seiner Ansiedlungsstrategie aber weder - wie z.B. Norwegen mit seinen Rohölvorkommen - auf natürliche Ressourcen[402] noch auf direkte Marktnähe - wie z.B. die Beneluxstaaten - berufen kann. Als kleinem, peripherem Staat ohne nennenswerte Bodenschätze[403] bleibt Irland nichts anderes übrig, als auf das dritte Argument für die Ansiedlung multinationaler Unternehmen[404] zu setzen: die relativ zu anderen Standorten niedrigen Kosten bzw. die zu erwartende hohe Rentabilität des investierten Kapitals.

Neben einer allgemein günstigen Kostenstruktur, auf die weiter unten eingegangen wird, stellen Investitionsanreize ein wichtiges Instrument bei der Ansiedlungsförderung mit Hilfe von Kosten- und Rentabilitätsargumenten dar. In dieser Arbeit werden als *Investitionsanreize* all die *staatlichen* Maßnahmen definiert, die die Investitionsentscheidung eines Unternehmens positiv beeinflussen sollen, indem sie entweder die Rentabilität der Investition erhöhen oder das mit ihr verbundene Risiko verringern.[405] Investitionsanreize sind daher nur eine Form von möglichen Standortvorteilen, die ein Land multinationalen Unternehmen anbieten kann.

Abbildung 2 auf Seite 74 veranschaulicht die Investitionsanreize, die Irland multinationalen Industrieunternehmen heute gewährt (Stand: Frühjahr 1996).

---

402 Unter natürlichen Ressourcen werden hier z.B. Bodenschätze oder Waldbestände verstanden. Ausdrücklich ausgenommen sind Produktionsfaktoren wie die Existenz hochausgebildeter Mitarbeiter. Abstrakt formuliert sind "... natürliche Ressourcen komplexe ökologische Subsysteme oder Umweltressourcen, Lagerstätten ökonomisch verwertbarer Güter (Rohstoffe) sowie die der Umwelt entnehmbaren Rohstoffe." O.V., "natürliche Ressourcen", Gabler Wirtschaftslexikon, 13. Aufl., (Wiesbaden: Gabler, 1993), S. 2364.

403 Bodenschätze bestehen vor allem in Form von Torf, der in Irland lange Zeit als wichtigstes Heizmaterial galt und dessen charakteristischer Geruch auch heute noch jedem Besucher des winterlichen Irlands in die Nase steigt. Als Anreiz für ausländische Investoren gelten die Torfvorkommen nicht.

404 Vgl. Theorie-Kapitel II.

405 OECD, Investment Incentives and Disincentives and the International Investment Process, (Paris: OECD, 1983), S. 10.

Abbildung 2: Investitionsanreize für Industrieunternehmen in Irland heute

Steuerliche Anreize:

- 10%ige Körperschaftsteuer, mindestens gültig bis zum 31.12. 2010 (bzw. bis zum 31.12. 2005 bei ausgewählten Dienstleistungen)
- Doppelbesteuerungsabkommen mit allen führenden Industrienationen der Welt
- Großzügige Abschreibungsmöglichkeiten
- Keine Gewerbesteuer
- Steuerfreiheit für Lizenzerträge aus in Irland angemeldeten Patenten

Finanzielle Anreize:

- Kapitalzuschüsse bis zu einer Höhe von max. 45% bzw. 60% des Anlagevermögens
- Beschäftigungszuschüsse bis zu IRP 10.000,- pro geschaffenem Arbeitsplatz (steuerfrei)
- Mietzuschüsse für eine Dauer von bis zu 10 Jahren
- Zuschüsse für Forschungs- und Entwicklungsarbeiten von bis zu 50% der Kosten
- Zinszuschüsse für Darlehen
- Übernahme von Darlehensbürgschaften durch die IDA
- Beteiligung am Eigenkapital des investierenden Unternehmens durch die IDA
- Zuschüsse von bis zu 50% der Kosten für die Managementausbildung irischer Beschäftigter
- Zuschüsse von bis zu 100% der Kosten für die Ausbildung von Arbeitern

Fehlen staatlicher Auflagen:

- Völlige Freiheit bei der Gewinnverwendung und -rückführung
- Keinerlei Auflagen bezüglich der Rückführung von Dividenden, Zinsen und Lizenzerträgen

Professionelle Betreuung durch die IDA:

- Ausschließliche Betreuung des Unternehmens durch die IDA ("One-Stop-Shop"), die alle administrativen Arbeiten für den Investor übernimmt
- Hilfestellung bei Anfangshindernissen, z.B. in Form von Vermietung oder Verkauf schlüsselfertiger Fabriken in erschlossenen Industriegebieten

Quellen: IDA, Achieve European Competitive Advantage - Guide to Taxes and Tax Reliefs in Ireland, (Dublin: IDA, Juli 1995), S. 2-5; Department of Industry and Commerce, Review of Industrial Performance, 1990, S. 41-44; GoI, Operational Programme for Industrial Development 1994-1999, S. 56f.[406] Douglas Yuill/ Kevin Allen/ John Bachtler/ Keith Clement/ Fiona Wishlade, European Regional Incentives, 1994-95, 14. Aufl., (London: Bowker Saur, 1994), S. 253-261 u. S. 271-279.

Der irische *Körperschaftsteuersatz* für Industrieunternehmen ist der niedrigste aller EG-Staaten.[407] Im Jahre 1990 garantierte der irische Staat das Bestehen dieses Steuer-

406 Bei diesem Regierungsdokument handelt es sich um eine Ergänzungsschrift zum National Development Plan. Detailliert werden hier die finanziellen Mittel zur Förderung der Industrie aufgeführt. Die EU beteiligt sich an der Subventionsvergabe für ausländische Unternehmen in Irland. Zu diesem Zweck stellt die Europäische Komission für den Zeitraum des Programms in ihrem Strukturfonds IRP 88.000.000,- zur Verfügung. Eine solche Förderung erscheint insofern paradox, da sie der angestrebten Eindämmung des Subventionswettstreits durch die Kommission zuwiderläuft.

407 Der reguläre Körperschaftsteuersatz liegt bei 38%. Für Industrieunternehmen, die aus in Irland gefertigten Produkten Gewinne erzielen sowie für bestimmte Dienstleistungen, z.B. Finanz-

satzes zunächst bis zum Ende des Jahres 2010, um den Unternehmen eine langfristige Planungsgrundlage zu bieten. Durch die großzügigen Abschreibungsmöglichkeiten liegt er effektiv noch niedriger als 10 Prozent.[408] Einen Vorteil von diesem niedrigen Körperschaftsteuersatz haben multinationale Unternehmen aber nur dann, wenn zwischen Irland und ihrem Ursprungsland ein Doppelbesteuerungsabkommen besteht. Irland kann solche Abkommen mit allen führenden Industrienationen vorweisen.[409]

Ein wichtiger und ungewöhnlicher[410] Investitionsanreiz ist die völlige *Freiheit bei der Gewinnverwendung*. In Verbindung mit der niedrigen Körperschaftsteuer provoziert diese liberale Haltung das Transfer-Pricing in multinationalen Unternehmen, also die manipulierte Festsetzung von Produktpreisen zur Ausweitung niedrig zu versteuernder Gewinne in der Niederlassung.[411] Die Möglichkeit des Transfer-Pricing stellt einen bemerkenswerten Investitionsanreiz in Irland dar, der allerdings auf Kosten der Steuereinnahmen der Ursprungsländer der multinationalen Unternehmen geht und wohl deshalb von der IDA in ihren Broschüren auch nicht direkt angepriesen wird.[412] All diese fiskalischen Standortvorteile gelten seit 1987 auch für Dienstleistungsprojekte, die unter die neue Zielgruppe der Internationally Traded Services fallen. Allerdings ist hier der Zeithorizont für die 10%ige Körperschaftsteuer zunächst auf den 31.12. 2005 beschränkt.[413]

Die Vergabehöhe der *finanziellen Anreize* wurde vor der Verabschiedung des *Industrial Development Act* im Jahr 1986 vorwiegend nach der Höhe des investierten Kapitals bemessen. Aber auch heute noch ist das finanzielle Anreizsystem für kapitalintensive Unternehmen großzügig. Die Bezuschussung liegt in den sogenannten "designated areas", den unterentwickelten, vor allem im Westen des Landes gelegenen Regionen

---

oder Telekommunikationsdienstleistungen, aber auch für die Herstellung von Kinofilmen gilt der 10%ige Steuersatz. IDA, Achieve European Competitive Advantage - Guide to Taxes and Tax Reliefs, S. 2.

408 Tansey spricht, bei geschickter Ausnutzung der unübersichtlichen Vielzahl von Steuersenkungsmöglichkeiten, gar von einer effektiven Nullbesteuerung. Paul Tansey, "Poor Value for Investment", Magill, 1. März 1989, Nr. 6, S. 55-59, hier S. 59. Für einzelne Ertragsarten gelten sogar offiziell völlige Steuerbefreiungen. So sind Einkünfte durch Lizenzen von in Irland angemeldeten Patenten steuerfrei. IDA, Achieve European Competitive Advantage - Guide to Taxes and Tax Reliefs, S. 5.

409 Dazu gehören neben den USA, Japan, Korea, Rußland und Kanada alle Staaten der Europäischen Union (EU) mit Ausnahme Griechenlands. IDA, Achieve European Competitive Advantage - Guide to Taxes and Tax Reliefs in Ireland, S. 5.

410 Dem Verfasser ist die Gewährung dieses Standortvorteils nur noch aus Singapur bekannt. Donald Lecraw, "Singapore", Multinational Enterprises, Economic Structure and International Competitiveness, Hg. John H. Dunning, (Chichester: John Wiley, 1987), S. 379-405, hier S. 390.

411 Das Phänomen des Transfer-Pricing wird in Kapitel IV.C.3. näher untersucht.

412 Hinweise, inwieweit diese Praktiken den Fortbestand der Doppelbesteuerungsabkommen mit bestimmten Ländern gefährden, liefert Kapitel IV.C.3.

413 Michael Buckley, "Employment Prospects in International Financial Services", Overseas Industry in Ireland, Hg. Anthoney Foley/ Dermot McAleese, (Dublin: Gill and Macmillan, 1991), S. 170-190, hier S. 180.

bei maximal 60%, in den anderen Regionen bei 45% des investierten Kapitals.[414] Zusätzlich werden Steuergelder eingesetzt, um die Schaffung von Arbeitsplätzen[415] und die Qualifikation der Mitarbeiter in multinationalen Unternehmen stärker zu belohnen. Ergänzt wird der Subventionskatalog durch die komplette Übernahme der Ausbildungskosten für Arbeiter und die 50%ige Beteiligung der IDA an eventuell anfallenden Forschungs- und Entwicklungskosten. Diese Großzügigkeit verdeutlicht den Willen des irischen Staates, vorzugsweise Unternehmen mit ganzheitlichen Funktionen anzusiedeln, also einschließlich der Verwaltungsaufgaben oder auch der Produktentwicklung. Die Forderungen der Telesis oder der Culliton-Gruppe haben also Wirkung gezeigt. Deren Argumenten folgend haben sich die Kriterien für die Vergabe der maximalen Subventionssätze verschärft. Forfás und die IDA legen Wert darauf, daß die Subventionsgrenzen gerade bei den Zuschüssen für das investierte Kapital kaum je erreicht werden.[416] Multinationale Unternehmen müssen nachweisen, daß sie neben der reinen, bisher als Kriterium ausreichenden Exportorientierung auch willens und in der Lage sind, langfristig in Irland zu existieren und Vereinbarungen in bezug auf die Schaffung von Arbeitsplätzen einzuhalten. Werden solche Vereinbarungen nicht erfüllt, so müssen die im Zuge des "New Industry Programme"[417] bzw. des "Internationally Traded Services Programme"[418] der IDA ausgezahlten Subventionen zurückerstattet werden.[419] Zunehmend werden statt staatlicher Geschenke zinsgünstige rückzahlbare Darlehen vergeben oder Hilfen in Form von Eigenkapitalanteilen gewährt.[420]

Die Aufgabe der *IDA* ist es, diese und andere Wohltaten - sprich Standortvorteile - in der ganzen Welt bei potentiellen Investoren zu verkünden und sie von einem Engagement in Irland zu überzeugen. Dabei kann die IDA auch zurecht auf die *professionelle Betreuung* verweisen, die sie den Firmen während der Startphase und darüber hinaus

---

414 Telefonat mit Finbar Tumelty von Forfás am 12.9.1996. GoI, Operational Programme for Industrial Development 1994-1999, S. 56f.

415 Unterstützt wird diese Zielsetzung durch die Bestimmung, daß beschäftigungsbezogene Subventionen steuerbefreit sind. IDA, Achieve European Competitive Advantage - Guide to Taxes and Tax Reliefs, S. 3.

416 Dies liegt zum einen an budgetbedingten Sparmaßnahmen seit dem Programme for National Recovery. Zum anderen wird gerade bei Service-Projekten die Ansiedlungsentscheidung zunehmend unabhängig von kapitalorientierten Subventionen getroffen. Telefonat mit Sean Denvir, IDA-Büro Düsseldorf, 21.5.1996. Die exakten Zahlen für einzelne Projekte werden als vertraulich behandelt. Telefonat mit Finbar Tumelty, Forfás, 12.9.1996.

417 Das New Industry Programme der IDA ist sowohl zuständig für die Förderung von neuen industriellen Projekten als auch für größere Erweiterungen bestehender Projekte. Es umfaßt nahezu alle ausländischen Investments in Irland. Yuill et al., European Regional Incentives, 1994-95, S. 253-261.

418 Das Internationally Traded Services Programme unterliegt ebenfalls der IDA und ist u.a. zuständig für die Subventionsvergabe an ausländische Dienstleistungsunternehmen. Für Einzelheiten über das Programm siehe: Ebenda, S. 271-279.

419 Alle nicht anderweitig gekennzeichneten Ausführungen zum Thema Subventionshöhe und -vergabe wurden entnommen aus: Department of Industry and Commerce, Review of Industrial Performance, 1990, S. 41-44.

420 Yuill et al., S. 435.

angedeihen läßt (s. Abbildung 2). Die professionelle Arbeitsweise der IDA wird international gerühmt. Die nach der Teilung der Agentur verbliebenen, allein auf ausländische Investoren konzentrierten 227 Mitarbeiter unter der Leitung von Kieran McGowan arbeiten in der ältesten Marketing-Agentur ihrer Art.[421] Ihre Erfahrung nutzend, gilt die IDA als die professionellste und erfolgreichste Organisation zur Gewinnung ausländischer Direktinvestoren.[422] Wissenschaftler betonen die Aggressivität der IDA, ihre Professionalität und ihre Erfolge[423], wenn auch andere Agenturen aufgeholt hätten.[424] Ein großer Vorteil ist der "One-stop-shop"-Service (s. Abbildung 2), der bürokratische Hemmnisse minimiert und den kostenentscheidenden Zeitraum zwischen Investitionsentscheidung und Inbetriebnahme der Niederlassung verringern hilft.[425]Nach Ansicht des Verfassers besteht aus irischer Sicht die besondere Leistung der IDA vor allem darin, immer wieder frühzeitig die Sektoren erkannt zu haben, in denen die Republik Irland wettbewerbsfähig ist oder werden könnte. Dazu bedienen sich die Verantwortlichen eines Marketing-Instrumentariums, wie es auch gut geführten Unternehmen vertraut ist. Die Strategen der IDA nehmen einen Abgleich der Erfordernisse der einzelnen Industriezweige mit den Standortvor- und -nachteilen der "Grünen Insel" vor. Nur langfristig vielversprechende Sektoren mit hohem Marktwachstum, deren Anforderungen nur unwesentlich von geographischen Nachteilen beeinflußt sein dürfen, werden in das "relevant set" der IDA-Akquisiteure aufgenommen. Mit Hilfe der Auslandsbüros wird dann versucht, in diesen Kernsegmenten schon frühzeitig mit potentiellen Investoren Kontakt aufzunehmen und sich so gegenüber den Konkurrenten einen Vorsprung zu erarbeiten.[426]

Als Kernzielgruppen für ihre Ansiedlungsbemühungen hat die IDA gegenwärtig die

---

421 Louis Wells, Jr./ Alvin G. Wint, "Marketing Strategies to Attract Foreign Investment", Multinationals in the Global Political Economy, Hg. Lorraine Eden/ Evan H. Potter, (New York: St. Martin's Press, 1993), S. 168-186, hier S. 176, Tabelle 11.4.

422 Die IDA gewann für 1995 die neu geschaffenen Auszeichnungen 'Best European Promotion Agency' und 'Best Agency Strucure for Investment Promotion', die vom Fachmagazin Corporate Location und der Beratungsfirma Coopers & Lybrand vergeben werden. O.V., "We Don't Wish to Boast but...", Business Ireland, November 1995, Vol. 9, No. 4, S. 7. IDA Ireland, Annual Report 1995, S. 5.

423 Gerard E. Watzke, "An Irish Sweepstakes for American Corporations", Journal of General Management, Sommer 1982, S. 31-39; Wells, Jr./ Wint, S. 168-186.

424 Stopford/ Strange, S. 223.

425 Die umfassende Unterstützung trägt dazu bei, daß einige mittelgroße multinationale Unternehmen ihre Niederlassungen in Irland aufbauen. Zu dieser Gruppe gehört auch eine ganze Reihe von mittelständischen Unternehmen aus Deutschland, z.B. das Maschinenbauunternehmen "Läpple" und ein Hersteller von Kopfhörern, die Firma "Sennheiser". IDA, Irland - Europas neue Erfolgsgeschichte, (Düsseldorf: IDA, September 1991), S. 2f.

426 Die IDA in Düsseldorf rühmt sich, den Medienkonzern Bertelsmann schon auf die Vorteile seines Online-Projekts mit America Online in Irland aufmerksam gemacht zu haben, bevor Bertelsmann auch nur die Bildung des Joint-Venture mit America Online unterzeichnet hatte. Denis Staunton, "Ireland Now Germany's Land of Opportunity", S. C2. Gespräch mit Sean Denvir, IDA Büro Düsseldorf, 21.5.1996.

folgenden Sektoren identifiziert:

- Elektronik- und Computerindustrie
- Medizintechnik/ Pharmazie
- Maschinenbau und
- "International Services", insbesondere Call-Centres, Finanzdienstleistungen und Software[427],

wobei letzterer Sektor erst seit 1987 zu den Zielgruppen der IDA zählt.[428] Kapitel IV wird darlegen, daß es aufgrund der IDA-Anstrengungen genau diese "modernen" Sektoren der irischen Industrie[429] sind, die den dominanten und prosperierenden Teil der multinationalen Unternehmen in Irland repräsentieren. Bei allen Unterschieden zeichnen sich diese Sektoren durch hohes Marktwachstum, kurze Produktlebenszyklen und überdurchschnittlichen Bedarf an ausgebildeten Mitarbeitern aus. Bezogen auf die multinationale strategische Ausrichtung gelten diese Sektoren als global orientiert und bezogen auf ihre Standortwahl als hoch mobil. Die anvisierten multinationalen Unternehmen bevorzugen Investitionen "auf der grünen Wiese", um Kontrolle und Sicherheit über ihr Produkt- und Prozeß-Know-how nicht zu gefährden. Diese Erkenntnisse werden im Kapitel III.E. von Bedeutung sein.

Die besondere Weitsicht der IDA zeigt sich auch in ihren Bemühungen, das Wettbewerbsumfeld für ausländische Investoren generell und die oben identifizierten Kernzielgruppen speziell zu verbessern. Dies gilt zum einen für die Modernisierung des Telekommunikationssektors, der überseeische Verbindungen mit hoher Qualität und zu deutlich verringerten Preisen ermöglicht.[430] Vor allem aber gilt es für die beispielhafte Bildungsoffensive, die - maßgeblich auf Drängen der IDA - seit den 70er Jahren ins Leben gerufen wurde (s. Kapitel III.C.1). Bei der Suche nach irischen Standortvorteilen erkannten die Promoter neben den Investitionsanreizen sehr schnell, daß die hohe Verfügbarkeit junger Leute einen wichtigen Wettbewerbsvorteil darstellte. Um aber

---

427 IDA, Achieve European Competitive Advantage in Ireland, S. 5-10. Die Konzentration auf diese Sektoren bedeutet aber nicht, daß die IDA sich bei passender Gelegenheit nicht auch um Firmen aus anderen Bereichen bemühen würde. Ein Beispiel stellen z.B. die Unternehmen der Konsumgüterbranche dar. Die IDA konnte hier in den letzten 20 Jahren prominente Firmen wie z.B. den Textilfabrikanten "Fruit of the Loom" von den Vorteilen Irlands überzeugen, ohne daß dieser Bereich heute noch ausdrücklich als Kerngebiet angesehen wird.

428 Diese Darstellung der IDA-Vorgehensweise entspricht - stark verkürzt - den Ausführungen von Dick Ryan, dem Planungschef der IDA in Dublin. Interview mit Dick Ryan, 25.4.1996.

429 Letztmalig wird hier betont, daß aus irischer Sicht die als Kernzielgruppen definierten Dienstleistungs-Sektoren als "Industriezweige" angesehen werden. Es ist daher in Regierungsveröffentlichungen absolut gängig, von "Service Industry" zu sprechen. Eine solche Klassifikation deckt sich nicht mit deutschen Prinzipien. Doch werden aus Gründen der sprachlichen Klarheit und der späteren statistischen Aufbereitung im Verlauf dieser Arbeit die spezifischen Service-Sektoren eingeschlossen, wenn von der ausländischen Industrie die Rede ist.

430 Datanet, Telecommunications in Ireland, (Dublin: Forfás, August 1994), S. 37.

diese Menschen auch mit der "richtigen"[431], also für zukunftsträchtige Berufe sinnvollen Ausbildung zu versehen, wurden große Anstrengungen unternommen. Unter anderem wurde die Beziehung zwischen ausländischen Investoren und den Universitäten gerade im technischen Sektor verstärkt. Der Bau von Regional Colleges, mit kürzeren Studienzeiten als in den herkömmlichen Universitäten und mit technischer Ausrichtung, kam den Wünschen der vor allem amerikanischen Hi-Tech-Konzerne besonders entgegen.[432] Heute schließen 60% aller irischen Studenten ihr Examen in Maschinenbau, Natur- und Wirtschaftswissenschaften ab[433] und sind dann in der Regel nicht älter als 21 Jahre. Für die Kernzielgruppe der IDA, Unternehmen aus modernen know-how-intensiven Branchen[434], sind das bedeutende Argumente für eine Ansiedlung. Dies zeigt auch eine Untersuchung über die Motivation ausländischer Direktinvestoren in Irland.

2. Die Motivation für Investitionen in Irland

Es existieren wenige verwendbare, aktuelle und öffentlich zugängliche Studien über die Motivation ausländischer Unternehmen, in Irland zu investieren. Die interessanteste Untersuchung wurde im Dezember 1991 veröffentlicht[435] und beruht auf einer Umfrage bei 92 Chief Executive Officers nicht näher bezeichneter[436] multinationaler ausländischer Betriebe in Irland.

---

431 Der Verfasser möchte an dieser Stelle jegliche Diskussion über die Richtigkeit dieser bildungspolitischen Ziele aus pädagogischer Sicht vermeiden. Es geht hier allein um eine Darstellung der irischen Perspektive.

432 Als Beispiel legt Intel bei neuen Mitarbeitern auf ein niedriges Alter Wert. Drei Jahre Technical College seien genug, das restliche Know-how werde den meist 20-jährigen Akademikern in Intel-internen Schulungen beigebracht. Riley konnte sich einen Seitenhieb auf das deutsche Ausbildungssystem nicht verkneifen, als er in diesem Zusammenhang von den deutschen Universitätsabsolventen als Frührentnern sprach. Interview mit Bill Riley am 16.4.1996 in Leixlip.

433 IDA, Ireland - The Competitive Location in Europe, Internet-Homepage der IDA auf http:\\www.ida.ie, 25. September 1996.

434 Vgl. die obige Aufzählung der Kernzielsegmente der IDA.

435 Allied Irish Banks, Overseas Investment in Ireland: A Report on the Attitudes of Overseas Companies towards Investment in Ireland, (Dublin: IDA, Dezember 1991).

436 Jedoch liefert die Studie Angaben über die Branchenzugehörigkeit und Nationalität der Unternehmen. Drei Viertel aller Unternehmen kommen aus den USA und Deutschland, ein Viertel aus 12 weiteren Staaten. Die Branchenzugehörigkeit verteilt sich wie folgt: 32% stammen aus dem Elektroniksektor, 15% aus dem Maschinenbau, 12% aus der Konsumgüterindustrie, 6% aus dem Bereich Medizintechnik sowie weitere 35% aus den Sektoren Pharmazie, Kunststofferzeugung, Nahrungsmittel und Getränke, Bekleidung und schließlich Automobilzulieferindustrie. Allied Irish Banks, S. 1. Service-Unternehmen wurden nicht berücksichtigt. Dies liegt vermutlich daran, daß sie die Vergleichbarkeit mit einer zehn Jahre zuvor durchgeführten Untersuchung einschränken würde. Irish Marketing Surveys, "Ireland as a Manufacturing Base", Allied Irish Bank Review, April 1981, S. 1-2. Zudem spielten multinationale Service-Unternehmen in Irland 1991 auch noch kaum eine Rolle.

Abbildung 3: Wichtige Faktoren für die Wahl von Standorten aus Sicht multinationaler Unternehmen in Irland
Arbeitskräfte - Qualität/ Produktivität/ Kosten/ Einfluß der Gewerkschaften **Mitgliedschaft in der EU** - Zugang zur "Festung Europa"/ Indikator für wirtschaftliche und politische Stabilität **Politisch-wirtschaftliche Stabilität** - gefestigte Regierung/ stabile Wirtschaft und Währung/ besondere Bemühungen um Investoren **Finanzielle Anreize**
Quelle: Allied Irish Banks, S. 4-6.

Die Umfrage ergab, daß 91% mit der Qualität der irischen *Arbeitskräfte* zufrieden sind[437]. Die Interviewer sprechen von einem 90%-Wert bei der Zufriedenheit mit der Verfügbarkeit von "quality labour". Über 70% der Top-Manager äußerten sich 1991 zufrieden über den generellen Ausbildungsstand gegenüber weniger als 40% bei der Vorgängerstudie aus dem Jahr 1981[438]. Das junge Durchschnittsalter, die englische Muttersprache und die hohe Lernfähigkeit und Flexibilität beeindruckten die Befragten zusätzlich.[439] Auch die in den Werbebroschüren der IDA abgedruckten Aussagen von Managern und in den vom Verfasser durchgeführten Interviews wird auf die hohe Lernbereitschaft und Flexibilität der jungen[440] und leistungsfähigen Arbeitskräfte hingewiesen, die die hohe Produktivität der Betriebe ermöglichen[441]. Die hohe Produktivität, gekoppelt mit niedrigen Löhnen, ist ein entscheidender Wettbewerbsfaktor für Standorte. Im EU-Vergleich schneidet Irland mit den viertniedrigsten Lohngesamtkosten unter den Mitgliedstaaten[442] sehr gut ab.

Zu diesem niedrigen Wert haben seit der Verabschiedung des *Programme for National Recovery* und seinen Nachfolgeprogrammen (vgl. Kapitel III.C.2) auch die Gewerkschaften mit ihrer Zustimmung zur Reallohnstagnation beigetragen. Diese Zustimmung paßt gut in das unternehmerfreundliche Bild, das die irischen Arbeitnehmervertreter abgeben. Vor allem für die amerikanischen Investoren dürfte die niedrige Streikrate

---

437 Allied Irish Banks, S. 9.
438 Irish Marketing Surveys, S. 1.
439 Allied Irish Banks, S. 9.
440 Die bis 24 Jahre alten Iren machen 45% der Gesamtbevölkerung aus. IDA, Fakten über Irland 1995, (Düsseldorf: IDA, 1995), S. 1.
441 Dies stellt die Umfrage fest, ohne genauere Angaben zu machen. Allied Irish Banks, S. 9.
442 Nur Spanien, Portugal und Griechenland konnten 1994 niedrigere Lohngesamtkosten vorweisen. IDA, Facts about Ireland, (Dublin: IDA, Januar 1996), S. 2.

sowie der generelle Bedeutungsverlust der Gewerkschaften bedeutsam sein.[443] Der für Europa zuständige Personalchef des amerikanischen Halbleiterproduzenten Analog Devices, John Horgan, erklärte, daß die Firma den Alternativstandort Belgien wegen der Streikanfälligkeit und der Macht der Gewerkschaften letztlich nicht in Erwägung zog.[444] Den irischen Gewerkschaften ist diese Einstellung bewußt. Sie erkennen aber an, daß gerade in den Betrieben aus den modernen Sektoren das Arbeitsklima generell sehr gut ist und die Firmenleitung stark in Corporate Identity[445] investiert; auch um gewerkschaftliche Einflüsse gering zu halten bzw. zu vermeiden.[446] Zwei Drittel der befragten Betriebe waren 1991 gewerkschaftlich organisiert; 1981 waren es über 75%.[447] Diese Zahlen erscheinen aber noch immer nicht repräsentativ, da überhöht. Eine Umfrage bei deutschen Investoren zeigt, daß nur 40% der befragten Unternehmen gewerkschaftlich organisiert waren.[448] Dies stellte nach Ansicht der Befrager einen Wert dar, der für die Erfahrung anderer ausländischer Investoren in Irland repräsentativ sei.[449] Eine Umfrage unter den 20 US-Unternehmen, die sich zwischen Januar 1994 und November 1995 vor allem im Hi-Tech-Sektor niederließen, hat ergeben, daß keines eine Gewerkschaft zugelassen hat.[450]

In Irland gibt es keine Betriebsräte. Die Bemühungen der EU, "Europäische Betriebsräte" für alle Unternehmen mit mehr als 1.000 Mitarbeitern insgesamt und mindestens je 150 Mitarbeitern in mindestens zwei EU-Mitgliedstaaten zwingend vorschreiben[451], waren deshalb für den Iren John Horgan ein weiterer Beweis dafür, daß EU-Richtlinien die Wettbewerbsfähigkeit Irlands untergraben. Quasi durch die Hintertür würden Sozialstandards eingeführt, deren Fehlen Irland und auch Großbritannien in Europa für

---

443 Dieser subjektive Eindruck entstand aufgrund von Interviews mit Repräsentanten von Analog Devices und der Intel Corporation. Tom Wall vom Gewerkschaftsdachverband ICTU führt die besondere Abwehrhaltung von US-Firmen gegenüber Gewerkschaften auf die schlechten Erfahrungen der Amerikaner mit korrupten und teilweise mafiös beeinflußten Arbeitnehmervertretungen im eigenen Land zurück. Interview mit Tom Wall vom 17.4.1996.

444 Interview mit John Horgan, Director of Human Resources - European Operations, Analog Devices, in Limerick, 12. April 1996.

445 Eine Prägung der Mitarbeiter im Sinne der Firmenphilosophie ist in jungen Jahren leichter. Insofern ist es hilfreich, daß in Irland die Absolventen im Alter von 21 Jahren die Universitäten verlassen. Im Jahr 2000 werden 40% der Iren jünger als 25 Jahre sein im Vergleich zu Deutschland (29%) oder Großbritannien (32%); für potentiellen Nachwuchs ist also gesorgt. IDA, Achieve European Competitive Advantage in Ireland, S. 2, unter Berufung auf eine nicht näher bezeichnete Studie der Vereinten Nationen.

446 Interview mit Tom Wall, 17.4.1996 in Dublin.

447 Allied Irish Banks, S. 9; Irish Marketing Surveys, S. 2.

448 Deutsch-Irische Industrie- und Handelskammer (DIIH), Survey of German Investors in Ireland, (Dublin: DIIH, Oktober 1993), S. 14.

449 Ebenda.

450 Industrial Relations News, 1996, keine weiteren Angaben. Zitiert nach: Doug Payne, "Irish PC Workers are Looking for Payback", The European, 11.-17. April 1996.

451 Für die Kriterien und generelle Aspekte zum Thema "Europäischer Betriebsrat" vgl. u.a.: O.V., "Noch Gestaltungsspielräume für den Euro-Betriebsrat", Blick durch die Wirtschaft, 23.8.1996, S. 1.

global operierende Unternehmen gerade so attraktiv macht.[452]

Solche Kritik am Einfluß der EU kann aber die grundlegende Bedeutung der EU-Mitgliedschaft Irlands nicht schmälern. Ohne die Mitgliedschaft im wichtigsten Binnenmarkt der Welt würde Irland von den Investoren der Nicht-EU-Staaten erst gar nicht bei der Standortwahl berücksichtigt. Die *Mitgliedschaft in der EU* stellt also besonders für Unternehmen aus Nicht-EU-Staaten eine notwendige, wenn auch nicht hinreichende Bedingung bei der Auswahl relevanter Investitionsplätze dar. Firmen aus den USA, Japan oder Korea betrachten Irland als kostengünstige Exportplattform innerhalb der "Festung Europa". Daß dieser Begriff seine Berechtigung hat, zeigt sich beispielhaft durch die große Bedeutung Irlands - aber auch Schottlands - bei der Ansiedlung von Halbleiterfabriken. Die Marktführer in diesem Gebiet, fast ausschließlich aus den USA oder Asien stammend, sind für die Belieferung des weltweit kaufkräftigsten Binnenmarktes der Welt auf einen Produktionsstandort innerhalb der EU-Grenzen angewiesen. Oder mit den Worten eines amerikanischen Managers der Halbleiterindustrie:

> "Europe has been the most successful in blackmailing the world [to force investment in the community]."[453]

Auch in anderen Branchen ist die Befürchtung, latent protektionistischen Maßnahmen ausgesetzt zu sein, ein bedeutsamer Grund dafür, bei der Wahl eines europäischen Standortes auf einen EU-Mitgliedstaat zu bestehen. Für Irland hat die Bedeutung der Mitgliedschaft als Zugangsplattform für den Binnenmarkt aber gegenüber den 70er Jahren durch die Erweiterung Mitte der 80er Jahre bzw. Mitte der 90er Jahre relativ an Wert verloren.[454] Dennoch hat die Mitgliedschaft in der EU aber den großen Vorteil, daß sie viele der Mittel ermöglicht, die Irland in die Infrastruktur oder Bildungssyteme investiert. Dies ist auch der Bevölkerung bewußt, die in ihrem Referendum vor Ratifizierung des Maastricht-Vertrags eine relativ zu Dänemark und Frankreich sehr positive Haltung einnahm.

Eine solche Haltung trägt dazu bei, daß 97% der befragten Manager Irland für *ökonomisch und politisch stabil* hielten.[455] Dabei werden der Konservatismus der irischen Politik sowie die Stabilität der Wirtschaft und Währung als wichtigste Gründe genannt. Es ist interessant festzuhalten, daß laut Umfrage aus dem Jahr 1995 für 85% der Investoren der Nord-Irland-Konflikt keinen Grund zur Besorgnis darstellte, obwohl sich zu

---

452 Interview mit John Horgan am 12. April 1996.

453 Zitat eines amerikanischen Managers der Halbleiterindustrie. Zitiert nach: David B. Yoffie, "Foreign Direct Investment in Semiconductors", Foreign Direct Investment, Hg. Kenneth A. Froot, (Chicago: University of Chicago Press, 1993), S. 197-230, hier S. 221. Die mit Klammern versehene Erläuterung stammt von Yoffie.

454 Irish Marketing Surveys, S. 1. Neben Spanien, Portugal und Griechenland in den 80er Jahren wurden 1995 auch Österreich, Finnland und Schweden Mitglieder der Europäischen Union.

455 Allied Irish Banks, S. 5.

dieser Zeit noch keinerlei Lösungsperspektive für die "Troubles" ergab.[456] Eine Umfrage bei Chemiekonzernen in Irland erlaubt in diesem Punkt eine Differenzierung. Die amerikanischen Chemieunternehmen kümmerten sich demzufolge gar nicht um die schwierige Lage in Nordirland, während die Unruhen bei den EU-Investoren einen schwachen Einfluß auf ihre Investitionsbereitschaft ausübten.[457]

Die Ausführungen zum Thema ökonomischer und politischer Stabilität bedürfen nach Meinung des Verfassers einer wichtigen Ergänzung. Denn Irland geht in seinen Bemühungen viel weiter, als es die auch in anderen EU-Staaten üblichen Bekenntnisse zum Freihandel und zur politischen Stabilität vermuten lassen. Die bisherigen Ausführungen dieses Kapitels haben verdeutlicht, daß seit 1958 die Haltung gegenüber multinationalen Unternehmen uneingeschränkt positiv ist und dies unabhängig von den in Irland konstant erfolgenden Regierungswechseln geschieht.[458]

Irland ist in bezug auf multinationale Unternehmen zu einer *"focussed nation"* mit einem "*can-do approach*" geworden:

> "Focussed on providing the right cost-base and the right infrastructure for certain suitable sectors of industry, mainly Information Technology/ electronics, healthcare/ pharmaceuticals and the two leading international service sectors - software and financial services."[459]

Diese Einschätzungen des IDA-Chefs sollen Investoren vermitteln, wie wichtig sie sind und wie sehr alles daran gesetzt wird, ihnen Probleme aus dem Weg zu räumen. Dabei geht Irland weit über die ungewöhnlich liberale Haltung hinaus, multinationalen Unternehmen keinerlei Beschränkungen z.B. in Form von local content-Bestimmungen oder inländischen Minderheitsbeteiligungen aufzuerlegen, wie dies andere Länder mit großem Direktinvestoreneinfluß vorschreiben.[460]

Die Bedeutung dieses Faktors - die Orientierung aller relevanten Kräfte zur Verbesserung der wirtschaftlichen Lage - wird in Umfragen bei multinationalen Unternehmen nicht direkt gemessen. Die IDA läßt aber in ihren aufwendigen Werbebroschüren gerne Manager über diesen spezifischen Standortvorteil referieren. Der Chairman und Chief Executive Officer (CEO) von Merrill Lynch lobt neben der immer wieder erwähnten Verfügbarkeit gut ausgebildeter junger Leute "...the favourable business environment created by the Irish Government...". Noch deutlicher sagt es der Director von IBM International Treasury Services, Jean Louis de Gandt: "There is a good problem-

---

456 Ebenda, S. 5.

457 Chris C.B. Simango, "Strategic Locational Factors Influencing Foreign Investment", European Business Review, Vol. 93, No. 4, 1993, S. 12-18, hier S. 15. Simango stellt in diesem Artikel die Ergebnisse seiner Umfrage bei in Irland angesiedelten, multinationalen Chemieunternehmen vor.

458 Ebenda.

459 Kieran McGowan, The Role of IDA Ireland in Industrial Development, (Dublin: IDA, 1995), keine Seitenangaben.

460 Beispielhaft sei hier Kanada erwähnt. Aliber, S. 211f.

solving attitude from anyone involved in the process in Dublin. The authorities have been accessible and very helpful."[461] Der Computerhersteller Gateway 2000 gibt zu bedenken, daß die Anreizpakete in anderen Ländern ähnlich großzügig seien, aber "... the attitude of the authorities here in Ireland is so positive that it is as important as the financial rewards."[462]

Vielleicht konnten einige der 1991 befragten Manager aus eigener Erfahrung berichten, wie sehr der Staat seinen Einfluß auch außenpolitisch geltend macht, um multinationale Unternehmen in Irland anzusiedeln. Ein Beispiel für das "pro business environment"[463] liefert die Ansiedlung des südkoreanischen Unternehmens Saehan Media im Jahr 1990. Aufgrund direkter irischer Intervention konnte der von der EG verhängte Anti-Dumping Zollsatz auf importierte südkoreanische Videobänder von 10,8% für die Niederlassung von Saehan Media in Irland auf 4,5% gesenkt werden.[464] Auch innerhalb irischer Jurisdiktion kamen multinationale Unternehmen in den Genuß besonderer Förderung. Ein berüchtigtes Beispiel ist der Fall des amerikanischen Gabelstaplerproduzenten Hyster. Nachdem Hyster, den Norden und den Süden Irlands gegeneinander ausspielend, besonders hohe Subventionen für ein neues Werk in der Republik durchsetzen konnte, konfrontierte es die Regierung in Dublin mit der Forderung nach gesetzlichen Änderungen des irischen Urheberrechts als Voraussetzung für die Erweiterung ihrer Niederlassung. Tatsächlich wurde auf Druck der IDA und des Ministers für Industrie und Handel eine Gesetzesänderung durchgesetzt. Einen besonders unangenehmen Beigeschmack bekam diese Vorgehensweise dadurch, daß Hyster kurz vor der Gesetzesänderung seine Werke bereits wieder geschlossen hatte.[465]

Es drängt sich eine Hypothese auf: Irland besitzt einen besonderen Standortvorteil durch seine uneingeschränkte Unterstützung lohnender Projekte durch Politiker, die über Lobbyistenarbeit im herkömmlichen europäischen Sinne hinausgeht. Dabei kommt der Insel ihre geringe Größe und die hauptstädtische Machtballung[466] zugute,

---

461 Beide Zitate aus: IDA, Achieve European Competitive Advantage in Ireland, S. 10.

462 O.V., "Computer Companies Home in on", Business Ireland, Februar 1996, Vol. 10, Nr. 1, S. 3; es handelt sich um einen Nachdruck eines Artikels von Doug Payne aus dem Wochenmagazin The European.

463 So nennt die IDA diese Einstellung. IDA, Achieve European Competitive Advantage in Ireland, S. 2.

464 Fitzpatrick & Associates, East Asian Investment in the UK and Republic of Ireland: Prospects for the 1990s, (London: The Economist Intelligence Unit, Juni 1991), S. 59; im folgenden: Fitzpatrick & Associates, East Asian Investment. Michael C. McDermott, "The Internationalization of the South Korean and Taiwanese Electronics Industries: The European Dimension", Europe and the Multinationals, Hg. Stephen Young/ James Hamill, (Aldershot: Edward Elgar, 1992), S. 206-234, hier S. 218f.

465 "The subordinate position of law to intervention as means of achieving industrial development, in the minds of both politicians and bureaucrats, is very evident from this case." William Kingston, "Entrepreneurship or Rent-Seeking?", Enterprise and the Irish Economy, Hg. Andrew E. Burke, (Dublin: Oak Tree Press, 1995), S. 249-270, hier S. 262.

466 Irland ist ein zentralistisch geführter Staat. Für die Regionen gerade im unterentwickelten Westen des Landes ist das ein häufiger Grund zur Klage. Vgl. Ardagh, S. 121, S. 135ff.

die dazu führt, daß fast alle Entscheidungsträger einander zu kennen scheinen und so auch unkonventionelle Maßnahmen schnell durchgesetzt werden können.[467]

Eine solche Hypothese wurde von der IDA in einem Gespräch zurückgewiesen. Zwar sei man stolz auf die gut funktionierende "one-stop-shop"-Betreuung durch die IDA, darüber hinausgehende Vorteile politischer Form gewähre man aber nicht.[468] Dies stellt einen Widerspruch zur Position des Intel-Managers, Bill Riley, dar, der von den Einflußmöglichkeiten seiner Firma sprach, die Sonderwünsche auf höchster politischer Ebene möglich mache.[469]

Die hohe Lebensqualität beeinflußt die Entscheidung zugunsten Irlands ebenfalls positiv. Zwar kritisierten die Manager das schlechte Wetter und die hohen Lebenshaltungskosten, doch würden diese Nachteile durch die große Freundlichkeit der Menschen, die schöne Landschaft und das umfangreiche Freizeitangebot mehr als wettgemacht. Alle 92 Befragten betrachteten die bisher in Irland verbrachte Zeit als ziemlich oder sehr wertvoll.[470]

Diese Faktoren stellen bedeutende Standortvorteile Irlands dar. Wenn man die Manager nach dem *wichtigsten einzelnen Standortvorteil* Irlands fragt, dann spielt das Freizeitangebot keine Rolle mehr. Der mit Abstand bedeutendste Standortvorteil Irlands sind nämlich die großzügigen Investitionsanreize (s. Abbildung 4). Befragt nach dem wichtigsten Einzelfaktor für die Standortentscheidung zugunsten Irlands nannten 48% die *steuerlichen Vorteile und die Subventionen*. Es gibt keine wissenschaftliche Untersuchung, die diese Erkenntnis in Frage stellen würde. Bestätigt wird die Dominanz der steuerlichen und finanziellen Anreize durch die Veröffentlichungen einer ganzen Reihe von Unternehmensberatungen, die in ihren Broschüren für potentielle Investoren die Großzügigkeit des irischen Anreizpakets in den Vordergrund stellen und auch die Liberalität des Staates bei der Gewinnverwendung anpreisen.[471] Noch 17% der befragten Unternehmen bezeichneten die Erhältlichkeit ausgebildeter Arbeitskräfte als wichtigsten Einzelfaktor. Die Bedeutung dieses Standortvorteils ist damit gegenüber 1981 gestiegen.[472]

Dieses Umfrageergebnis verdeutlicht, daß vor allem die Existenz der finanziellen und steuerlichen Anreize in der Lage ist, die Konkurrenzfähigkeit Irlands bei der Attraktion von multinationalen Unternehmen zu gewährleisten. Befragt nach den Schlüsselkriterien für die Bewertung von möglichen Standorten allgemein, nannten 67% der in Irland

---

467 In einer solchen Haltung können Kritiker aber auch durchaus eine schwache Verhandlungsposition Irlands erkennen. Vgl. Kapitel II.

468 Interview mit Joe Butler.

469 Interview mit Bill Riley, Public Affairs Manager, Intel Ireland Ltd., 16.4. 1996.

470 Allied Irish Banks, S. 22.

471 Deloitte Haskins & Sells, Doing Business in Ireland: A Guide for the Foreign Investor, (New York: Deloitte Haskins & Sells, Oktober 1987), S. 37. Price Waterhouse, Doing Business in the Republic of Ireland, (New York: Price Waterhouse, August 1989), S. 17, S. 20.

472 Irish Marketing Surveys, S. 1f.

angesiedelten Unternehmen die Höhe der Steuervorteile und Subventionen als einen generell wesentlichen Faktor bei der Auswahl von Standorten.[473]

Abbildung 4: Der wichtigste Einzelfaktor für die Investitionsentscheidung in Irland, in Prozent

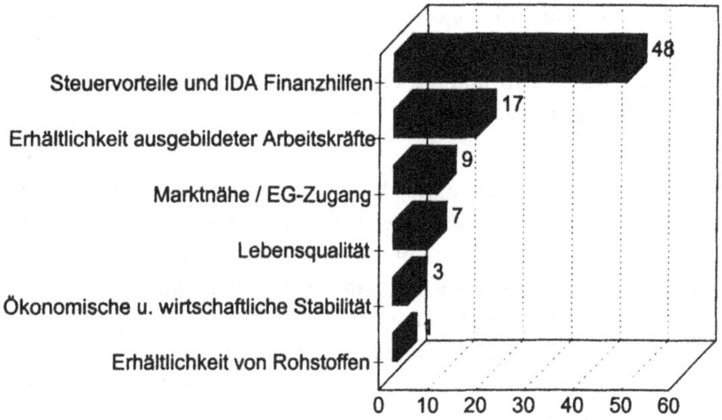

Quelle: Allied Irish Banks, S. 5.

Diese oben ausführlich erläuterten Investitionsanreize sind daher offensichtlich am besten geeignet, die natürlichen Standortnachteile Irlands zu kompensieren. Die IDA weist regelmäßig darauf hin, daß die periphere Insellage und der kleine heimische Markt die außergewöhnliche Großzügigkeit des irischen Staates notwendig mache, wenn der Standort Irland bei der Ansiedlung multinationaler Unternehmen konkurrenzfähig bleiben wolle.[474] Zwar scheint sich in den Augen der befragten Unternehmen der Standard der irischen Infrastruktur verbessert zu haben[475], befriedigend scheint die

473 Allied Irish Banks, S. 4f. Dies heißt also, daß zusätzlich zu den 48% der Unternehmen, die steuerliche und finanzielle Anreize als wichtigsten Einzelfaktor bezeichneten, noch weitere 19% diese Anreize als Schlüsselfaktor bei ihrer Investitionsentscheidung ansahen.

474 IDA, Annual Report 1990, S. 16. IDA, Annual Report 1991, S. 12. IDA, Annual Report 1994, (Dublin: IDA, November 1995), S. 3.

475 Allied Irish Banks, S. 10.

Situation z.B. für deutsche Investoren aber noch nicht zu sein.[476] Eine Ausnahme ist die Situation im Bereich der Telekommunikation. Schon zu Beginn der 70er Jahre hatte die IDA auf die Bedeutung eines wettbewerbsfähigen Telekommunikationssystems hingewiesen und auf Verbesserungen gedrungen, um Kostennachteile zu schmälern.[477] Der sich seit den späten 80er Jahren einstellende Erfolg bei der Ansiedlung von Call-Centres und Finanzdienstleistungen, bei denen die Qualität und die Kosten der öffentlichen Kommunikationssysteme einen wichtigen Entscheidungsfaktor darstellen, wäre ohne diese Reformen nicht denkbar. Irland kann sich heute rühmen, bei gebührenfreien Telefon-Angeboten innerhalb Europas der billigste Anbieter zu sein. Die Kosten für Gespräche in die USA hat der staatliche Telefonmonopolist Telecom Éireann in den letzten Jahren deutlich gesenkt.[478] Allerdings ist hier der scharfe Konkurrent Großbritannien noch immer überlegen. Auch künftig wird sich Irland im Bereich der Telekommunikation besondere Mühe geben müssen. Die Entwicklung im Bereich international mobiler Dienstleistungen macht es der IDA erstmals möglich, Unternehmen anzusiedeln, bei denen aufgrund fehlender materieller Güterbewegung die Entfernung zum "Kontinent" keinen Kostennachteil mehr darstellt.

> "Our disadvantages as a small island nation are irrelevant in this era of global networking, if we continue to meet the changing educational and infrastructural needs of this sector."[479]

Deswegen bemüht sich die IDA im Industriesektor auch darum, die Qualität des irischen Logistiknetzes zu verbessern, um so die entfernungsbedingten Wettbewerbsnachteile bei der Güterdistribution zu minimieren.[480]

Steuervorteile und Subventionen hatten auch großen Anteil daran, daß Irland bei der entscheidenden Kennzahl zur Messung der Wettbewerbsfähigkeit sowohl von Firmen

---

476 53% der deutschen Investoren halten die Entfernung zum EU-Kernmarkt für den größten Wettbewerbsnachteil Irlands. Die teilweise mangelhafte Infrastruktur wird mit 39% als zweitgrößter Nachteil angesehen. DIIH, Survey of German Investors, S. 15. Die größten Wettbewerbsvorteile sind nach Meinung von 34% die niedrige Körperschaftsteuer und die niedrigen Lohnkosten (36%). Ebenda, S. 14. Die besondere Bedeutung des Lohnes ist nachvollziehbar, da die deutschen Industrieunternehmen, häufig schon seit Jahrzehnten in Irland ansässig, vor allem arbeits- und damit lohnintensive Produktionsstufen angesiedelt haben. Vgl. Kapitel III.B.2.

477 Noch 1981 hatten 80% der befragten Unternehmen das Telekommunikationssystem Irlands als schlechter als im Herkunftsland kritisiert. Irish Marketing Surveys, S. 2.

478 IDA, The Competitive Location in Europe, Internet-Seiten der IDA auf http:\\www.ida.ie am 19.9.1996.

479 Denis Hanrahan, der Chairman bzw. Aufsichtsratsvorsitzende der IDA, schrieb diese Zeilen in: IDA, Annual Report 1995, (Dublin: IDA, Juli 1996), S. 4.

480 Die IDA bemüht sich gegenwärtig, multinational operierende Unternehmen von den Vorzügen Irlands als Logistikzentrale zu überzeugen. Die IDA führt als Beispiel für die exzellenten Bedingungen an, daß sich der Marktführer bei der Direktlieferung von Personalcomputern, die amerikanische Firma Dell Computers, für Irland als Standort für die Belieferung des gesamten europäischen Marktes entschieden hat. Das gleiche gilt für den Weltmarktführer bei Software, die Firma Microsoft, die ebenfalls einen großen Teil ihrer Produkte für den europäischen Markt von ihrem Zentrallager in Irland aus beliefert. IDA, Ireland. Europe's High-Speed, Cost-Effective Export Centre, (Dublin: IDA, Oktober 1994).

als auch von Standorten, nämlich der Rentabilität des investierten Kapitals[481], glänzen kann. Und die IDA versäumt es in ihren Werbebroschüren selten, potentielle Investoren darauf hinzuweisen:

> "Low operating costs, low corporate taxes and generous incentives combine to make Ireland the most profitable location in Europe for overseas investors. US Department of Commerce figures confirm that for over a decade US manufacturing companies have achieved after tax returns of 25% a year, on average, on their investments in Ireland."[482]

Die Zufriedenheit der Investoren mit Irland als einem Standort mit sowohl niedrigen Kosten als auch hohen Gewinnen zeigt sich am besten darin, daß 77% der Manager Irland aufgrund ihrer Erfahrungen als Standort empfehlen bzw. wieder in Irland investieren würden.[483] Solche Ergebnisse versteht die IDA als besonderes Kompliment und sind aus irischer Sicht sehr erfreulich. Sie sind in Zeiten scharfen Wettbewerbs aber auch dringend erforderlich.

3. Die Konkurrenz

> "Investment promotion is one of the most competitive and ruthless businesses in the world and there is considerable naiveté on the part of observers about the processes involved in winning an investment."[484]

Die Konkurrenz bei der Ansiedlung multinationaler Unternehmen verschärft sich kontinuierlich. Diese vor allem in den letzten 20 Jahren von der IDA beklagte Tatsache manifestiert sich in ihrem neuesten Rechenschaftsbericht[485] genau wie auch in der Umfrage des Jahres 1991. So erklärten 68% der Unternehmen, vor der Entscheidung für den Standort Irland noch mindestens ein weiteres Land in die engere Wahl gezogen zu haben.[486] Dabei sieht die IDA grundsätzlich alle der weltweit gegenwärtig rund 120 Investment-Promotion Organisationen als potentielle Konkurrenten, die bei einzelnen

---

481 Diese Kennzahl, auch als Return on Investment bezeichnet, stellt eine der wichtigsten Größen bei der Standortentscheidung dar und gilt als wichtigster Indikator bei der Frage der Wettbewerbsfähigkeit von Staaten oder Regionen. Bradley/ Fitz Gerald/ Whelan, S. 10.

482 Dieses Zitat findet sich u.a. in IDA, Achieve Competitive Advantage in Ireland, S. 1; IDA, Achieve European Competitive Advantage in Electronics, (Dublin: IDA, September 1995), S. 1; IDA, Achieve European Competitive Advantage in Software, (Dublin: IDA, September, 1995), S. 1. Kapitel IV wird auch manipulative Gründe für die teilweise mysteriös hohen Gewinnspannen aufzeigen.

483 Allied Irish Banks, S. 6. Die Deutsch-Irische Handelskammer spricht in ihrer Umfrage davon, daß 92% der deutschen Unternehmen in Irland den Standort auf Anfrage weiterempfehlen würden. DIIH, Survey of German Investors in Ireland, S. 17.

484 Diese Aussage kommt vom ehemaligen Managing Director der IDA. Padraic A. White, "Concluding Remarks: Identifying the Peace Dividend", The Two Economies of Ireland, Hg. John Bradley, (Dublin: Oak Tree Press, 1995), S. 299-302, S. 302.

485 IDA, Annual Report 1995, S. 11-13.

486 Allied Irish Banks, S. 6.

Projekten durchaus zu einer realen Bedrohung werden können. Innerhalb Europas sieht der IDA-Chef die aufstrebenden Länder Osteuropas bei den arbeits- bzw. lohnintensiven Projekten als nicht mehr zu schlagende Konkurrenz an, die sich im Falle eines EU-Beitritts noch weiter verschärfen würde.[487] Zudem sind Spanien und Portugal zu Konkurrenten geworden und werden immer wettbewerbsfähiger.[488]

Der mit Abstand wichtigste Konkurrent aber ist Großbritannien. Ein Drittel der befragten Manager 1991 sahen Großbritannien als Alternativstandort.[489] In der Tat gehören die Regionen Schottland, Wales, Nordirland und England mit ihren jeweiligen Promotionorganisationen nach Aussagen der IDA[490] und des Department of Enterprise and Employment[491] heute zu den schärfsten Wettbewerbern. Die englische Sprache und Kultur, die Großzügigkeit der Subventionen bei gleichzeitig niedriger Kostenstruktur und das starke Engagement zugunsten ausländischer Investoren bedeuten Ähnlichkeiten bei den Standortvorteilen, die Amerikaner und vor allem Asiaten nach Großbritannien locken.[492]

Gerade bei den identifizierten Zielsektoren, die auch in Zukunft für regelmäßige Direktinvestitionsströme sorgen sollen, trifft die IDA bei der Endrunde zur Vergabe von Investitionsprojekten immer wieder auf die Manager britischer Regionalagenturen wie *Locate in Scotland* oder das *Northern Ireland Development Board*.[493] Die Verantwortlichen bei *Locate in Scotland* sprechen in ihrem Rechenschaftsbericht neben den eigenen Erfolgen auch von Frustration beim Kampf um Investoren mit der IDA.[494] Zu viele Top-Manager entscheiden sich für die kleine Insel im Westen. Eine Beurteilung der nationalen Wettbewerbsfähigkeit durch den *World Competitiveness Report*, die leider keine Unterscheidung Großbritanniens in seine Regionen vornimmt, begründet den

---

487 Die IDA merkt das vor allem bei den deutschen Industriebetrieben, bei denen sich seit Jahren kein großes neues Projekt ergeben hat. Wichtige deutsche Engagements der letzten Jahre kamen fast ausschließlich von Dienstleistern wie Großbanken oder dem anteilig zur Bertelsmann AG gehörenden Internetdienst America Online Europe. Vgl. u.a. o.V., "Bertelsmann Operation Expands on Two Fronts", Business Ireland, Mai 1996, Vol. 10, No. 2, S. 1.

488 Interview mit Dick Ryan, Manager, Planning Department, IDA, Dublin, 25.4. 1996.

489 Allied Irish Banks, S. 6.

490 Interview mit Dick Ryan. Schon 1991 berichtete McGowan in einem Interview von der stärker werdenden Konkurrenz durch Portugal und Spanien, die durch den Beitritt zur EG und die niedrigen Kosten zu attraktiven Standorten geworden seien. O. V., "The American Investment Dollar", Aspect, August 1991, S. xiv-xvii, hier S. xv.

491 Interview mit Eugene Stuart, Department of Enterprise and Employment, am 24.4.1996 in Dublin.

492 Interview mit Pat Hayden, Department of Enterprise and Employment, am 24.4.1996 in Dublin.

493 Eine Untersuchung speziell bei amerikanischen multinationalen Unternehmen ergab, daß Irland gemeinsam mit Schottland die zweitattraktivste EU-Region für diese Guppe im wichtigsten Konsumentenmarkt der Welt ist. Als wettbewerbsfähigste Region gilt Nord-England, an vierter Stelle folgen die Tschechische Republik und Ungarn, dann Holland und Belgien, darauf Lorraine in Frankreich, dann Leipzig, dann Katalonien. Daniel Pruzin, "Europe's top 10 sites", World Trade, Vol. 7, Issue 5, Juni 1994, S. 106-113. Viele außereuropäische Investoren betrachten die Niederlande mittlerweile als englischsprachiges Land, in dem - unabhängig von der Ausbildungsstufe - nahezu alle Bürger fließend dieser Fremdsprache mächtig seien.

494 Locate in Scotland, Annual Review 1994-1995, (Juni 1995, keine weiteren Angaben), S. 23.

Vorsprung Irlands nicht.[495] Vom *World Economic Forum* in Davos und dem *International Institute for Management Development* (IMD) in Lausanne konzipiert, mißt der Report die Wettbewerbsfähigkeit von 49 Staaten der Erde. Irland erreicht hier weltweit den 22. Platz (Großbritannien=18.), innerhalb der OECD-Staaten den 17. (GB=15.) von 24 Plätzen, in Europa den 12. (GB=10.) von 23 Staaten.[496] Solche Resultate erklären nicht die irischen Erfolge bei der Ansiedlung von Investoren. Dies gilt im übrigen auch für Großbritannien, das den erstplazierten Staaten Schweiz, Deutschland und den Niederlanden in dieser Untersuchung weit unterlegen ist.

Der enorme Erfolg der Republik Irland ist aber nicht von der Hand zu weisen. Nach Angaben der IDA gewann Irland im Jahr 1995 14% aller neu zu vergebenden internationalen Industrieprojekte innerhalb der EU.[497] Bei amerikanischen Direktinvestitionen in die EU-Industrie konnte die Grüne Insel 25% für sich verbuchen.[498] Bemerkenswert ist dies vor allem, wenn man sich die Bevölkerungszahl von nur etwa einem Prozent des europäischen Kontinents vor Augen führt.

Die Wettbewerbsfähigkeit Irlands wird erst bei der Betrachtung einzelner Subkriterien deutlicher. Auf die Frage, welche Staaten ein Erziehungssytem bieten, das den Anforderungen einer wettbewerbsfähigen Wirtschaft entspricht, wählten die über 2000 Manager Irland auf den weltweit zweitbesten Platz hinter Singapur und vor Taiwan. Großbritannien landet hier abgeschlagen auf dem 35. Platz.[499] Die gleiche Top-Position erreichte die "Grüne Insel" bei der Beantwortung der Frage, in welchen Ländern die Bevölkerungsentwicklung und -struktur der Wirtschaftsentwicklung besonders dienlich ist. Nur Israel konnte Irland von der Spitzenposition verdrängen, wieder landete Großbritannien abgeschlagen auf dem 33. Platz.[500] Für internationale Hi-Tech-Betriebe und moderne Service-Unternehmen sind - wie oben erläutert - aber solche Faktoren bei der Standortwahl besonders wichtig.

Die Wettbewerbsfähigkeit des staatlichen Anreizpakets wurde nicht in die Untersuchung aufgenommen, aber gerade hier kann sich Irland vor allem durch seine Steuer-

---

495 International Institute for Management Development (IMD)/ The World Economic Forum, The World Competitiveness Report 1995, 15. Aufl., (Lausanne: IMD, 1995). Die Studie gilt als die beste und verläßlichste zur Messung nationaler Wettbewerbsfähigkeit und wird in diesem Zusammenhang häufig zitiert. Sie mißt die Wettbewerbsposition der Staaten mit Hilfe von acht Hauptindikatoren: Bevölkerung, Nationale Wirtschaftskraft, Wissenschaft und Technologie, Management, Infrastruktur, Finanzwesen, Regierung und Internationalisierungsgrad. Diese Indikatoren werden in insgesamt 378 Kritierien weiter aufgeteilt. Ebenda, S. 36f. Ergänzt werden die Ergebnisse der Faktenrecherchen durch die Resultate einer Umfrage bei 21.000 Managern aus allen untersuchten Staaten, von denen 3.292 die Papiere ausgefüllt zurückschickten. Ebenda, S. 22.

496 Aus nicht erläuterten Gründen wird Israel als europäischer Staat klassifiziert. Ebenda, S. 20.

497 IDA, Annual Report 1995, S. 9.

498 Bei den amerikanischen Direktinvestitionen in der Elektronik- und Computerbranche liegt der Anteil sogar bei einem Drittel. IDA, End of Year Statement - 1995, S. 3.

499 Die Bundesrepublik Deutschland konnte trotz ihres international gerühmten "Dualen Ausbildungssystems" nur den 12. Platz erreichen. IMD, S. 721.

500 IMD, S. 697.

politik von den Wettbewerbern absetzen.[501] Das irische Angebot einer Mischung aus Steuervorteilen und Subventionen gilt als eines der lukrativsten in ganz Europa.[502] Das trifft insbesondere für die IDA-Kernzielsegmente zu, die sich in Irland alle durch besonders hohe Renditen und hohe zu versteuernde Gewinne auszeichnen.[503] Die *Locate in Scotland* (LIS)-Agentur schreibt denn auch in ihrem Rechenschaftsbericht:

> "Within Western Europe our most important competitor is undoubtedly the Irish Republic. Most manufacturing industry there benefits at present from a corporate tax of 10% and this, together with generous financial incentives, enables Ireland to offer more generous financial packages to many potential investors than we can offer."[504]

Die diesen Zeilen zu entnehmende Frustration ist um so verständlicher, als *Locate in Scotland* sich um eben die gleichen Kernzielsegmente wie die IDA bemüht.[505] Aber eingebunden in das britische Körperschaftsteuersystem sind fiskale Veränderungen kurzfristig nicht zu erwarten. Um so großzügiger ist Schottland bei der Vergabe von Subventionen. Der Wettlauf zwischen diesen beiden Konkurrenten spielt sich neben der Qualität der Arbeitskräfte ganz deutlich auf dem Gebiet der steuerlichen und finanziellen Anreize ab.[506] Generell ist in Europa ein Wettlauf der Nationen um ausländische Investoren entbrannt, der in Zeiten hoher Dauerarbeitslosigkeit immer heftiger geführt wird. Dabei spielen die fiskalen Anreize eine bedeutende Rolle. Gerade aus deutscher Sicht wird zunehmend die niedrige irische Körperschaftsteuer zum Anlaß genommen, die eigene steuerliche Situation zu überprüfen.[507] Zum Leidwesen der Iren bieten Belgien und die Niederlande großen Unternehmen steuerliche Gestaltungsmöglichkeiten an, die zu einem effektiven Körperschaftsteuersatz von unter 10% führen können und damit den wichtigsten Standortvorteil Irlands noch übertreffen.[508]

---

501 Marita van Oldenborgh, "Market Report: Ireland", International Business, Vol. 5, Iss. 5, Mai 1992, S. 52-54.

502 Diese Vermutung läßt sich leicht belegen: wenn gemäß der Umfrage aus dem Jahr 1991 der wichtigste Standortvorteil Irlands die niedrige Steuer und die hohen Subventionen sind (siehe oben), dann muß es sich um ein besonders großzügiges Anreizpaket handeln. Da die Gewährung bestimmter Vergünstigungen vertraulich gehandhabt wird, ist ein Vergleich europäischer Anreizpakete sehr schwierig. Die beste Untersuchung zu diesem Thema liefern Yuill et al., 1994.

503 Zur Profitabilität multinationaler Unternehmen in Irland vgl. auch die Ausführungen in Kapitel IV.C.3.

504 Locate in Scotland, Annual Review 1994-1995, (Glasgow: LIS, Juni 1995), S. 23.

505 Ebenda, S. 7.

506 Für eine umfassende, interessante Beurteilung der Anreizstrategien und -systeme Irlands und Schottlands siehe die Arbeit von McDonnell-Lenoach, Foreign Direct Investment and its Effects on Irish Manufacturing Industries.

507 Vgl. u.a. o.V., "Deutsches Steuersystem muß sich dem internationalen Wettbewerb stellen", Handelsblatt, 27./ 28.9.1996, S. 6.

508 Ebenda. Frances Ruane sprach von einer ernsten Bedrohung irischer Wettbewerbsfähigkeit insbesondere durch die Niederlande. Holland wird von US-Investoren aufgrund der guten Fremdsprachenkenntnisse der Bevölkerung zunehmend als englischsprachiges Land klassifi-

Die Härte des Wettbewerbs der Nationen um Investoren zeigt auch das Beispiel des Intel-Konzerns. Die Ansiedlung der europäischen Fabrikationsanlagen von Intel im Jahre 1991 war ein aufsehenerregender Erfolg für die IDA. Neun verschiedene europäische Industrieentwicklungsbehörden bemühten sich um den amerikanischen US-Hersteller von Mikroprozessoren, darunter auch Schottland, Österreich und Wales. Nach gründlicher und langer Informationssammlung entschied sich der Weltmarktführer für Computerchips für den Standort Leixlip westlich von Dublin.

Abbildung 5: Die Ansiedlung des Intel-Konzerns in Irland

Standortvorteile:
- EU-Mitgliedschaft als Grundvoraussetzung
- 10%ige Körperschaftsteuer, die die relativ geringeren Subventionen ausgleichen konnte
- gut ausgebildete junge Leute mit geistiger Flexibilität, formbar im Sinne der Intel-Corporate Culture
- professionelle Betreuung durch die IDA mit schnellen Entscheidungen und kurzen Wegen

Probleme:
- hochspezialisierte Experten kommen wegen der peripheren Lage und der hohen Einkommenssteuern nicht gerne nach Irland
- aufgrund des Booms im irischen Elektroniksektor beginnender Mangel an Hochschulabsolventen in Maschinenbau und Informatik

Erwartungen an den irischen Staat in der Zukunft:
- Steuervorteile erhalten
- auf hohen Ausbildungsstand und hohe Anzahl von Studenten in den Ingenieursjahrgängen achten
- sich nicht von der EU-Sozialgesetzgebung und den "negativen" deutschen Anregungen beeinflussen lassen (Stichwort: Europäischer Betriebsrat)

Quelle: Interview mit Bill Riley, Public Affairs Manager, Intel Ireland, Ltd.

Dieser Entscheidung ging eine lange Analysephase voraus. Ausgangspunkt war die Entscheidung des Intel-Vorstands, aufgrund von Befürchtungen vor einem "Fortress Europe" und dem dynamisch wachsenden europäischen Halbleitermarkt einen Produktionsstandort innerhalb der EU-Grenzen aufzubauen. Entscheidende Faktoren bei der Standortanalyse waren steuerliche Anreize und Subventionen, die auf einen Finanzplan von 10 Jahren hochgerechnet wurden. Die wesentlich höheren Subventionen anderer Standorte wurden im Falle Intels, bei dem es um Investitionen in Höhe von DM 3,6 Milliarden ging, durch den zu erwartenden Steuervorteil ausgeglichen. Im

---

ziert, das gegenüber Irland den Vorteil großer Nähe zu den Hauptmärkten der EU bietet. Interview mit Frances Ruane am 25.4.1996.

Wettstreit mit den drei anderen, nach diesem Kriterium noch verbliebenen Standorten, darunter Schottland und Österreich, entschied die große Anzahl junger, motivierter und gut ausgebildeter Mitarbeiter für Irland. Bei der Bewertung der Personalqualität analysierte Intel unter anderem auch die Leistungsfähigkeit von emigrierten irischen Soft- und Hardwareingenieuren in den europäischen Standorten von Firmen wie Siemens und Philips und kam zu exzellenten Ergebnissen. Die niedrigen Personalkosten waren ein weiterer Vorteil für Irland, der aber von der hohen Qualität der Angestellten bei weitem übertroffen wurde. Aufgrund der hohen Kapitalintensität des Werkes spielen die niedrigen Lohnkosten eine zweitrangige Rolle, wenngleich Bill Riley sie auch als "nice side-effect" betrachtet. Nach Schilderung des Intel-Managers entschied im Jahr 1991 der Vorstand der Intel Corporation auf Basis dieser Informationen, IRP 1,5 Mrd. in Leixlip, einer verschlafenen Vorstadt Dublins, zu investieren.[509]

Der Firmen-Kultur folgend, stehen die Standorte Intels miteinander im Konkurrenzkampf.[510] Aufgrund der extrem kurzen Produktlebenszyklen werden immer wieder neue Investitionsentscheidungen auf Basis der Leistungsfähigkeit der einzelnen Produktionsstandorte getroffen. Demnach müssen die Verantwortlichen des Halbleiter-Giganten mit den ersten Erfahrungen in Leixlip zufrieden gewesen sein: Sie kündigten 1995 an, ihr Engagement in Irland auszuweiten. Bis zum Jahr 2000 werden weitere IRP 1,5 Milliarden in massive Erweiterungen der Anlagen in Leixlip investiert, so daß damit von Leixlip aus die Nachfolgergenerationen des "Pentium Chips" gebaut werden können.[511] Nach Abschluß der Arbeiten wird Intel mit 4.600 Beschäftigen der größte private Arbeitgeber Irlands sein.[512] Die erfolgreiche Zusammenarbeit mit der Intel Corporation ist ein bevorzugtes Gesprächsthema von IDA-Managern. Es steht stellvertretend für die großen Erfolge Irlands bei der Ansiedlung multinationaler Unternehmen gerade im Bereich der Computerindustrie und im Software-Sektor.

Zusammenfassend sind besonders zwei Erkenntnisse dieses Abschnitts für die im Kapitel IV folgende Analyse der Auswirkungen multinationaler Unternehmen auf die irische Industrie und Volkswirtschaft bedeutsam.

Der wichtigste Standortvorteil Irlands ist das großzügige System steuerlicher und finanzieller Anreize. Es handelt sich dabei um einen künstlichen Standortvorteil, der

---

509 Der gesamte Entscheidungsprozeß basiert auf den Schilderungen des Intel-Managers Bill Riley im Verlauf eines Interviews mit dem Verfasser am 16.4.1996 bei Intel in Leixlip.

510 Neben der Konzernzentrale in Santa Clara und weiteren Standorten in den USA verfügt die Intel Corporation auch über Produktionsanlagen in Israel, Puerto Rico, Malaysia und den Philippinen.

511 O.V., "Intel Invests $ 1.5 bn to Expand its Hi-Tech Irish Facility", Business Ireland, Februar 1996, Vol. 10, Nr. 1, S. 1.

512 In Verbindung mit der Intel-Präsenz ist die Entscheidung der amerikanischen Computerfirma Hewlett-Packard zu sehen, auf dem Nachbargrundstück in Leixlip ebenfalls IRP 340 Millionen zu investieren und weitere 2000 Arbeitsplätze zu schaffen. Catherine Cleary, "Demand for Memory Drives Impressive Year for IDA", The Irish Times, 29.12.1995, S. 8. O.V., "Second Major Development in Ireland by Hewlett-Packard", Business Ireland, August 1996, Vol. 10, Nr. 3, S. 1.

kurzfristig von Konkurrenzländern imitiert oder übertroffen werden kann.[513] Diese Tatsache stellt eine offene Bedrohung der irischen Standortattraktivität dar, die vor dem Hintergrund des schärferen Wettbewerbs der Standorte noch betont wird. Irland hat es in den letzten 20 Jahren durch große Anstrengungen im Bildungswesen aber geschafft, seine Wettbewerbsvorteile vor allem um die hohe Verfügbarkeit gut ausgebildeter, junger, englischsprechender Arbeitskräfte zu ergänzen. Soll die relative Wettbewerbssituation erhalten bzw. verbessert werden, so ist der irische Staat einerseits gezwungen, bei einer eventuellen Aufstockung der Investitionsanreize in einem Konkurrenzland die eigenen künstlichen Standortvorteile ebenfalls zu verbessern. Zum anderen muß Irland weiterhin in großem Maße für die Ausbildung junger Menschen vor allem in technischen Bereichen sorgen.[514] Gleichermaßen ist vor dem Hintergrund einer globalisierungsbedingten Verschärfung der Konkurrenz die Bewahrung Irlands als ein im EU-Vergleich kostengünstiger Standort essentiell.

Eine zweite bemerkenswerte Erkenntnis ist die Tatsache, daß Irland aufgrund seiner gravierenden geographischen Standortnachteile neben dem neuen Bereich "Internationale Dienstleistungsunternehmen" bei der Ansiedlung multinationaler *Industrie*unternehmen nur in einem beschränkten Marktsegment wirklich konkurrenzfähig ist, nämlich bei kapitalintensiven Betrieben, in denen die hergestellten Produkte ein hohes Verhältnis von Produktwert zu Gewicht oder Volumen haben. Diese Erkenntnis, dem die IDA durch Festlegung ihrer Zielsektoren Rechnung trägt, hat aber Konsequenzen auf die Verhaltensweisen und Strategien der irischen Niederlassungen. Diese wiederum bestimmen die Effekte auf die irische Industrie und Volkswirtschaft.

Bevor in Kapitel IV diesen Effekten nachgegangen wird, versucht der Verfasser im folgenden Abschnitt auf Basis der bisherigen Erkenntnisse, die Widersprüche in der Erwartungshaltung des irischen Staates gegenüber den an Irland interessierten multinationalen Unternehmen herauszuarbeiten.

E. Die Widersprüche der irischen Erwartungshaltung

Irland hat seit den späten 50er Jahren mit Hilfe einer konsequenten Ansiedlungsstrategie ausländische Unternehmen auf die "Grüne Insel" gebracht. Seit den 70er Jahren konzentrierten sich die Bemühungen der IDA auf kapitalintensive Industrieunternehmen. Die erfolgreiche Arbeit der IDA in diesen Bereichen wurde Ende der 80er Jahre auf einige ausgewählte Dienstleistungsbereiche ausgedehnt. Die verantwortlichen Politiker in Irland haben den multinationalen Unternehmen hohe Erwartungen entgegengebracht, vor allem hinsichtlich der Schaffung neuer, qualifizierter Arbeitsplätze,

---

513 Stephen Guisinger, Investment Incentives and Performance Requirements, (New York: Praeger, 1985), S. 39.

514 Selbstverständlich müssen in allen als für die Wettbewerbsfähigkeit relevanten Bereichen Anstrengungen zur Verbesserung unternommen werden. Aufgrund ihrer besonderen Bedeutung wurden aber die Anreizpakete und die Arbeitsmarktfrage herausgehoben.

um die hohe Arbeitslosigkeit und die damit verbundene Emigration zu reduzieren. Die zusätzlichen Wünsche nach verstärktem Wirtschaftswachstum und besseren Exportleistungen wurden seit Mitte der 80er Jahre um die stärkere Integration und Förderung der einheimischen Wirtschaft erweitert.

Inwieweit diese Erwartungen gerechtfertigt sind, läßt sich anhand der Motive multinationaler Unternehmen und des Modells der Verhandlungsmacht näherungsweise untersuchen.[515] Die irische Konzentration auf exportorientierte, kapitalintensive Industriebetriebe entsprach der klugen und vorausschauenden Analyse der eigenen Stärken und Schwächen durch die IDA. Die Wahl der IDA fiel damit aber auf Branchen, die sich durch hohe Mobilität und eine große Zahl in Frage kommender Standorte auszeichnen. Gerade die irischen Schlüsselbereiche Elektronik- und Computerindustrie sowie der pharmazeutische Sektor gelten als klassische *globale Branchen*. Die hohe Mobilität dieser Unternehmen wird durch die große Zahl von wirtschaftspolitisch Verantwortlichen gefördert, die Unternehmen gerade dieser zukunftsträchtigen Sektoren als besonders attraktiv ansehen. Die zahlreichen Konkurrenten, mit denen sich die IDA auseinandersetzen muß, werden durch die schwerwiegenden natürlichen Standortnachteile Irlands begünstigt, insbesondere durch die periphere Lage, den kleinen heimischen Markt und die unterentwickelte einheimische Industrie. Dem stehen grundsätzlich zunächst keine natürlichen Standortvorteile entgegen; seit den 80er Jahren zahlen sich aber in Irland die großzügigen Investitionen in das Bildungswesen aus. Die Existenz junger, gut ausgebildeter Leute läßt sich als natürlicher irischer Standortvorteil klassifizieren. Irland würde aber nur wenige Investoren mit diesem Anreiz allein locken. Für die meisten multinationalen Unternehmen sind die Argumente für kostenorientierte Direktinvestitionen entscheidend: niedrige Lohnkosten bei hohen Subventionen und vor allem die hochattraktiven, niedrigen Körperschaftsteuern. Beläßt man es bei dieser verkürzten Zusammenstellung, so entsteht der Eindruck einer schwachen Verhandlungsposition Irlands gegenüber multinationalen Unternehmen. In der Tat ist - wie oben festgestellt - die "take-what-you-can-get"-Haltung auch heute in Irland vorherrschend. Eine schwache Verhandlungsposition rechtfertigt jedoch nach den Thesen in Kapitel II. nur eine gemäßigte staatliche Erwartungshaltung. Somit ergibt sich ein erstes Zwischenfazit: die Ansprüche Irlands an ausländische Unternehmen entsprechen nicht der Verhandlungsmacht und sind demnach unrealistisch.

Konkretere Widersprüche ergeben sich bei der Betrachtung der Ansiedlungsstrategie. Die Konzentration auf Hi-Tech-Sektoren ist aus den mehrfach erläuterten Gründen sinnvoll und stichhaltig. Jedoch steht sie im Gegensatz zu dem Wunsch einer stärkeren Integration dieser Betriebe mit der einheimischen Wirtschaft und vor allem der Industrie. Hi-Tech-Betriebe zeichnen sich durch wenige, hochspezialisierte Zulieferbetriebe aus, von denen z.B. bei den Firmen Intel und Analog Devices nicht einer aus Irland

515 Vgl. Kapitel II.A., II.B. und II.C.

stammt.[516] Die erstrebenswerten Bemühungen des *National Linkage Programme* nach stärkeren Verbindungen zur einheimischen Wirtschaft und zum stärkeren Technologietransfer müssen schon aus diesem Grund zwangsläufig in ihrem Erfolg begrenzt sein.[517] Das nahezu gänzliche Fehlen von Joint-Ventures irischer und ausländischer Betriebe in den modernen Sektoren als idealer Technologietransfer-Plattform ist auch darauf zurückzuführen, daß irische Unternehmen in diesen Sektoren grundsätzlich kaum präsent sind.

Besonders problematisch ist der Widerspruch zwischen dem Anreizsystem und dem Wunsch nach ganzheitlichen Funktionen der ausländischen Niederlassungen. Die Iren wünschen sich Unternehmensbereiche wie Marketing oder Forschung und Entwicklung, um mehr höherwertige Arbeitsplätze zu erhalten und die Abwanderungsneigung der so zwangsläufig größeren Niederlassungen zu reduzieren. Neben der generell geringen Neigung ausländischer Konzerne, solche Funktionen außerhalb der Muttergesellschaft anzusiedeln[518], verstärken die Iren selbst diese Zurückhaltung zusätzlich durch den wichtigsten Anreiz zur Ansiedlung, die niedrige Körperschaftsteuer. Sie sorgt dafür, daß multinationale Unternehmen ihre Gesamtunternehmensgewinne möglichst in der irischen Niederlassung versteuern möchten.[519] Einer gesamtunternehmerischen Gewinnmaximierung in Irland aber steht die Ansiedlung von kostenintensiven Aktivitäten, wie z.B. der Forschung und Entwicklung, entgegen. Daran ändert die bemüht wirkende Steuerbefreiung für Lizenzgebühren, die auf in Irland angemeldeten Patenten beruhen, wenig.

Dieses Dilemma verdeutlicht ein Grundproblem der irischen Ansiedlungsstrategie. Direktinvestitionen sind ein hilfreiches Instrument zur wirtschaftlichen und industriellen Entwicklung eines Landes. Sie gelten jedoch nur als eine sinnvolle Ergänzung für die Bemühungen um eine eigenständige einheimische Wirtschaft[520], als "second-best alternative".[521] Inwieweit dieser wissenschaftliche Grundkonsens auch für Irland gilt und ob das kleine Land nicht doch eine Ausnahme für diese entwicklungspolitische Grundregel darstellt, zeigt Kapitel IV.

---

516 Interviews mit John Horgan und Paul McAvinue von Analog Devices und Bill Riley, Intel Ireland.
517 Für Einzelheiten siehe Kapitel IV.
518 Vgl. Kapitel II.
519 Für die Konsequenzen dieses Gebahrens vgl. auch Kapitel IV.C. und IV.D.
520 Thomsen/ Woolcock, S. 103. Porter, Nationale Wettbewerbsvorteile, S. 696f.
521 Vgl. Kapitel II.D.

IV. DIE EFFEKTE MULTINATIONALER UNTERNEHMEN AUF DIE IRISCHE INDUSTRIE UND VOLKSWIRTSCHAFT

Nachdem die Erwartungshaltung des irischen Staates gegenüber multinationalen Unternehmen im vorangegangenen Kapitel dargestellt wurde, beschäftigt sich dieses Kapitel mit der Analyse und Beurteilung der Auswirkungen, wie sie sich in Irland tatsächlich ergeben haben. Dabei beschränkt sich die Arbeit auf die aus irischer Sicht maßgeblichen Effekte. Für die in Irland besonders bedeutsame Frage der Schaffung neuer Arbeitsplätze geschieht dies im Zeitraum seit 1973, in den meisten anderen Bereichen stehen Informationen erst seit 1983 zur Verfügung. Einschränkend ist hinzuzufügen, daß gerade die Informationen, die auf dem Census of Industrial Production (CIP) des CSO beruhen, auch in der dem Verfasser vorab zur Verfügung gestellten, noch unveröffentlichten Form erst für das Jahr 1993 zur Verfügung stehen. Bis heute (Stand: Herbst 1996) existiert demnach keine Studie über die Republik Irland, die neuere CIP-Daten über ausländische Unternehmen verwendet.[522]

Nach der umfassenden Darstellung der Effekte multinationaler Unternehmen auf den Arbeitsmarkt behandelt Kapitel IV.C. die Auswirkungen auf das Wirtschaftswachstum und den Außenhandel. Kapitel IV.D. befaßt sich mit den Effekten auf die einheimische Industrie und der Frage der Abhängigkeit Irlands von ausländischen Investoren. Außer der Gegenüberstellung der eher vage formulierten Erwartungen mit tatsächlichen Erfolgen folgt die konkrete Beurteilung der Auswirkungen multinationaler Unternehmen aufgrund des Vergleichs mit der einheimischen Industrie. Die Bewertung der Ansiedlungsstrategie mit Hilfe der Überlegung, wie sich die irische Industrie ohne die Unterstützung multinationaler Unternehmen entwickelt hätte, erscheint dem Autor zu hypothetisch und daher unangebracht.[523]

A. Die Auswirkungen auf die quantitative Beschäftigungsentwicklung

Die quantitative Beschäftigungsentwicklung war und ist der wesentliche Gradmesser in der Erfolgsbeurteilung irischer Industriepolitik[524], bedingt durch die chronische Dauerarbeitslosigkeit und damit verbundene Emigration. Zudem eignen sich Angaben über die Anzahl der Beschäftigten am besten für einen Leistungsvergleich einheimischer und ausländischer Unternehmen.[525] Es scheint daher gerechtfertigt, Aussagen

---

522 Mary Murphy, Central Statistics Office, Cork, in einem Gespräch mit dem Verfasser im November 1996. Zu diesem Zeitpunkt war der Census of Industrial Production für das Jahr 1990 noch immer die "neueste" Veröffentlichung des Central Statistics Office, die eine Unterteilung in ausländische und inländische Industriebetriebe ermöglicht.

523 Vgl. Kapitel II.D.

524 Dermot McAleese/ Anthoney Foley, "Overseas Industry: Conclusions and Assessment", Overseas Industry in Ireland, Hg. Anthoney Foley/ Dermot McAleese, (Dublin: Gill and Macmillan, 1991), S. 199-203, hier S. 200.

525 In Kapitel IV.C.3. werden die Manipulationsmöglichkeiten multinationaler Unternehmen bei den Output- und Exportzahlen beschrieben. Für die Schwierigkeiten der Nutzung von Direktinvestitionsströmen zur Messung der Effekte multinationaler Unternehmen siehe Kapitel I.D.

über die Auswirkungen multinationaler Unternehmen auf die industrielle Entwicklung zu machen, ohne die Effekte auf die Output- oder Exportleistung mit einzubeziehen. Aus Gründen der verbesserten Analysemöglichkeit wird die Beurteilung dieser Effekte erst in Kapitel IV.C. vorgenommen und somit nach einer in Kapitel IV.B. besprochenen Studie über die qualitativen Beschäftigungseffekte.

1. Die Strukturveränderungen in der irischen Wirtschaft

Das wirtschaftliche Hauptziel der Outward-Looking Policies war die Stärkung und Ausweitung der Industrie. Bevor hier genauer auf die Beschäftigungseffekte multinationaler Unternehmen innerhalb der Industrie eingegangen wird, stellt der folgende Abschnitt zunächst die veränderte Bedeutung der Industrie innerhalb der irischen Volkswirtschaft dar.

Tabelle 2 verdeutlicht, daß sich, nach dem Rückgang in der Endphase des Protektionismus, die industrielle Beschäftigung zunächst deutlich ausgeweitet hat. Diese Entwicklung setzte sich bis Ende der 70er Jahre fort. Der starke Abbau der Arbeitsplätze in den 80er Jahren ließ die Beschäftigung dann aber wieder auf den Stand von 1971 fallen. Im Zeitraum von 1990 bis 1995 konnte sich die Industrie erholen und bietet heute 335.000 Menschen Lohn und Brot.

Tabelle 2: Die sektorale Verteilung der volkswirtschaftlichen Beschäftigung, 1951-1995

	Agrarwirtschaft		*Industrie*[a]		*Dienstleistungen*[b]		*Gesamt*
	in Tsd.	*in %*	*in Tsd.*	*in %*	*in Tsd.*	*in %*	*in Tsd.*
1951	496	*40,7*	*282*	*23,2*	*438*	*36,0*	*1.216*
1961	360	*34,5*	*253*	*24,9*	*405*	*39,8*	*1.018*
1971	*272*	*25,9*	*320*	*30,5*	*457*	*43,6*	*1.049*
1981	*196*	*17,1*	*363*	*31,7*	*587*	*51,2*	*1.146*
1990	*165*	*14,7*	*322*	*28,8*	*633*	*56,5*	*1.120*
1995	*139*	*11,3*	*335*	*27,2*	*751*	*61,0*	*1.231*

a: Der Begriff "Industrie" wird hier umfassender definiert als in den Veröffentlichungen der IDA und dem *Census of Industrial Production*. Zum Beispiel wird der Industrie auch das Bauwesen zugerechnet. Daher sind die Werte für die Industrie höher als in späteren Tabellen.
b: Die "Dienstleistungen" beziehen den öffentlichen Dienst mit ein.

Quelle: CSO, The Trend of Employment and Unemployment 1986-1988, (Dublin: Stationery Office, Juni 1991), S. 13-14. Kennedy, "Employment", S. 259. Forfás, Shaping Our Future, S. xxii.

Auch dieser 90er-Jahre-Boom ändert aber nichts an der Tatsache, daß der sekundäre Sektor in absoluten wie in relativen Zahlen die Werte von 1981 nicht mehr erreichen konnte. Dagegen hat sich der Service-Sektor seit 1961 konstant ausgeweitet; dies auch zu Zeiten des allgemeinen Beschäftigungsrückgangs in den 80er Jahren. Seit dem Beginn der Outward-Looking Policies, hier repräsentiert durch das Jahr 1961, wurde dort die Zahl der Arbeitsplätze um 346.000 auf 751.000 erhöht. Der Dienstleistungssektor trug damit wesentlich stärker als die Industrie dazu bei, den drastischen Abbau in Höhe von 357.000 Stellen in der Landwirtschaft gesamtwirtschaftlich abzumildern.

Auffällig ist der Rückgang der Gesamtbeschäftigung um 26.000 Arbeitnehmer in den 80er Jahren, der neben der Landwirtschaft auf die Industrie zurückzuführen ist. Erst die Phase seit 1990 erbrachte wieder einen bemerkenswerten und im Betrachtungszeitraum unübertroffenen Aufschwung, so daß die Zahl der Beschäftigten im Jahr 1995 bei 1,231 Millionen lag. Kritische Beobachter können aber zu Recht die Stagnation vermerken, die sich damit seit 1951 insgesamt ergab. Auch wenn man die künstliche Aufblähung der Industriearbeitsplätze und den überdimensionierten Agrarsektor zu Zeiten des Protektionismus berücksichtigt[526], stellt dies ein insgesamt unbefriedigendes Ergebnis dar.

Die Stagnation der Gesamtbeschäftigung ging mit einem radikalen sektoralen Umbau der irischen Wirtschaft einher. Vergleicht man die Zahl der Stellen in der Landwirtschaft von 1951 mit denen des Jahres 1995, so stellt man fest, daß die Bezeichnung Irlands als "Agrarstaat" nicht mehr zutrifft.[527] Dieses Ziel der Outward-Looking Policies ist erreicht worden, der prognostizierte Niedergang der Landwirtschaft tatsächlich eingetroffen. Umgekehrt fällt es dem ausländischen Betrachter jedoch schwer, von einem "Industriestaat" zu sprechen.[528] Im EU-Vergleich wäre eine solche Aussage zwar vertretbar, da Irland mit einem 27,9%igen Industrieanteil an der Gesamtbeschäftigung nur knapp unter dem EU-Durchschnittswert von 30,6% liegt.[529] Doch im Gegensatz zu anderen Staaten Europas scheint Irland bei der Entwicklung von einer Agrar- zu einer Dienstleistungswirtschaft die Phase der industriellen Prägung übersprungen zu haben. Zumindest bezogen auf die Beschäftigung war eine Dominanz dieses Sektors nie festzustellen. Eine Betrachtung der Zeit von 1971 - deckungsgleich mit dem Beginn des forcierten Aufbaus kapitalintensiver Industrien - bis 1990 verdeutlicht die Stagnation in der industriellen Beschäftigung Irlands, die der Entwicklung in den Wirtschaftssystemen der EU-Mitgliedstaaten entspricht bzw. sie übertrifft.[530]

Diese einführende Analyse läßt aber noch keinen Schluß darüber zu, ob die Erwartungen der Outward-Looking Policies bezüglich der industriellen Entwicklung Irlands

---

526 Vgl. Kapitel III.A.1. und III.A.4.

527 Sie übertraf mit 11,8% im Jahr 1994 aber noch immer den EU-Durchschnitt von 5,5% um mehr als das Doppelte. Forfás, Shaping Our Future, S. 18.

528 NESC, Ireland in the European Communities, S. 114.

529 Forfás, Shaping Our Future, S. 18.

530 Zur Strukturveränderung der irischen Volkswirtschaft in letzten Jahrzehnten vgl. u.a. Hitchens/ Birnie, S. 36-41; Eoin O'Malley, "The Impact of Transnational Corporations in the Republic of Ireland", Transnational Corporations and European Regional Restructuring, Hg. Peter Dicken/ Michel Quevit, (Utrecht: The Royal Dutch Geographical Society, 1994), S. 29-44, hier S. 29-33.

tatsächlich unerfüllt blieben. Zwar war der direkte Beschäftigungsbeitrag absolut und im Vergleich zum Service-Sektor eher gering, doch muß eine abschließende Beurteilung neben dem Wachstums- und Exportbeitrag auch die sekundären bzw. indirekten Beschäftigungseffekte durch Industrieunternehmen berücksichtigen.[531] Besonders interessant ist für diese Arbeit dabei der Beitrag multinationaler Industrieunternehmen. Zunächst wird deren volkswirtschaftlicher Beitrag für die direkte quantitative Beschäftigungsentwicklung untersucht.

2. Die Entwicklung in der industriellen Gesamtbeschäftigung

Die IDA liefert mit den unveröffentlichten Employment Survey Files die Datengrundlage für die Analyse der Beschäftigungsentwicklung in der Industrie Irlands seit 1973, auch getrennt in die Kategorien ausländisches und irisches Unternehmen. Will man den gesamten direkten Beschäftigungsbeitrag messen, der durch die aktive Ansiedlung multinationaler Unternehmen entstanden ist, so muß man für die jüngsten Entwicklungen vorzugsweise auf das Zahlenmaterial der Employment Surveys der neugegründeten industriellen Dachorganisation Forfás zurückgreifen.[532] Neben den seit 1993 ausschließlich ausländischen IDA-Firmen ermöglicht das Datenmaterial gleichzeitig auch die Erfassung der Betriebe unter der Verantwortung der in Limerick ansässigen Entwicklungsbehörde Shannon Development.[533] Dazu kommen die im Nahrungsmittelsektor beheimateten Multis, die aus organisatorischen Gründen der Aufsicht und Förderung der sonst nur für die einheimische Industrie zuständigen Agentur Forbairt unterliegen. Nicht betrachtet wird hier der neue Sektor moderner, internationaler Dienstleistungsunternehmen, die die IDA seit Mitte der 80er Jahre nach Irland geholt hat. Diese Unternehmen werden in Kapitel IV.A.4. gesondert aufgeführt.

Bei einer Betrachtung der so gewonnenen Beschäftigungsdaten in Tabelle 3 fällt für den Zeitraum von 1973 bis 1995 besonders der Rückgang der Gesamtbeschäftigung in der Industrie um 9.164 Arbeitsplätze auf. Das Hauptziel irischer Industriepolitik ist damit klar verfehlt worden. Diese Entwicklung entspricht zwar der in anderen europäi-

---

531 Dies geschieht in Kapitel IV.A.4.

532 Für die Neuorganisation der irischen Industrieentwicklungsbehörden vgl. Kapitel III.C.2. Es ist zu berücksichtigen, daß weder die Zahlen des CSO noch die von Forfás oder der IDA unbedingt die tatsächlichen Ergebnisse darstellen. Alle Daten basieren auf Umfragen in Form von Telefonaten oder Briefsendungen, die nicht notwendigerweise beantwortet werden. Daher weist Forfás darauf hin, daß das Zahlenmaterial die Bedeutung der Industrie in Irland vermutlich untertreibt. Zudem führt bei der Unterteilung in ausländische und inländische Unternehmen die Unklarheit über die nationale Herkunft der Muttergesellschaft teilweise zu Schwierigkeiten, so daß nachträglich die Ergebnisse für vergangene Jahre korrigiert werden. Forfás, 1995 Employment Survey, (Dublin: Forfás, August 1996), S. 24f.; Forfás, Annual Report and Accounts 1995, (Dublin: Forfás, August 1996), S. 19. Die Unterschiede in den nachfolgend benutzten Statistiken lassen sich zum Teil auch so erklären.

533 Shannon Development ist zuständig für die Freihandelszone in County Clare und war im Jahr 1995 verantwortlich für ausländische Firmen mit insgesamt 5.845 Mitarbeitern. Korrespondenz mit Dympna O'Callaghan, Senior Press Officer - Industry, Shannon Development, im April 1996.

schen Staaten und ließe sich somit als extern verursacht begründen bzw. verharmlosen.[534]

Der Rückgang widerspricht aber eindeutig den Erwartungen Irlands und verlangt hier deshalb nach genauerer Analyse.

Tabelle 3: Industrielle Beschäftigung nach Nationalität der Unternehmen, 1973-1995

	1973	*1980*	*1986*	*1990*	*1995*
Irisch	*151.519*	*163.727*	*116.645*	*113.244*	*114.335*
Ausländisch	*67.188*	*81.950*	*80.751*	*85.726*	*95.208*
GESAMT	*218.707*	*245.677*	*197.396*	*198.970*	*209.543*

Anmerkung: Die Zahlen seit 1986 beziehen auch die Beschäftigten von Shannon Development mit ein. Industrie wird hier beschränkt auf das verarbeitende Gewerbe im Sinne von "Manufacturing". Daher liegen die Werte deutlich unter denen von Tabelle 2.

Quelle: Zahlen bis 1980 aus unveröffentlichten *IDA Employment Surveys*. Zitiert nach: Ruane, "The Traded Sector: Industry", S. 355. Fitzpatrick, "Foreign Investment in the 1980s", S. 3. Zahlen seit 1986 aus Forfás, 1995 Employment Survey, S. 10ff.

Hervorgerufen wurde das Versagen durch den drastischen Beschäftigungsrückgang in der *einheimischen* Industrie in den 80er Jahren. Dort sank in der Zeit von 1980 bis 1986 die Zahl der Arbeitsplätze um 30,8% auf nur noch 116.645. Diesem Erdrutsch folgte ein weiterer - wenn auch deutlich abgeschwächter - Rückgang der einheimischen Beschäftigten bis 1990. Auch die 90er Jahre brachten kaum mehr als eine Stagnation in der Beschäftigungsentwicklung. Im Gegensatz zum Debakel der einheimischen Industrie stieg die Beschäftigung in den multinationalen Unternehmen an, bezogen auf den Gesamtzeitraum von 67.188 auf 95.208 und damit um 29,4%.

Der Beitritt Irlands zur EWG im Jahr 1973, gleichbedeutend mit verbesserten Exportmöglichkeiten und höherer Konkurrenz durch Importe, hat vor allem die Entwicklung multinationaler Unternehmen begünstigt. In der Zeit von 1973 bis 1980 stand deren Beschäftigungswachstum von 22% nur 10,8% Wachstum in der einheimischen Industrie entgegen. Nach dem durch den EG-Beitritt ausgelösten Boom der 70er Jahre folgte im Zeitraum 1980-1986 eine Stagnation der Beschäftigtenzahl in den ausländischen Unternehmen. Zwei Hauptgründe waren dafür verantwortlich. Erstens ließ die weltwirtschaftliche Rezession die Höhe der Direktinvestitionen in ganz Europa stagnieren.[535] Dies galt besonders für die Aktivitäten britischer Unternehmen.[536] Zweitens

534 Forfás, 1995 Employment Survey, S. 6.

535 United Nations Centre on Transnational Corporations (UNCTC), S. 507.

536 Die Bedeutung britischer Unternehmen für die Beschäftigungsentwicklung in der irischen Industrie wird später in diesem Gliederungspunkt besprochen.

sorgte der, wenn auch nur geringe, Anstieg der Körperschaftsteuer ab 1981 dafür, daß viele potentielle Investoren ihre Ansiedlung in Irland zeitlich vorzogen und sich somit die Zahlen für 1980 erhöhten. Der relativ geringe Arbeitsplatzrückgang bis 1986 hätte sich ohne diese Anreizveränderung wohl nicht ergeben. Die Erhöhung der Körperschaftsteuer führte zu einer Verunsicherung multinationaler Unternehmen in der Frage, ob der irische Staat ihrer Anwesenheit auch weiterhin so positiv wie bisher gegenüberstehen würde. Diese Bedenken konnten jedoch, wie in Kapitel III.D.2. exemplarisch dargestellt, schnell ausgeräumt werden. Die Fortschritte bei der Errichtung des europäischen Binnenmarktes und die weltwirtschaftlich freundliche Entwicklung schufen die externen Voraussetzungen für den Beschäftigungsanstieg in den multinationalen Unternehmen Irlands zwischen 1986 und 1990. Zwar sorgte der Beitritt der neuen Mitgliedstaaten Spanien, Portugal und Griechenland für eine verschärfte Konkurrenz innerhalb der EG[537], aufgrund der Beschränkung der IDA auf kapitalintensive Unternehmen und den für diese Firmen besonders attraktiven Investitionsanreizen konnte sich Irland aber behaupten.[538] Beweis dafür ist der Anstieg der Arbeitsplätze in ausländischen Industrieunternehmen von 80.571 auf 85.726 in diesem Zeitraum.

Besonders interessant ist die positive Entwicklung der Beschäftigung im verarbeitenden Gewerbe von 1990 bis 1995. In einem Zeitraum von fünf Jahren trug neben dem bescheidenen Anstieg in der einheimischen Industrie vor allem der multinationale Sektor zu einem Nettozuwachs von 10.573 Arbeitsplätzen bei. Ausländische Firmen beschäftigten 1995 in ihren Industrieniederlassungen 9.482 Menschen mehr als 1990. Prozentual ausgedrückt bedeutet das, daß neun von zehn zusätzlichen Stellen in ausländischen Betrieben geschaffen wurden; ein beeindruckendes erstes Indiz für die wichtige Rolle, die ausländische Unternehmen bei der Schaffung des "Economic Miracle" in Irland gespielt haben und noch spielen. Eine genauere Betrachtung erlaubt eine bessere Beurteilung des Booms der 90er Jahre. Denn bis 1993 stagnierte die Entwicklung sowohl in den irischen als auch in den ausländischen Unternehmen, die Gesamtbeschäftigung lag bei 196.948.[539] Erst in den Jahren 1994 und 1995 kam es zu den kräftigen Steigerungen auf 201.759 bzw. 209.543 Arbeitnehmer im verarbeitenden Gewerbe. Der Anstieg in diesen Jahren ist - und das ist besonders bemerkenswert - auch auf die Erhöhung der Stellen in der einheimischen Industrie zurückzuführen. Zwar übertrafen die Firmen im Jahr 1995 mit 114.335 Arbeitnehmern, ein Plus von 2.743 Jobs gegenüber dem Vorjahr, nur knapp das Ergebnis von 1990. Dennoch wird der ungewohnte Aufschwung einheimischer Industriebetriebe in den Jahren 1994 und 1995 als ein ermutigendes Zeichen für die Zukunft angesehen und auf die insgesamt verbesserte Wettbewerbsfähigkeit zurückgeführt.[540] Noch deutlich übertroffen wurde

---

537 Dan Flinter, "Overseas Industry: The Future Considerations", Overseas Industry, Hg. Anthoney Foley/ Dermot McAleese, (Dublin: Gill and Macmillan, 1991), S. 191-198, hier S. 194.

538 Ebenda, S. 195.

539 Diese Zahl ist das Ergebnis eigener Berechnungen des Verfassers und beruht auf den Angaben von: Forfás, 1994 Employment Survey, (Dublin: Forfás, Juli 1995), S. 2-3 u. S. 6-11.

540 Forfás, "Ireland Now Well Placed for Jobs Growth".

der Erfolg von Forbairt durch die Bilanz bei den multinationalen Unternehmen. Die IDA konnte im Rekordjahr 1995 einen Nettozuwachs von 6.575 Jobs verbuchen, nachdem schon das Jahr 1994 einen vorläufigen Rekord mit 5.105 Arbeitsplätzen brachte.[541] Die Zahlen fallen noch beeindruckender aus, wenn man die Teilzeitarbeitsplätze und die Zielbereiche der IDA im Service-Sektor berücksichtigt.[542]

Die Gründe für diesen in dieser Form unerwarteten Boom sind nur schwer exakt zu belegen. Die Bemühungen Irlands als "focussed nation" um ein bestmögliches Investitionsklima, die erhöhte irische Wettbewerbsfähigkeit durch niedrige Lohnkosten und verbesserte Infrastruktur, verbunden mit den noch immer sehr großzügigen Investitionsanreizen, haben Irland offensichtlich attraktiver gemacht.[543] Forfás vergißt aber nicht zu erwähnen, daß eine ganze Reihe von externen Faktoren die Arbeit der Behörde erleichtert hat.[544] So stellten das positive Investitionsklima nach Unterzeichnung des Vertrags von Maastricht und die Ratifizierung der Uruguay-Runde des GATT hilfreiche Rahmenbedingungen dar.[545] Eine tiefergehende Analyse der externen Faktoren für den Aufschwung wird durch Betrachtung der Herkunftsländer der multinationalen Unternehmen und der branchenbezogenen Entwicklung erleichtert.

Vor solchen Untersuchungen kann als Zwischenfazit bereits festgehalten werden, daß multinationale Unternehmen entscheidenden Anteil daran hatten, daß die industrielle Gesamtbeschäftigung seit 1973 nicht noch stärker als dargestellt abnahm.[546] Zwar war in einem Zeitraum von 22 Jahren der Anstieg der Nettobeschäftigung um 28.020 in ausländischen Unternehmen nicht überwältigend hoch[547]; doch der gleichzeitige Arbeitsplatzrückgang in der einheimischen Industrie läßt diesen Beitrag multinationaler Unternehmen zur industriellen Entwicklung Irlands um so wertvoller erscheinen. Aufgrund der gegenläufigen Arbeitsplatzentwicklung in den beiden Unternehmenskategorien stieg der Anteil multinationaler Unternehmen an der industriellen Beschäftigung von 30,7% im Jahr 1973 auf 45,4% im Jahr 1995 an. Dies ist der höchste Anteil innerhalb der Europäischen Union.

Aufgrund des Rückgangs der Arbeitsplätze in der Zeit von 1973 bis 1995 muß man - zu diesem Zeitpunkt der Analyse - von einem Fehlschlag der irischen Industriepolitik insgesamt sprechen. Betrachtet man jedoch nur die Leistung bei der Ansiedlung multinationaler Unternehmen, so war diese, auch in Zeiten schärferer Konkurrenz, äußerst erfolgreich. Ohne den Beitrag multinationaler Unternehmen hätte sich in der Industrie

---

541 IDA, Annual Report 1995, 3.

542 Deren Entwicklung wird in Kapitel IV.A.4., gemeinsam mit den indirekten Beschäftigungseffekten im Service-Sektor, erläutert.

543 Vgl. Kapitel III.D.

544 "... many of the achievements listed above are due, in part, to favourabe economic trends ... ". Forfás, "Ireland Now Well Placed for Jobs Growth".

545 Interview mit Dick Ryan.

546 Frank Barry/ Aoife Hannan, "Multinationals and Indigenous Employment: An "Irish Disease"?", UCD Working Paper Series 1995, Oktober 1995, S. 4.

547 Dies entspricht einem durchschnittlichen jährlichen Wachstum von 1,9%.

Irlands spätestens in den 80er Jahren ein noch schlimmeres Desaster ereignet, als das Land in dieser Krisenphase ohnehin schon erleiden mußte. Ein Spiel mit Zahlen: wäre der prozentuale Rückgang der Beschäftigung zwischen 1980 und 1995 in den multinationalen Unternehmen genau so stark gewesen wie in den einheimischen, nämlich 30,2%, so hätte die Gesamtbeschäftigung 171.536 statt den tatsächlichen 209.543 betragen. Die Beschäftigung in der Industrie zwischen 1973 und 1995 wäre dann insgesamt um 21,6% statt um 4,2% gefallen. So aber können die industriepolitisch Verantwortlichen nicht ohne Stolz vermelden, daß der OECD-weite Trend eines Abbaus von Arbeitsplätzen im verarbeitenden Gewerbe zumindest im Zeitraum 1986 bis 1995 in Irland vermieden werden konnte.[548] Besonders erfreulich für die Iren ist der Vergleich mit dem Nachbarn und größten Handelspartner Großbritannien, der einen Rückgang der Gesamtbeschäftigung im verarbeitenden Gewerbe in diesem Zeitraum von 25% verkraften mußte.[549]

Interessant ist auch die Entwicklung bei den Teilzeitbeschäftigten, deren Anzahl erstmals im Jahr 1987 erfaßt wurde und die zu den oben gemachten Angaben für Vollzeitbeschäftigte addiert werden muß. Auch hier ermöglichen die jüngsten Zahlen von Forfás eine Trennung in ausländische und einheimische Arbeitsplätze.

Tabelle 4: Die Entwicklung der Teilzeitbeschäftigten, der erst seit kurzem Beschäftigten sowie der auf kurzfristiger Vertragsbasis Beschäftigten, 1987-1995, im verarbeitenden Gewerbe und den International Services[a]

	1987	*1992*	*1995*
Irisch	*5.114*	*7.645*	*11.525*
Ausländisch	*4.508*	*5.517*	*12.427*
GESAMT	*9.622* *(230)[b]*	*13.162* *1.025)*	*23.952* *(2.750)*

a: Diese Daten beziehen sich nicht auf die Shannon Development-Firmen.
b: Die Zahlen in Klammern zeigen die anteiligen Beschäftigtenzahlen bei internationalen Service-Unternehmen und Finanzdienstleistern.

Quelle: Forfás, 1995 Employment Survey, S. 18f.

Vor einer Beschreibung der Beschäftigungsentwicklung ist es angebracht, die hier benutzten Klassifikationen kurz zu erklären. Unter Teilzeitbeschäftigten versteht Forfás jene Arbeitnehmer, die, mit einem unbefristeten Arbeitsvertrag ausgestattet, wöchentlich weniger als 25 Stunden arbeiten. Erst seit kurzer Zeit Beschäftigte sind

548 Forfás, 1995 Employment Survey, Appendix 3, S. 24.
549 Ebenda.

sowohl Menschen, die zum Zeitpunkt der Erhebung am 27. Oktober 1995 erst kürzer als neun Monate beschäftigt waren bzw. Arbeitsverträge mit einer Dauer von weniger als neun Monaten abgeschlossen haben, als auch diejenigen, die nur gelegentlich arbeiten. Schließlich versteht Forfás unter "short term contract"-Arbeitnehmern die Berufstätigen, die für die Erbringung einer bestimmten Dienstleistung weniger als neun Monate von einem bestimmten Unternehmen bezahlt wurden.[550] Beeindruckend ist der rasante Anstieg in der Gesamtbeschäftigung dieser Jobs, die im folgenden als "Teilzeit"-Arbeitsplätze zusammengefaßt werden. So stieg die Zahl der Teilzeitbeschäftigten von 9.622 auf 23.592 oder relativ ausgedrückt um 245,2%. Rechnet man die in Klammern geschriebenen "International Services"-Jobs heraus, so handelt es sich noch immer um einen Anstieg um mehr als das Doppelte. Im Vergleich zu den Vollzeit-Arbeitsplätzen im verarbeitenden Gewerbe, die sich im Zeitraum von 1986 bis 1995 um gerade 5,8% erhöhten, ist dieser Anstieg bemerkenswert. Die IDA erklärt diese Entwicklung mit dem Wunsch nach größerer Flexibilität der Arbeitgeber, um so auf Auslastungsschwankungen besser reagieren zu können.[551] Dies gilt auch für die multinationalen Unternehmen, die in diesem Beschäftigungsfeld mehr Arbeitsplätze stellen als die einheimischen Unternehmen und mit dem jüngsten Anstieg um mehr als das Doppelte auf 12.427 Mitarbeiter in solchen Beschäftigungsformen deutlich gemacht haben, daß es sich für sie um eine Einstellungsform mit Zukunft handelt.[552]

Diese Entwicklung verstärkt die ungewöhnliche und in den letzten Jahrzehnten stetig gewachsene Bedeutung multinationaler Betriebe für die Volkswirtschaft der Republik Irland. Eine Analyse der multinationalen Unternehmen nach ihren Herkunftsländern - datenbedingt wieder basierend auf der Zahl der Vollzeitbeschäftigten - ermöglicht weiterführende Erklärungen für dieses Phänomen. Hätte sich Irland, wie in den 60er Jahren, bei seiner Ansiedlungsstrategie gegenüber multinationalen Unternehmen nämlich auf britische Unternehmen verlassen, so wäre der Einfluß wohl kaum so stark und der industrielle Niedergang Irlands keinesfalls mehr hypothetisch gewesen (s. Tabelle 5).

Britische Unternehmen reduzierten ihre Arbeitsplätze in der irischen Industrie zwischen 1973 und 1994 um 62,6% von 31.549 auf 11.806. Die Gründe dafür sind teilweise denen der irischen Unternehmen ähnlich. Viele der britischen Unternehmen, die im

---

550 Forfás, 1995 Employment Survey, S. 24f.

551 IDA, End of Year Statement - 1995, S. 2.

552 Diesen Eindruck vermittelte Brian Callanan vom irischen Arbeitgeberverband in einem Interview mit dem Verfasser. Diese neuen, flexiblen Einstellungsformen ermöglichten den Unternehmen ein schnelleres Reagieren auf zukünftige Geschäftsentwicklungen und seien daher unbedingt zu begrüßen. Auf den Einwand des Verfassers, daß diese Flexibilität aber auch zu Lasten der Arbeitsplatzsicherheit geht, sprach Callanan davon, daß mit der Alternative der Arbeitslosigkeit vor Augen auch die Arbeitnehmer positiv über diesen Trend dächten. Abgesehen davon gäbe es gerade bei Frauen einen starken Wunsch nach Teilzeitarbeit, der so viel besser zu erfüllen sei. Interview mit Brian Callanan, Trade and Industrial Affairs Director, Irish Business and Employers Confederation (IBEC), Dublin, 18.4.1996.

Jahr 1973 aufgeführt sind, ließen sich bereits zu Zeiten des Protektionismus nieder.[553] Auch andere, noch vor dem EG-Beitritt gegründete britische Unternehmen sahen in einer Niederlassung in Irland weniger einen Exportstandort für den Kontinentalmarkt als vielmehr eine Möglichkeit, die Abschottung des irischen Marktes zu umgehen.[554]

Tabelle 5: Industrielle Beschäftigung nach Herkunftsländern, 1973-1994[555]

	1973		*1994*	
	Beschäftigung	*Anteil in %*	*Beschäftigung*	*Anteil in %*
Großbritannien	*31.459*	*14,6*	*11.806*	*5,8*
Deutschland	*4.735*	*2,2*	*9.674*	*4,7*
Andere Europäer	*15.943*	*7,4*	*14.139*	*6,9*
USA	*15.678*	*7,3*	*47.429*	*23,2*
Andere Nicht-Europäer	*1.573*	*0,1*	*7.051*	*3,4*
Gesamt Nicht-Irisch	*69.388*	*32,2*	*90.099*	*44,0*
Irisch	*145.815*	*67,8*	*114.613*	*56,0*
GESAMT	*215.203*	*100*	*204.712*	*100*

Quelle: Unveröffentlichte IDA Employment Surveys. Zitiert nach: Mary O'Sullivan, S. 369.

Die endgültige Öffnung des irischen Marktes für Importe am 1. Januar 1973 entzog vielen britischen Unternehmen die Motivation, ihre Niederlassung in Irland beizubehalten. Dieser sich eher langfristig auswirkende Motivationsverlust war *ein* Hauptgrund für den Niedergang der Arbeitsplätze in britischen Unternehmen im Beobachtungszeitraum. Zudem zeigte sich bei vielen britischen Unternehmen, daß sie aufgrund mangelnder Produktivität im internationalen Wettbewerb nur schwer oder gar nicht mehr bestehen konnten.[556] Solche Unternehmen mußten zwangsläufig auch ihre Niederlassungen in Irland schließen. Der von Ruane verzeichnete leichte Anstieg der

553 Vgl. Kapitel III.A.4.

554 Ruane, "The Traded Sector: Industry", S. 355.

555 Diese Statistik basiert auf den IDA Employment Survey Files und ist daher mit den bisher vorrangig verwendeten Daten von Forfás nicht exakt vergleichbar. Abweichungen zum offiziellen IDA Employment Survey für 1994 im Annual Report sind darauf zurückzuführen, daß die O'Sullivan zur Verfügung gestellten Zahlen nur bis zum 1.11.1994 erhoben wurden. Mary O'Sullivan, S. 369. IDA, Annual Report 1994, S. 6.

556 Ebenda, S. 356.

Beschäftigungszahlen in der Zeit von 1986 bis 1990 entstand nach ihren Angaben vor allem durch die Übernahme bestehender irischer Betriebe durch britische Unternehmen.[557]

Die seit den 70er Jahren von der IDA forcierten Promotion-Anstrengungen in den *USA*[558] dagegen entpuppten sich als sehr vorausschauend. Die amerikanischen Unternehmen steigerten ihre Arbeitsplatzzahlen zwischen 1973 und 1994 um 31.751 auf dann 47.429. Im Jahr 1994 waren demnach 23,2% aller Arbeitnehmer in der irischen Industrie in amerikanischen Unternehmen beschäftigt. Innerhalb des multinationalen Sektors sorgen die USA damit für 52,6% der Arbeitsplätze. Die Motivation der Amerikaner für die Errichtung einer Niederlassung in Irland unterschied sich klar von der der Briten. Anders als das unter zunehmendem Rückgang seiner weltwirtschaftlichen Bedeutung leidende Großbritannien, stellten die USA in den 70er und 80er Jahren die größte Direktinvestormacht der Welt dar.[559] Im Zuge der zunehmenden Globalisierung der Weltmärkte suchten viele amerikanische Unternehmen einen Standort innerhalb der EWG, der die Möglichkeit zur Belieferung dieses expandierenden Marktes ermöglichte. Eine Niederlassung in Irland bot sich an, da der Standort neben englischsprechenden Arbeitern auch großzügige Exportanreize zu bieten hatte. Die im Vergleich zu einem Standort auf dem europäischen Kontinentalmarkt höheren Transportkosten waren für amerikanische Unternehmen in Irland nicht so bedeutsam, da sich die meisten von ihnen - im Gegensatz zu den britischen Betrieben - auf die Herstellung kapitalintensiver Technologieprodukte konzentrierten.[560] Die oben beschriebene Bedeutung der USA innerhalb des multinationalen Sektors hat sich in der Rekordphase der IDA seit 1994 noch erhöht. Für das Jahr 1995 sprechen die Akquisiteure davon, daß von den 886 ausländischen Unternehmen, für die sie zuständig sind, 364 aus den USA stammen.[561] 62 der 114 von der Behörde im Jahr 1995 ins Land geholten Projekte kommen aus den USA, "including most of the larger projects"[562]. Die IDA verkündet, daß das kleine, abseits gelegene Land die zweithäufigste Wahl für amerikanische Investoren in Europa hinter Großbritannien sei.[563] 23% der US-amerikanischen Industrieinvestitionen in Europa gehen nach Irland, bei einem Anteil von einem Prozent an der kontinentalen Gesamtbevölkerung.[564] Die besondere Bedeutung der USA als wichtigster Investor wird noch deutlicher, wenn man berücksichtigt, daß sie fast ausschließlich aus den Hi-Tech-Sektoren stammen und damit überproportional

---

557 Ebenda. Siehe auch Kapitel IV.A.3.
558 Vgl. Kapitel III.C.1.
559 Krägenau, Internationale Direktinvestitionen 1987, S. 37.
560 Vgl. Kapitel IV.A.3.
561 IDA, Annual Report 1995, S. 10.
562 IDA Ireland, End of Year Statement - 1995, IDA-Pressemitteilung, Dublin, 2. Januar 1996, S. 3.
563 Ebenda.
564 Paul O'Kane, "Investors Won't Be Disappointed Says IDA Chief", The Irish Times, 24.5.1995, S. 8, Sonderbeilage "Investing in Ireland" anläßlich der "White House Conference for Trade and Investment in Ireland".

zum Wirtschaftswachstum und zum Export der Republik Irland beitragen.[565] Der Boom durch multinationale Unternehmen wäre ohne das Engagement der US-Firmen daher nicht eingetreten.

Der Standortvorteil der niedrigen Lohnkosten, obwohl auch für die Amerikaner ein Anreiz, motivierte besonders in den 60er und 70er Jahren viele *deutsche* Unternehmen, eine Niederlassung im EG-Partnerland aufzubauen und die mit niedrigen Arbeitskosten gefertigten und mit Exportanreizen bedachten Produkte auf dem Kontinentalmarkt abzusetzen.[566] Deutsche Unternehmen siedelten sich vorzugsweise im Maschinenbausektor an. Wie in Kapitel III.C. angesprochen, gehörten die Muttergesellschaften in Deutschland in der Regel zur Kategorie der mittelständischen Betriebe.[567] Deutsche Unternehmen konnten die Anzahl der Beschäftigten in ihren Niederlassungen ungefähr verdoppeln und haben damit - wenn auch nicht so stark wie die amerikanischen Betriebe - zu einem gedrosselten Abbau der Gesamtbeschäftigung in der Industrie beigetragen. Auffällig ist aber, daß die IDA in den 90er Jahren kaum mehr neue Industrie-Investments aus Deutschland begrüßen kann. Die Neuankömmlinge stammen häufig aus dem Finanzsektor oder verlagern Service- und Call-Center auf die "Grüne Insel".[568] Der Executive Director der Deutsch-Irischen Handelskammer sieht grundsätzlich nur noch in diesen Service-Sektoren eine Chance, deutsche Firmen nach Irland zu holen. Die klassischen deutschen Industrieunternehmen, für die die Höhe der Lohnkosten ein wichtiges Argument bei der Standortentscheidung ist, gingen lieber nach Osteuropa oder Nordengland.[569] Auch das IDA-Büro in Düsseldorf macht diese Erfahrungen. Ein Mitarbeiter zitierte einen deutschen Manager von Kronberg & Schumbert, einer der wichtigsten deutschen Firmen in Irland, mit den Worten: "Hungary does to you what you did to us 20 years ago".[570] Kurz zuvor verkündete das Unternehmen die Verkleinerung der Produktion um 500 Mitarbeiter vor allem bei den arbeitsintensiven Prozessen.[571]

Bislang läßt sich also festhalten, daß die multinationalen Unternehmen zwar das Arbeitsplatzdesaster in den einheimischen Betrieben zu Beginn der 80er Jahre nicht kompensieren konnten. Allerdings leisteten sie sowohl in absoluten Zahlen als auch vor

---

565 Vgl. Kapitel IV.C. und zum Thema "Abhängigkeit von US-Firmen" das Kapitel IV.D.2.

566 Armbruster, S. 18. Selbstverständlich handelt es sich bei dieser Analyse nach Herkunftsländern um Verallgemeinerungen. Die gemachten Äußerungen entsprechen aber den Erkenntnissen irischer Wissenschaftler. Vgl. u.a. O'Malley, Latecomer, S. 126-134; Ruane, "The Traded Sector: Industry", S. 354-356; Casey, "The Growth of Overseas Industry in Ireland", S. 33-34. Genauere Erläuterungen würden den Rahmen dieser Arbeit sprengen und entsprächen auch nicht ihrer Zielsetzung.

567 DIIH, Deutsche Firmen in Irland, (Dublin: DIHH, Mai 1995), "Vorwort".

568 Die DIIH ermöglicht solche Aussagen mit Hilfe ihrer Auflistung "Deutsche Firmen in Irland".

569 Interview mit Dr. Dieter Tscherning am 18.4.1996 in Dublin.

570 Telefonat mit Sean Denvir, IDA Büro Düsseldorf, am 21. Mai 1996.

571 Im für die IDA besonders erfolgreichen Jahr 1996 war die angekündigte Werkschließung des deutschen Reifenherstellers "Semperit" einer der wenigen Wermutstropfen. 900 Mitarbeiter verloren ihre Arbeitsplätze. Siobhán Creaton, "Packard, Semperit were Main Casualties", Irish Times, 27.12.1996, "Business this Year"-Beilage, S. 8.

allem relativ zur einheimischen Industrie einen positiven Beitrag für die Entwicklung der Gesamtbeschäftigung. Immer stärker wird dabei der Einfluß der amerikanischen Investoren. Die von der NESC vorgenommene Klassifizierung Irlands als "Industriestaat" ist - zumindest bezogen auf die Beschäftigungsentwicklung - damit wesentlich den multinationalen Unternehmen zu verdanken.[572]

3. Die Transformation der industriellen Branchen

Einer der möglichen Effekte multinationaler Unternehmen auf die wirtschaftliche Entwicklung eines Gastlandes liegt in der veränderten Bedeutung der industriellen Sektoren.[573] Im Falle Irlands wurde diese sektorale Veränderung von der IDA sogar stark gefördert. Eine zentrale Aufgabe der Behörde seit Beginn der 70er Jahre ist es gewesen, in Irland kapitalintensive Industrien in Wachstumsbranchen zu entwickeln, die wettbewerbs- und damit exportfähig sind. Für die Zeit von 1973 bis 1994 veranschaulicht Tabelle 6, inwieweit sich diese Entwicklung - bezogen auf die Beschäftigung - tatsächlich eingestellt hat.

Sieht man von dem Sammelbegriff "Andere" ab, so stieg die Beschäftigung nur in den Sektoren "Metallverarbeitung und Maschinenbau" (MuM) sowie "Chemie" an. Die Branche MuM hat die Nahrungsmittelverarbeitung seit 1973 als größten Industriesektor abgelöst. Durch den Anstieg der Beschäftigung in der Chemieindustrie entwickelte sich diese zum drittgrößten Industriezweig Irlands. Die Branchen MuM und Chemie werden in der Literatur auch als die "modernen" Sektoren bezeichnet.[574] Denen gegenüber stehen die "traditionellen" Sektoren, mit denen die seit längerem bestehenden, vor allem arbeits- und rohstoffintensiven Branchen charakterisiert werden. Die rückläufigste Beschäftigungsentwicklung verzeichnete der Sektor "Bekleidung, Schuhe und Leder" gefolgt vom Bereich "Textilien". Das IDA-Ziel einer Transformation der Industrie von den traditionellen Sektoren hin zu den modernen, kapitalintensiven Betrieben scheint also gelungen. Leider machen weder die IDA noch Forfás in ihren Employment Surveys Angaben über den Anteil der Beschäftigten in den multinationalen Unternehmen bezogen auf industrielle Sektoren. Solche Daten lassen sich dem Census of Industrial Production des CSO entnehmen. Die neuesten veröffentlichten Zahlen erfassen das Jahr 1990.[575] Aufgrund des dem Verfasser zur Verfügung gestellten, bisher unveröffentlichten und vorläufigen Datenmaterials kann in dieser Arbeit bereits mit

---

572 Patrick J. O'Sullivan, "An Assessment of Ireland's Export-Led Growth Strategy via Foreign Direct Investment: 1960-1980", Weltwirtschaftliches Archiv, Band 129, Heft 1, 1993, S. 139-158, hier S. 154.

573 John H. Dunning, "Some Conclusions and Policy Implications", Multinational Enterprise, Economic Structure and International Competitiveness, Hg. John H. Dunning, (Chichester: John Wiley, 1987), S. 407-431, hier S. 411.

574 McAleese nennt sie, ob ihres großen Wachstumspotentials, auch "sunrise sectors". Dermot McAleese, "Industrial Policy and Performance in Ireland", S. 153.

575 CSO, Census of Industrial Production 1990, (Dublin: Stationery Office, Mai 1993). Für die Schwierigkeiten des CSO bei den aktuellen Veröffentlichungen des CIP siehe Kapitel I.D.

den Zahlen des Jahres 1993 gearbeitet werden. Allerdings läßt sich auch so das grundsätzliche Problem nicht umgehen, daß die Erfassung der Daten in der IDA und dem CSO auf unterschiedlicher Basis vorgenommen wird.[576] Daher ist ein Vergleich nur eingeschränkt möglich.

Tabelle 6: Industrielle Beschäftigung nach Sektoren, 1973 und 1994

	1973		1994	
	Beschäftigung	*Anteil in %*	*Beschäftigung*	*Anteil in %*
Metallverarbeitung und Maschinenbau	*47.155*	*21,9*	*75.284*	*36,8*
Chemie	*10.318*	*4,8*	*17.716*	*8,7*
Nicht-Metall und. Mineralien	*15.797*	*7,3*	*10.023*	*4,9*
Nahrungsmittel	*48.127*	*22,4*	*39.361*	*19,2*
Getränke u. Tabak	*11.296*	*5,2*	*5.967*	*2,9*
Textilien	*20.330*	*9,4*	*9.813*	*4,8*
Holzverarbeitung und Möbel	*10.430*	*4,8*	*9.232*	*4,5*
Bekleidung und Schuhe	*28.335*	*13,2*	*11.346*	*5,5*
Papier und Druck	*15.338*	*7,2*	*13.888*	*6,8*
Andere	*8.078*	*3,8*	*12.082*	*5,9*
GESAMT	*215.203*	*100*	*204.712*	*100*

Anmerkung: siehe Fußnote zu Tabelle 5

Quelle: Unveröffentlichte *IDA Employment Surveys.* Zitiert nach: Mary O'Sullivan, S. 370.

Tabelle 7 verdeutlicht, daß multinationale Unternehmen in allen Bereichen der irischen Industrie vertreten sind, nach diesen CSO-Angaben von 1993 insgesamt 44,5% der Berufstätigen beschäftigten und daß sich relativ zu den einheimischen Betrieben - mit drei Ausnahmen - ihr Anteil in allen Sektoren seit 1983 erhöht hat. Besonders groß ist ihre Bedeutung in den Branchen "MuM", "Chemie", "Andere"[577], "Getränke und Tabak" sowie "Textilien". Der große Anteil ausländischer Unternehmen in nicht-

576 Vgl. Kapitel I.D.

577 Unter den Sektor "Andere" fallen nach der neuen, von der EU geforderten Klassifikation u.a. die folgenden Bereiche: Spielzeug, Sitzmöbel, Billigschmuck. CSO, Census of Industrial Production 1990.

kapitalintensiven Branchen verwundert, da er den Ansiedlungszielsetzungen der IDA widerspricht.

Tabelle 7: Industrielle Beschäftigung nach Branche und Nationalität, 1993

	Beschäftigung im Sektor	*Anteil an der Gesamtbeschäftigung in %*	*Beschäftigung in ausländischen Unternehmen*	*Anteil der ausl. Unternehmen am Sektor in %*
Metallverarbeitung und Maschinenbau	*68.942*	*34,5*	*41.762*	*60,6#*
Chemie	*16.280*	*8,2*	*12.413*	*76,2#*
Nicht-Metall und Mineralien[578]	*17.710*	*8,9*	*6.079*	*34,3*
Nahrungsmittel	*38.348*	*19,2*	*7.119*	*18,6#*
Getränke und Tabak	*6.249*	*3,1*	*4.850*	*77,6#*
Textilien	*8.476*	*4,2*	*4.830*	*57,0*
Holzverarbeitung und Möbel	*4.118*	*2,1*	*579*	*10,0#*
Bekleidung, Schuhe und Leder	*12.266*	*6,1*	*4.484*	*36,6#*
Papier und Druck	*18.206*	*9,1*	*3.141*	*17,3#*
Andere	*9.408*	*4,7*	*3.712*	*39,5*
GESAMT	*200.003*	*100*	*88.969*	*44,5#*

#: Der Anteil multinationaler Unternehmen seit 1983 ist gestiegen. Bei einem Vergleich ist das veränderte Klassifikationsschema des CSO seit dem Erfassungsjahr 1991 - wie hier geschehen - zu berücksichtigen.

Quelle: Unveröffentlichte Computerausdrucke Manufacturing Local Units, 1993; Summary of Activity in Broad Industrial Sectors Classified by Nationality of Ownership, zur Verfügung gestellt von Mary Murphy, Census of Industrial Production-Division des CSO in Cork; CSO, Census of Industrial Production 1983, (Dublin: Stationery Office, Mai 1987), Table 5, S. 52-63.

Die Begründung dafür ergibt sich auch durch ein Problem der statistischen Erfassung. Die IDA und das CSO erfassen Unternehmen als ausländisch, wenn sie sich zu mindestens 50% in nicht-irischem Eigentum befinden. Damit erscheinen auch solche Unternehmen in dieser Kategorie, die entweder ihren ehemals irischen Hauptsitz und damit ihre Eigenkapitalbasis ins Ausland verlegt haben oder aber durch Akquisitionen aus-

578 Bei diesem Segment geht es vor allem um die Herstellung von Produkten aus Gummi, Plastik und Glas. CSO, Manufacturing Local Units; Summary of Activity in Broad Industrial Sectors Classified by Nationality of Ownership, keine Seitenangaben.

ländischer Unternehmen in die Gruppe "nicht-irisch" fallen.[579] Dies gilt z.B. in der Getränkeindustrie, in der die "Guinness"-Brauerei durch Verlagerung des Hauptsitzes als britisches Unternehmen und der Spirituosenproduzent "Irish Distillers" - nach der Übernahme durch "Pernod Ricard" - als französisches Unternehmen klassifiziert werden. Insgesamt beschäftigen diese Betriebe in Irland 3.970 Mitarbeiter[580] und tragen daher wesentlich zum hohen Anteil "ausländischer" Unternehmen im Getränkesektor bei. Zudem ist der Einfluß der beiden Softdrink-Hersteller "Coca Cola" und "Pepsi Co." auf diesen Sektor in Irland sehr stark. Gemäß der Aufstellung der *Business & Finance Top 1.000 Companies in Ireland* werden weitere 480 Mitarbeiter in ihren Werken beschäftigt.[581] Insgesamt arbeiteten also 1995 exakt 4.450 von insgesamt im Jahr 1993 verzeichneten 4.850 Mitarbeitern in diesen vier "ausländischen" Betrieben. Ähnliches gilt auch für den Sektor "Textilien".[582] Hier dominiert der Bekleidungsmulti "Fruit of the Loom", der mit 3.300 Beschäftigten im County Donegal an der irisch-irischen Grenze die Gesamtsumme von 4.830 Stellen stark beeinflußt.[583] So froh die IDA über jeden ausländischen Investor ist, so sehr bilden die hier genannten Unternehmen Ausnahmen, die eben nicht den "target sectors" angehören.[584]

In der weiteren Analyse der Auswirkungen multinationaler Unternehmen werden diese Sektoren daher vernachlässigt und das Hauptaugenmerk auf die Sektoren MuM und Chemie gelegt, in denen als einzige sowohl die Beschäftigung insgesamt (s. Tabelle 6) als auch die Bedeutung multinationaler Unternehmen anstieg (s. Tabelle 7).[585] Sie repräsentierten 42,6% der industriellen Gesamtbeschäftigung im Jahr 1993. Der Anteil ausländischer Unternehmen von 60,6% bzw. 76,2% an der Gesamtbeschäftigung in diesen Branchen ist überdurchschnittlich hoch. Noch deutlicher wird der Einfluß bei einer Aufgliederung der Sektoren "MuM" und "Chemie" in Subsektoren.

---

579 Vgl. Kapitel I.D.

580 O.V., "Business & Finance Top 1.000 Companies", Business & Finance, 25. Januar 1996, Vol. 32, No. 12, S. 12ff.

581 O.V., "Business & Finance Top 1.000 Companies", S. 12ff.

582 O'Malley, Latecomer, S. 326.

583 "Fruit of the Loom" war damit im Jahr 1995 gemäß dem "Top 1000-Ranking" und gemessen an den Mitarbeitern der größte ausländische Arbeitgeber in Irland, wird aber bald von Intel übertroffen werden. Die Bedeutung dieses Unternehmens, das bei der Aufzählung der IDA-Erfolgsgeschichten sehr selten erwähnt wird, ist aufgrund seines westlichen Standorts für die strukturschwache Region Donegal im Nordwesten Irlands besonders groß. Vgl. Kapitel IV.D. Zur geschichtlichen Entwicklung der irischen Niederlassung zu ihrer heutigen Größe vgl. Paul O'Kane, "McCarter Brothers' Business Pitch Yields Spectacular Results", Irish Times, 24. Mai 1995, S. 3 in der Sonderbeilage "Investing in Ireland".

584 Die Übernahme von irischen Betrieben durch ausländische Konzerne gilt bei der IDA schon gar nicht als wünschenswert, da sie häufig mit Rationalisierungen verbunden sind und so wenig zur Verbesserung der wirtschaftlichen Lage beitragen. Generell gilt aber, daß Akquisitionen als Eintrittsmodus in den irischen Markt, im Gegensatz zu beispielsweise Schottland, die Ausnahme darstellen. Ganz überwiegend handelt es sich in Irland um Investitionen auf der grünen Wiese oder Erweiterungen bereits bestehender Niederlassungen. McDonnell-Lenoach, S. 128.

585 Die einzige Ausnahme stellt der Sektor "Andere" dar.

Tabelle 8: Beschäftigte in den Sektoren "Chemie" und "MuM" sowie deren Subsektoren nach Nationalität, 1993

MuM	*Irisch*	*Ausländisch*	*Gesamt*	*Ausländisch in %*
Metallverarbeitung	*8.940*	*3.318*	*12.258*	*27,1*
Allgemeiner Maschinenbau	*5.960*	*6.552*	*12.512*	*52,4*
Bürogeräte und Computer	*1.400*	*7.487*	*8.887*	*84,2*
Elektrotechnischer Maschinenbau	*2.890*	*7.349*	*10.239*	*71,8*
Unterhaltungselektronik und Kommunikation	*842*	*5.255*	*6.097*	*86,2*
Medizintechnik und feinmechanische Instrumente	*913*	*9.272*	*10.185*	*91,0*
Montage und Produktion von Fahrzeugteilen	*6.235*	*2.529*	*8.764*	*28,9*
GESAMT	*27.180*	*41.762*	*68.942*	*60,6*
Chemie				
Pharmazeutika	*1.156*	*3.721*	*4.877*	*76,3*
Grundstoffe für Industriechemikalien (incl. Kunstdünger u. Pestizide)	*1.905*	*3.304*	*5.209*	*63,4*
Restliche Chemiekalienproduktion (incl. Kunstfasern)	*806*	*5.388*	*6.194*	*87,0*
GESAMT	*3.867*	*12.413*	*16.280*	*76,3*

Quelle: Unveröffentlichte Computerausdrucke des CSO, Manufacturing Local Units, 1993; Summary of Activity in Broad Industrial Sectors Classified by Nationality of Ownership.

Diese beiden Sektoren beschäftigten nach den in Tabelle 8 benutzten CSO-Daten im Jahr 1993 gemeinsam 54.175 Mitarbeiter und damit 60,9% aller Arbeitskräfte in multinationalen Unternehmen. Auch innerhalb dieser modernen Wachstumssektoren sieht man die unterschiedliche Bedeutung multinationaler Unternehmen in einzelnen Branchen. Im Bereich MuM fällt die Dominanz der Computerindustrie, der Unterhaltungselektronik und vor allem der Medizintechnik auf, in der neun von zehn Arbeitnehmern in multinationalen Unternehmen tätig sind. Bei diesen Sektoren handelt es sich jeweils um IDA-Wunschsegmente, die unter großen Anstrengungen ins Land geholt wurden.[586] Die großen Erfolge der IDA bei der Ansiedlung von amerikanischen Hi-Tech-Konzernen insbesondere im Bereich der Computerindustrie seit 1993 drängen die Vermutung auf, daß die hier benutzten Zahlen die heutige Bedeutung ausländischer Firmen noch untertreiben. Die großen Erweiterungen der Werke von Intel, Hewlett-Packard, Hitachi oder Digital Equipment haben mit dazu beigetragen, daß 1994 und 1995 in diesem Bereich über 12.000 neue Arbeitsplätze geschaffen wurden und sich die Beschäftigung in ausländischen Firmen nach Berücksichtigung der abgebauten Jobs um 7.500 seit 1993 erhöht hat.[587] Um auch den Verdacht zu widerlegen, es könne sich ähnlich wie im Nahrungsmittelsektor um die reine Übernahme vormals irischer Betriebe handeln, sei auf die Studie von Boylan und Cuddy verwiesen, die unter Berufung auf den CIP des Jahres 1973 feststellten, daß die Sektoren "Büro- und Datenverarbeitungsgeräte" und "Instrumentenbau"[588] noch so unbedeutend waren, daß sie als solche nicht extra klassifiziert wurden.[589]

Die Sektoren sind damit im wesentlichen durch die Ansiedlung multinationaler Unternehmen seit 1973 entstanden, denn ein von irischen Unternehmen geprägtes Umfeld war nicht vorhanden.[590] Offensichtlich hat es sich im Laufe der Jahre auch nicht entwickelt. Der Anteil einheimischer Betriebe an der Kategorie MuM von insgesamt 40,4% geht wesentlich auf die Präsenz in weniger "modernen" Subsektoren wie der Metallverarbeitung und der Montage von Fahrzeugteilen zurück. Ähnliches gilt für die Chemiebranche. Die pharmazeutische Industrie beschäftigte 1993 4.877 Menschen, davon 76,3% in ausländischen Unternehmen. Mit 87,0% der Beschäftigung lag deren Anteil bei den Produzenten von Kunstfasern sogar noch deutlich über dem der pharmazeutischen Industrie. Ähnlich wie in den modernsten Subsektoren in MuM existierten diese Chemiebranchen im Jahr 1973 in Irland noch nicht.[591] Es ist auch nach Meinung des Verfassers nicht zu erwarten, daß einheimische Unternehmen in absehbarer Zeit ihren Anteil vergrößern werden, da die Markteintrittsbarrieren in Form von Know-how bzw. in Form von Forschungs- und Entwicklungsaufwendungen enorm sind. Zwar haben nur wenige ausländische Unternehmen in diesen modernen Sektoren Forschung und Entwicklung in Irland angesiedelt, doch können sie auf das Know-how und das Kapital der Muttergesellschaft zurückgreifen. Ebenso wie in den ausländisch dominierten Subsektoren des MuM-Sektors handelt es sich auch im Bereich Pharmazie und Chemie um Weltmarktführer. 13 der 15 größten Pharmazieunternehmen der Welt

586 Vgl. III.C.2.
587 IDA, Annual Report 1995, S. 7f.
588 Diese Klassifikationen wurden bis 1990 zur Einordnung von u.a. Computerfirmen und Unternehmen der Medizintechnik genutzt. Vgl. CIP 1990, Table 6.
589 T.A. Boylan/ M. Cuddy, "Multinational Companies and Economic Development; Aspects of the Irish Experience", Irish Business and Administrative Research, Vol. 9, 1988, S. 76-86, hier S. 77.
590 Ebenda.
591 Casey, "The Growth of Overseas Industry in Ireland", S. 33. Boylan/ Cuddy, S. 78. Beide Artikel berufen sich auf die fehlende Klassifizierung im Census of Industrial Production von 1973.

haben Niederlassungen in Irland, darunter Smithkline-Beecham, Rhone-Poulenc und Abbott Laboratories.[592]

Aus der vorausgegangenen, nur auf die sektorale Beschäftigungsentwicklung bezogenen Analyse, lassen sich bereits einige Schlüsse ziehen. Die von der IDA seit Anfang der 70er Jahre forcierte Entwicklung kapitalintensiver Industrien hat sich tatsächlich vollzogen.[593] Die strukturelle Transformation der irischen Industrie in den letzten 20 Jahren ist jedoch nahezu vollständig der Ansiedlung multinationaler Unternehmen zuzuschreiben und damit importiert. Das Wachstum der Beschäftigung in multinationalen Unternehmen erfolgte wesentlich in den "modernen" Sektoren. In einigen Subsektoren mit besonders hohen Anforderungen an das Know-how und die Kapitalintensität liegt der Anteil der Berufstätigen in den einheimischen Betrieben unter 10%. Inländische Unternehmen verblieben im wesentlichen in den traditionellen, arbeitsintensiven Industrien Irlands, deren Anfänge in die Zeit des Protektionismus fallen. Ihre allgemein mangelhafte Wettbewerbsfähigkeit zeigte sich durch den in einigen Sektoren rapiden Rückgang der Beschäftigung. Verbunden mit dem Beschäftigungsabfall in irischen Unternehmen zu Beginn der 80er Jahre (s. Tabelle 3) läßt sich vermuten, daß sich der Niedergang in diesen Sektoren verstärkt Anfang der 80er Jahre vollzog.[594]

In der ökonomischen Literatur Irlands wird die Einteilung der Industrie in die "modernen", technologisch anspruchsvollen, weitestgehend von multinationalen Unternehmen beherrschten und in die "traditionellen", arbeits- und rohstoffintensiven Sektoren häufig vorgenommen, da es die Analyse der irischen Industrie wesentlich erleichtert. Daher soll diese Kategorisierung auch bei der weiteren Erörterung in diesem Kapitel angewendet werden. Doch muß darauf hingewiesen werden, daß diese Einteilung verallgemeinernd und daher teilweise unfair ist. Denn innerhalb der "traditionellen" Sektoren gibt es durchaus Unternehmen, auch irische, die außerordentlich modern operieren. So gelten die Herstellung und Vermarktung von "Kerrygold"-Butter durch die irische "Kerry Group"[595] innerhalb der Nahrungsmittelindustrie Europas als richtungsweisend.[596]

Schon an dieser Stelle ist darauf hinzuweisen, daß in der Nahrungsmittelindustrie, dem einzigen Industriesektor, in dem Irland traditionell einen nationalen Wettbewerbsvorteil besitzt, die Ansiedlung *neuer* multinationaler Unternehmen kaum erfolgt ist. Die umfangreiche Agrarwirtschaft als Zulieferbasis und der natürliche Wettbewerbsvorteil eines "grünen" Images Irlands bei vielen Kunden auf dem Kontinent scheint multina-

---

592 O.V., "A Healthy Environment for the Healthcare Industry", Business Ireland, Vol. 10, Nr. 3, August 1996, S. 4.

593 NESC, A Strategy for Competitiveness, Growth and Employment, (Dublin: NESC, 1993), S. 254.

594 Zu berücksichtigen ist hier aber die Feststellung aus Kapitel IV.A.2., daß seit 1993 die einheimische Industrie neue Arbeitsplätze schafft.

595 Als eines der größten einheimischen Unternehmen Irlands beschäftigt die "Kerry-Group" mit Hauptsitz in Tralee, Co. Kerry, 9.200 Mitarbeiter. O.V., "The Top 1.000 Companies", S. 12ff.

596 Alan McCarthy, S. 26.

tionale Nahrungsmittelproduzenten nicht beeindruckt zu haben; die hohen Transportkosten in diesem Sektor bedeuten offensichtlich auch heute noch schwerwiegende Nachteile für den Standort Irland. Unzufrieden mit dem Mißerfolg und angeregt durch den "Culliton-Report", kam es so zu der Sonderregelung, die bestehenden ausländischen Unternehmen der Förderung von Forbairt zu unterstellen. Diese organisatorische Einordnung soll dazu beitragen, die Verbindungen zwischen ausländischen Unternehmen und einheimischen Industrie- und Landwirtschaftsbetrieben zu vertiefen.[597]

In einigen Gastländern sind multinationale Unternehmen als Verursacher von Umweltverschmutzungen berüchtigt.[598] In Irland wäre ein solcher Effekt auch aus rein wirtschaftlichen Gründen fatal, da die Landwirtschaft und vor allem der Tourismus stark vom "grünen" Image Irlands profitieren.[599] Die Konzentration auf moderne Wachstumsindustrien wie die Elektronik und den Bau von Computern haben dazu beigetragen, daß das Verschmutzungsrisiko gering geblieben ist.[600] Einzig die Erfolge der IDA bei der Ansiedlung von Chemiekonzernen haben in den 80er Jahren zu vereinzelten Protesten gegen den Bau solcher Fabriken in landschaftlich reizvollen Gegenden im Westen Irlands geführt.[601] Es ist jedoch nicht zu belegen, daß die IDA bei der Attraktion von Chemiefirmen wegen laxer Umweltgesetze so erfolgreich ist.[602] Die IDA weist auf die hohe Umweltverträglichkeit der Chemieindustrie in Irland hin, welche alle EU-Richtlinien bezüglich des Umweltschutzes einzuhalten hätte.[603] Auch die Studien eines amerikanischen Wissenschaftlers belegen, daß die Industrialisierung mit Hilfe von multinationalen Unternehmen in Irland im Vergleich zu Staaten wie Spanien und Portugal zu einer eher geringen Belastung für die Umwelt geführt hat.[604]

---

597 Vgl. Kapitel III.C.

598 Zum Thema Umweltverschmutzung durch multinationale Unternehmen vgl. u.a.: Pascal Burkard, Direktinvestitionen und multinationale Unternehmen bei international unterschiedlicher Umweltregulierung, Dissertation Univ. St. Gallen, (Hallstadt: Rosch-Busch, 1994).

599 Forfás, Shaping Our Future, S. 250.

600 Telefonat mit Bart Cannick vom "Environmental Information Service" des irischen Staates in Dublin, 12.4.1996.

601 Ardagh, S. 153. Matt Cooper, "Merrell Dow: A Test Case for Chemical Investment", Business & Finance, Vol. 25, Nr. 10, 1. Dezember 1988, S. 10-14, hier S. 11. Merrell Dow, einer der großen amerikanischen Chemiekonzerne mit Niederlassung in Irland, wurde vor der Eröffnung seines Werks in Cork mit starken Protesten dort ansässiger Landwirte konfrontiert. Ebenda, S. 10-14. Eine umfangreiche, sehr kritische Untersuchung über die Folgen multinationaler Unternehmen für die Umwelt und die Natur in Irland veröffentlichten: Robert Allen/ Tara Jones, Guests of the Nation: The People of Ireland versus the Multinationals, (London: Earthscan Publications, 1990). Für die Position der IDA vgl. u.a. Dan Flinter, "The Business of Winning International Investment", Environment and Development in Ireland, Hg. John Feehan, (Dublin: UCD Environmental Institute, 1992), S. 172-175.

602 Emma Chynoweth, "Ireland: Pharmaceutical Gateway to the Unified Market", Chemical Week, Vol. 151, Iss. 2, 15.7.1992, S. 33.

603 Interview mit Joe Butler, IDA.

604 H. Jeffrey Leonard, Pollution and Multinational Corporations in Rapidly Industrializing Nations, (Washington D.C.: The Conservation Foundation, 1984). H. Jeffrey Leonard, Pollution and the Struggle for the World Product: Multinational Corporations, Environment, and International Comparative Advantage, (Cambridge: Cambridge University Press, 1988).

4. Die Auswirkungen auf die International Services und die indirekte Beschäftigung

Um die Beschäftigungseffekte durch multinationale Unternehmen und damit ihren Beitrag zur Verbesserung der Arbeitsmarktsituation vollständig zu würdigen, müssen neben den direkt geschaffenen Vollzeit- und Teilzeitjobs auch die Arbeitsplätze in den International Services und die indirekten Beschäftigungseffekte berücksichtigt werden.

Bis zu diesem Punkt der Untersuchung wurde die Anzahl der Arbeitsplätze in den Bereichen *International Services* nicht mit einbezogen. Dies liegt in erster Linie daran, daß die IDA solche Unternehmen erst seit Mitte der 80er Jahre ins Land holte und so Zeitvergleiche erschwert sind. Letztmalig sei hier festgehalten, daß Forfás und die IDA diese Arbeitsplätze nicht den herkömmlichen Dienstleistungsbranchen, wie z.B. dem Hotelgewerbe oder dem Tourismus, zurechnen, sondern als der Industrieentwicklung zugehörig ansehen.[605] Diese Perspektive rechtfertigen die IDA-Strategen auch damit, daß es sich bei vielen Unternehmen der "International Services" um die Ausgliederung von Funktionen aus Industriebetrieben handelt bzw. um unmittelbare Unterstützungsfunktionen für Industriebetriebe. Tabelle 9 veranschaulicht den großen Erfolg Irlands in diesen Sektoren.

Tabelle 9: Beschäftigung in "International Services"- und Finanzdienstleistungsunternehmen, 1986-1995

	1986	*1990*	*1994*	*1995*
Irisch	*2.555*	*4.857*	*6.302*	*7.112*
Ausländisch	*2.945*	*6.515*	*10.333*	*11.713*
GESAMT	*5.500*	*11.372*	*16.635*	*18.825*

Anmerkung: Der Anteil der Finanzdienstleistungen im Jahr 1986 lag bei 29 Beschäftigten und im Jahr 1995 bei insgesamt 2.554.

Quelle: Forfás, 1995 Employment Survey, S. 13.

Die Zahl der Beschäftigten hat sich im Erfassungszeitraum mehr als verdreifacht und lag im Jahr 1995 bei 18.825 Mitarbeitern. Bemerkenswert ist der Arbeitsplätzezuwachs bei den irischen Unternehmen, der nach Angaben von Forbairt auf die positive Entwicklung im Software-Bereich zurückzuführen ist. Noch wesentlich stärker entwickelten sich auch bei den International Services die ausländischen Firmen, die im Jahr

605 Vgl. III.C.2.

1995 mit 11.713 Arbeitsplätzen insgesamt 62,2% der Gesamtsumme stellten. Die vorausschauende Strategie der IDA ermöglichte die frühzeitige Konzentration auf die zukunftsträchtigen Direktinvestitionen im Dienstleistungsbereich. Ähnlich wie in der Industrie konzentrierte sich die IDA auf die Bereiche, in denen Irlands internationale Wettbewerbsfähigkeit besonders hoch ist.[606] Vor allem renommierte ausländische Software-Unternehmen wie Microsoft, Oracle, Lotus, Corel oder Novell ließen sich neben anderen von den Standortvorteilen der "Grünen Insel" überzeugen.[607] Neben dem Software-Bereich ist die Ansiedlung von Call-Centers erfolgreich, die für Telemarketing, Customer Support und alle weiteren Dienstleistungen genutzt werden, die per Telefon oder Computerleitung erbracht werden können. So profitieren u.a. die "Best Western"- oder die "Radisson"-Hotelgruppen, die beide ihren europäischen Reservierungsservice nach Irland verlegt haben, neben den Steuervorteilen auch von den niedrigen Lohnkosten, den Fremdsprachenkenntnissen der jungen irischen Bewerber und nicht zuletzt von dem modernen, mit EU-Hilfen modernisierten Telefonnetz Irlands.[608]

Im Bereich der Finanzdienstleistungen hat es Irland vor allem mit der Erweiterung des 10%igen Steuersatzes auf bestimmte Finanzgeschäfte geschafft, quasi aus dem nichts einen blühenden Wirtschaftszweig in Dublin aufzubauen. Die ausschließlich im Gebiet der Customs House Docks, einem vormals heruntergekommenen Gelände direkt am Fluß Liffey gelegenen Büros, boten 1995 über 2.554 Mitarbeiter Platz. Nicht nur große Finanzkonzerne haben zum Leidwesen Liechtensteins oder Luxemburgs hochqualifizierte Arbeitsplätze nach Dublin verlagert. Auch die Finanzabteilungen großer Industriekonzerne, wie z.B. BMW oder Volkswagen, haben den Steuerspareffekt entdeckt, den die Muttergesellschaft durch die Investitionsanreize in Irland ausschöpfen kann.[609] Ein Beispiel: ein deutscher Konzern gründet eine GmbH in den Custom House Docks und stattet sie mit einigen Millionen DM an Kapital aus, die sich die Muttergesellschaft anschließend - gegen Zinsen - von der GmbH "zurückausleiht". Diese Zinsgewinne der GmbH schmälern den zu versteuernden Gewinn der Muttergesellschaft mit dem höheren deutschen Steuersatz und stellen den - im Extremfall - einzigen Gewinn der irischen GmbH dar, der mit nur 10% Steuersatz belegt wird. Die grob vereinfachte Darstellung[610] der hochkomplexen Thematik des internationalen Steuerrechts dient hier der Illustration eines möglicherweise in Zukunft problematischen Aspekts. So erfreulich der Erfolg des IFSC für den irischen Arbeitsmarkt und den irischen Finanzminister sein mag, stellt er doch gleichzeitig ein plastisches Beispiel für die Auswirkungen des

---

606 Vgl. die Ausführungen in Kapitel III.C.2.

607 IDA, Achieve European Competitive Advantage in Software, (Dublin: IDA, September 1995), S. 3f.

608 IDA, Achieve European Competitive Advantage in Call Centres, (Dublin: IDA, September 1995), S. 2f.

609 Die IDA nennt diesen Teil des IFSC den "Corporate Treasury Sector".

610 O.V., "Neues Leben in den Docks", Der Spiegel, Nr. 12, 18.3.1996, S. 30, im Rahmen der Titelgeschichte "Konzerne auf der Flucht".

sich nicht nur in Europa verschärfenden Wettbewerbs um ausländische Investoren mit Hilfe von künstlichen Standortvorteilen dar.[611]

Von weit größerer Bedeutung für die irische Wirtschaft als dieser zukunftsträchtige neue IDA-Sektor sind nach wie vor die ausländischen Industrieunternehmen. Um die quantitativen Beschäftigungseffekte der multinationalen Unternehmen in Irland vollständig einschätzen zu können, müssen neben den direkten auch die indirekten Beschäftigungseffekte mit einbezogen werden. Eine Kalkulation indirekter Effekte ist naturgemäß schwierig und mit Meßfehlern behaftet.[612] Um den Beschäftigungsbeitrag der irischen Industriebetriebe in Irland vollständig zu messen, berücksichtigte der Ökonom Eoin O'Malley in seiner von der IDA unterstützten Studie folgende Aspekte:

- die sekundären Beschäftigungseffekte in der Dienstleistungsbranche, die durch die Nachfrage der Industriebetriebe entstehen;
- die sekundären Beschäftigungseffekte, die durch die Nachfrage der in der Industrie beschäftigten Arbeitnehmer entstehen;
- die sekundären Beschäftigungseffekte, die durch die Steuereinnahmen der Industriebetriebe und ihrer Mitarbeiter staatlicherseits ermöglicht werden.[613]

Unterstützt durch unveröffentlichte Dokumente und unter dem Vorbehalt von konzeptionell und datentechnisch bedingten Ungenauigkeiten[614], kommt der Wissenschaftler zu bemerkenswerten Erkenntnissen für den Zeitraum von 1983 bis 1990. Für das Jahr 1990 schlußfolgert er, daß auf 100 Arbeitsplätze im verarbeitenden Gewerbe der Republik Irland ca. 86 Sekundärjobs außerhalb dieser Gruppe entstanden.[615] Für 1990 ergibt sich damit eine Zahl von 172.000 Arbeitsplätzen im Dienstleistungssektor und der "Non-manufacturing Industry", vornehmlich dem Bausektor.[616] Wenn der Forscher auch betont, daß diese Zahlen Schätzungen darstellen, so ist die Größenordnung der geschaffenen Sekundärarbeitsplätze doch beeindruckend. Zählt man für das Jahr 1990

---

611 Für die Iren bedeutet das IFSC ein Risiko, dessen sie sich nicht unbedingt bewußt zu sein scheinen. So beruht die Ausnutzung der Steuervorteile auf der Existenz von Doppelbesteuerungsabkommen, die zumindest von deutscher Seite gegenwärtig überprüft werden. Interview mit Lothar Seiwert, Geschäftsführender Botschafter und Wirtschaftsattaché der Deutschen Botschaft in Irland, Booterstown, am 10. April 1996 in Dublin. Vgl. Kapitel IV.D.

612 "As a rule, the indirect effects are greater than the direct effects." Hill, S. 204.

613 Eoin O'Malley, The Employment Effects of Manufacturing Industry, Working Paper Number 42, (Dublin: ESRI, Mai 1993). O'Malley arbeitet für das Industrial Development Research Centre des ESRI und hat sich schon zuvor mehrfach durch - auch in dieser Arbeit verwendete - Studien hervorgetan. Vgl. u.a. O'Malley, Latecomer; O'Malley, Survey of Literature. Kernergebnisse der Studie von 1993 veröffentlichte er vorab schon als Koautor für die IPRG. O'Malley/ Kennedy/ O'Donnell, S. iv. Zitiert wird er zum gleichen Forschungsthema auch in: NESC, A Strategy for Competitiveness, Growth and Employment, S. 249.

614 Zu den konzeptionellen Grundlagen und der Datenbasis der Untersuchung siehe Kapitel 3 der Studie von O'Malley, "Methodology and Data for Estimating Secondary Employment Effects". O'Malley, The Employment Effects of Manufacturing Industry, S. 22-29.

615 Dieses Verhältnis war im Zeitraum von 1983 bis 1990 mit einer Bandbreite von 86 bis 89 Sekundärjobs auf 100 Primärarbeitsplätze relativ stabil. Ebenda, Tabelle 4.2., S. 45.

616 Ebenda, S. 1.

die 200.450 direkt entstandenen Arbeitsplätze im "Manufacturing"-Sektor mit den 172.000 indirekten zusammen, so ergibt sich eine Zahl von 372.450.[617] Dies entspricht einer Quote von 31,0% an der Gesamtbeschäftigung Irlands für dieses Jahr.[618]

Welche Rolle spielen nun die multinationalen Industrieunternehmen bei den indirekten Beschäftigungseffekten? Die Sekundäreffekte der ausländischen Betriebe sind im Durchschnitt deutlich höher als in den einheimischen Betrieben. So wurden auf 100 Arbeitsplätze in ausländischen Betrieben im Jahr 1983 dreiundneunzig und 1990 achtundneunzig Sekundärjobs geschaffen. Die Quoten für inländische Betriebe liegen bei 86 Jobs im Jahr 1983 und 76 Arbeitsstellen im Jahr 1990.[619]

Diese Ergebnisse mögen verwundern, ist doch die Klage von den Screwdriver-Anlagen, die den gesamten Input importieren und enklavenartig in Irland agieren, seit dem Telesis-Report bekannt. O'Malley stellt dieser Hypothese entsprechend fest, daß durchaus ein hoher Anteil der erwirtschafteten Wertschöpfung ausländischer Betriebe Irland wieder verläßt. Multinationale Unternehmen verwenden prozentual zu ihren Erlösen weniger für irische Zulieferwaren und Dienstleistungen als die einheimischen Firmen. Die wesentlich höheren Umsätze pro Mitarbeiter aber führen dazu, daß in absoluten Zahlen ausgedrückt die Inanspruchnahme irischer Dienstleistungen durch ausländische Firmen pro Mitarbeiter deutlich höher liegt als in den irischen Unternehmen.[620] Der Anstieg der Sekundäreffekte zwischen 1983 und 1990 ist ebenfalls auf das Mehr an eingekauften Rohstoffen und Dienstleistungen, Gewinnsteuern und Löhnen pro Mitarbeiter in multinationalen Unternehmen zurückzuführen.

Die jüngsten Zahlen von Forfás lassen vermuten, daß die Sekundäreffekte sich seit 1990 noch weiter erhöht haben. Die Umsätze pro Mitarbeiter in den ausländischen Firmen, für die die IDA zuständig ist, stiegen in der Zeit von 1990 bis 1993 um 25,7% und damit 8,56% per annum. Gleichzeitig kam es zu verstärkten Einkäufen der Multis und deutlich höheren Steuereinnahmen seit dieser Zeit.[621] Im jüngsten Rechenschaftsbericht von Forfás kommt die Organisation für das Jahr 1994 unter Nutzung der Methodik von O'Malley folgerichtig zu verbesserten Ergebnissen: auf 100 direkt geschaffene Arbeitsplätze in der verarbeitenden Industrie kamen insgesamt 91 weitere indirekte Arbeitsplätze; der Beitrag der multinationalen Unternehmen lag mit 103

---

617 Ebenda, Tabelle 4.1., S. 44.

618 Vgl. Kapitel IV.A. Basis dieser Berechnung ist eine angenommene Gesamtbeschäftigungszahl von 1,2 Millionen. Die Ergebnisse aus Tabelle 2 für das Jahr 1990 sind nicht vergleichbar, da sie neben der verarbeitenden Industrie auch die direkten Arbeitsplätze im Bausektor berücksichtigen.

619 Vgl. O'Malley, The Employment Effects of Manufacturing Industry, S. 50f.

620 O'Malley kommt zu diesen Ergebnissen auf Basis der Irish Economy Expenditure Surveys, die dem Verfasser bezogen auf das Jahr 1993 vorliegen. Forfás, Annual Survey of Irish Economy Expenditures, (Dublin: Forfás, September 1995). Auf die Umsätze pro Mitarbeiter und andere Produktivitätskennzahlen multinationaler Unternehmen geht Kapitel IV.C. ein. Einzelheiten der "Linkages" ausländischer Unternehmen mit der einheimischen Industrie in Irland beschreibt erst Kapitel IV.D. ausführlich. Im Sinne einer verständlichen Interpretation der Ergebnisse werden aber hier einige Erkenntnisse vorweggenommen.

621 Forfás, Annual Survey of Irish Economy Expenditures, S. 7.

indirekten Stellen auf 100 direkt entstandene Arbeitsplätze[622] deutlich höher als in den einheimischen Betrieben mit 79 indirekten Stellen.[623]

Auf Basis der in Kapitel IV.A. erarbeiteten Ergebnisse ist es nun möglich, die quantitativen Beschäftigungseffekte der Ansiedlung multinationaler Unternehmen im Rahmen der Outward-Looking Policies[624] vollständig abzuschätzen. Addiert man zu den 12.427 Teilzeitarbeitsplätzen und den 11.713 "International Services"-Jobs die 95.208 direkt geschaffenen Vollzeitstellen im verarbeitenden Gewerbe, so führt das zu einer Summe von 119.348 Arbeitsplätzen. Berücksichtigt man jetzt die direkt geschaffenen Vollzeitjobs in der verarbeitenden Industrie und multipliziert sie mit dem Faktor 1,03, so kommen 98.064 indirekte Arbeitsplätze hinzu. Insgesamt sind damit 217.412 Stellen auf die Präsenz multinationaler Unternehmen in Irland zurückzuführen. Die gleiche Berechnungsmethode führt bei einheimischen Unternehmen zu einer Summe von 223.297 Arbeitsplätzen.[625]

Demnach sind einheimische und ausländische Industriebetriebe, inklusive den International Services, für eine annähernd gleich große Zahl von Arbeitnehmern in Irland verantwortlich. Heute ist damit knapp jeder fünfte Arbeitsplatz in Irland direkt oder indirekt von multinationalen Unternehmen abhängig. Sie haben damit wesentlich zur Klassifikation Irlands als Industriestaat beigetragen. Aufgrund ihres kontinuierlichen Wachstums der letzten 30 Jahre haben sie den irischen Arbeitsmarkt stärker entlastet als die schrumpfende Zahl irischer Industriebetriebe. Gleichzeitig sind ausländische Unternehmen heute viel stärker als die einheimischen Betriebe in Wachstumssektoren präsent und fördern somit auch die strukturelle Transformation Irlands innerhalb der Industriesektoren und der Dienstleistungsbereiche. Vor allem amerikanische Großunternehmen steuern zu dieser Entwicklung bei.

Nach den quantitativen Beschäftigungseffekten multinationaler Unternehmen werden im folgenden die qualitativen Auswirkungen betrachtet.

B. Die Auswirkungen auf die Qualität der Beschäftigung

Die Schaffung von langfristig überlebensfähigen Arbeitsplätzen, die ein hohes Qualifikationsniveau erfordern und überdurchschnittlich bezahlt werden, so lauteten die in Kapitel III.C.2. auf Basis der Regierungspublikationen formulierten Erwartungen gegenüber multinationalen Unternehmen im Bereich der Beschäftigung. Nachdem die bisherigen Ausführungen verdeutlicht haben, daß die internationalen Betriebe im Ge-

---

622 Forfás, Annual Report and Accounts, 1995, S. 22. Vgl. auch Kieran McGowan, Benefits of Foreign Investment, (Dublin: IDA, Januar 1995).

623 Eigene Berechnung des Verfassers.

624 Unberücksichtigt bleiben demnach u.a. die multinationalen Unternehmen im Handel, im Bauwesen und der Landwirtschaft.

625 Als Summe aus 114.335 Vollzeitstellen in der verarbeitenden Industrie, plus den indirekten Stellen in Höhe von 90.325, 11.525 Teilzeitstellen und 7.112 Stellen in den International Services.

gensatz zu den einheimischen einen positiven Beitrag für die quantitative Beschäftigungsentwicklung erbrachten, wird im folgenden überprüft, inwieweit sich die qualitativen Wünsche erfüllt haben. Bei der Beurteilung der Qualität der Beschäftigung werden hier dementsprechend drei Eigenschaften untersucht, nämlich die Lebensdauer der neuen Arbeitsplätze, das Qualifikations- und das Lohnniveau.

1. Die Lebensdauer der neugeschaffenen Arbeitsplätze

Wiederholt wurde in dieser Arbeit auf die Kritik hingewiesen, daß es multinationalen Unternehmen im Vergleich zu einheimischen Betrieben allgemein leichter falle, den Standort Irland aufzugeben. Die Mobilität der "footloose"-investments führe dazu, daß die Multis bei jeder sich bietenden Gelegenheit einen bestehenden zugunsten eines vielversprechenderen Standorts aufgeben würden.[626] Der Eindruck, daß multinationale Unternehmen sich verstärkt aus einzelnen Branchen zurückziehen, wenn Veränderungen der relativen Standortattraktivität vorliegen, bekam Irland u.a. am Beispiel der Automobilfertigung zu spüren. Noch zu Beginn der 70er Jahre montierten Unternehmen wie General Motors, Toyota, Talbot, Leyland und Ford in Irland Automobile, die für den europäischen Markt bestimmt waren.[627] 1985 verließ mit der Schließung des Ford-Werks in Cork auch der letzte große Automobilhersteller Irland, da sich trotz der Steuerbefreiung auf Exporte die Entfernung zum Binnenmarkt als zu großes Handicap herausstellte.[628] Im Bewußtsein der Öffentlichkeit sind andere Beispiele noch stärker verankert. Neben den schon erwähnten Schließungen bei Ferenka, Hyster und Semperit erregte in jüngster Zeit die sich über 18 Monate hinziehende Schließung der Niederlassung von Packard Electric die Iren. Nach mehr als 20 Jahren in Irland wurde im Zuge einer europaweiten Rationalisierung die Entlassung aller 800 Mitarbeiter im März 1996 beschlossen, die zuvor schon widerstrebend deutlich verschlechterten Arbeitsbedingungen zugestimmt hatten.[629]

Die Schließungen multinationaler Niederlassungen haben in der irischen Bevölkerung ein negatives Bild multinationaler Unternehmen hinterlassen. Vor allem deren angeblich kurze Lebensdauer und die schlagzeilenträchtigen Schließungen haben trotz des Booms in den 90er Jahren im allgemeinen zu einem Mißtrauen der irischen Bevölkerung gegenüber multinationalen Niederlassungen geführt.[630]

Eine exakte Beantwortung der hier relevanten Frage, inwieweit dieses Mißtrauen auf aggregierter Ebene gerechtfertigt ist, fällt schwer. Denn über die Lebensdauer und damit die Anfälligkeit für Schließungen bei multinationalen Unternehmen insgesamt

---

626 Bailey/ Harte/ Sugden, S. 19.

627 George Maxcy, The Multinational Motor Industry, (London: Croom Helm, 1981), S. 104 u. 151.

628 Garnett, S. 3.

629 Siobhán Creaton, S. 8.

630 Interview mit Joe Butler, IDA. Interview mit Dick Ryan. Ardagh, S. 75f. Eigene Eindrücke des Verfassers.

liegen keine Veröffentlichungen des CSO oder der eigentlich dafür zuständigen IDA vor, z.B. in Form von Daten über die durchschnittliche Lebensdauer subventionierter Unternehmen im Vergleich zu den anderen. Eine hilfreiche Annäherung bietet der Überblick über die Dynamik der Beschäftigungsentwicklung von 1973 bis 1994, wie ihn O'Sullivan als einzige über diesen langen Zeitraum ermöglicht.[631]

Tabelle 10: Veränderungen in der industriellen Beschäftigung, 1973-1994

	Irisch	*Ausländisch*	*Gesamt*
Gesamtbeschäftigung 1973	*145.815*	*69.388*	*215.203*
Gesamtbeschäftigung 1994	*114.613*	*90.099*	*204.712*
Netto-Veränderung 1973-1994	- 31.202	+ 20.711	- 10.491
Jobzuwächse insgesamt	*+ 231.999*	*+ 161.866*	*393.885*
Jobverluste insgesamt	*+ 263.201*	*+ 141.175*	*404.376*

Quelle: Unveröffentlichte IDA Employment Survey Files, entnommen aus: Mary O'Sullivan, S. 369

Tabelle 10 zeigt die große Zahl von verlorenen und gewonnenen Arbeitsplätzen, die hinter den Nettosalden stehen. Der Beschäftigungsrückgang in der einheimischen Industrie war demnach das Ergebnis von 263.201 verlorenen Stellen, denen nur 231.999 neue gegenüberstanden. Auch bei den multinationalen Unternehmen ist die Fluktuation bemerkenswert. 141.175 Stellen gingen im Zeitraum von 22 Jahren verloren, mehr als doppelt so viele wie 1973 insgesamt existierten. Die Erhöhung der Gesamtbeschäftigung in den multinationalen Unternehmen kam somit nur aufgrund der massiven Bereitstellung immer neuer Jobs zustande. Was passierte im Boomjahr 1995, das in bezug auf die Zahl der Arbeitsplätze als Rekordjahr bei der IDA gilt? Den insgesamt 11.524 neuen Stellen, die die unter IDA-Aufsicht stehenden ausländischen Unternehmen bereitstellten, standen 4.950 abgebaute Arbeitsplätze entgegen. In diesem Erfolgsjahr kam es so zu einem Nettozuwachs von 6.574 Arbeitsplätzen, von denen 4.900 im Boomsektor MuM vor allem bei Computer- und Elektronikherstellern geschaffen wurden.[632] Die Ergebnisse von Forfás für die 90er Jahre dokumentieren

631 Genau wie die anderen hier genutzten Zahlen von O'Sullivan basieren ihre Untersuchungen auf den nicht zugänglichen IDA Employment Survey Files und schließen den Industriesektor "Bergbau und Torf" mit ein. Mary O'Sullivan, S. 369.

632 IDA, Annual Report 1995, S. 5-7.

ebenfalls, daß eine Verbesserung der Lage in der industriellen Beschäftigung auch in besonders erfolgreichen Jahren immer nur das Ergebnis großer Arbeitsplatzzuwächse gewesen ist, die den gleichzeitigen starken Abbau in anderen Projekten ausgleichen mußten.[633] Dies gilt grundsätzlich für ausländische und inländische Bereiche gleichermaßen. Der entscheidende Unterschied aber besteht darin, daß ausländische Unternehmen gerade in den modernen Sektoren wie Chemie und MuM wesentlich mehr neue Arbeitsplätze schaffen konnten als die irischen Betriebe.[634] Tabelle 11 illustriert diese Zusammenhänge für den Zeitraum von 1973 bis 1990.

Tabelle 11: Bestandteile der Beschäftigungsveränderung nach Sektoren, 1973-1990

Sektor	*Schaffung von Arbeitsplätzen*	*Verlust von Arbeitsplätzen*	*Nettoveränderung*
*MuM ****	*121.844*	*101.106*	+ *20.738*
*Chemie****	*18.827*	*14.871*	+ *4.056*
Nicht-Metall u. Mineralien	*15.578*	*18.447*	- *2.869*
Nahrungsmittel	*54.705*	*65.225*	- *10.520*
Getränke u. Tabak	*5.140*	*9.270*	- *4.130*
Textilien	*18.962*	*28.488*	- *9.526*
Holzverarbeitung u. Möbel	*19.838*	*21.032*	- *1.194*
Bekleidung, Schuhe u. Leder	*34.413*	*48.614*	- *14.201*
Papier u. Druck	*14.091*	*15.527*	- *1.436*
Bergbau, Torf	*2.331*	*3.333*	- *1.002*
*Andere****	*20.980*	*17.285*	+ *3.695*
Gesamt	*326.809*	*343.198*	- *16.389*

***: Anteil multinationaler Unternehmen an der Beschäftigung - auch ohne Fusionen - besonders hoch.

Quelle: Unveröffentlichte IDA Employment Surveys. Zitiert nach: Ruane, "The Traded Sector: Industry", S. 354.

In einer für den Zeitraum 1973 bis 1980 angefertigten Untersuchung kommt O'Malley zu dem Schluß, daß multinationale Unternehmen, die sich vor 1970 in Irland niederließen, bis zur Erreichung der geplanten Beschäftigungshöhe kurzfristig wuchsen, dann

633 Forfás, 1995 Employment Survey, S. 14ff.

634 Diese Tabelle verdeutlicht auch, daß der von der IDA gewählte Erfolgsmaßstab, die Anzahl der neugeschaffenen Arbeitsplätze pro Jahr, nur ein unvollständiges Bild der tatsächlichen Beschäftigungserfolge vermittelt. Vgl. u.a. IDA, Annual Report 1991, S. 2.

die Zahl der dort Beschäftigten stagnierte und schließlich sank bzw. durch Schließung auf Null fiel.[635] Inwieweit dieses Ergebnis auch in den 80er Jahren zutraf, untersucht die nach Kenntnis des Autors neueste umfangreichere Arbeit zu diesem Thema.[636] Die Wissenschaftler vergleichen mit Hilfe einer nicht näher bezeichneten, unveröffentlichten Studie des CSO die Lebensdauer der Projekte und Arbeitsplätze in einheimischen und multinationalen Unternehmen für den Zeitraum von 1979 bis 1986 (s. Tabelle 12, S. 126).

Um die anfängliche Wachstumsphase auszugrenzen, wurde für die Jahre 1980, 1981 und 1982 jeweils die Beschäftigungsentwicklung der einzelnen Projekte nach den ersten zwei Jahren ihres Bestehens untersucht.[637] Von den 506 Projekten, die 1980 gegründet wurden, waren 1986 bereits 181 wieder geschlossen und 109 verzeichneten sinkende Beschäftigtenzahlen. Dies entspricht einer Versager- und Kontraktionsrate von insgesamt 53,8%. Einheimische Unternehmen trugen zu diesem äußerst schlechten Ergebnis anteilig stärker bei als multinationale Betriebe, sowohl projektbezogen als auch in Beschäftigtenzahlen ausgedrückt. Umgekehrt verläuft die Entwicklung bei der Kategorie der expandierenden Unternehmen. Auch hier konnten multinationale Projekte prozentual bessere Ergebnisse erzielen.

Der Trend einer rückläufigen Beschäftigungsentwicklung setzte sich abgeschwächt auch für die Startjahre 1981 und 1982 fort. Bei einer sektoralen Betrachtung kamen Keating/ Keane zu der Feststellung, daß multinationale Unternehmen in den modernen, von amerikanischen Betrieben dominierten Subsektoren MuM und Chemie besonders positive Werte vorweisen können. Dies ist nicht verwunderlich, wurde doch in den Abschnitten IV.A.2. und 3. bereits auf das relativ starke Wachstum der amerikanisch dominierten, modernen Sektoren hingewiesen. Die schlechten Leistungen der ausländischen Projekte sind insbesondere auf den Rückgang der Beschäftigung in den traditionellen Sektoren mit britischer Prägung, vor allem in den Bereichen Textilien und Bekleidung, zurückzuführen.[638]

---

635 Eoin O'Malley, "Foreign-Owned Industry in Ireland: Performance and Prospects", Special Article, in: Peter Bacon, Medium Term-Outlook: 1986-1990, (Dublin: ESRI, Februar 1986), S. 45-53, hier S. 48-50. Vgl. für fast den gleichen Zeitraum: P.N. O'Farrell/ R. Crouchley, "Industrial Closures in Ireland 1973-1981: Analysis and Implications", Regional Studies, Vol. 17, Nr. 6, 1983, S. 411-427.

636 William Keating/ Tom Keane, "The Contraction and Expansion Patterns of Overseas Industry", Overseas Industry in Ireland, Hg. Anthoney Foley/ Dermot McAleese, (Dublin: Gill and Macmillan, 1991), S. 138-151.

637 Die ab 1980 gestarteten Projekte werden also für den Zeitraum von 1982 bis 1986 betrachtet.

638 Keating/ Keane, S. 149f.

Tabelle 12: Beschäftigungsveränderung in der irischen Industrie; klassifiziert nach Nationalität der 1980, 1981 und 1982 begonnenen Projekte[a]

	Beginn 1980			*Beginn 1981*			*Beginn 1982*		
Kategorie u. Nation.	*Anzahl der Projekte*	*Besch. 1982 in Tsd.*	*Besch. 1986 in Tsd.*	*Anzahl der Projekte*	*Besch. 1983 in Tsd.*	*Besch. 1986 in Tsd.*	*Anzahl der Projekte*	*Besch. 1984 in Tsd.*	*Besch. 1986 in Tsd.*
EXPANDIEREND									
Irisch	*134*	*1,7*	*2,7*	*103*	*1,5*	*2,5*	*82*	*1,1*	*1,6*
Ausl.	*21*	*1,4*	*2,6*	*37*	*2,2*	*3,3*	*31*	*1,9*	*2,9*
Gesamt	*155*	*3,1*	*5,3*	*140*	*3,7*	*5,8*	*113*	*3,0*	*4,5*
KONTRAHIEREND									
Irisch	*98*	*1,4*	*0,9*	*60*	*0,9*	*0,5*	*64*	*0,8*	*0,6*
Ausl.	*11*	*0,7*	*0,4*	*10*	*0,4*	*0,2*	*12*	*0,5*	*0,3*
Gesamt	*109*	*2,1*	*1,3*	*70*	*1,3*	*0,7*	*76*	*1,2*	*0,9*
STABIL									
Irisch	*56*	*0,8*	*0,8*	*46*	*0,4*	*0,4*	*50*	*0,4*	*0,4*
Ausl.	*5*	*0,4*	*0,4*	*6*	*0,4*	*0,4*	*8*	*0,2*	*0,2*
Gesamt	*61*	*1,2*	*1,2*	*52*	*0,8*	*0,9*	*58*	*0,6*	*0,6*
SCHLIESSUNG VOR 1986[b]									
Irisch	*163*	*2,0*	--	*106*	*1,0*	--	*60*	*0,6*	--
Ausl.	*18*	*1,3*	--	*11*	*0,6*	--	*11*	*1,0*	--
Gesamt	*181*	*3,3*	--	*117*	*1,6*	--	*71*	*1,6*	--
GESAMT									
Irisch	*451*	*5,8*	*4,3*	*315*	*3,8*	*3,5*	*256*	*2,9*	*2,6*
Ausl.	*55*	*3,9*	*3,4*	*64*	*3,7*	*4,0*	*62*	*3,6*	*5,5*
Gesamt	*506*	*9,7*	*7,8*	*379*	*7,5*	*7,4*	*318*	*6,5*	*6,0*

a: Projekte sind nicht gleichzusetzen mit Unternehmen. Ein Unternehmen kann mehrere Projekte, also Zweigbetriebe, unterhalten.

b: Schließungen innerhalb von zwei Jahren nach Start blieben unberücksichtigt.

Quelle: Unveröffentlichte CSO-Studie. Zitiert nach: Keating/ Keane, S. 147.

Die Schlußfolgerung der beiden Wissenschaftler, daß nämlich eine Konzentration der Ansiedlungsbemühungen auf die Wachstumssektoren MuM und Chemie einen langfristigen Anstieg der Beschäftigung ermöglicht[639], hält der Verfasser für unrichtig. Denn eine ebenfalls vorgenommene sektorale Gliederung ergibt, daß multinationale Unternehmen vor allem durch Neuansiedlungen Arbeitsplätze schufen. Expansionen dagegen wurden in dieser Rezessionsphase nach den ersten zwei Jahren kaum noch vorgenommen.[640] Wie in Tabelle 11 festgehalten, ist das Wachstum der modernen Sektoren das Ergebnis einer starken Schwankung von Beschäftigungsabbau und -zuwächsen. Verbunden mit den Leistungsdaten aus Tabelle 12 führt dies den Verfasser zu dem Ergebnis, daß O'Malleys These einer kurzen Lebensdauer der Arbeitsplätze in multinationalen Unternehmen berechtigt ist und daß dies, wenn auch insgesamt bei wachsenden Beschäftigtenzahlen, für die modernen Sektoren MuM und Chemie ebenfalls zutrifft.

Zusammenfassend läßt sich feststellen, daß multinationale Unternehmen höhere Beschäftigungszuwächse verzeichnen als einheimische. Insgesamt ist die Lebensdauer in beiden Kategorien aber ausgesprochen gering. Die anteilig positiveren Werte multinationaler Projekte sind vor allem das Ergebnis eines kontinuierlichen Zustroms neuer Betriebe, besonders in den prosperierenden, modernen Sektoren. Expansionen langfristig bestehender Unternehmen wurden im Untersuchungszeitraum kaum vorgenommen. Daraus folgt, daß sich O'Malleys Feststellung für die 70er Jahre zumindest auf die Zeit bis Mitte der 80er Jahre übertragen läßt.

Für den irischen Staat muß diese Entwicklung auch in den 90er Jahren sehr beunruhigend gewesen sein. Denn um auch nur den Status Quo in der Beschäftigung dieser Unternehmenskategorie zu erhalten, ist die kontinuierliche Ansiedlung neuer multinationaler Betriebe erforderlich. Der IDA ist dieses Problem bekannt. So weist deren Managing Director darauf hin, daß die gegenwärtig positiven Rahmenbedingungen, u.a. in Form eines Booms in der Elektronikindustrie weltweit und einem gleichzeitigen Aufschwung der US-Wirtschaft, nicht unveränderlich sein werden.[641] Die IDA ergänzt ihren Schwerpunkt der Ansiedlung von immer neuen ausländischen Firmen daher seit einigen Jahren um die forcierte Erweiterung bereits existierender Projekte und ist dabei zunehmend erfolgreicher als noch vor zehn Jahren.[642] Vor dem Hintergrund der Verkäuferweisheit, daß es wesentlich schwieriger ist, einen ganz neuen Kunden zu gewinnen als mit einem bestehenden Geschäfte zu machen, kümmern sich mittlerweile 50% des IDA-Marketingpersonals um die schon in Irland befindlichen Multis.[643] Dies ist nicht zuletzt eine Reaktion auf den verschärften internationalen Wettbewerb gerade um die "Big Names", von denen die "Grüne Insel" so viele überzeugen konnte. So befanden sich 1995 unter den 114 zwischen multinationalen Unternehmen und der IDA vertraglich vereinbarten Projekten 60 Erweiterungen und 54 ganz neue Unternehmen. Die

---

639 Ebenda, S. 150-151.
640 Ebenda, Tabelle 7.8., S. 149.
641 IDA, Annual Report 1995, S. 3.
642 Interview mit Dick Ryan.
643 IDA, Annual Report 1995, S. 3.

bedeutsamste Erweiterung war dabei die der Intel Corporation.[644] Das bedeutet nach Angaben des Planungschefs der IDA keineswegs, daß damit das Problem der eher niedrigen Lebensdauer gelöst wäre.[645] So gingen auch den Entscheidungen für die Erweiterung bestehender Niederlassungen schwierige Verhandlungen voraus.[646] Das Damoklesschwert einer möglichen Verlagerung stärkt dabei die Verhandlungsmacht der Multis auch bei Expansionen entscheidend.

Verkürzte Produktlebenszyklen und Amortisationszeiträume von Investitionen insbesondere im Hi-Tech-Bereich führen dazu, daß sich multinational operierende Unternehmen häufiger als noch vor zehn Jahren mit Verlagerungen beschäftigen bzw. zumindest das gegenüber den politisch Verantwortlichen glaubhaft darstellen können.[647] Gerade bei Rationalisierungen der Standorte kommt es zu intensiven Überprüfungen der einstmals getroffenen Standortentscheidung. Gemeinsam mit den Ergebnissen für 1995 läßt sich aufgrund der vorangestellten Argumentation schlußfolgern, daß die Analyse der Lebensdauer ausländischer und inländischer Industriebetriebe von Keating und Keane für die 90er Jahre ebenfalls zutrifft.[648] Irland kann sich demnach nicht mit dem Status Quo an bestehenden multinationalen Unternehmen zufrieden geben und ist auch in Zukunft darauf angewiesen, ständig neue ausländische Firmen zu gewinnen bzw. Erweiterungen bestehender Projekte zu fördern. Die Abhängigkeit Irlands von einer gleichbleibend hohen Standortattraktivität und kontinuierlichen Direktinvestitionsströmen ist somit noch größer als bisher dargestellt. Dies gilt um so mehr in Zeiten einer sich stetig verschärfenden Konkurrenzsituation.[649]

Gründe für die kurze Lebensdauer vieler multinationaler Unternehmen sehen irische Ökonomen in der fehlenden Bindung an einheimische Zulieferer und an die irische Wirtschaft insgesamt sowie die zu geringe Existenz von Unternehmen mit "stand-alone"-Fähigkeiten.[650] Darunter wird die Eigenschaft der Niederlassung verstanden, auch unabhängig von der Muttergesellschaft existieren zu können. Notwendige Vor-

---

644 Vgl. Kapitel III.D.3.

645 Interview mit Dick Ryan.

646 Ebenda.

647 Analog Devices spricht von einer Reduzierung der Produktlebenszyklen der in Irland hergestellten Integrated Wafers von 50% innerhalb der letzten 10 Jahre mit einer daher notwendigerweise proportional verkürzten Amortisationsdauer. Dies gebe der Firma die Möglichkeit, einmal getroffene Investitionsentscheidungen schneller zu korrigieren. Diese Entwicklung betreffe die gesamte Computerindustrie. Interview mit Eamonn McAvinue, Director - Finance & Administration, Analog Devices, am 12. April 1996 in Limerick. Ähnliche Entwicklungen beschrieb ein hochrangiger Vertreter der Verpackungsindustrie. Interview mit Michael Pettigrew, Group Secretary, Jefferson Smurfit Group, in Dublin am 11. April 1996.

648 Unterstützt werden die Ergebnisse von Keating/ Keane durch eine Untersuchung von Ruane für den gleichen Betrachtungszeitraum. Ruane, The Use of Sectoral Policies to Improve the Growth Potential of the Irish Economy, S. 17-21.

649 Vgl. Kapitel III.D.3.

650 Sklair, S. 192. David Jacobsson/ Bernadette Andreosso, "Ireland as a Location for Multinational Investment", The Single European Market and the Irish Economy, Hg. Anthoney Foley/ Michael Mulreany, (Dublin: Institute of Public Administration, 1990), S. 307-334, hier S. 330.

aussetzung für "stand-alone"-Fähigkeiten wäre z.B. die Erweiterung des Betriebs durch Verwaltungsfunktionen wie das Rechnungswesen, das Marketing oder den Einkauf.[651] Die IDA hat aber die Erfahrung gemacht, daß solche höher qualifizierten Bereiche, wenn überhaupt, erst nach längeren Erfahrungen mit dem Standort Irland in Erwägung gezogen werden. Die Organisation wirbt daher in der Regel um reine Produktionsprojekte, die teilweise Einkaufsfunktionen mit sich bringen, und versucht dann, die einmal gewonnenen Investoren nach erfolgreichem Start von der Erweiterung ihrer Niederlassungen zu überzeugen.[652]

2. Das Qualifikations- und Lohnniveau der Arbeitsplätze

Der Telesis Report kam nach seiner Analyse der industriellen Leistungsfähigkeit Irlands zu dem Schluß, daß die Niederlassungen multinationaler Unternehmen in Irland überwiegend reine Produktions- bzw. Montagebetriebe seien. Daher sei die starke Präsenz in den Hochtechnologiesektoren ohne Wirkung auf das Niveau der Arbeitsplätze geblieben, denn wirklich anspruchsvolle, gar akademische Qualifikationen erfordernde Tätigkeiten, zum Beispiel in Forschung und Entwicklung, würden auch in diesen Branchen nach wie vor außerhalb Irlands durchgeführt.[653]

Es gibt keine nach Nationalität gegliederte Aufstellung des Qualifikationsniveaus in der irischen Industrie. Die dem Verfasser vom Central Statistics Office zur Verfügung gestellten Unterlagen für das Jahr 1993 ermöglichen es jedoch, nach Sektoren gegliedert, die Anzahl der Angestellten in technischen oder administrativen Aufgaben mit der Gesamtbeschäftigung[654] zu vergleichen. Benutzt man dieses Verhältnis als Indikator für das Qualifikationsniveau[655], so ergeben sich die in Tabelle 13 erstellten Werte:

---

651 O'Malley, "Foreign-Owned Industry in Ireland: Performance and Prospects", S. 52.

652 Kieran McGowan, Foreign Direct Investment - A Position Paper, Manuskript einer Rede vor der Irleland-Japan Association Conference, 31.10.1995, S. 7.

653 Telesis, S. 152.

654 Diese setzt sich zusammen aus den oben genannten Angestellten plus den Angestellten in reinen Bürotätigkeiten und allen Arbeitern. Unveröffentlichte Dokumente des irischen Central Statistics Office: CSO, Industrial Local Units, 1993 - Details of Activity (59 Variables) for each Industrial Sector, Table 1.

655 Vgl. auch McAleese und Foley, die in ihrer Analyse der 80er Jahre ebenfalls auf diese Lösung zurückgreifen. McAleese/ Foley, "The Role of Overseas Industry in Industrial Development", S.7ff.

Tabelle 13: Angestellte in technischen und administrativen Tätigkeiten (AtaT), absolut und in Prozent aller Arbeitnehmer eines Sektors, 1993

	AtaT	*AtaT in % der Gesamtbeschäftigten*	*Ausländischer Anteil an Gesamtbeschäftigung, in %*
Metallverarbeitung und Maschinenbau	*9.909*	*14,4*	*60,6*
Chemie	*4.067*	*25,0*	*76,2*
Nicht-Metall und Mineralien	*1.766*	*10,0*	*34,3*
Nahrungsmittel	*4.417*	*11,5*	*18,6*
Getränke und. Tabak	*1.040*	*16,6*	*77,6*
Textilien	*843*	*10,0*	*57,0*
Holzverarbeitung und Möbel	*429*	*10,4*	*10,0*
Bekleidung, Schuhe und Leder	*651*	*5,3*	*36,6*
Papier und Druck	*3.493*	*19,2*	*17,3*
Andere	*1.144*	*12,2*	*39,5*
GESAMT	*27.759*	*13,9*	*44,5*

Quelle: Unveröffentlichte Computerausdrucke des CSO: Industrial Local Units, 1993 - Details of Activity (59 Variables) for each Industrial Sector, Table 1.

27.759 Menschen arbeiteten 1993 als "Angestellte in technischen und administrativen Tätigkeiten". Dies entsprach 13,9% der Gesamtbeschäftigung in der irischen Industrie. Den höchsten Anteil solcher höherwertiger Positionen verzeichnete die Chemiebranche, gefolgt von "Papier und Druck", dem Getränkesektor und MuM. Der letztere Bereich sorgte mit 9.909 Stellen für die höchste absolute Zahl an solchen qualifizierten Arbeitsplätzen. Die Vermutung, daß der Anteil der technischen und administrativen Tätigkeiten um so höher liegt, je mehr ausländische Firmen die Branche prägen, läßt sich aufgrund dieser Zahlen nicht allgemein formulieren. Zwar trifft sie auf die Chemie- und Getränkeindustrie zu, aber der mit 14,4% nur wenig über dem Gesamtmittel liegende Durchschnittswert für den MuM-Sektor irritiert; handelt es sich doch um den klassischen Hi-Tech-Sektor, zu dem unter anderem die Computerfirmen zählen. Er wird deutlich vom einheimisch geprägten "Papier und Druck"-Sektor übertroffen, bei dem die Präsenz des größten irischen Konzerns, der Jefferson Smurfit Group[656] mit ihrer Dubliner Hauptverwaltung und den in Irland ansässigen Stäben, zum hohen Wert beiträgt. Ein exakteres Bild ergibt die Betrachtung der modernen Subsektoren in Tabelle 14, die besonders deutlich von multinationalen Unternehmen geprägt werden.[657]

---

656 O.V., "Business & Finance Top 1.000 Companies".

657 Hier definiert als Subsektoren mit mehr als 75% aller Beschäftigten in multinationalen Unternehmen. Vgl. Tabelle 8.

Tabelle 14: AtaT in Prozent aller Arbeitnehmer in von multinationalen Unternehmen geprägten Sektoren, 1993

Büromaschinen und Computer	*23,8*
Medizintechnik und Feinmechanik	*17,7*
Pharmazeutika	*28,4*
Restliche Chemieproduktion	*19,7*
Unterhaltungselektronik und Kommunikation	*18,1*
Die fünf Sektoren insgesamt	*22,4*
Alle anderen Sektoren	*12,3*

Quelle: Unveröffentlichte Computerausdrucke des CSO, Industrial Local Units, 1993 - Details of Activity (59 Variables) for each Industrial Sector, Table 1.

Ausländische Unternehmen beschäftigten in diesen fünf Sektoren zusammen 36.199 Menschen; dies entsprach 40,7% aller Arbeitsplätze in multinationalen Unternehmen in der irischen Industrie im Jahr 1993. Eine Bewertung des Qualifikationsniveaus in multinationalen Unternehmen nur aufgrund dieser Daten muß also unter Vorbehalt gesehen werden. Es zeigt sich, daß der Anteil höher qualifizierter Jobs in von multinationalen Unternehmen dominierten Subsektoren mit 22,4% fast doppelt so hoch lag wie der in den restlichen Sektoren. Besonders hoch war der Anteil von Angestellten mit technischen und administrativen Aufgaben an der Gesamtbeschäftigung in der pharmazeutischen Industrie und bei den Herstellern von Büromaschinen und Computern.

Die in beiden Tabellen aufbereiteten Zahlen verstärken die aufgrund der Datenknappheit nicht endgültig zu klärende These: multinationale Unternehmen, gerade in den modernen Subsektoren, schaffen wesentlich mehr Arbeitsplätze mit gehobenem Anforderungsprofil als der Durchschnitt einheimischer Firmen mit Ausnahme des Papier- und Drucksektors. Bei dem in dieser Arbeit relevanten Beurteilungskriterium, nämlich dem Vergleich mit der einheimischen Industrie, schneiden die ins Land geholten Betriebe also auch bei der Qualifikation der geschaffenen Arbeitsplätze besser ab. Diese Aussage des Verfassers bedeutet nicht, daß es gerade in den reinen Montagebetrieben nicht durch stärkere Forschungs- und Entwicklungsbestrebungen großes Verbesserungspotential gäbe.[658] Bezogen auf die Erwartungshaltung des irischen Staates haben aber gerade die großen Computer- und Pharmaproduzenten bereits für eine Verbesserung des Anspruchsniveaus und damit der Arbeitsplatzchancen junger Akademiker

658 Vgl. u.a. John H. Dunning, Multinationals, Technology and Competitiveness, (London: Unwin Hyman, 1988), S. 42-44.

gesorgt. Ohne die Präsenz multinationaler Unternehmen wäre die Anzahl von Arbeitsplätzen mit qualifizierten Tätigkeiten in der Industrie Irlands deutlich geringer.

Die durchschnittlich größere Zahl an anspruchsvollen Arbeitsplätzen in multinationalen Unternehmen läßt vermuten, daß auch das durchschnittliche Jahreseinkommen pro Beschäftigtem höher liegt als in den einheimischen Betrieben. Tabelle 15 verdeutlicht, daß der vermutete Effekt tatsächlich eintritt. In jedem Betrachtungsjahr übersteigt das Jahreseinkommen in den multinationalen Betrieben das in den einheimischen. Die Differenz wurde in absoluten Zahlen immer größer, da im Zeitraum von 1983 bis 1993 der prozentuale Einkommensanstieg von 89,9% um gut 20% höher lag als der in den einheimischen Unternehmen.

Tabelle 15: Jahreseinkommen pro Beschäftigtem in einheimischen und multinationalen Industriebetrieben, in IRP, 1983, 1987 und 1993[659]

	1983	1987	1993	Prozentuale Veränderung 1983-1993
Irische Betriebe	7.697	10.198	13.030	69,3
Multinationale Betriebe	8.519	12.223	16.177	89,9

Quellen: CSO, Census of Industrial Production, 1983, 1987; in Verbindung mit unveröffentlichten Daten des CSO. Zitiert nach: McAleese/ Foley, "The Role of Overseas Industry in Industrial Development", S. 13. Unveröffentlichtes Zahlenmaterial: CSO, Manufacturing Local Units, 1993; Summary of Activity in Broad Industrial Sectors Classified by Nationality of Ownership.

Multinationale Unternehmen können also auch bezüglich der Löhne und Gehälter positivere Werte vorweisen als die einheimische Industrie. Angaben von Forfás für das Jahr 1993 zeigen, daß die höhere Entlohnung in ausländischen Firmen für alle Sektoren außer "Druck und Papier" und "Andere" zutrifft.[660]

Die Aussagekraft der CSO-Statistiken wird durch weitere Anzeichen für ein höheres Qualifikationsniveau in ausländischen Firmen untermauert. Sowohl Analog Devices als auch die Intel Corporation sprachen in den Interviews mit dem Autor von der großen Nachfrage nach exzellenten[661] jungen Universitäts- und Fachhochschulabsolventen vor allem in technischen Fächern. Bill Riley sprach gar von einem beginnenden Man-

659 Die genannten Durchschnittslöhne sind nicht inflationsbereinigt und daher für eine Messung des realen Einkommenswachstums ungeeignet.

660 Forfás, Annual Survey of Irish Economy Expenditures, S. 25. Forfás nimmt eine Unterteilung in IDA- und Forbairt-Firmen vor, die hier stellvertretend für die Unterscheidung "ausländisch" und "inländisch" genutzt wird. Ebenda.

661 Aufgrund der hohen Erwartungen an zukünftige Mitarbeiter gelte Analog Devices bei den Studenten des Technical College in Limerick auch als "Arrogant Devices". Interview mit John Horgan.

gel an gutem Fachpersonal, der dazu geführt habe, daß sich das Unternehmen verstärkt um irische Emigranten aus den 80er Jahren bemühe.[662] Viele wollen gerne nach Hause zurück und finden gerade aufgrund des Booms seit 1993 zunehmend gute Chancen auf dem irischen Arbeitsmarkt vor.[663] Auch der Boom in den neuen Service-Sektoren, die in den Tabellen 13 bis 15 nicht berücksichtigt wurden, ist dafür verantwortlich. Das IFSC ist besonders für junge Betriebswirte und Juristen interessant, der Software-Bereich fragt Informatiker nach, und der neugeschaffene Sektor Telemarketing stellt vor allem sprachbegabte Universitätsabsolventen für seine Call-Centres ein.[664] Insgesamt tragen diese vorwiegend von multinationalen Unternehmen geprägten Sektoren dazu bei, daß die Emigrationszahlen in den 90er Jahren erstmalig wieder rückläufig waren.[665] Der ständige Aderlaß Irlands durch den Verlust an jungen, hochausgebildeten Nachwuchskräften wurde so verringert.[666]

Neben der nachlassenden Emigration haben die multinationalen Unternehmen auch die Senkung der Arbeitslosigkeit unterstützt. Im Jahr 1985 noch bei 18,2%, lag sie auch zu Beginn der 90er Jahre bei durchschnittlich 15%.[667] Ende 1996, nach dreijährigem Wirtschaftsboom, war sie auf 11,9% gefallen.[668] Der im nächsten Kapitel beschriebene und wesentlich durch ausländische Unternehmen hervorgerufene Wachstumsboom der irischen Wirtschaft hat endlich auch positive Folgen für den Arbeitsmarkt. Ohne hier auf die Gründe für die irische Dauerarbeitslosigkeit eingehen zu können, läßt sich festhalten, daß multinationale Unternehmen in der Industrie und im "International Service" einen wesentlich stärkeren Beitrag zu ihrem Abbau geleistet haben als die irischen Unternehmen in den gleichen Bereichen. Neben den quantitativen Aspekten trifft dies auch bei der Lebensdauer der geschaffenen Arbeitsplätze sowie deren Qualifikation und Entlohnung zu. Sie haben damit die Erwartungen der irischen Politik seit den 70er Jahren besser erfüllt als die "indigenous companies" und waren - rein auf die

---

662 Interviews mit Bill Riley und John Horgan.

663 John Murray Brown, "'Paddy Network' Wires Up World's Computers: At Home and Abroad, Everyone Wants the Highly Skilled Irish", Financial Times, 27.2.1996.

664 Vgl. u.a. Colm Keena, "High Tech, Low Pay Characterise New Sector", Irish Times, 27.12.1996, S. 9.

665 In der Zeit von 1986 bis 1991 lag die Nettoemigration bei 26.900 Menschen pro Jahr und entsprach damit knapp 0,8% der irischen Bevölkerung. Im Jahr 1995 war die Zahl auf 6.000 zurückgegangen. Forfás, Shaping Our Future, S. 19.

666 Durchschnittlich 30% aller Hochschulabsolventen, unter hohen Kosten für den irischen Staat ausgebildet, haben von 1981 bis 1987 pro Jahr das Land verlassen, da sie keine angemessene Beschäftigung finden konnten. Kennedy, "Employment", S. 254. Bei den Ingenieuren lag der Anteil im Jahr 1990 sogar bei über 50%. Fitzpatrick & Associates, East Asian Investment, S. 22. Ein Redakteur der "Financial Times" sprach 1987 nicht ohne Boshaftigkeit davon, daß die emigrierenden, gut ausgebildeten jungen Leute der beste Exportartikel Irlands seien. Garnett, S. 3.

667 Kennedy, "Employment", S. 261; John O'Hagan, "Employment and Unemployment", The Economy of Ireland, Hg. John O'Hagan, (Dublin: Gill and Macmillan, 1995), S. 228-264, hier S. 237.

668 Ein EU-Vergleich zeigt, daß erstmals seit Jahren die irische Arbeitslosenquote niedriger lag als in Frankreich, Finnland oder Italien. Angaben von Eurostat und der OECD, zitiert nach: Armin Mahler, "Ein heilsamer Schock'", Der Spiegel, 24.2.1997, S. 110.

Beschäftigung bezogen - die tragende Säule der Outward-Looking Policies.

Im folgenden wird nun untersucht, welche Effekte die Ansiedlung dieser Unternehmen auf das Wirtschaftswachstum und den Außenhandel Irlands hatte.

C. Die Auswirkungen auf das Wirtschaftswachstum und den Außenhandel

Ein starkes Wirtschaftswachstum und eine damit verbundene bessere Exportleistung sind wichtige Ziele der Outward-Looking Policies gewesen. Den multinationalen Industrieunternehmen wurde dabei von irischer Seite spätestens seit den 70er Jahren eine tragende Rolle zugedacht. Hier wird der Frage nachgegangen, ob ausländische Firmen den Erwartungen gerecht geworden sind. Die Praktiken des Transfer-Pricing, der manipulierten Preisfestsetzung zum Zweck höherer Gewinnerzielung in den Niederlassungen, führen dazu, daß die in den Statistiken ausgewiesene Leistungsfähigkeit multinationaler Unternehmen in bezug auf Output und Export höher liegt als die tatsächliche. Diese Tatsache muß bei der Interpretation der Daten berücksichtigt werden. In Gliederungspunkt IV.C.3. wird der Begriff Transfer-Pricing näher erklärt und versucht, die Auswirkungen dieser Manipulationen und der damit verbundenen hohen Gewinnrückführungen zu analysieren.

1. Die Auswirkungen auf den industriellen Output

Einer der Gründe für die Verlagerung der Ansiedlungsbemühungen hin zu kapitalintensiven Industrien in den 70er Jahren war die Erwartung, daß der durch diese Unternehmen hervorgerufene Anstieg des Produktionswertes insgesamt die Wirtschaft ankurbeln und damit positive Effekte sowohl auf die Beschäftigung als auch auf den Lebensstandard haben würde.[669]

Tabelle 16 zeigt den starken Anteil der Industrie am Anstieg des irischen Bruttoinlandsprodukts seit 1961. Dieser Sektor konnte in jeder der vier hier betrachteten Phasen die größten Steigerungen des Outputs erzielen. Besonders hoch waren die Wachstumsraten seit Beendigung der Rezession Mitte der 80er Jahre.

669 Vgl. Kapitel III.C.

Tabelle 16: Sektorale Wachstumsraten des Outputs in der irischen Volkswirtschaft, 1961-1995, in %

	1961-1973	*1973-1986*	*1986-1990*	*1990-1995*
Landwirtschaft	*1,7*	*1,5*	*3,8*	*4,1*
Industrie	*6,2*	*3,2*	*8,2*	*8,3*
Dienstleistungen	*3,7*	*2,7*	*2,9*	*5,1*
BIP[670]	*4,1*	*2,9*	*5,1*	*6,5*

Anmerkung: Bei den Zahlen für 1990-1995 handelt es sich um eine Schätzung des CSO.

Quelle: CSO, National Income and Expenditure, keine weiteren Angaben; zitiert nach: Nolan/Nolan, S. 236. CSO-Datenmaterial, dem Autor zur Verfügung gestellt am 22.1.1997.

Die Industrie war und ist hauptverantwortlich für den Anstieg des volkswirtschaftlichen Outputs der letzten 35 Jahre. Das Wachstum des industriellen Bruttoproduktionswertes lag zwischen 1973 und 1995 konstant bei über drei Prozent. In der Phase von 1973 bis 1990 lag der industrielle Output damit durchschnittlich um 1,5% höher als das durchschnittliche Wachstum aller OECD-Staaten.[671] Die Industrie trug mit Wachstumsraten von im Durchschnitt über acht Prozent auch entscheidend dazu bei, daß sich Irland in den 90er Jahren zur am schnellsten wachsenden Volkswirtschaft aller OECD-Staaten entwickelte.[672] In der Phase von 1992 bis 1995 lag das durchschnittliche Wachstum des Bruttosozialprodukts in Irland mit 4,4% deutlich höher als im Durchschnitt der 15 Mitgliedstaaten der EU im gleichen Zeitraum mit 1,5%.[673] Einen wichtigen Anteil leistete die Industrie, die im Jahre 1995 38% des irischen Bruttosozialprodukts erwirtschaftete, nachdem sie 1960 nur zu 30% beigetragen hatte.[674] Allerdings hat dieses überdurchschnittlich hohe Wachstum des Produktionswerts nicht zu vergleichbaren Werten hinsichtlich der Beschäftigtenzahlen geführt.[675] Für die Erklärung dieses Phänomens ist eine genauere Analyse der für die Output-Steigerungen verantwortlichen Industriesektoren hilfreich.

---

670 BIP ist die Abkürzung für Bruttoinlandsprodukt. Das BIP ist die gängige Größe zur Messung des volkswirtschaftlichen Wachstums. Das Bruttosozialprodukt (BSP) ist dem BIP in vielen Ländern sehr ähnlich, da sich das im Ausland verdiente Einkommen mit den Abflüssen von Einkommen aus dem Inland ungefähr die Waage hält. Dies gilt nicht für Irland, da aufgrund großer Geldtransfers zur Tilgung der Auslandsschulden und der Gewinnverlagerungen der multinationalen Unternehmen das BSP in den 90er Jahren unter dem BIP liegt. OECD, OECD Economic Surveys 1994-1995, S. 5f. Vgl. auch Kapitel IV.C.3.

671 OECD, OECD Economic Surveys: Ireland 1990/91, S. 54. Forfás, Shaping Our Future, S. 77.

672 OECD, OECD Economic Surveys 1994-1995: Ireland, S. 1.

673 Forfás, Shaping Our Future, S. 12. Das Wachstum des BSP für das Jahr 1994 lag gar bei 7 Prozent. Ebenda, S. 80.

674 Forfás, Shaping Our Future, S. 3.

675 Vgl. Kapitel IV.A.1. Das Wachstum der industriellen Beschäftigung lag zwischen 1973 und 1990 um 0,7% niedriger als im Durchschnitt der OECD-Staaten. OECD, OECD Economic Surveys: Ireland 1990/91, S. 54.

Hierzu erweitert Ruane für die Zeit von 1974 bis 1989 die sonst in der irischen Ökonomie vorgenommene Einteilung in moderne (MuM und Chemie) und traditionelle Sektoren um die Branche Nahrungsmittelverarbeitung[676] (s. Abbildung 6).

Abbildung 6: Prozentuales Wachstum des industriellen Outputs nach Sektoren, 1974-1989[677]

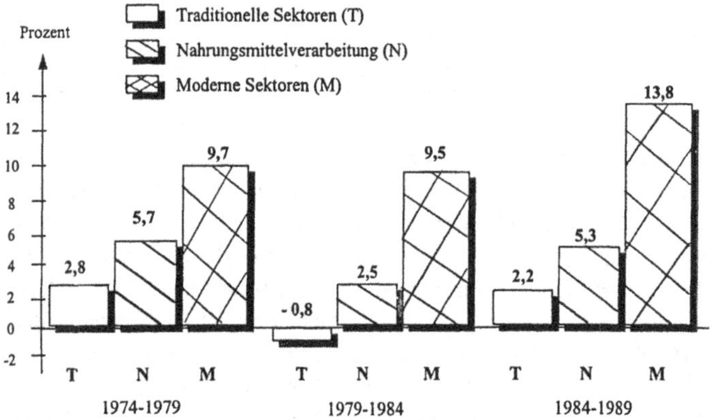

Quelle: Unveröffentlichte IDA Employment Surveys. Zitiert nach: Ruane, "The Traded Sector: Industry", S. 351.

Die Abbildung zeigt, daß in der Zeit von 1974 bis 1989 die modernen Sektoren am stärksten zum Wachstum des industriellen Outputs beigetragen haben. Selbst während der Rezessionsphase bis Mitte der 80er Jahre konnten die Unternehmen in den Sektoren MuM und Chemie noch 9,5% Wachstum erzielen, während die traditionellen Sektoren 0,8% Rückgang zu verzeichnen hatten. Beachtenswert ist, daß der - bezogen auf die Beschäftigung - von einheimischen Unternehmen dominierte Sektor "Nahrungsmittelverarbeitung" durchweg Wachstumssteigerungen erzielen konnte und sich somit von den anderen traditionellen, irisch dominierten Sektoren positiv abhob. Auf Basis von CSO-Daten kann das starke Output-Wachstum bis in die 90er Jahre weiterverfolgt

676 In der bisher angewandten Zweiteilung wurde die Nahrungsmittelverarbeitung den traditionellen Sektoren zugerechnet.

677 Diese Abbildung verwendet nur Werte bis zum Jahr 1989, da seither keine Outputzahlen der IDA mehr veröffentlicht wurden und die Angaben des CSO aus dem Census of Industrial Production nicht vergleichbar sind. CIP-Daten für den Zeitraum von 1988 bis 1994 werden daher unten - vgl. nächste Fußnote - gesondert aufgeführt und erläutert.

werden. In der Zeit von 1988 bis 1994 wuchsen die Umsätze der Industrieunternehmen demnach von 17,7 Milliarden auf 27,6 Milliarden IRP; wiederum waren die modernen Sektoren entscheidend am Wachstum beteiligt.[678] Die Chemieindustrie konnte ihren Güterverkaufswert von IRP 1,895 Milliarden auf IRP 4,6 Milliarden mehr als verdoppeln. Der Sektor MuM steigerte den gesamten Bruttooutput in der Zeit von 1988 bis 1994 von IRP 5,6 Milliarden auf IRP 8,384 Milliarden. Innerhalb des Sektors MuM entwickelte sich der Bruttooutput in der Computerindustrie besonders stark, von IRP 2,064 Milliarden auf IRP 3,555 Milliarden.[679] Eine Verbindung der Ergebnisse aus Tabelle 16 (vgl. S. 135) mit den bisherigen Erkenntnissen legt daher die Schlußfolgerung nahe, daß die modernen Sektoren in der Industrie am stärksten zum Wachstum des irischen Bruttoinlandsprodukts beigetragen haben.

Die Übersicht über die sektorale Verteilung des industriellen Outputs im Jahre 1993 illustriert die relative Bedeutung der modernen Sektoren (s. Tabelle 17). Betrachtet man die Sektoren insgesamt, so liegen die Firmen der Metallverarbeitung und des Maschinenbaus vorne, gefolgt von denen der Chemiebranche. Auch hier sind die "modernen" Sektoren also die wichtigsten der Industrie, wenn der Anteil am Nettoproduktionswert betrachtet wird. An dritter Stelle steht die Nahrungsmittelindustrie, gefolgt vom Sektor Papier und Druck. Nur marginale Bedeutung besitzen, diesem Klassifikationsmerkmal folgend, die klassisch traditionellen Bereiche Textilien, Holzverarbeitung und Bekleidung.

Interessant ist die Betrachtung der multinationalen Unternehmen bei ihrem Anteil an der industriellen Wertschöpfung. In allen Sektoren liegt ihr relativer Anteil höher als bei der Beschäftigung.[680] Die knapp 90.000 Beschäftigten in ausländischen Unternehmen im Jahr 1993 erwirtschafteten 8,3 Milliarden Pfund Nettooutput. In relativen Zahlen ausgedrückt erarbeiteten 44,5% der Beschäftigten 70,8% der Wertschöpfung. Dieser Anteil multinationaler Betriebe am industriellen Nettoproduktionswert eines Landes ist einer der höchsten in den OECD-Staaten.[681] Kapitel IV.A.3. zeigte bereits, daß der Anteil multinationaler Unternehmen an der Beschäftigung der modernen Sektoren ausgesprochen hoch ist (s. Tabelle 7, S. 111); der Anteil am Output ist noch höher. Besonders imposant ist der Beitrag im Chemiesektor, in dem die einheimischen Betriebe mit knapp einem Viertel der Beschäftigten nur knapp sechs Prozent Wertschöpfung verbuchten. Auch der andere "moderne" Sektor, MuM, macht bei einer Konzentration auf die reinen Hi-Tech Sektoren die Dominanz der multinationalen Unternehmen deutlich. So waren 95,4% des Nettooutputs bei den Computerherstellern

---

678 CSO, Census of Industrial Production 1988, Table 6; CSO, 1994 Census of Industrial Production, Provisional Overall Results, Table 3, (Dublin: CSO, 29.11.1996). Die letztere Publikation veröffentlicht vorläufige Resultate. Zahlen für 1994 wurden bisher nicht verwendet, da dieses verkürzte Journal keine Unterteilung in ausländische und inländische Unternehmen ermöglicht.

679 Ebenda. Ein solches Wachstum ist neben Produktivitätssteigerungen vor allem durch die Entstehung neuer Betriebe denkbar.

680 Vgl. Tabelle 7.

681 OECD, OECD Economic Surveys 1994/95: Ireland, S. 6.

im Jahr 1993 allein das Ergebnis der Präsenz vorwiegend amerikanischer multinationaler Unternehmen.[682]

Tabelle 17: Nettooutput[683] in Unternehmen der Industrie nach Sektor und Nationalität, 1993

Sektor	*Nettooutput in Tsd. IRP*	*Anteil an Gesamt in %*	*Nettooutput in ausl. Unt. in Tsd. IRP*	*Anteil am Sektor in %*	*Anteil an der Besch. des Sektors in %*
Metallverarb. und Maschinenbau	*3.017.276*	*25,7*	*2.362.905*	*78,3*	*60,6*
Chemie	*2.651.775*	*22,6*	*2.498.819*	*94,2*	*76,2*
Nicht-Metall u. Mineralien	*631.948*	*5,4*	*228.144*	*36,1*	*34,3*
Nahrungsmittel	*2.576.997*	*22,0*	*1.362.955*	*52,9*	*18,6*
Getränke u. Tabak	*680.549*	*5,8*	*624.084*	*91,7*	*77,6*
Textilien	*198.532*	*1,7*	*125.717*	*63,3*	*57,0*
Holzverarbeitung u. Möbel	*94.573*	*0,9*	*22.626*	*23,9*	*10,0*
Bekleidung, Schuhe u. Leder	*168.948*	*1,4*	*62.507*	*37,0*	*36,6*
Papier u. Druck	*1.368.141*	*11,7*	*831.055*	*60,7*	*17,3*
Andere	*332.984*	*2,8*	*175.467*	*52,7*	*39,5*
Gesamt	***11.721.726***	***100***	***8.302.691***	***70,8***	***44,5***

Quelle: Unveröffentlichte Computerausdrucke von: CSO, Manufacturing Local Units, 1993; Summary of Activity in Broad Industrial Sectors Classified by Nationality of Ownership, Table 6.

Insgesamt trugen die 413 Niederlassungen in den beiden modernen Sektoren zu 41,5% des Nettooutputs des gesamten verarbeitenden Gewerbes mit seinen insgesamt 4.544 Betrieben bei.

---

682 CSO, Manufacturing Local Units, 1993, Table 6.

683 Der Nettooutput ergibt sich aus dem Bruttooutput minus dem industriellen Input, also dem Nettoverkaufswert der hergestellten Güter, ob verkauft oder nicht, und dem Wert der geleisteten Arbeit minus dem Wert der zugekauften Materialien, industriellen Dienstleistungen, der fremdbezogenen Energie und der Treibstoffe, die für das Erwirtschaften des Outputs benötigt wurden. Der Nettooutput liefert daher eine befriedigendere Größe für die Analyse der relativen ökonomischen Bedeutung einer Branche als der bisher in diesem Kapitel betrachtete Bruttooutput, da bei letzterem nur ein Teil des aufgeführten Wertes tatsächlich vom betreffenden Sektor erwirtschaftet wird. CSO, 1994 Census of Industrial Production, Provisional Results, S. 23.

Diese beeindruckenden Zahlen weisen auf den Produktivitätsvorsprung ausländischer gegenüber inländischen Firmen auch innerhalb der gleichen Branche hin. Die vorangegangenen Analysen zeichnen ein klares Bild über die höhere Mitarbeiterproduktivität in den modernen Sektoren. Am deutlichsten ist der Unterschied aber im Nahrungsmittelsektor und bei den Getränkeherstellern. Ausländische Firmen haben gemäß den Zahlen des CSO im "Food"-Sector einen dreifach höheren Nettooutput pro Mitarbeiter als einheimische Unternehmen.[684]

Die vorausgegangene zeitraumbezogene Betrachtung belegt, daß multinationale Unternehmen stärker für das Wachstum des Produktionswertes verantwortlich zeichnen als einheimische Firmen. Das gilt auch für die Rezessionsphase bis Mitte der 80er Jahre. Die Wachstumssteigerungen änderten aber nichts daran, daß die Arbeitsplatzzahlen auch in ausländischen Firmen zu dieser Zeit rückläufig waren. Spätestens seit jener Zeit wird dieses Phänomen als "jobless growth" in der volkswirtschaftlichen Literatur Irlands untersucht.[685] Zwar ist "jobless growth" kein rein irisches Problem; aber gerade in einem Land mit so hoher Arbeitslosigkeit frustrierte es die industriepolitisch Verantwortlichen, bei überdurchschnittlichem Wachstum steigende Arbeitslosenzahlen vermelden zu müssen. Seit Mitte der 90er Jahre aber verbessert sich die Lage am Arbeitsmarkt nicht zuletzt aufgrund des ständigen Wirtschaftswachstums. Allerdings wird das nicht allein auf das immer schon hohe Wachstum in den modernen multinationalen Unternehmen zurückgeführt, sondern auf die Tatsache, daß die einheimischen Unternehmen, unterstützt durch stärkere Konsumneigung der Bevölkerung und gesteigerte Wettbewerbsfähigkeit, am Boom teilhaben konnten.[686] Ein wichtiger Erklärungsgrund für die geringere Verbindung von Umsatzwachstum und direktem Beschäftigungszuwachs in ausländischen Firmen ist die oben beschriebene hohe Mitarbeiterproduktivität. Outputsteigerungen in den multinationalen Unternehmen wurden weniger durch Neueinstellungen als vielmehr durch die gesteigerten Umsätze pro einzelnem Arbeitnehmer erzielt. Eine höhere Produktivität multinationaler gegenüber einheimischen Unternehmen wird in der Fachliteratur über erstgenannte allgemein erwartet, da die für die Internationalisierung notwendigen unternehmensspezifischen Vorteile (s. Kapitel II.A.) in der Regel auch durch besseres organisatorisches und technisches Know-how zustande kommen.[687] Die Konzentration auf

---

684 Ähnlich wie bei den Getränkefirmen, namentlich Coca-Cola und Pepsi, drängt sich auch bei den Lebensmittelherstellern die Vermutung auf, daß "Transfer Pricing" im Spiel ist. Kapitel IV.C.3. geht auf diese Vermutung ein.

685 Für eine umfassende Studie über die Beziehung von Wachstum und Beschäftigung in Irland vgl.: NESC, The Association between Economic Growth and Employment Growth in Ireland, (Dublin: NESC, 1992).

686 Cliff Taylor, "Strong Growth Takes Ireland's Development to New Stage", Irish Times, 27.12.1996, S. 8.

687 Vgl. u.a. John H. Dunning, Explaining International Production, (London: Unwin Hyman, 1988), S. 122.

Hi-Tech-Firmen in den Bemühungen der IDA verstärkte diese Entwicklung in Irland noch zusätzlich.

Hohe Produktivität erfordert aber neben dem reinen Know-how vor allem den Einsatz leistungsfähiger, moderner Maschinen, die den Produktionsfaktor Arbeit ersetzen, wo immer es eine Erhöhung des Outputs verspricht. Die OECD veröffentlichte Zahlen, nach denen der Anteil des ins Anlagevermögen investierten Kapitals am Bruttosozialprodukt in Irland höher liegt als im Durchschnitt der OECD-Staaten.[688] Die Daten des CSO ermöglichen die Feststellung, daß der Nettozuwachs des Anlagevermögens[689] 1993 im Vergleich zum Vorjahr in den modernen Sektoren deutlich höher lag als in den restlichen Industriebranchen.[690] Aus diesen Erkenntnissen läßt sich schlußfolgern, daß multinationale Unternehmen, als die dominante Gruppe innerhalb der modernen Sektoren, Arbeitskräfte in stärkerem Maße durch Maschinen ersetzen als einheimische Unternehmen. Nichtsdestotrotz trugen sie - wie in Kapitel IV.A. dargelegt - immer noch stärker zum Beschäftigungswachstum bei als irische Betriebe. Zudem ist der Titel "Fastest Growing Economy in Europe" maßgeblich auf ihre Präsenz im Land zurückzuführen.[691] Und der Wunsch nach weiter steigendem Wachstum wird in Zukunft nicht geringer werden: das Bruttoinlandsprodukt ist Bestandteil wichtiger ökonomischer Kenn- und Vergleichszahlen. Als Vergleichsmaßstab für den Wohlstand eines Landes wird üblicherweise das Bruttoinlandsprodukt pro Einwohner gewählt. Hier liegt Irland mit einem BIP pro Kopf in Höhe von US-Dollar 14.385,- im Vergleich mit den übrigen Mitgliedern im "Club der Reichen", den OECD-Staaten, auf dem fünftletzten Platz.[692] Außer den Schwellenländern Mexiko und Türkei hatten nur Griechenland und Portugal einen niedrigeren Wert vorzuweisen. Im Vergleich zu Deutschland mit US-Dollar 27.770,- wirkt Irlands Indikator denn auch eher schwach; der für Irland schon aus Prestigegründen wichtigere Vergleich mit Großbritannien dagegen zeigt, daß die "Grüne Insel" aufgeholt hat. Der Unterschied lag im November 1994 nur noch bei 3.596 Dollar.[693] Im Jahr 2002 soll das BIP pro Kopf des kleinen Staates sowohl über dem britischen als auch dem durchschnittlichen Wert für die Mitgliedstaaten der Europäischen Union liegen.[694]

---

688 OECD, OECD Economic Surveys: Ireland 1990/91, S. 58.

689 Der Nettozuwachs des Anlagevermögens wird ermittelt durch den Bruttowertzuwachs des Anlagevermögens abzüglich der Verkäufe von Anlagevermögen. CSO, Industrial Local Units, 1993 - Details of Activity (59 Variables) for each Industrial Sector, Table 1.

690 CSO, Industrial Local Units, 1993 - Details of Activity (59 Variables) for each Industrial Sector, Table 1. Eine Analyse nach Nationalität ist nicht möglich.

691 OECD, OECD Economic Surveys 1994/95: Ireland, S. 1.

692 Ebenda, "Basic Statistics: International Comparisons".

693 Ebenda.

694 Diese Erwartung formulierte der irische Arbeitgeberverband IBEC in seiner unveröffentlichten Studie "Enlargement to the East: The Impact on Ireland from a Business Perspective", deren Hauptergebnisse im April 1996 in Dublin der Presse vorgestellt wurden. Kevin Murphy, "IBEC Sees No Threat Here from Enlargement of EU", Irish Independent, 25. April 1996, Business and Recruitment Supplement, S.14. Vgl. auch Thomas Schmitt, "Dublin zittert dem Euro entgegen". Forfás spricht in seiner Zukunftsstudie vorsichtiger davon, daß ehrgeizige Wachs-

Inwieweit die Präsenz multinationaler Unternehmen das geschilderte Wachstum des BIP überhöht hat, wird in Kapitel IV.C.3. genauer untersucht. Zunächst werden im nächsten Gliederungspunkt die Effekte multinationaler Unternehmen auf den irischen Außenhandel untersucht.

2. Die Auswirkungen auf den Außenhandel

Irland gehört zu den Small Open Economies. Wie in Kapitel II erläutert, bezieht sich die "Offenheit" auf die Bedeutung des Außenhandels für die Volkswirtschaft eines Landes, gemessen an der Höhe der Importe und Exporte am Bruttoinlandsprodukt. In Irland lag dieser Wert im Jahr 1994 mit 119% besonders hoch, in der EU nur noch übertroffen von Luxemburg und Belgien.[695] Die Begründung für die außergewöhnliche Handelsabhängigkeit gerade kleinerer Staaten wie Irland liegt auf der Hand. Ein Land ohne Rohstoffe und einer kleinen Bevölkerung kann kaum autark existieren. Es ist vermehrt abhängig von ausländischen Lieferungen in Form von Energiestoffen, von Nahrungsmitteln, von Investitions- oder bestimmten Konsumgütern, um seine eigene wirtschaftliche Entwicklung in Gang setzen zu können und um einen angemessenen Lebensstandard zu ermöglichen. Um diese Importe finanzieren zu können, müssen die Wirtschaft und ihre Produkte aber export- und damit konkurrenzfähig sein. Diese triviale Anforderung ist für die Unternehmen eines Landes wie Irland schwerer zu erfüllen, da es der kleine heimische Markt allein kaum erlaubt, die für internationale Wettbewerbsfähigkeit hilfreiche bzw. notwendige Unternehmensgröße zu erreichen. In diesem Zusammenhang war die erste Ansiedlung multinationaler Unternehmen Anfang der 60er Jahre besonders mit der Erwartung verbunden, durch starke Exportleistung die chronisch defizitäre Handelsbilanz Irlands zu verbessern. Das geringe Exportvolumen bestand vor allem aus landwirtschaftlichen Produkten bzw. den eng mit ihnen verbundenen Waren der nahrungsmittelverarbeitenden Industrie oder der Getränkewirtschaft, wie Bier und Whiskey.[696] In den meisten Fällen gingen die Ausfuhren nach Großbritannien, so daß sich zum Handelsbilanzdefizit noch das Ärgernis der Exportabhängigkeit vom großen Nachbarn gesellte. Wie stark der Beitrag von multinationalen Unternehmen für die Exportleistung und damit die Handelsbilanz des Staates Irland heute ist, wird im folgenden näherungsweise erläutert. Die Zweiteilung des Kapitels in Brutto- und Nettoexporte erleichtert die Analyse.

---

tumsziele erreicht werden müßten, wenn Irland die Konvergenz mit dem durchschnittlichen BIP pro Einwohner der EU bis zum Jahr 2010 erreichen will. Das Ziel wird erreicht, wenn das jährliche Wirtschaftswachstum Irlands das der restlichen EU-Staaten um 3% übertrifft. Forfás, Shaping Our Future, S. 107.

695 Commission of the European Communities, European Economy, Nr. 58, (Brüssel, 1994), zitiert nach: Dermot McAleese/ Fiona Hayes, "European Integration, the Balance of Payments and Inflation", The Economy of Ireland, Hg. John O'Hagan, (Dublin: Gill and Macmillan, 1995), S. 265-294, hier S. 266.

696 Kennedy/ Giblin/ McHugh, S. 182-187.

a) Die Auswirkungen auf die Bruttoexporte

Die konsequent exportorientierte Strategie der IDA läßt einen positiven Anteil der Industrie an den Gesamtexporten der irischen Volkswirtschaft vermuten. Dies gilt vor allem für den Beitrag multinationaler Unternehmen, da die Exportfähigkeit ein notwendiges Kriterium für den Bezug von IDA-Subventionen darstellt. Tabelle 18 zeigt, daß sich der Anteil der Industrie an den Gesamtexporten von 1964 bis 1995 tatsächlich deutlich erhöht hat.

Tabelle 18: Anteil der industriellen Exporte an den Gesamtexporten und Struktur der industriellen Exporte, 1964-1995, in %

	1964	*1979*	*1989*	*1995*
Anteil der Industrie an Gesamtexporten	*26,7*	*54,5*	*67,5*	*69,5*
Anteil der einzelnen Sektoren an den Exporten der Industrie				
Chemie	*8,4*	*24,5*	*21,2*	*27,8*
MuM	*17,8*	*30,3*	*47,2*	*46,8*
Andere	*73,8*	*45,2*	*31,6*	*25,4*

Anmerkung: Die Einteilung der Industrie in den *Trade Statistics* weicht von der im *Census of Industrial Production* ab. Die Nahrungsmittelverarbeitung sowie der Getränkesektor gehören hier nicht zur Industrie, daher treten deutliche Abweichungen auf.[697] Für die langfristige Entwicklung der Exporte liegen aber keine anderen Daten vor.

Quelle: CSO, Trade Statistics and Statistical Abstract, keine weiteren Angaben. Zitiert nach: Foley, "The Export and Foreign Exchange Contribution of Overseas Industry", S. 108; Zahlen für das Jahr 1995 wurden letztmalig im Juni erfaßt und wurden entnommen aus: CSO, Trade Statistics June 1995, (Dublin: CSO, 1996), Table 10.

Bereits Ende der 70er Jahre hatte die Industrie die Agrarwirtschaft als stärksten Exporteur abgelöst. Der Anteil der Industrie erhöhte sich konstant bis Mitte der 90er Jahre. Berücksichtigte man - genau wie im CIP - auch die hier der Landwirtschaft zugerechnete nahrungsmittelverarbeitende Industrie, so läge der Anteil bei ca. 80%.[698]

Die Zusammensetzung der industriellen Exporte hat sich weg von den traditionellen Sektoren zugunsten der modernen verschoben. Erwirtschafteten die modernen Sekto-

---

697 CSO, Trade Statistics June 1995, Table 10.
698 Forfás, Science, Technology and Innovation in Ireland, S. 1.

ren 1964 nur 26,2% (8,4% plus 17,8%, vgl. Tabelle 18) der industriellen Ausfuhren[699], so lag ihr Anteil 1995 bei 74,6%, wenn man berücksichtigt, daß die Nahrungsmittel- und Getränkesektoren hier aus der Kalkulation herausgerechnet wurden. Verbindet man diese Daten mit den aus Kapitel IV.C.1. gewonnenen Erkenntnissen, so scheint die Vermutung berechtigt, daß die erhöhten Outputleistungen der modernen Sektoren zum größten Teil exportiert werden.

Wenn die Angaben des *Census of Industrial Production* auch von denen der *Trade Statistics and Statistical Abstracts* abweichen, so ändert das nichts an der Feststellung, daß die modernen Sektoren hauptverantwortlich für die Exportleistung der irischen Industrie sind. Laut dem *Census of Industrial Production* erwirtschaftete im Jahre 1993 der Chemiesektor 20,8% der industriellen Ausfuhren und der Sektor MuM 36,8%. Insgesamt trugen diese beiden Branchen also zu 57,6% zum gesamten industriellen Bruttoexport bei.[700] In der Tat waren es gerade die multinationalen Unternehmen in den modernen Sektoren, die ihren Output fast ausschließlich exportierten. Die multinationalen Chemieunternehmen exportierten 96,3% ihres Outputs, die Hi-Tech-Bereiche innerhalb des MuM-Sektors, also vor allem die Firmen der Medizintechnik, der Elektronik und der Computerindustrie, nutzten ihre ungewöhnliche Produktivität dazu, durchschnittlich 89,2% der Waren im Ausland zu verkaufen. Die kapitalintensiven, von der IDA seit den späten 60er Jahren ins Land geholten Unternehmen bilden damit heute die Stütze des irischen Exports.[701]

Insgesamt führten multinationale Unternehmen im Jahr 1993 Waren im Wert von IRP 12.441.173.000,- außer Landes. Damit liegt der Anteil multinationaler Unternehmen am exportierten Bruttooutput der gesamten Industrie bei 77,3%.[702] Weltweit dominieren multinationale Unternehmen die industrielle Exportleistung nur in Singapur stärker als in Irland.[703] Die Beendigung der historischen Abhängigkeit Irlands von Exporten der Landwirtschaft und der nahrungsmittelverarbeitenden Industrie[704] wäre demnach ohne ausländische Hi-Tech-Betriebe undenkbar gewesen. Die verbleibenden 22,7%, welche von einheimischen Unternehmen zum Bruttoexport beigesteuert werden, entstammen überwiegend der Nahrungsmittelverarbeitung und dem Sektor Getränke und Tabak.[705] 62,4% der gesamten Exporte aus einheimischen Betrieben im Jahre 1993

699 Im Jahr 1964 bestand der "moderne Sektor" zum größten Teil aus den Branchen Automobilmontage und Metallverarbeitung. O'Malley, Latecomer, S. 189.

700 CSO, Manufacturing Local Units, 1993.

701 CSO, Manufacturing Local Units, 1993 - Gross Output, Percentage of Imported Materials and Exports Classified by Major Industrial Sector and Nationality of Ownership, Table 9.

702 Ebenda, S.111.

703 Bezogen auf das Jahr 1987. M. Panic, "The Impact of Multinationals on National Economic Policies", Multinationals and Europe 1992: Strategies for the Future, Hg. B. Bürgenmeier/ J.L. Mucchielli, (London: Routledge, 1991), S. 204-223, hier S. 207.

704 Diese beschreibt ausführlich: Dermot McAleese, "European Integration, the Balance of Payments and Inflation", The Economy of Ireland: Policy and Performance, Hg. John O'Hagan, 6. Aufl., (Dublin: Irish Management Institute, 1991), S. 286-311, hier S. 288ff.

705 CSO, Manufacturing Local Units, 1993, Table 9.

kommen aus diesen beiden Sektoren. In diesen beiden Industrien erwirtschafteten multinationale Unternehmen nur 15% ihres gesamten Exports.[706] Die einzigen Branchen, in denen einheimische Industrieunternehmen heute wirkliche Exporterfolge[707] vorweisen können, sind also diese beiden traditionellen Sektoren mit starker Anbindung an die irische Landwirtschaft. Dies versieht besser als jeder andere bisher benutzte Indikator die Konkurrenz- und damit Wettbewerbsfähigkeit der irischen Industrie mit einem kräftigen Fragezeichen. Zugleich wird die organisatorische Einordnung der ausländischen Nahrungsmittelunternehmen bei der sonst nur für einheimische Unternehmen zuständigen Entwicklungsbehörde Forbairt verständlicher. Die relativ starke Wettbewerbsposition der irischen "food processing industry" bietet am ehesten Spielraum für die intensivere Zusammenarbeit ausländischer und inländischer Betriebe.

Wird die Betrachtung wieder auf die multinationalen Unternehmen fokussiert, so bietet gerade die Analyse der Exportleistung besonderen Einblick in die relative Bedeutung verschiedener Herkunftsländer, die über den Außenhandel hinausgeht.

Tabelle 19: Destinationsländer des exportierten Bruttooutputs in der irischen Industrie, 1993

Nationalität	*Bruttooutput in Tsd IRP*	*Exportierter Bruttooutput in Tsd. IRP*	*Zielländer der Exporte in %* GB	Rest d. EU	USA	Rest d. Welt
Großbritannien	*1.574.679*	*613.765*	*59,6*	*20,6*	*7,3*	*12,5*
Deutschland	*636.240*	*587.168*	*11,1*	*80,5*	*3,4*	*5,0*
USA	*8.813.847*	***8.460.957***	*21,7*	*52,5*	*7,9*	*17,9*
Andere	*3.500.367*	*2.779.283*				
Ausland Gesamt	*14.525.133*	***12.441.173***	*22,9*	*49,9*	*8,2*	*19,1*
Irland	*10.378.851*	***3.661.531***	*43,7*	*27,8*	*8,3*	*20,1*
GESAMT	*24.903.985*	***16.102.702***	*27,6*	*44,9*	*8,2*	*19,3*

Quelle: Unveröffentlichte Unterlagen des CSO, Manufacturing Local Units, 1993, Table 9.

706 Dieses Ergebnis für das Jahr 1993 deckt sich mit dem aus dem Jahr 1986 von: Foley, "The Export and Foreign Exchange Contribution of Overseas Industry", S. 116. Zu berücksichtigen ist, daß die starke Exportleistung der amerikanischen Getränkefirmen Coca-Cola und Pepsi mehr als die Hälfte der multinationalen Exporte in diesem Sektor ausmachte. CSO, Manufacturing Local Units, 1993, Table 9.

707 Auch innerhalb dieser Sektoren ist die Konkurrenz- und damit Exportfähigkeit der einheimischen Unternehmen sehr unterschiedlich. Zum Beispiel trug 1990 die Ausfuhr nur eines einzigen Produkts, des Markenartikels "Bailey's"-Likör, ungefähr 40% zum Gesamtexport des Sektors "Getränke und Tabak" bei. O. V., "Bailey's Irish - die Sahne im Geschäft", Business Ireland, Nr. 3, August 1991, S. 4.

Von den IRP 16,1 Milliarden industrieller Gesamtexportleistung erwirtschafteten die ausländischen Betriebe IRP 12,4 Milliarden. Dem Anteil der multinationalen Unternehmen am Bruttooutput von 58,3% steht damit ein Exportbeitrag von 77,3% gegenüber. Die Multis exportieren einen wesentlich höheren Anteil ihrer Produkte als die irischen Unternehmen. Auffällig ist aber, daß die ausländischen Niederlassungen in ihrem Exportverhalten keineswegs als homogene Gruppe auftreten. So ähneln die britischen Firmen auf der Grünen Insel den einheimischen bezüglich des Exportanteils und der Zielorte der Ausfuhren. Die Briten nutzen somit ihre Präsenz stärker als jede andere Gruppe ausländischer Industriebetriebe zur Belieferung des kleinen irischen Marktes und exportierten nur knapp 40% ihres Güterwertes. Der größte Teil davon wiederum ging ins Mutterland. Die britischen Unternehmen in Irland, vor allem im Nahrungsmittel- und Getränkesektor stark vertreten, erfüllten damit die von irischer Seite an sie gestellten Erwartungen nur sehr bedingt. Dies bezieht sich sowohl auf den Wunsch nach reiner Exportorientierung als auch auf die Hoffnung der IDA-Manager und Wirtschaftspolitiker, durch die Ansiedlung der Multis die Handelsabhängigkeit vom Nachbarland zu reduzieren. Die irische Industrie allein hätte das bis zum heutigen Tag nicht geschafft. Von den Ausfuhren einheimischer Unternehmen, insgesamt 3,6 Milliarden Pfund, gingen 43,7% nach Großbritannien; die britischen Industrieunternehmen in Irland führten gar 59,6% der Waren wieder in ihr Mutterland aus.

Heute können die Iren dennoch stolz darauf verweisen, daß sie neben der Abhängigkeit von landwirtschaftlichen Exporten auch die Bedeutung des britischen Absatzmarktes reduzieren konnten. Noch 1960 wurden 78% der Ausfuhren der irischen Volkswirtschaft zum großen Nachbarn transportiert; im Jahr 1994 waren es lediglich 28%.[708] Die ausländischen Unternehmen in der Industrie - ohne die englischen Unternehmen - trugen mit ihrem 80%igen Exportanteil in anderen Länder maßgeblich dazu bei, die gefährliche Abhängigkeit von den Konjunkturschwankungen und der Handelspolitik Großbritanniens zu reduzieren.[709]

Dies ist vor allem den amerikanischen Unternehmen in Irland zu verdanken. Mehr als die Hälfte der industriellen Ausfuhren Irlands insgesamt und 68% der Exporte aller ausländischen Firmen gingen schon 1993 auf das Konto amerikanischer Firmen. Die großen Erfolge der IDA bei der Ansiedlung fast ausschließlich amerikanischer Betriebe seit 1994 lassen vermuten, daß dieser Anteil sich eher noch vergrößert hat. Auch die strukturelle Veränderung der Exporte ist auf die Präsenz der US-Konzerne in Irland zurückzuführen. 80,4% der gesamten Chemieexporte und 88,4% der Hi-Tech-Exporte in den Bereichen Computerindustrie, Medizintechnik und Elektronik werden Betrieben aus "Non-EC-Countries" zugerechnet, bei denen die US-Firmen die dominierende

708 Forfás, Shaping Our Future, S. 78.

709 Für eine ausführliche Erläuterung der Abhängigkeit Irlands vom Handel mit Großbritannien vgl. M. Gallagher/ D. McAleese, "Ireland's Trade Dependence on the UK", Irish Banking Review, Frühjahr 1994.

Gruppe darstellen.[710] Stärker noch als bei der Beschäftigung oder beim Bruttooutput belegen die Exportzahlen, wie wichtig die Präsenz amerikanischer Firmen für die Industrie und Wirtschaft der Republik Irland geworden ist. Es ist nicht vermessen zu behaupten, daß die Abhängigkeit von Großbritannien als Absatzmarkt und Direktinvestor von einer neuen Form der Abhängigkeit abgelöst wurde: der von US-Firmen in Irland, die vor allem den modernen Sektoren der irischen Wirtschaft zugehörig sind und mehr als drei Viertel ihrer Waren in die EU-Staaten exportieren. Vergleichsweise gering ist die Bedeutung der deutschen Firmen, die nur zu 3,8% zu den irischen Exporten beitragen.[711] In der Kategorie "Andere" dominieren Niederlassungen aus der Schweiz, Japan, den Niederlanden, Frankreich und Kanada.

Die positiven Effekte multinationaler Unternehmen auf den Außenhandel und die Handelsbilanz der Republik Irland wären geringer, wenn sie den größten Teil ihres Inputs importierten.

b) Die Auswirkungen auf die Nettoexportleistung

Für den Staat Irland, der im EU-Vergleich überdurchschnittlich abhängig vom Außenhandel ist (s.o.), stellt die Höhe der Nettoexporte eine wichtige Größe wirtschaftlicher Leistungsfähigkeit dar. Denn der Wert des Nettoexports hat starken Einfluß auf die Höhe der Devisenzuflüsse, die wiederum die Voraussetzungen für den Import darstellen. Der Wert des Nettoexports ermittelt sich als die Differenz von Bruttoexporten und Importen. In den Kapiteln II und III wurde darauf hingewiesen, daß viele multinationale Unternehmen nur sehr geringe Bindungen mit der irischen Wirtschaft haben, da sie den Großteil ihres Inputs importieren und den geschaffenen Output exportieren. Wie oben festgestellt, trifft diese Aussage zumindest bezogen auf den Export zu. Wenn nun aber die meisten für den Bruttoexport benötigten Inputmaterialien importiert werden, so mindert dies den Beitrag multinationaler Unternehmen für die Nettoexportleistung der irischen Volkswirtschaft.

Der Census of Industrial Production veröffentlicht nur Zahlen über die Höhe der Importe am gesamten Input, unabhängig davon, ob dieser für Exportgüter gebraucht wird oder nicht. Demnach importierten 1993 multinationale Unternehmen 65,6% aller für die Erzielung des Bruttooutputs benutzten Rohstoffe und Materialien. Dagegen waren es bei den einheimischen Industriebetrieben nur 21,7%. Daß die Importquote der einheimischen Industrie so viel niedriger ausfiel, lag vor allem an der Nahrungsmittel- und der Getränkeindustrie, die nur 13,5% ihres Inputs außerhalb der Landesgrenzen Irlands bezog. Gleichzeitig wurden in den ebenfalls von einheimischen Unternehmen

---

710 CSO, Manufacturing Local Units,1993, Table 9.

711 Alle Fakten wurden - soweit nicht ausdrücklich anders gekennzeichnet - den Informationen entnommen, die das CSO dem Autor zur Verfügung gestellt hat. Abweichungen gegenüber zukünftigen Veröffentlichungen sind in geringem Umfang zu erwarten, da es sich um vorläufige Ergebnisse handelt. Korrespondenz mit Mary Murphy, CSO, CIP-Division, Cork.

dominierten Sektoren "Textilien" sowie "Holzverarbeitung und Möbel" aber insgesamt die höchsten Importraten gemessen. Alle irischen Betriebe dieser Sektoren kauften 73,7% der benötigten Materialien im Ausland ein. Der Wert für alle Unternehmen lag mit 74,0% nur knapp darüber.[712]

Wie bereits festgestellt, waren es neben dem Nahrungsmittelsektor insbesondere die modernen Sektoren, die für einen großen Teil des Bruttoexports verantwortlich waren. Für eine korrekte Einschätzung der *Netto*exportleistung ist es interessant, wie hoch ihr Importanteil beim Input lag. In der Chemieindustrie wurden 72% der insgesamt benötigten Materialien importiert. Der Anteil der Unternehmen aus "Nicht-EU-Staaten" - vor allem den USA - war mit 74,6% nur unwesentlich höher. Auch bei den Hi-Tech-Feldern des MuM-Sektors kauften die multinationalen Unternehmen aus den Nicht-EU-Staaten 69,9% ihrer Zuliefermaterialien im Ausland.[713] Die verhältnismäßig unbedeutenden irischen Firmen hatten in diesen modernen Branchen mit 59,2% ebenfalls einen hohen Importanteil.[714]

Der insgesamt viel höhere Importanteil der Multis bei den benötigten Zulieferwaren wird mit Hilfe solcher CIP-Daten deutlich. Diese Daten haben allerdings für die Messung des Nettoexportanteils bzw. des Anteils am Außenhandelsüberschuß noch keine hinreichende Aussagekraft. Die Ergebnisse der Irish Economy Expenditure Surveys ermöglichen ein solches vollständigeres Bild über die Nettoexportleistung in irischen und ausländischen Unternehmen.[715] Zusätzlich zu den in Irland eingekauften Waren und Dienstleistungen berücksichtigen sie auch noch die Steuereinnahmen durch Unternehmensgewinne. Die Schlußfolgerung für die Berechnung der Nettoexporteinnahmen des irischen Staates muß daher lauten: alles, was nicht zu den IEE gehört und damit nicht in der irischen Wirtschaft verbleibt, muß als Import betrachtet werden.[716] Die IEE-Zahlen für der IDA zugehörige, ausländische Unternehmen im Jahr 1993 lagen bei 35,4% der Umsätze und bedeuten, daß 64,6% als Importe zu berücksichtigen sind. Da die ausländischen Firmen im Bereich der Nahrungsmittel sowie der Getränke- und Tabakindustrie dem Forbairt-Sektor zugerechnet werden, ist dieser Importwert überhöht. Aber auch inklusive der "Food"-Firmen würde klar, daß die Irish Economy Ex-

---

712 CSO, Manufacturing Local Units, 1993, Table 9.

713 Intel bezieht keine Zulieferteile in Irland. Das liege an den weltweit nur wenigen relevanten und hochspezialisierten Anbietern, mit denen langfristige Lieferbeziehungen bestünden. Generell befürwortete Riley aber die Stärkung des irischen Zulieferwesens allgemein als Anreiz für viele potentielle Investoren. Gespräch mit Bill Riley. Vgl. Kapitel IV.D.

714 CSO, Manufacturing Local Units, 1993, Table 9.

715 Die Datenbasis der Irish Economy Expenditures Survey unterscheidet sich von der des CIP. Wie auch bei den Zahlen über die Beschäftigung schließen die Forfás- bzw. IDA-Statistiken bei ihren Erhebungen nur Angaben von Unternehmen mit über 30 Beschäftigten ein. Die Daten sind daher nur bedingt mit denen des Census of Industrial Production kompatibel und betonen den Anteil der multinationalen Unternehmen, da diese durchschnittlich größer sind als die einheimischen Betriebe. Vgl. Kapitel IV.D.

716 Der Autor folgt der von Foley vorgestellten Methodik für das Jahr 1987. Foley, "The Export and Foreign Exchange Contribution of Overseas Industry", S. 122f.

penditures bei den einheimischen Firmen deutlich höher liegen. Auf Basis der Daten von Forfás betrug im Jahr 1993 der Anteil der IEE an den Umsätzen in einheimischen Firmen 69,9%.[717] Diese Ergebnisse, multipliziert mit den Bruttoexportzahlen, ermöglichen eine Berechnung der jeweiligen Nettoexporteinnahmen für Irland. Demnach gehen IRP 2.559.410.169,- als Nettoexportleistung auf das Konto einheimischer Firmen. Dem stehen IRP 4.404.175.242,- Nettoexporteinnahmen in multinationalen Unternehmen gegenüber. Dies entspricht einem Anteil ausländischer Industriebetriebe von 63,2% bei einer Quote von 77,6% an den Bruttoexporten.[718] Trotz der hohen Importquote tragen multinationale Unternehmen also aufgrund ihres in absoluten Zahlen mehr als dreimal so hohen Bruttoexportwertes deutlich stärker zur industriellen Nettoexportleistung bei als die einheimischen Betriebe.[719]

Damit leisteten multinationale Unternehmen einen maßgeblichen Beitrag zum Wandel des irischen Handelsbilanzsaldos der letzten 15 Jahre (s. Tabelle 20, S. 150). Noch 1981 belief sich das irische Außenhandelsdefizit auf 15% des Bruttosozialprodukts. Im Jahr 1985 wandelte sich das Defizit in einen Außenhandelsüberschuß, den ersten seit dem Zweiten Weltkrieg.[720] Die positive Entwicklung hat sich ohne Unterbrechung fortgesetzt, so daß 1995 ein Rekord beim irischen Außenhandelsüberschuß erzielt wurde.[721] Dieser in den 80er Jahren innerhalb der EG-Staaten einzigartige Wandel[722] basiert, wie untersucht, im wesentlichen auf den Auswirkungen der Ansiedlung multinationaler Unternehmen in modernen Sektoren in Irland.

Der Außenhandelsüberschuß sorgte dafür, daß sich auch das bis Mitte der 80er Jahre chronische Defizit in der irischen Zahlungsbilanz 1987 zum ersten Mal in einen Überschuß verwandelte.[723] Seitdem weist die Zahlungsbilanz jedes Jahr einen positiven Saldo aus. Damit kommen die hohen Nettoexporte multinationaler Unternehmen indirekt auch der einheimischen Industrie und den irischen Konsumenten allgemein zugute. Die Erklärung dafür liegt in der Bedeutung hoher Nettoexporte für die Devisenzuflüsse einer Volkswirtschaft. Insgesamt flossen im Jahr 1988 IRP 2.129 Milliarden in Devisen, das waren 77,2% aller in der Industrie erwirtschafteten Gelder in Auslandswährung, auf die Konten multinationaler Unternehmen.[724] Ohne die Erwirtschaftung der Nettoexporte und Devisenzuflüsse durch die multinationalen Unternehmen in den 80er Jahren hätte sich das irische Zahlungsbilanzdefizit fortgesetzt und

---

717 Forfás, Annual Survey of Irish Economy Expenditures, S. 7ff.

718 Die von Foley ermittelten Werte für das Jahr 1987 lagen bei 74,4% der Bruttoexporte und 61,2% der Nettoexporte, die auf multinationale Unternehmen zurückzuführen sind. Foley, "The Export and Foreign Exchange Contribution of Overseas Industry", S. 123.

719 Ebenda, S. 124.

720 Fitzpatrick & Associates, East Asian Investment, S. 20-21.

721 Telefonat mit Mary O'Connolly, Central Statistics Office, Balance of Payments-Division, Dublin, am 2.4. 1997.

722 McAleese, "European Integration...", S. 293.

723 Central Bank of Ireland, keine weiteren Angaben. Zitiert nach: Fitzpatrick & Associates, East Asian Investment, S. 21.

724 Foley, "The Export and Foreign Exchange Contribution of Overseas Industry", S. 123.

die langfristig damit verbundene Devisenknappheit staatlich verordnete Einschränkungen beim Import unvermeidlich gemacht.[725] Zu Beginn der 80er Jahre wurden solche Maßnahmen ernsthaft diskutiert[726], obwohl sie, aufgrund der hohen Abhängigkeit der irischen Wirtschaft von einem funktionierenden Außenhandel, das ökonomische Wachstum des Staates stark gefährdet hätten.[727]

Die bisherige Diskussion in Kapitel IV.C. zeigt, daß multinationale Unternehmen einen starken Anteil am Wachstum des industriellen Outputs und der Bruttoexporte gehabt haben. Da sie zudem auch stärker als die einheimischen Unternehmen für die Erwirtschaftung der Nettoexporte verantwortlich sind, gehen positive Veränderungen in der Außenhandels- und Zahlungsbilanz auf die Ansiedlung multinationaler Unternehmen zurück. Dieses sehr positive Bild muß insofern relativiert werden, als bestimmte Praktiken multinationaler Unternehmen dazu beitragen, die Output- und Exportwerte höher erscheinen zu lassen als die tatsächlich geleisteten.

3. Die Bedeutung von Gewinnrückführungen und Transfer-Pricing

Multinationale Unternehmen haben aufgrund ihrer hohen Exportüberschüsse wesentlich zum Positivsaldo der irischen Handelsbilanz seit 1985 beigetragen. Betrachtet man die Leistungsbilanz[728], so zeigt sich, daß die zunehmend negative Entwicklung der Bilanz der Kapitaleinkommen den positiven Veränderungen in der Handelsbilanz entgegenwirkt. Dieser Prozeß hat sowohl in der irischen Politik[729] als auch in der ökonomischen Literatur[730] große Aufmerksamkeit erregt. Die Bilanz der Kapitaleinkommen ermittelt sich aus den Zu- und Abflüssen von Zinsen, Dividenden, Löhnen und Gewinnen.

---

725 E. O'Malley/ S. Scott, "Determinants of Profit Outflows from Ireland", Medium-Term Review: 1987-1992, Hg. John Bradley/ John Fitzgerald/ R.A. Storey, (Dublin: ESRI, 1987), S. 55-63, hier S. 62.

726 Vgl. Blackwell/ O'Malley, S. 134.

727 Fitzpatrick & Associates, East Asian Investment, S. 20.

728 Die Leistungsbilanz zusammen mit der Kapitalbilanz ergibt die Zahlungsbilanz. Im Gegensatz zur Vorgehensweise der deutschen Bundesbank gehört in der Zahlungsbilanz der irischen Zentralbank die Bilanz der Kapitaleinkommen zur Leistungs- und nicht zur Kapitalverkehrsbilanz. O.V., "Zahlungsbilanz", Gabler Wirtschaftslexikon, 13. Aufl., (Wiesbaden: Gabler, 1993), S. 3866f. Central Bank of Ireland, Annual Report 1991, S. 14.

729 Department of Industry and Commerce, Review of Industrial Performance, 1990, S. 19-20.

730 J.C. Stewart, "Aspects of the Financial Behaviour of Multinational Companies in Ireland", Perspectives on Irish Industry, Hg. Jim Fitzpatrick/ John H. Kelly, (Dublin: Irish Management Institute, 1985), S. 167-196. J. O'Leary, "Some Implications of the Revisions of the Balance of Payments and the National Bank Accounts", The Irish Banking Review, September 1984, S. 13-34.

Tabelle 20: Irische Leistungsbilanz 1981-1995, in Millionen IRP

	1981	*1985*	*1989*	*1993*	*1995*[b]
Handelsbilanzsaldo	*- 1.689*	*+ 137*	*+ 2.244*	*+ 4.829*	*+ 6.400*
Dienstleistungs-bilanzsaldo	*+ 84*	*+ 205*	*- 467*	*- 453*	*- 763*
Bilanzsaldo der Kapitaleinkommen	*- 505*	*- 1.966*	*- 3.233*	*- 3.804*	*- 4.637*
Saldo der Übertragungsbilanz[a]	*+ 524*	*+ 974*	*+ 1.108*	*+ 1.890*	*+ 1.800*
Leistungsbilanzsaldo	*- 1.595*	*- 650*	*- 348*	*+ 2.462*	*+ 2.800*

a: Die hohen einseitigen Transferzahlungen der verschiedenen EU-Fonds sorgen für den positiven Saldo.
b: Prognostiziertes Ergebnis.

Quelle: CSO, Balance of Payments Statistics, keine weiteren Angaben. Zitiert nach: McAleese, "European Integration... .", S. 292 u. McAleese/ Hayes, S. 272. Quelle für Anmerkungen: Ebenda, S. 272ff.

Ein kontinuierlich wachsender Negativsaldo in der Bilanz der Kapitaleinkommen bedeutet daher, daß eine Kluft zwischen Bruttoinlands- und Bruttosozialprodukt entsteht, da ein ansteigender Anteil des erwirtschafteten Produktionswertes das Land wieder verläßt. Neben der Zinslast zur Finanzierung der hohen irischen Auslandsverschuldung ist besonders der Abfluß von in Irland erwirtschafteten Gewinnen ins Ausland verantwortlich für den negativen Bilanzsaldo der Kapitaleinkommen.[731] Wurden 1980 Gewinne in Höhe von IRP 258 Millionen ins Ausland transferiert, so waren es 1986 schon IRP 1,4 Milliarden und 1992 IRP 2,7 Milliarden.[732] Damit waren die Gewinnabflüsse in dieser Phase der maßgebliche Grund für den ständig steigenden Negativsaldo der Kapitaleinkommensbilanz. Diese Entwicklung hat sich vermutlich seit 1992 fortgesetzt. Grundlage für diese These ist die Tatsache, daß die Höhe der Zinszahlungen zur Finanzierung der Staatsverschuldung seit 1990 fast konstant geblieben ist[733], der Saldo der Kapitaleinkommen sich seit 1989 aber deutlich erhöht hat.[734]

---

731 McAleese/ Hayes, S. 272.

732 CSO, Balance of International Payments Bulletins, keine weiteren Angaben. Zitiert nach: E. O'Malley/ S. Scott, "Determinants of Profit Outflows from Ireland", Medium-Term Review: 1987-1992, Hg. John Bradley/ John Fitzgerald/ R.A. Storey, (Dublin: ESRI, 1987), S. 55-63, hier S. 55. Sieben Jahre nach dieser ersten Forschungsarbeit aktualisierten die Autoren ihre Erkenntnisse wiederum für eine Prognosearbeit des ESRI: E. O'Malley/ S. Scott, "Profit Outflows Revisited", Economic Perspectives on the Medium-Term, Hg. Sara Cantillon/ John Curtis/ John Fitz Gerald, (Dublin: ESRI, 1994), S. 149-156, hier S. 149.

Daraus folgt, daß die Gewinnabflüsse mittlerweile den größten Einfluß auf den Negativsaldo der Bilanz aus Kapitaleinkommen ausüben müssen.

Die exakte Beantwortung der Frage, ob multinationale oder einheimische Unternehmen stärker für die Gewinntransferierung verantwortlich sind, fällt schwer, da über die Rentabilität einzelner Unternehmen oder Wirtschaftszweige kaum Daten veröffentlicht werden. Die Studie von O'Malley/ Scott aus dem Jahr 1987 zum Thema Gewinnrückführungen jedoch berichtet unter Berufung auf die damals noch unveröffentlichten IEE-Daten, daß die Industrie im Jahr 1983 für 92% der Gewinnausfuhren verantwortlich war. Aufgrund der hohen Steigerungsraten des Nettooutputs konnten nach Beobachtung von O'Malley/ Scott nur die von multinationalen Unternehmen dominierten modernen Sektoren für die enormen Gewinnabflüsse verantwortlich sein. Die Wissenschaftler erbringen den Nachweis, daß für den Zeitraum von 1980 bis 1986 zwischen dem Wachstum der Exporte und dem Umsatz der Unternehmen in den modernen Sektoren einerseits und den gesteigerten Gewinnabflüssen der Industrie andererseits eine enge proportionale Beziehung besteht.[735] Diese enge Beziehung läßt sich auch für den Zeitraum seit 1986 nachweisen. Wie bereits eingehend betrachtet, waren und sind multinationale Unternehmen sowohl beim Nettooutput als auch bei den Exporten die dominierende Kraft in der irischen Volkswirtschaft. IEE-Daten für den Zeitraum von 1987 bis 1993 zeigen, daß sich in diesem Zeitraum die Gewinne in den - rein ausländischen - IDA-Firmen von 1,44 Milliarden Pfund auf 2,32 Milliarden und damit um 62% gesteigert haben. Dies entspricht einer ungewöhnlich hohen Umsatzrendite von 25% bzw. 23,9%.[736] Im gleichen Zeitraum spricht Forbairt bei den einheimischen Unternehmen von einer Umsatzrendite zwischen 3% und 5%, so daß dort 1993 die Gewinne insgesamt vergleichsweise bescheidene IRP 355 Millionen erreichten.[737] Damit steht fest, daß überhaupt nur die multinationalen Unternehmen in der Lage gewesen sind, ausreichend hohe Erträge zu erwirtschaften, um die Kapitaleinkommensbilanz mit einem negativen Saldo dieser Höhe zu versehen. Innerhalb der ausländischen Betriebe müssen es demnach vor allem die Hi-Tech Betriebe der modernen Sektoren gewesen sein, die einen großen Teil ihrer Gewinne außer Landes geführt haben.[738] Diese Argumentation wird zusätzlich durch die grundsätzliche Überlegung gestützt, daß eigentlich nur Unternehmen mit Stammsitz im Ausland ein Interesse daran haben können, bereits in Irland versteuerte Gewinne dorthin zu transferieren.

Es gibt ebenfalls schlüssige Gründe zu vermuten, daß die von multinationalen Unternehmen in der Republik versteuerten Gewinne teilweise künstlich überhöht sind. Inter-

---

733 Department of Finance; zitiert nach: Anthony Leddin/ Jim O'Leary, "Fiscal, Monetary and Exchange Rate Policy", The Economy of Ireland, Hg. John O'Hagan, (Dublin: Gill and Macmillan, 1995), S. 159-195, hier S. 169.
734 Vgl. Tabelle 20, "Irische Leistungsbilanz 1981-1995".
735 O'Malley/ Scott, "Determinants of Profit Outflows from Ireland", S. 58-61.
736 Forfás, Annual Survey of Irish Economy Expenditures, S. 19.
737 Ebenda, S. 17.
738 Vgl. O'Malley/ Scott, "Profit Outflows Revisited", S. 156.

national operierende Unternehmen genießen in Irland den weltweit seltenen Vorzug, bezüglich ihrer Gewinnverwendung keinerlei Beschränkungen zu unterliegen. Gleichzeitig ist Irland ein Niedrigsteuerland. Ein multinationales Unternehmen wird aber ein grundsätzliches Interesse daran haben, seine Bruttogewinne in dem Land zu maximieren, in dem die Gewinnsteuer die niedrigste ist. Dementsprechend wäre es aus Sicht des Stammunternehmens sinnvoll, seine irische Niederlassung mit Materialien zu beliefern, deren Preise künstlich niedrig festgesetzt werden. Der Verkaufspreis der in Irland be- und verarbeiteten Produkte dagegen sollte im Interesse der Gewinnmaximierung über das normale Maß hinaus erhöht werden. Dies ist dann ohne Absatzprobleme möglich, wenn der Abnehmer der Produkte wiederum das Stammunternehmen ist. Auf diese Weise wird der in Irland sehr niedrig zu versteuernde Gewinn künstlich ausgeweitet und - bezogen auf das gesamte Unternehmen - der Gewinn nach Steuern erhöht. Wenn die Möglichkeit des Im- und Exports innerhalb des Gesamtunternehmens nicht oder nur bedingt besteht, so gibt es für das Stammunternehmen auch einfachere Möglichkeiten zur manipulierten Gewinnausweitung. Wenn außerhalb Irlands angefallene Kosten, zum Beispiel in Form von Forschungs- und Entwicklungsarbeiten oder Verwaltungsaufwendungen, der irischen Niederlassung anteilig nicht oder nur geringfügig belastet werden, so steigt damit deren Rentabilität.[739]

Diese Praktiken der künstlichen Preisfestsetzung innerhalb multinationaler Unternehmen werden unter dem Begriff *Transfer-Pricing* zusammengefaßt.[740] Über das Ausmaß des Transfer-Pricing in Irland und seine Auswirkungen existieren keine offiziellen Stellungnahmen und selbstverständlich auch keine Unternehmensangaben.[741] Allerdings gibt es eine Reihe von deutlichen Hinweisen darauf, daß ausländische Firmen in Irland in ungewöhnlich hohem Maße auf die Möglichkeit künstlicher Gewinnausweitungen zurückgreifen. Weltweit gelten Hochtechnologiesektoren als besonders anfällig für Transfer-Pricing, da die im allgemeinen hohe Rentabilität bei gleichzeitig hohen Forschungs- und Entwicklungskosten gute Voraussetzungen für solche Manipulationen schaffen.[742] Eben jene Unternehmen - repräsentiert in den aggregierten Ergebnissen der Sektoren MuM und Chemie - erwirtschafteten nach Forfás-Angaben von 1987 bis 1993 zwischen 93% und 97% aller Gewinne der IDA-Unternehmen.[743] Die Hi-Tech-Unternehmen stammen vorrangig aus den USA. Die IDA wirbt damit, daß bei ameri-

---

739 Zum Thema Transfer-Pricing vgl. u.a. Czinkota/ Ronkainen/ Moffett, S. 467ff.; Dunning, Multinational Enterprises and the Global Economy, S. 509ff.; Wagdy Abdallah, International Transfer Pricing Policy, (Westport, Conn.: Quorum Books, 1989).

740 Der Begriff "Transfer-Pricing" wurde auch in die deutschsprachige ökonmische Literatur übernommen.

741 Sowohl die Vertreter von Analog Devices als auch von Intel wiesen eine solche Unterstellung in den Interviews mit dem Verfasser zurück.

742 Lall weist darauf hin, daß weltweit die multinationalen Unternehmen der pharmazeutischen Industrie, die ja auch in Irland eine wichtige Rolle spielen, das Transfer-Pricing am intensivsten betreiben. Sanjaya Lall, "Transnationals in the Third World", National Westminster Bank Quarterly Review, Mai 1984, S. 2-16, hier S. 13.

743 Forfás, Annual Survey of Irish Economy Expenditure, S. 19.

kanischen Industrieunternehmen in Irland in der Zeit von 1984 bis 1993 der Return on Investment viermal höher gelegen habe als im Durchschnitt der anderen EU-Gastländer.[744] Die Iren können sich zugute halten, daß dieses erstklassige Werbeargument für die Ansiedlung neuer Multis auf die hohe Wettbewerbsfähigkeit ihres Standortes hinweist. Ob die Wettbewerbsfähigkeit Irlands aber dafür allein verantwortlich sein kann, darf bezweifelt werden. Auch bei der Produktivität schürt der internationale Vergleich den Verdacht, daß die Werte der modernen Sektoren zumindest teilweise überhöht sind. So fragt Antoin Murphy in seinem polemischen Essay, ob die 23fach höhere Produktivität von Pepsi Cola in Irland gegenüber der ebenfalls erfolgreichen, weltweit operierenden irischen Jefferson Smurfit Group tatsächlich ganz ohne Finanzmanipulationen seitens des Getränkemultis zustande kommen könnte.[745] Murphy vergleicht für das Geschäftsjahr 1992/93 die Umsätze pro Mitarbeiter in den zehn umsatzstärksten ausländischen Niederlassungen in Irland mit den erfolgreichsten, ebenfalls international operierenden irischen Industrieunternehmen. Die Top-Firmen in irischer Hand erzielten IRP 128.272,- Umsatz pro Beschäftigtem, die ausländischen Unternehmen, außer Coca-Cola ausschließlich aus den modernen Sektoren, kamen auf IRP 813.759,-.[746] Auch Foley fragt: gibt es einen anderen überzeugenden Grund als Transfer-Pricing dafür, daß die Beschäftigten im Sektor Büromaschinen und Computer gleich um 213% produktiver sein sollen als die im nächstproduktiven Land, nämlich Italien?[747] Europäische Vergleiche für das Jahr 1988 zeigen, daß bei den Computerherstellern und in pharmazeutischen Unternehmen in Irland die Mitarbeiterproduktivität zwei- bzw. dreimal höher lag als im Durchschnitt der EG-Länder.[748] Allerdings bedeutet das nicht, daß diese Unterschiede ausschließlich auf Transfer-Pricing zurückzuführen sind. Der hohe Anteil von multinationalen Unternehmen in den relevanten Branchen in Irland deutet aufgrund der immanenten unternehmensspezifischen Vorteile auf eine überdurchschnittliche Produktivität genauso hin wie das generell niedrigere Durchschnittsalter der Niederlassungen, das auf eine überdurchschnittlich moderne technische Ausstattung hinweist. Niedrige Lohnkosten und der hohe Anteil von US-Firmen, die im pharmazeutischen Bereich und bei den Computerherstellern als "Best Practice"-Referenz gelten[749], lassen ebenfalls überdurchschnittliche Wertschöpfungskennzahlen erwarten.

---

744 IDA, Achieve European Competitive Advantage in Ireland, S. 2. Der Return on Investment lag unter Bezug auf den "Survey of Current Business" des US Department of Commerce mit 24% dreimal höher als beim nächstbesten Investorland, den Niederlanden, und viermal höher als in Deutschland und Großbritannien. In den 80er Jahren galten Niederlassungen amerikanischer Unternehmen in Irland gar als die weltweit rentabelsten. O. V., "Business Outlook Abroad: Ireland", Business America, Vol. 111, Nr. 13, 2. Juli 1990, S. 27-29, hier S. 28.

745 Murphy, The Irish Economy - Celtic Tiger or Tortoise, S. 10.

746 Murphy, The Irish Economy - Celtic Tiger or Tortoise, S. 10.

747 Vergleichsjahr 1983. Anthoney Foley, "Interpreting Output Data on Overseas Industry", Overseas Industry in Ireland, Hg. Anthoney Foley/ Dermot McAleese, (Dublin: Gill and Macmillan, 1991), S. 29-47, hier S. 39.

748 Hitchens/ Birnie, The Competitiveness of Industry in Ireland, S. 70.

749 Ebenda, S. 70ff.

Es steht aber auch für die Befürworter der Ansiedlung multinationaler Unternehmen in Irland fest, daß die Praktiken des Transfer-Pricing einen schwächeren tatsächlichen Beitrag multinationaler Unternehmen in bezug auf Output- und Exportleistung bedeuten als bisher dargestellt. Exakte Werte lassen sich aber nicht ermitteln. Daher ist nicht abzuschätzen, wie stark das BIP durch diese Manipulationen überhöht ist. Die BIP-Inflation ist aus irischer Sicht besonders problematisch, führt sie doch dazu, daß eine ganze Reihe ausgewählter Finanz- und Wirtschaftsindikatoren Irlands offensichtlich geschönt sind. So wird die Verschuldung des Landes, gemessen im Verhältnis zum BIP, in ihrer relativen Bedeutung unterschätzt. Der Indikator für den Lebensstandard, das BIP pro Einwohner, wird somit in Irland überhöht dargestellt. Tatsächlich weisen andere behelfsmäßig herangezogene Indikatoren wie die Verbreitung von Fernsehern oder PKW in den irischen Haushalten darauf hin, daß der tatsächliche Abstand zum durchschnittlichen Lebensstandard in der EU deutlich größer ist, als ihn die schlichte "BIP pro Einwohner"-Kennzahl erfaßt.[750] Und bei der wichtigen Frage, ob die Kriterien für den Beitritt zur Europäischen Währungsunion erfüllt werden, spielt der überhöhte Wert des BIP als Bezugsgröße für das Haushaltsdefizit und die Staatsverschuldung gar eine entscheidende Rolle.[751] Dabei muß klargestellt werden, daß Transfer-Pricing grundsätzlich auch in anderen Niedrigsteuerländern von Bedeutung sein kann. Aufgrund der europaweit einzigartigen wirtschaftlichen Bedeutung von ausländischen Hi-Tech-Firmen sind die Effekte in Irland aber vermutlich besonders hoch. Politische Entscheidungsträger müssen deshalb berücksichtigen, daß das außerordentliche Wirtschaftswachstum der letzten Jahre teilweise auf Finanzmanipulationen zurückzuführen ist und durch Gewinnverlagerungen beschnitten wird.

Diese Manipulationen führen Kritiker an, um die Vorteile multinationaler Unternehmen für die irische Republik generell in Frage zu stellen.[752] Eine solche Einschätzung erscheint dem Verfasser unverhältnismäßig. Eine Überhöhung des Beitrags bei Output und Exporten bedeutet nicht, daß multinationale Unternehmen keinen Beitrag leisten. Vor allem die Kritik an den Gewinnrückführungen wirkt unangemessen. Für die Nettoexportleistung der multinationalen Unternehmen gilt zwar - wie dargestellt -, daß deren tatsächliche Höhe durch die Gewinnrückführungen als "unsichtbare Importe"[753] gemildert wird. Durch den ungewöhnlichen Unterschied zwischen Bruttoinlandsprodukt und Bruttosozialprodukt in Irland ist das Ausmaß solcher Gewinnrückführungen

---

750 OECD, OECD Economic Surveys 1994/95: Ireland, Basic Statistics: International Comparisons. Es ist aber unzweifelhaft, daß sich der Lebensstandard in Irland in den letzten Jahrzehnten deutlich verbessert hat. Forfás, Shaping Our Future, S. 69.

751 Die Beitrittskritierien für die Europäische Währungsunion sehen vor, daß die Staatsverschuldung auf 60% des Bruttoinlandsprodukts beschränkt sein muß und das Haushaltsdefizit nicht mehr als drei Prozent des BIP übersteigt.

752 Vgl. u.a. Peter Shirlow, "Transnational Corporations in the Republic of Ireland and the Illusion of Economic Well-Being", Regional Studies, Vol. 29, Nr. 7, November 1995, S. 687-691.

753 Die künstlich niedrig gehaltenen Importpreise und erhöhten Exportpreise verbessern zunächst den positiven Saldo der irischen Handelsbilanz; die "unsichtbaren Importe" in Form von "Gewinnexporten" zeigen sich im Negativsaldo der Bilanz der Kapitaleinkommen.

vergleichsweise exakt bestimmbar.[754] Demnach ist der Beitrag auch nach Berücksichtigung der Gewinnrückführungen noch immer erheblich. Es ist generell zu erwarten, daß multinationale Unternehmen aufgrund ihrer unternehmensspezifischen Vorteile grundsätzlich produktiver und profitabler sind als rein national orientierte Unternehmen. Es ist daher unrealistisch zu hoffen, daß ein solches Unternehmen seine versteuerten Gewinne gänzlich in Irland reinvestiert, sollten konzerntechnische Gründe oder lukrativere Investmentalternativen dem entgegenstehen. Irland hat in den letzten Jahren mit seinen intensiven Bemühungen um erhöhte nationale Wettbewerbsfähigkeit dafür Sorge getragen, daß die Zufriedenheit ausländischer Investoren mit den in Irland durchgeführten Investitionen weiter gestiegen ist. Daher profitiert das Land stärker als noch in den 80er Jahren von Expansionen bestehender Multis. Anders formuliert: die Gewinnrückführungen werden in diesen Fällen aufgrund der Zufriedenheit mit dem Standort Irland "zurück-zurückgeführt". Zunächst aber stellt laut McAleese die hohe "profit repatriation" den bilanztechnischen Preis dar, den die irische Volkswirtschaft für den großen Beitrag multinationaler Unternehmen zum Außenhandelsüberschuß zu tragen hat.[755]

Dies und die hier vorgestellten Informationen berücksichtigend, unterstützt der Autor die Auffassung führender irischer Ökonomen, daß der Beitrag multinationaler Unternehmen für die Output- und Exportentwicklung des irischen Staates trotz substantiellem Transfer-Pricing und den Gewinnrückführungen ausgesprochen positiv ist. Dies gilt vor allem im Vergleich mit der einheimischen Industrie.[756]

Aus irischer Sicht hat das Transfer-Pricing aber auch einen unbestreitbar lohnenden Aspekt. Die künstlich verbreiterte Bemessungsgrundlage führt zu einer Erweiterung der Körperschaftsteuereinnahmen für den irischen Fiskus. Somit profitiert neben den Muttergesellschaften der investierenden Konzerne auch der Staat Irland von diesen Praktiken. Die Verlierer sind die Herkunftsländer der multinationalen Unternehmen, denen durch Transfer-Pricing große Einnahmeverluste entstehen. In keinem anderen Feld zeigt sich die schwache Verhandlungsmacht von national agierenden Staaten gegenüber multi-national operierenden Staaten deutlicher als in diesem Punkt. Solange Länder wie Irland, aber auch die Niederlande oder Belgien, ausländische Firmen mit Steueranreizen und der Option auf Gewinnmanipulierungen locken, haben Hochsteuerländer, wie z.B. Deutschland, das Nachsehen. Sie sind mittelfristig gezwungen, der Nivellierungsspirale in den Steuersätzen zu folgen, wollen sie nicht zukünftig auf einen immer größeren Anteil ihrer Unternehmensteuereinnahmen verzichten. Die Globalisierung der Firmen beschneidet somit einen der Kernbereiche nationaler Souveränität, nämlich den der Fiskalpolitik. Die Steuerdiskussion in Deutschland zeigt exemplarisch, wie schwierig sich gerade Staaten mit umfangreichem staatlichem Sozial- und

---

754 Vgl. Tabelle 20, S. 170.
755 McAleese, "European Integration...", S. 292.
756 Vgl. u.a. O'Malley, Latecomer, S. 198; Ruane/ McGibney, S. 74-75.

Bildungswesen mit dieser Erkenntnis tun.[757]

Gerade gegenüber kleineren Steueroasen ohne größere wirtschaftliche Potenz haben Wirtschaftsmächte jedoch Möglichkeiten, sich zu wehren. Auf bilateraler Ebene bietet sich die Veränderung oder gar Kündigung der Doppelbesteuerungsabkommen an. Irland ist in dieser Hinsicht auf das Wohlwollen der Herkunftsländer ausländischer Unternehmen, neben Großbritannien, Deutschland vor allem die USA, angewiesen. Ohne die Existenz von Doppelbesteuerungsabkommen würde nämlich der wichtige steuerliche Investitionsanreiz für Unternehmen aus diesen Ländern bedeutungslos. Insofern liegt es langfristig im Interesse Irlands, die Manipulationsmöglichkeiten des Transfer-Pricing zwar nicht zu verbieten, jedoch wenigstens einzuschränken. Zumindest sollte aber indirekte Werbung der IDA zu diesem Thema unterbleiben[758], da gerade in Zeiten der Rezession die Steuerflucht multinationaler Unternehmen den Stammländern der Direktinvestoren ein Dorn im Auge sein muß. Die USA haben bereits reagiert und die Möglichkeiten zum Transfer-Pricing eingegrenzt.[759] Nach Auskunft des Deutschen Botschafters in Irland werden gegenwärtig im Bonner Finanzministerium Maßnahmen erwogen, die die Steuervermeidung deutscher Firmen durch Ansiedlung in Steueroasen wie Irland verringern sollen. Aufgeschreckt durch die zunehmende Zahl deutscher Firmen im Dubliner IFSC, die auch ohne Transfer-Pricing teilweise in den Verdacht der Steuerhinterziehung geraten sind[760], wird diese außenpolitisch heikle Frage vertraulich behandelt.[761]

Als Fazit des Kapitels IV.C. ist festzuhalten, daß neben den positiven Effekten für die Beschäftigungslage in der irischen Wirtschaft multinationale Unternehmen auch die treibende Kraft beim irischen Wirtschaftswachstum und bei der verbesserten Exportfähigkeit der letzten 30 Jahre waren. Dies gilt besonders für den gegenwärtigen Boom seit Mitte der 90er Jahre, wenn auch die Wirtschaftsdaten aufgrund der geschilderten Praktiken überhöht dargestellt werden. Im direkten Vergleich mit den ausländischen Niederlassungen schneiden die einheimischen Betriebe - außer ihrem höheren "local content"-Anteil - in allen bislang untersuchten Bereichen schlechter ab. Im folgenden wird unter anderem untersucht, ob sich die von irischer Seite erwünschten Lerneffekte durch Know-how-Transfer erfüllt haben.

---

757 O.V., "Deutsches Steuersystem muß sich dem internationalen Wettbewerb stellen", Handelsblatt, Nr. 188, 27./28.9.1996, S. 6; O.V., "Neues Leben in den Docks", Der Spiegel, 18.3.1996, S. 30f.

758 Vgl. die oben zitierte Broschüre der IDA über die ungewöhnliche Profitabilität der US-Firmen in Irland.

759 O. V., "Business Outlook Abroad: Ireland", Business America, Vol. 111, Nr. 13, 2. Juli 1990, S. 27-29, hier S. 28. Finbarr Bradley, "US Multinationals in Ireland: Perspective on Risk in the IRS Transfer-Pricing Proposals", Irish Banking Review, 1. März 1991, S. 31-43, hier S. 31-33. Interview mit Bill Riley von Intel Ireland.

760 David Nally, "IFSC Germans Beg to be Taxed", The Sunday Tribune, 3. Mai 1992, S. C1; O.V., "Neues Leben in den Docks", S. 30.

761 Interview mit Lothar Seiwert, Geschäftsführender Botschafter und Wirtschaftsattaché der Bundesrepublik Deutschland in Irland, am 10. April 1996 in Booterstown, Co. Dublin.

D. Der Dualismus und die Abhängigkeit

Die bisherige Untersuchung der Effekte hat gezeigt, daß multinationale Unternehmen und einheimische Betriebe in nahezu allen hier betrachteten Bereichen unterschiedlich leistungsfähig sind. Die ausländischen Firmen dominieren die modernen, kapitalintensiven Sektoren der Industrie. Selbst in den traditionellen Sektoren sind multinationale Unternehmen im Durchschnitt leistungsfähiger. Die schwache Performance der irischen Industrie, verbunden mit der Existenz der hochproduktiven Hi-Tech-Betriebe, ließ in Irland eine Wirtschaftsstruktur entstehen, bei der sich die Frage nach einer Abhängigkeit des Staates Irland von multinationalen Unternehmen aufdrängt.

1. Die dualistische Struktur der irischen Industrie und das Ausmaß des Know-how-Transfers

Die Existenz zweier unterschiedlich leistungsfähiger Unternehmenstypen in der Industrie eines Landes, durch das Unterscheidungsmerkmal inländisch oder ausländisch begründet, bezeichnet man in der wissenschaftlichen Literatur über multinationale Unternehmen als "dualistische Struktur".[762] Daß Irland diese Struktur besitzt, wird auch von entschiedenen Befürwortern der Ansiedlung multinationaler Unternehmen nicht bestritten.[763] Ein Ziel der Outward-Looking Policies, die Entwicklung einer wettbewerbsfähigen einheimischen Industrie im Sog der neuen, multinationalen Unternehmen, hat sich also nicht uneingeschränkt erfüllt.

Irische Politiker erwarteten schon zu Beginn der Outward-Looking Policies einen Demonstrationseffekt der neuen ausländischen Betriebe für die durch den Protektionismus in ihrer Leistungsfähigkeit geschwächten einheimischen Industriefirmen. Die verbesserte Wettbewerbsfähigkeit der irischen Wirtschaft durch die Ansiedlung der ausländischen Unternehmen sollte sich im wesentlichen auf zwei Wegen vollziehen. Zum einen wurde gerade von den modernen multinationalen Unternehmen erwartet, daß sie dank *Forschungs- und Entwicklungsarbeit* wesentlich zu einer verbesserten Innovationskraft und Produktivität der gesamten Wirtschaft beitragen würden. Zum andern sollten sich die irischen Unternehmen durch den *Ausbau von Zulieferbindungen* an die Anforderungen des Weltmarktes gewöhnen und sich so langfristig der Wettbewerbsfähigkeit der ausländischen Niederlassungen annähern bzw. mit ihr gleichziehen.[764]

---

762 Vgl. u.a. Caves, S. 262f.

763 Vgl. u.a. McAleese, "Industrial Policy and Performance in Ireland", S. 159.

764 IDA, IDA Regional Plans, Part I, S. 38-39. Es sei hier nochmals erwähnt, daß es nicht Aufgabe dieser Arbeit sein kann, die Gründe für die schwache Leistungsfähigkeit der einheimischen Industrieunternehmen insgesamt zu analysieren. Es geht hier allein um den Beitrag, den multinationale Unternehmen zu ihrer Förderung leisteten. Zur umfangreichen Literatur über die "Indigenous Industry" vgl. die abgrenzenden Erläuterungen in Kapitel I.C.

Generell gilt, das ein hohes Innovations- und Technologiepotential in den meisten Ländern die Grundlage für wirtschaftlichen Erfolg darstellt.[765]

> "It is now widely recognised that the commercial application of science and technology is the key to international competitiveness of our business sector as we move into the next century."[766]

Auch im Fall Irlands wird die geringe Leistungsfähigkeit der einheimischen Wirtschaft mit ihrem schwachen Innovationspotential in Verbindung gebracht.[767] In der Tat war laut der maßgeblichen, von einem Forfás-Mitarbeiter ausgearbeiteten Studie, der Anteil von Forschung und Entwicklung am Bruttoinlandsprodukt mit 0,84% im Jahr 1993 im Vergleich zum Durchschnitt der EU- und OECD-Staaten (1,2% bzw. 1,5%) ausgesprochen gering.[768] Gleichwohl bedeuteten die IRP 271 Millionen, die somit 1993 für Forschung und Entwicklung in der irischen Privatwirtschaft investiert wurden, einen deutlichen Anstieg gegenüber dem Jahr 1982. Anfang der 80er Jahre gaben die Firmen nur IRP 42,5 Millionen zu diesem Zweck aus, was einem Anteil von 0,32% am BIP entsprach. Im Jahr 1983 kam Irland bei einem EG-Vergleich der Forschungs- und Entwicklungsausgaben anteilig zu den Umsätzen auf den letzten Platz, obwohl die Insel den höchsten Anteil von Hi-Tech-Produkten an den Gesamtexporten hatte.[769]

Die zwischenzeitliche Verbesserung ist maßgeblich auf die multinationalen Unternehmen in Irland zurückzuführen. Multinationale Unternehmen mit Forschungs- und Entwicklungsinteresse hatten 1993 einen Anteil von 65% an diesen Aufwendungen, irische folgerichtig nur einen Anteil von 35%. Im Vergleichsjahr 1982 lag der Anteil einheimischer Betriebe an den gesamten Forschungs- und Entwicklungsaktivitäten noch bei 48%.[770] Bei der Anmeldung von Patenten einzelner Unternehmen im Jahre 1990 stammten nur 4% aus irischen Betrieben, 96% aus multinationalen, vornehmlich amerikanischen Firmen.[771]

Da ausländische Unternehmen für die - auf niedrigem Niveau - verbesserte Forschungs- und Entwicklungssituation der irischen Wirtschaft verantwortlich sind, überrascht es nicht, daß sie ihre Forschungsarbeiten vorrangig im Bereich der Elektronik und Software sowie der chemischen Industrie durchführten. Für das Wachstum im

---

765 Dunning, Multinational Enterprises and the Global Economy, S. 287.

766 Pat Rabbitte, Minister for Commerce, Science and Technology in einem Vorwort für: Forfás, Science, Technology and Innovation in Ireland, (Dublin: Forfás, Juni 1994), S. 1.

767 Mjoset, S. 6f. Die Ausgaben für Forschung und Entwicklung werden als bester Indikator für den Grad technologischer Entwicklung und als Grundlage für technische Neuerungen angesehen. Forfás, Shaping Our Future, S. 189.

768 Marcus Breathnach, Research and Development in the Business Sector, (Dublin: Forfás, September 1995), Table 1, S. 9. Großbritannien kam auf einen Wert von 1,44%. Ebenda. Vgl. auch o.V., "R & D Spending is Well Below EU Average", Irish Times, 8.11.1995, S. 6.

769 Dermot McAleese, "Industrial Policy and Performance in Ireland", S. 147.

770 Marcus Breathnach, Table 3, S. 11.

771 Eamon Dillon, "Irish Firms Low Down in Euro Patent League", The Sunday Tribune, 10. Mai 1992, S. C6.

Zeitraum seit 1988 waren vor allem die Unternehmen aus der chemisch-pharmazeutischen Industrie verantwortlich, die ihre Forschungs- und Entwicklungsinvestitionen im Zeitraum bis 1993 um das Neunfache steigerten. Bemerkenswert ist auch der Anstieg im Software-Sektor. Wurden 1988 gerade IRP 300.000,- investiert, so waren es 1993 bereits IRP 41 Millionen. Breathnach begründet diesen Anstieg mit einer Schwerpunktverlagerung der großen Elektronikkonzerne weg von der Entwicklung neuer Hardware hin zu Software-Innovationen.[772] Bei den einheimischen Unternehmen kam es - neben verstärkten Anstrengungen in der Nahrungsmittelindustrie - ebenfalls im Software-Bereich zu den stärksten Steigerungsraten bei den Investitionen.[773]

Inwieweit profitiert Irland von den Forschungs- und Entwicklungsaktivitäten ausländischer Unternehmen? Eine Möglichkeit der Diffusion von technologischem Know-how ist die Kooperation im Forschungs- und Entwicklungsbereich. Von den ausländischen Betrieben, die bereit waren, über ihre Kooperationen Auskunft zu geben, sagten nur die Hälfte, daß sie generell mit anderen Institutionen zusammenarbeiten. Bei den inländischen Betrieben war der Wille zur Kooperation noch geringer und lag bei 33%.[774] Gerade die großen Multis schätzen Kooperationen vor allem mit den Regional Technical Colleges und den Universitäten in Irland.[775] Insgesamt 26% der ausländischen Firmen sprechen von solchen Verbindungen, die häufig auch mit der Gewinnung neuer Mitarbeiter verbunden werden.[776]

Von einer Forschungs- und Entwicklungskooperation direkt mit anderen Firmen in Irland - ob ebenfalls multinational oder nicht - sprechen nur 14% der ausländischen Niederlassungen.[777] Aufgrund fehlender Daten ist eine genauere Einschätzung dieses Technologietransferkanals schwierig. Es erscheint zweifelhaft, ob es dabei zu einer intensiven Zusammenarbeit zwischen ausländischen und inländischen Firmen kommt. Von den insgesamt über 1.100 ausländischen Firmen betreiben laut der Forfás-Umfrage nur rund 150 eigenständig Forschung und Entwicklung in Irland. Die anderen, viele davon im Hi-Tech-Sektor, beziehen ihren technologischen Input demnach aus den Forschungs- und Entwicklungsabteilungen der Muttergesellschaften.[778] Es liegt durchaus im Eigeninteresse der Multis, ihre Innovationskraft auf solche Art zu bündeln. Neben verbesserten Geheimhaltungsmöglichkeiten erlaubt die Konzentration

---

772 Marcus Breathnach, S.12.

773 Ebenda, S. 13.

774 Marcus Breathnach, S. 23.

775 Ebenda. Ein Beispiel für eine Kooperation zwischen einer Universität und einem ausländischen Konzern ist das "Hitachi Laboratory", das eng mit den Computer Science und Physics Departments des Trinity College zusammenarbeitet. O.V., "Hitachi's Fourth Project for Dublin", Business Ireland, Vol. 10, Nr. 1, Februar 1996, S. 1.

776 Intel stellt bevorzugt junge Absolventen des Regional Technical College in Tallagh ein. Hugh Oram, "Firm Linkage", Irish Times, 8.11.1995, "The Regional Technical Colleges"-Beilage, S. 2. Für weitere Beispiele der Kooperation mit diesen Colleges siehe Hugh Oram, "Doing Business with Industry", Irish Times, 8.11.1995, "The Regional Technical Colleges"-Beilage, S. 7.

777 Marcus Breathnach, Table 15, S. 23.

778 Caves, S. 267-270.

an einem Ort Synergieeffekte sowie die verbesserte Kommunikation und Zusammenarbeit der Forscher und Entwickler.[779] Die große Bedeutung leistungsfähiger Forschung und Entwicklung, als unternehmensspezifischer Vorteil häufig sogar Grundlage für die erfolgreiche Internationalisierung[780], verdeutlicht ein Blick auf die Produktpalette. So wurde ein Großteil der von Hewlett-Packard und Intel verkauften Produkte innerhalb eines Zeitraums von weniger als zwei Jahren auf den Markt gebracht. In abgeschwächter Form gilt das auch für viele der pharmazeutischen Konzerne mit Niederlassung in Irland.[781] Auf der Grünen Insel wurde aber kaum eines dieser Produkte entwickelt. In die Niederlassungen wird in der Regel nur das Ergebnis der im Stammland durchgeführten Forschung und Entwicklung, z.B. in Form von neuen Produkten und modernen Produktionsverfahren, transferiert, um so die "länderspezifischen" Vorteile des Gastlands bestmöglich zu nutzen. Ein Interesse an der Verlagerung von Forschung und Entwicklung gehört nur dann dazu, wenn z.B. das hohe technische Niveau im Gastland einen Technologietransfer zugunsten des eigenen Unternehmens erwarten läßt.[782] Anders ausgedrückt verlagern international operierende Unternehmen kritische Teile ihres Innovationspotentials am ehesten dann in ein fremdes Land, wenn bereits ein hohes Niveau an wissenschaftlicher Forschung vorhanden ist und durch Kooperationen mit dortigen Firmen und Instituten genutzt werden kann. Dies ist in Irland nicht ausreichend der Fall. Daß der Anteil von Forschungs- und Entwicklungskooperationen zwischen den Unternehmen - von Breathnach als Indikator nationaler Technologiestärke angesehen - in Irland der niedrigste aller Vergleichsstaaten war, paßt in dieses Bild.[783] Der Transfer von Forschungs- und Entwicklungsabteilungen nach Irland wird auch dadurch behindert, daß die irischen Unternehmen in den modernen Sektoren kaum vertreten sind. Die großen Investoren dieser Branchen stammen zum großen Teil aus den USA. Besteht also Interesse an einer Forschungskooperation, so liegt sie auf amerikanischem Boden näher als in Irland.

Es verwundert vor dem Hintergrund multinationaler Motivation ebenfalls nicht, daß die geleisteten Forschungs- und Entwicklungsaufwendungen der ausländischen Firmen in Irland nur teilweise in die Entwicklung neuer Produkte fließen. Die Hälfte des Gel-

---

779 Dunning, Multinationals, Technology and Competitiveness, S. 34. Nach Angaben des Handelsministeriums der USA lag der Anteil der Niederlassungen amerikanischer multinationaler Unternehmen an den Gesamtaufwendungen für Forschung und Entwicklung im Jahr 1977 nur bei 8,6%. US Department of Commerce, US Direct Investment Abroad, 1977, (Springfield, Virginia: US Government Printing Office, 1981). Zitiert nach: Valerie McDonnell, Foreign Direct Investment & Spillover Efficiency in Irish Manufacturing Industry, unveröffentlichte Master of Business Science Thesis, Trinity College, Dublin, Juni 1990, S. 9.

780 Dunning, Multinationals, Technology and Competitiveness, S. 31.

781 O.V., "The Research Gap".

782 Dunning, Multinationals, Technology and Exports, S. 161. Vgl. die umfangreichen Projekte deutscher Chemiekonzerne, die die Verlagerung großer Forschungs- und Entwicklungsbereiche in die USA unter anderem mit dem hohen Niveau der dort existierenden Forschungslandschaft begründen.

783 Marcus Breathnach, S. 22. Neben Deutschland handelt es sich bei den Vergleichsstaaten um die "small open economies" Dänemark, Holland, Norwegen und Österreich.

des wird für die Verbesserung bestehender Produkte und Prozesse investiert.[784] Ein Mitarbeiter der IDA sprach sehr offen davon, daß sich zwar die "Screwdriver"-Charakteristika der Niederlassungen verbessert hätten, daß aber bis heute kaum ein multinationales Unternehmen echte Produktinnovationen in Irland vornimmt.[785] Es handelt sich gerade bei den Investoren aus Nicht-EU-Staaten vor allem um "Europeanisation" der zu verkaufenden Ware in Form von Übersetzungen oder einfachen technischen Anpassungen an europäische Normen. So gelten die Übersetzungen von Beipackzetteln bei pharmazeutischen Produkten als Forschungs- und Entwicklungsarbeit. Ein großer Teil der insgesamt überdurchschnittlichen F+E-Kosten im ausländischen Software-Sektor gehe auf das Konto des Weltmarktführers Microsoft und der anderen amerikanischen Software-Multis, die die "Europeanisation" ihrer in den USA erdachten und entwickelten Programme in Irland umsetzten.[786] Selbst das multinationale Vorzeigeunternehmen schlechthin, die Intel Corporation in Leixlip, würde die entscheidenden Forschungsarbeiten in der Zentrale vornehmen und dann die einfacheren Forschungs- und vor allem Produktionsprozesse nach Irland vergeben. Irland sei schließlich auch für Hi-Tech-Betriebe vor allem ein hervorragender Standort für die Produktions- und Serviceaktivitäten, aber nicht für die Forschung und andere kostenintensive Schlüsselbereiche.[787] Ähnliche Erfahrungen mit dem Technologietransfer haben Schottland und Wales gemacht, zwei der wichtigsten Konkurrenten Irlands um Direktinvestitionen in Hochtechnologiesektoren.[788]

Damit liegt der Schluß nahe, daß selbst die für Forschung und Entwicklung bekannten Niederlassungen in Irland ihr Know-how vor allem den im Stammunternehmen durchgeführten Forschungsaktivitäten verdanken, die das Know-why liefern.[789] Dies schränkt den Wunsch Irlands nach verstärkter Ansiedlung von Schlüsselfunktionen ein, die sich neben Forschung und Entwicklung auch auf Marketing- oder Einkaufsfunktionen beziehen. In Kapitel III.E. wurde bereits erläutert, daß aufgrund der Motivation multinationaler Unternehmen in Irland und der niedrigen Körperschaftsteuer in Verbindung mit dem Wunsch nach Gewinnausweitung der irischen Niederlassung entscheidende Verbesserungen bei den kostentreibenden Schlüsselfunktionen nicht zu erwarten sind.[790] Daran ändern auch die seit Mitte der 80er Jahre gewährten staatlichen Forschungsbeihilfen wenig. Die Wünsche der Wirtschaftspolitiker stehen also in keinem Verhältnis zu den theoretisch vertretbaren und aufgrund der irischen Ansiedlungsstrategie zu erwartenden Effekten in diesem Bereich. Forfás und Forbairt haben das

---

784 Marcus Breathnach, S. 19.
785 Telefonat mit Sean Denvir, IDA Düsseldorf.
786 Telefonat mit Sean Denvir, IDA Düsseldorf; vgl. auch McDonnell-Lenoach, S. 153.
787 Telefonat mit Sean Denvir.
788 McDonnell-Lenoach, S. 143. McDonnell-Lenoach spricht von "low-level R+D" auch in den schottischen und walisischen Niederlassungen.
789 Sanjaya Lall, Multinationals: Technology and Exports, (New York: St. Martin's Press, 1985), S. 110.
790 Vgl. Frances Ruane/ Francis O'Toole, "Taxation Measures and Policy", The Economy of Ireland, Hg. John O'Hagan, (Dublin: Gill and Macmillan, 1995), S. 127-158, hier S. 138f.

erkannt. Zwar kümmert sich die IDA weiterhin konsequent um die Ansiedlung von key-business functions einschließlich Forschung und Entwicklung. Grundsätzlich werden die Bemühungen des irischen Staates um verbesserte Innovationsfähigkeit jedoch auf die einheimischen Unternehmen verlagert.[791]

Diffusion von Know-how durch die Präsenz von multinationalen Unternehmen beschränkt sich nicht allein auf Forschung und Entwicklung. Auch Managementkenntnisse, die von irischen Mitarbeitern bei Microsoft, Braun, etc. erlernt werden, können durch den Wechsel zu irischen Firmen oder durch Firmengründungen zu einer verbesserten Situation der einheimischen Wirtschaft beitragen. Wie in Kapitel IV.B. festgestellt, beschäftigen multinationale Unternehmen trotz des geringen Anteils an Schlüsselfunktionen noch immer mehr höher qualifizierte Mitarbeiter als die einheimischen Unternehmen. Zudem wird eine große Zahl der Niederlassungen ausländischer Unternehmen von Iren geleitet.[792] Um das so entstehende Know-how der Mitarbeiter aber auch für die einheimische Wirtschaft unmittelbar nutzbar machen zu können, müßten diese Führungskräfte zum Wechsel ihres Arbeitsplatzes dorthin bereit sein. Doch ist mit Ausnahme einiger ebenfalls multinational operierender Konzerne wie der Kerry Group, der Jefferson Smurfit Group oder CRH das Image der irischen Unternehmen bei karriereorientierten Absolventen und Angestellten in Irland eher schwach.[793] Multinationale Konzerne bieten bessere Aufstiegschancen, bessere Ausbildung und nicht zuletzt ein höheres Gehalt. Zudem versuchen zahlreiche ausländische Unternehmen, vor allem US-Firmen, mit Hilfe der Ausgabe von unternehmensbezogenen Wertpapieren, erfolgreiche Mitarbeiter im Unternehmen zu halten.[794] Die geringe Fluktuation begrenzt somit den Transfer von Managementkenntnissen. Erneut ist festzuhalten, daß es auch nicht Aufgabe der multinationalen Unternehmen ist, "Entwicklungshilfefunktionen" dieser Art vorzunehmen, solange sie nicht in ihrem eigenen Interesse liegen. Auch die geringe Zahl neugegründeter, erfolgreicher Unternehmen in irischer Hand gibt wenig Anlaß zur Hoffnung auf Know-how-Transfer. Ein Mangel an Unternehmertum[795], die in Irland angeblich besonders ausgeprägte Angst vor Geschäftspleiten, und ein unternehmerfeindliches Umfeld beschrän-

---

791 "Central to the Board's strategy is the key task of bringing science and technology into the mainstream of industrial development." Forbairt, Building Confidence and Capability, First Annual Report and Accounts 1994, (Dublin: Forbairt, 1995), S. 5. Vgl. auch Forfás, Annual Report and Accounts, S. 7 u. S. 33; John McGee, "Absence of Innovation", Business & Finance, 14.9.1995, S. 2-3, hier S. 3. O.V., "The Research Gap", Business & Finance, 14.9.1995, keine Seitenangabe.

792 McGowan, Benefits of Foreign Direct Investment, S. 5. Der Chef der IDA sieht diesen Aspekt als zusätzlichen Standortvorteil Irlands.

793 Zu dieser Einschätzung kam Brian Callanan, hoher Funktionär des irischen Arbeitgeberverbandes, in einem Interview mit dem Verfasser. Der Eindruck Callanans deckt sich mit den Aussagen von jungen Absolventen in Gesprächen mit dem Verfasser.

794 McDonnell-Lenoach, S. 153ff.

795 William Kingston, "Entrepreneurship or Rent-Seeking?", S. 260.

ken die Zahl der Existenzgründungen zusätzlich.[796]

Wenn ausländische Betriebe in Irland nur wenig Geld für Forschung und Entwicklung ausgeben, so läßt das keine Schlüsse über deren technischen Standard zu. Wenn aber gerade die einheimischen Unternehmen, ohne zentrale Forschungsabteilungen im Ausland, genauso verfahren, dann liegt die Vermutung nahe, daß sich dies langfristig auf die Produktqualität und Wettbewerbsfähigkeit auswirkt. Das *Potential für Zulieferbindungen* als der anderen wichtigen Quelle zur Stärkung der einheimischen Wirschaft durch die Anwesenheit ausländischer Betriebe wäre von vornherein geschwächt.

Tatsächlich importieren multinationale Unternehmen einen beträchtlichen Anteil ihrer Inputmaterialien.[797] Im Jahr 1993 lag der Anteil der in Irland gekauften Waren bei nur 34,4% der gesamten Inputmaterialien.[798] Dieser Wert fällt auf 30,5%, rechnet man die ausländischen Betriebe der Nahrungsmittelverarbeitung und des Getränkesektors heraus, die weniger industrielle als vielmehr landwirtschaftliche Produkte irischer Herkunft nutzen.[799] Mit anderen Worten: knapp sieben von zehn ausgegebenen Pfund für Zuliefermaterialien werden für Importe verwendet.

Grundsätzlich hängt der Anteil der Zulieferbindungen einheimischer mit den ausländischen Unternehmen vom Interesse des Multis einerseits und von der Fähigkeit der Zulieferer andererseits ab, einem solchen Interesse mit wettbewerbsfähigen Produkten gerecht zu werden.[800] Ein geringeres Interesse an irischen Produkten multinationaler Unternehmen im Vergleich zu einheimischen ist nicht verwunderlich, da international operierende Unternehmen bei der Ausnutzung länderspezifischer Vorteile leichter auf die Nutzung einheimischer Produkte verzichten können.[801] Dies gilt vor allem dann, wenn es sich um reine Montagebetriebe von im Ausland gefertigten Vorprodukten handelt[802] oder langfristige Lieferbindungen mit ausländischen Betrieben dem im Wege stehen. Auch Unternehmen, die Transfer-Pricing ausnutzen wollen, werden Wert auf eine hohe Importquote legen. Kennedy berichtet zudem von multinationalen Unternehmen in Irland, die prinzipiell nur maximal 25% ihres Inputs von einem inländi-

---

796 Culliton-Report, S. 22; McDonnell-Lenoach, S. 154.

797 Vgl. Kapitel IV.C.2.

798 CSO, Manufacturing Local Units, 1993, Table 9. Im Jahr 1988 lag der Anteil der importierten Waren bei 69,4%. CSO, Census of Industrial Production 1988, S. 112.

799 Unveröffentlichtes Irish Economy Expenditures Survey der IDA. Zitiert nach: Kennedy, "Linkages and Overseas Industry", S. 91.

800 Stopford/ Strange, S. 155.

801 Eine Ausnahme sind multinationale Unternehmen, die sich wegen der Nutzung von Rohstoffvorkommen im Gastland niederlassen. Sanjaya Lall, "Transnationals, Domestic Enterprises and Industrial Structure in Host LDCs: A Survey", Oxford Economic Papers, Vol. 30, Nr. 2, Juli 1978, S. 217-248, hier S. 220.

802 Ein bekanntes Beispiel für einen solchen Betrieb in Irland ist der Computerhersteller "Dell". Als Pionier des PC-Direktvertriebs nimmt "Dell" die Aufträge der Kunden unter Umgehung des Handels direkt am Telefon entgegen. Nach erfolgter Bestellung werden die in Asien gefertigten Einzelteile in den Montagehallen von "Dell" in Limerick nach individuellem Kundenwunsch zusammengesetzt und zurück zu den europäischen Festlandsmärkten transportiert. O.V., "Business Outlook Abroad: Ireland", S. 28f.

schen Betrieb beziehen, um nicht in ein Abhängigkeitsverhältnis zu geraten.[803]

Neben diesen Firmen und Branchen, die an Verbindungen mit der einheimischen Industrie kein oder ein nur sehr eingeschränktes Interesse haben, existieren aber multinationale Unternehmen, die grundsätzlich zu einem stärkeren "local sourcing" bereit wären. Die Vorteile einer Belieferung durch Betriebe aus dem Inland in Form von schnellerer, flexiblerer und transportgünstigerer Warenbeschaffung auch für ausländische Niederlassungen liegen auf der Hand. Gründe für fehlende Zulieferbindungen trotz des Interesses der Multis bestehen aufgrund der Tatsache, daß Irland als kleine Volkswirtschaft nicht in allen Wirtschaftssektoren Zulieferer vorweisen kann.[804] Dies gilt besonders für kapitalintensive, importierte Branchen wie die Computer- und Halbleiterindustrie, bei denen hohe Markteintrittsbarrieren in Form von Know-how und Kapital überwunden werden müssen.[805] Wo es keine Produzenten gibt, kann es auch keine Lieferverbindungen geben. Die Hoffnung auf umfangreiche Zulieferbindungen ist dann illusorisch.[806] Jedoch gibt es einige Hinweise darauf, daß die fehlende Wettbewerbsfähigkeit bestehender einheimischer Industriebetriebe und damit die mangelhaften Fähigkeiten der Zulieferer der Grund für die schwachen Lieferbeziehungen sind.

Klagen über den hohen Preis und die niedrige Qualität irischer Materialien sowie die mangelnde Lieferpünktlichkeit einheimischer Unternehmen veranlaßten zu Beginn der 80er Jahre verschiedene deutsche Unternehmen in Irland, die Lieferbeziehungen mit einheimischen Unternehmen aufzugeben und sich nach alternativen Bezugsquellen im Ausland umzusehen.[807] Eine Studie der DIIH in Dublin aus dem Jahr 1993 ergab, daß mehr als die Hälfte deutscher Firmen weniger als 20% ihrer Materialien in Irland einkaufen.[808] Die Hauptprobleme für die bessere Zusammenarbeit waren die zu hohen Preise und der Trend, sich im Rahmen des "global sourcing" auf eine kleine Gruppe internationaler Zulieferer zu beschränken, mit denen dann langfristige Zusammenarbeit geplant wird.[809] Die Beratungsfirma Fitzpatrick & Associates berichtet, daß das relativ geringe Interesse, das japanische Unternehmen an einer Niederlassung in Irland haben, wesentlich auf die mangelhafte Leistungsfähigkeit der einheimischen Zulieferindustrie zurückzuführen sei.[810] McDonnell-Lenoach führte Interviews in vier verschiedenen,

803 Kennedy, "Linkages and Overseas Industry", S. 96.

804 Central Bank of Ireland, Submission on Industrial Policy, IPRG-Report, (Dublin: Stationery Office, 8.11.1991), S. 35.

805 McDonnell-Lenoach, S. 90.

806 Interview mit Dick Ryan, Manager des Planning Department der IDA am 25.4.1996.

807 Dies war das Ergebnis einer Befragung bei 24, meist mittelständischen deutschen Unternehmen, die im Sommer 1983 durchgeführt wurde. Armbruster, S. 44.

808 DIIH, Survey of German Investors in Ireland, S. 4f.

809 Ebenda, S. 4, S. 6. Zur Bedeutung hochqualifizierter Zulieferer und zu den Tücken einer Verlagerung von Betrieben ins Ausland ohne funktionierende Lieferbeziehungen vgl. Werner Pfeiffer/ Enno Weiß/ Markus Horneber, "'Warum in die Ferne schweifen, wenn das Gute so nahe liegt?'", Sonderdruck vom 5.-8. April 1993, Blick durch die Wirtschaft, S. 1-6.

810 Fitzpatrick & Associates, East Asian Investment, S. 42. Japanische Unternehmen wurden in den 80er Jahren zu den stärksten Direktinvestoren in den Gastländern der EG. Irland hat von dieser Entwicklung nur wenig profitiert. Nur 2% der gesamten japanischen Direktinvestitionen in der

von der IDA ausgewählten multinationalen Unternehmen in Irland durch.[811] Die Unternehmen erklärten, sie besäßen den grundsätzlichen Willen zum Wareneinkauf in Irland, das Hauptproblem stelle jedoch die fehlende Existenz von Zulieferbetrieben in den für sie relevanten Bereichen dar. Bei den bestehenden Firmen seien das Qualitätsbewußtsein und die im internationalen Vergleich hohen Preise die wichtigsten Kritikpunkte. Der Trend in allen befragten Unternehmen ging in Richtung "global sourcing", so daß für zukünftige Geschäftsbeziehungen die verbesserte Wettbewerbsfähigkeit irischer Zulieferer unabdingbar sei.[812]

Ein Blick auf die Importquote der einheimischen Industrie unterstützt die These von der teilweise mangelnden Wettbewerbsfähigkeit irischer Zulieferer. Die Importquote in den einheimischen Betrieben lag 1993 bei 21,7%. Rechnet man auch hier die vor allem von landwirtschaftlichen Produkten abhängige, für die einheimische Industrie besonders wichtige Nahrungsmittel- und Getränkeindustrie heraus, so ergibt sich eine deutliche Veränderung. Da die eingekauften Materialien in diesen Sektoren fast 70% des gesamten Wareninputs der einheimischen Industrie ausmachten, und der Import hier nur mit 7,9% zu Buche schlug, ergab sich eine Importquote in allen anderen Bereichen von 51,9%. Im Jahre 1993 kaufte die vor allem auf industrielle Vorprodukte angewiesene einheimische Industrie somit mehr als die Hälfte ihres Materialbedarfs im Ausland. Zwar spielt hier vermutlich das Fehlen von potentiellen Zulieferern im Inland eine Rolle. Aber sowohl ein Vertreter von Forfás als auch von der größten irischen Firma, der Jefferson Smurfit Group, machten die im internationalen Vergleich mangelnde Konkurrenzfähigkeit irischer Betriebe, die sich auch in der schwachen Produktivität und Exportleistung manifestiert[813], für die hohe Einfuhrquote mit verantwortlich.[814]

Auf niedrigem Niveau ist es in den letzten Jahren zu einer Verbesserung der Wettbewerbssituation einheimischer Industriebetriebe gekommen. Der Importanteil sowohl der ausländischen als auch der inländischen Unternehmen lag im Jahr 1988 noch deutlich höher als 1993.[815] Nach IDA-Angaben verdoppelten multinationale Unternehmen

---

EG wurden 1987 in Irland eingesetzt, 1978 waren es noch 4%. T. Ozawa, "Japanese Multinationals and 1992", Multinationals and Europe 1992 - Strategies for the Future, Hg. Beat Bürgenmeier/ Jean-Louis Mucchielli, (London: Routledge, 1991), S. 135-154, hier S. 133.

811 McDonnell-Lenoach, S. 108. Da es um von der IDA ausgewählte Firmen geht, war nicht zu erwarten, daß es sich um Unternehmen mit ausgeprägtem Desinteresse an Verbindungen mit der irischen Wirtschaft handelt.

812 McDonnell-Lenoach, S. 112f. Ermutigend für Irland war die Tatsache, daß die hier befragten Einkaufs- bzw. Unternehmenschefs alle davon sprachen, daß man ausgewählte irische Zulieferer bei der Verbesserung ihrer Qualitätsstandards durch interne Schulungen unterstützte. Ebenda. Diese Form des Technologietransfers ist aus irischer Sicht begrüßenswert. Es ist aber fraglich, ob diese vier, von der IDA ausgewählten Betriebe ein repräsentatives Bild abgeben.

813 Vgl. Kapitel IV.C.

814 Interviews mit Michael Pettigrew, Jefferson Smurfit Group, und Finbar Tumelty, Forfás.

815 Einheimische Betriebe führten 28,5% ihrer Materialien im Jahr 1988 aus dem Ausland ein; ohne die Nahrungsmittelverarbeitung kam es zu einem Wert von 60,8%. Bei ausländischen

in Irland in der Zeit von 1984 bis 1994 den Anteil der im Land gekauften Inputmaterialien.[816] Der irische Staat führt das auch auf seine umfangreichen Bemühungen in diesem Bereich zurück, die 1984 mit dem "National Linkage Programme" begonnen hatten.[817] Forfás und die IDA haben erkannt, daß "Linkages", Verbindungen zwischen den ausländischen und inländischen Betrieben, eine wichtige Rolle beim Abbau der dualistischen Struktur und der Sicherung von Arbeitsplätzen spielen. Gerade enge Zulieferbeziehungen tragen außerdem dazu bei, die Lebensdauer eines Projektes in Irland zu verlängern. Die bessere Integration in die irische Wirtschaft verstärkt somit den volkswirtschaftlichen Beitrag, den "Intel und Co." leisten.[818] Mit zunehmender Erfahrung des Investors mit seiner Anwesenheit in Irland, so weiß die IDA heute, erhöht sich zudem die Chance, umfangreichere Management-Funktionen oder Forschungsabteilungen in den Niederlassungen entstehen zu lassen.[819] Letztlich können ausländische Betriebe eine Art Experimentierfeld für irische Unternehmer sein: schaffen sie es, sich bei amerikanischen oder deutschen Betrieben als Lieferant zu etablieren, dann haben sie große Chancen, auch auf ausländischen Märkten zu bestehen.[820] Ryan nannte das die Möglichkeit zum Export im eigenen Land[821], ohne den Kostennachteil des Transports auf das europäische Festland kompensieren zu müssen.[822]

Gegenwärtig ist es aber eine unbestrittene Tatsache, daß trotz Verbesserungen bei einheimischen Unternehmen in der irischen Industrie eine dualistische Struktur herrscht. Da gerade die besonders boomenden Bereiche wie die Computer- und die chemische Industrie sich durch globale Einkaufspolitik und hochspezialisierte Zulieferer auszeichnen, wird das Ausmaß an Linkages in Zukunft grundsätzlich begrenzt sein. Innerhalb dieser Grenzen liegt es an den irischen und weniger an den ausländischen Firmen, ob sie diese Chance nutzen. Darüber hinaus gehende, von irischer Seite formulierte Erwartungen an die multinationalen Unternehmen als "Entwicklungshelfer" vernachlässigen die Motivationsgrundlagen der multinationalen Unternehmung sowie die Verhandlungsmacht des kleinen irischen Staates und sind daher unrealistisch. Der Beitrag gerade in den stark wachsenden Bereichen hochspezialisierter Hi-Tech-

---

Firmen lag die Importquote bei 69,4% bzw. 80,6%. CSO, Census of Industrial Production 1988, S. 112; Kennedy, "Linkages and Overseas Industry", S. 91.

816 IDA, Annual Report 1994, S. 6.

817 Central Review Committee, Progress Achieved under the Programme for Economic and Social Progress, (Dublin: Stationery Office, Januar 1994), S. 49; Carole Craig, "Home Truths for Ireland", International Management, May 1993, S. 32-37, hier S. 33. O'Malley/ Kennedy / O'Donnell, S. 105.

818 Vgl. auch Czinkota/ Ronkainen/ Moffett, S. 250.

819 Interview mit Dick Ryan. Diese Erfahrung deckt sich mit internationalen Erkenntnissen über die Entwicklung von Zulieferbeziehungen von multinationalen Unternehmen in Gastländern. Dikken, S. 398. Dennoch konnten 1994 erst 20% der IDA-Betriebe solche "strategic functions" vorweisen. IDA, Annual Report 1994, S. 6.

820 McGowan, Benefits of Foreign Investment, S. 4.

821 Interview mit Dick Ryan.

822 Transportkosten irischer Unternehmen machen ca. acht Prozent ihrer Gesamtkosten aus, gegenüber ca. 4-5% für Unternehmen auf dem europäischen Festland. Interview mit Brian Callanan.

Produktion liegt nicht in ihrer Aufbaufunktion für die einheimische Wirtschaft, die in diesen Sektoren nahezu nicht existent ist, sondern - wie gesehen - bei neuen Arbeitsplätzen, dem Wirtschaftswachstum und den Exporten.

Eine Betrachtung der Effekte multinationaler Unternehmen in einem Gastland muß ebenfalls mögliche "Crowding-Out"-Effekte, also die Verdrängung einheimischer Unternehmen durch die überlegenen Ausländer, berücksichtigen.[823] Denkbar sind solche Effekte durch die Verschärfung der Konkurrenzsituation sowohl bei der Outputseite als auch beim Faktorinput. Bezogen auf die Outputseite ist festzuhalten, daß multinationale Unternehmen gemäß der IDA-Wünsche auf dem kleinen irischen Markt kaum Produkte verkaufen, und sie daher als Verdränger auf der Absatzseite nur sehr bedingt auftreten. Bezüglich des Inputs an Rohstoffen, die - wie gesehen - zum großen Teil importiert werden, kann generell auch nicht von einem Crowding-Out Einheimischer gesprochen werden. Einzig der Kritikpunkt, daß ausländische Unternehmen den irischen Betrieben die besten Mitarbeiter aufgrund ihrer höheren Attraktivität am Arbeitsmarkt vorenthalten, ist nachvollziehbar. Es ist aber fraglich, ob ohne die Existenz ausländischer Betriebe die Alternative der Emigration für diese Elite nicht attraktiver gewesen wäre, wie sie noch heute als "brain drain" Irland zu schaffen macht.[824]

Die bisherigen Erkenntnisse zeigen, daß sich weder bei der Forschungs- und Entwicklungsarbeit noch beim Aufbau von Zulieferbindungen die Erwartungen der industriepolitisch Verantwortlichen Irlands erfüllt haben. Zum einen widerspricht es den Eigenschaften und der Motivation multinationaler Unternehmen, in größerem Umfang Forschungsaktivitäten im Gastland durchzuführen oder dort starke Bindungen durch hohe einheimische Zulieferanteile aufzubauen. Zum anderen sorgt die durchschnittlich mangelhafte Leistungsfähigkeit der irischen Zulieferindustrie und bzw. oder das Fehlen von Betrieben gerade in den modernen Sektoren generell dafür, daß eine Reihe potentiell interessierter ausländischer Betriebe diese Beziehungen nicht eingehen. Daraus läßt sich der Schluß ziehen, daß multinationale Unternehmen in Irland selbst bei einer grundsätzlichen Bereitschaft zum Bezug einheimischer Waren auch in Zukunft nicht bereit sein werden, deren durchschnittlich niedrige Qualität in Kauf zu nehmen. Für die Überwindung der dualistischen Struktur und die Nutzung brachliegender Potentiale gerade bei den Zulieferbindungen ist es daher nötig, den Aufbau leistungsfähiger einheimischer Unternehmen weiter zu fördern. Dies würde auch die Abhängigkeit von multinationalen Unternehmen mildern.

---

823 Czinkota/ Ronkainen/ Moffett, S. 54.
824 Sklair, S. 191.

2. Der Grad und die Form der Abhängigkeit von multinationalen Unternehmen

"Abhängigkeit" von ausländischen Betrieben war verständlicherweise nie ein Ziel oder ein Wunsch der irischen Wirtschaftspolitik. Die seit 30 Jahren kontinuierlich wachsende Bedeutung bzw. Dominanz multinationaler Unternehmen in der Republik ist aufgrund der bisherigen Erkenntnisse der vorliegenden Untersuchung aber offensichtlich. Daher wird dieses grundsätzlich negativ belegte Phänomen hier als letzter Effekt auf die irische Wirtschaft untersucht. In diesem Kapitel werden zwei mögliche Formen der Abhängigkeit der irischen Volkswirtschaft[825] von multinationalen Unternehmen behandelt: die Abhängigkeit Irlands und seiner Regionen sowohl von einzelnen Unternehmen als auch von multinationalen Unternehmen insgesamt.[826]

Eine *Abhängigkeit des Staates von einzelnen multinationalen Unternehmen* kann dann existieren, wenn einzelne ausländische Betriebe in ihrer Größe und wirtschaftlichen Bedeutung die wichtigsten einheimischen Unternehmen übertreffen.[827] In Irland sind multinationale Niederlassungen, bezogen auf die durchschnittliche Beschäftigung, mehr als viermal größer als einheimische Unternehmen (s. Tabelle 21, S. 172); im internationalen Vergleich multinationaler Niederlassungen bleiben sie mit knapp 130 Mitarbeitern pro Betrieb jedoch relativ klein.[828] Ein Grund für die geringe Beschäftigungshöhe ist die hohe Produktivität vieler ausländischer Unternehmen in den modernen Sektoren. Zudem erweist sich das umfangreiche und unbürokratische Starthilfeprogramm, mit dem die IDA neuen ausländischen Firmen die Ansiedlung erleichtert, für kleine Unternehmen als attraktiv, die zum ersten Mal eine Niederlassung im Ausland gründen.[829]

Betrachtet man die größten Firmen der irischen Wirtschaft, so dominieren die einheimischen Unternehmen, auch wenn die ausländischen Betriebe in diesem Top-Segment in den letzten Jahren aufgeholt haben. Jedes Jahr veröffentlicht das führende irische Wirtschaftsmagazin "Business & Finance" die Reihenfolge der größten und wichtigsten Unternehmen Irlands.[830] Trotz einer ganzen Reihe methodischer Schwierigkeiten[831] gibt die "Top 1.000"-Aufstellung Aufschluß über die Bedeutung einzelner

---

825 Die Abhängigkeit einer Volkswirtschaft bedingt den eingeschränkten Handlungsspielraum der Wirtschaftspolitik des Gastlandes. Daher werden beide Effekte in diesem Kapitel miteinander verknüpft.

826 Vgl u.a. Dicken, S. 407-409. Dunning, International Production and the Multinational Enterprise, S. 286-288.

827 Ebenda, S. 287.

828 McAleese, "Ireland in the World Economy", S. 21.

829 Vgl. Kapitel III.D.1.

830 O.V., "Business & Finance Top 1000 Companies", Business & Finance, 25. Januar 1996, Vol. 32, No. 12, S. 12ff.

831 So werden in der nach Umsatz vorgenommenen Einteilung Handels- und Industriebetriebe miteinander verglichen. Irische multinationale Firmen werden mit ihrem weltweiten Umsatz und der weltweiten Mitarbeiterzahl aufgeführt, während die ausländischen Niederlassungen nur mit den in Irland gemachten Erlösen und dort Beschäftigten in das Ranking aufgenommen wer-

ausländischer Firmen in Irland. Unter den zehn umsatzstärksten Firmen in Irland befanden sich im Kalenderjahr 1994 bzw. 1995 gemessen an den Umsätzen nur zwei Niederlassungen multinationaler Unternehmen, Intel und die Firma Dell Computers. Auf Platz 15 folgte mit Apple Computer ein weiterer Vertreter der Hi-Tech-Sektoren.[832] Mit einem Umsatz von IRP 1,2 Mrd. und 2.800 Beschäftigten wirkt Intel im Vergleich zum größten irischen Industriekonzern, der Jefferson Smurfit Group (Umsatz IRP 1,7 Mrd./ 19.354 Beschäftigte), eher klein. Doch der Vergleich hinkt. Die Umsätze und Arbeitsplätze von Smurfit und anderen irischen Multis werden weltweit addiert, während bei Intel nur die Ergebnisse von Intel Ireland aufgelistet werden. Berücksichtigt man diese Verzerrung und die angekündigte Erweiterung des Intel-Standorts in Leixlip auf 4.600 Mitarbeiter in den nächsten Jahren, so sieht Neary den amerikanischen Chiphersteller als zukünftig größten privaten Arbeitgeber Irlands.[833] Abgesehen von Intel fällt es aber schwer, von einer möglichen Abhängigkeit Irlands durch einzelne ausländische Firmen zu sprechen. Neben Dell auf Platz 8 und Apple auf Platz 15 sowie der britischen Guinness Ireland (16.) gibt es keine weiteren ausländischen Firmen unter den Top 20. Erst im "Hauptfeld" wird deutlich, wer für die Abeitsplätze und den Output gerade in den modernen Sektoren verantwortlich ist. Computer- und Softwarefirmen wie Gateway 2000 (1.025 Mitarbeiter), Analog Devices (930), Microsoft (875), AST (704), NEC (450), Lotus, Fujitsu oder Novell, Chemie- und Pharmazieunternehmen wie Schering Plough und Pfizer, der Technologiekonzern Motorola, der deutsche Automobilzulieferer Kostal, Konsumgter- und Getränkemultis wie Unilever oder Cadbury Schweppes gehören zu den großen Arbeitgebern in Irland. Im Vergleich zu den großen irischen Nahrungsmittelkonzernen in den Top 20 wie Avonmore Foods, The Irish Dairy Board, Kerry Group, Fyffes, Dairygold und Waterford Foods, die alle über 2.000 Mitarbeiter beschäftigen, wirken sie aber nicht übermächtig. Selbst Intel wird nach Eindruck des Verfassers weniger als übermächtiger Multi, denn mehr als stolz vorgezeigtes Beispiel für die Attraktivität Irlands und seiner Arbeitskräfte verstanden.[834]

Aufgrund der eher geringen Präsenz multinationaler Unternehmen unter den größten Wirtschaftsbetrieben Irlands erscheint eine Abhängigkeit von einem *einzelnen* ausländischen Unternehmen daher als eher unwahrscheinlich.[835] Wohl aber wird mit der

---

den. Einige Werte beziehen sich auf das Jahr 1994, andere auf 1995. Clifford Coonan, "Topping the Charts", S. 12-13.

832 Der Computerkonzern Digital Equipment, noch 1992 der größte ausländische Arbeitgeber, war 1995 nach umfangreichen Werksschließungen nicht mehr unter den größten hundert Unternehmen in Irland vertreten. O.V., "Business & Finance Top 1000 Companies", S. 12ff. O.V., "The Top 1,200 Companies and Who's Who in Irish Industry 1992", Special Edition, Aspect, Januar 1992, S. 61-62.

833 Cariona Neary, "A Vintage Year for the Electronics Industry in Ireland", German-Irish Business Yearbook 1995-96, Hg. DIIH, (Dublin: DIIH, Dezember 1995), S. 48-49, hier S. 49.

834 Sowohl die einschlägig zitierten Presseberichte als auch die vom Verfasser geführten Interviews bilden die Grundlage für diesen Eindruck.

835 Diese Erkenntnis entspricht der allgemeinen Auffassung irischer Ökonomen. Vgl. u.a. Ruane/ McGibney, S. 72-73. O'Malley, Latecomer, S. 256.

obigen Auflistung der Eindruck bestärkt, daß multinationale Unternehmen *insgesamt* die modernen Sektoren beherrschen. Die breitgefächerte regionale Verteilung der Firmensitze der multinationalen Top 100 Unternehmen weist zudem auf ihre besondere Bedeutung gerade in den rückständigeren Regionen hin.[836] Das beste Beispiel ist der amerikanische Textilgigant "Fruit of the Loom", der in einer der ärmsten und am dünnsten besiedelten Regionen Irlands, in Donegal und den ebenfalls grenznah gelegenen nordirischen Fabriken in Derry (Nordirland) insgesamt 3.300 Menschen beschäftigt.[837] Damit ist der Hersteller von T-Shirts und anderer Freizeitbekleidung der wichtigste Arbeitgeber dieser sonst fast ausschließlich von Landwirtschaft und vom Tourismus lebenden Region. Die deutschen Unternehmen sind in Irland bekannt dafür, daß sie ihre Niederlassungen besonders in den entlegeneren Regionen und Städten aufbauten und kamen so den Zielen der irischen Politik besonders entgegen.[838] Im politisch wie wirtschaftlich zentralistischen Irland[839] ist die Entwicklung gerade der agrarisch geprägten und von Landflucht geplagten Regionen im Westen Irlands immer ein wichtiges Ziel irischer Wirtschaftspolitik gewesen.[840] Drudy wies in seiner kompakten und aufschlußreichen Untersuchung auf die besondere Bedeutung multinationaler Unternehmen für die regionale Entwicklung in Irland hin.[841] Stärker als die einheimischen Unternehmen seien sie bereit gewesen, gestützt auf besonders großzügige Subventionen und entsprechend niedrige Arbeitskosten, sich in den entlegenen Regionen niederzulassen.[842] Die Gegend um Cork profitierte insbesondere von seinem südlich gelegenen Atlantikhafen, den die ausländischen Chemiekonzerne nutzen. Limerick kam vor allem zu Beginn der Outward-Looking Policies seine Nähe zum Shannon Airport entgegen, der früher bei allen Transatlantikflügen als Zwischenstopp genutzt werden mußte und so traditionell eine Reihe amerikanischer Unternehmen anzog. Heute gilt die Region wegen multinationaler Unternehmen wie Analog Devices und dem dortigen Regional Technical College Limerick neben Dublin als irisches Hi-Tech-Zentrum. Weniger begünstigte Regionen ohne solche größeren Städte[843] lockten vor allem die Unternehmen mit traditionellen, arbeitsintensiven Produktionsprozessen an. Insgesamt spüren die Provinzpolitiker in den letzten Jahren ihre wirtschaftliche Ab-

---

836 Vgl. Coonan.

837 Vgl. Emma Burrows, "Successful Investors", Business & Finance, Vol. 31, Nr. 29, 25.5.1995, S. 10-11, hier S. 10.

838 Buckley, "Direktinvestitionen, Auswirkungen von", Sp. 302f.; Proinnsias Breathnach, S. 54. Gute Beispiele sind der Werkzeughersteller Läpple in Carlow, Co. Carlow und die Niederlassung von Liebherr in Killarney, Co. Kerry. Liebherr kam schon 1958 nach Irland und gilt als einer der ersten ausländischen Investoren im Zuge der Outward-Looking Policies. DIIH, Deutsche Firmen in Irland, (Dublin: DIIH, May 1995).

839 Über die zentralistische Steuerung Irlands durch die Hauptstadt Dublin vgl. Ardagh, S. 46, S. 48.

840 Vgl. Kapitel III.

841 P.J. Drudy, "The Regional Impact of Overseas Industry", Overseas Industry in Ireland, Hg. Anthoney Foley/ Dermot McAleese, (Dublin: Gill and Macmillan, 1991), S. 152-169.

842 Ebenda, S. 158.

843 Cork, Limerick und Galway sind die größten irischen Städte nach Dublin.

hängigkeit von den so willkommenen[844] ausländischen Gemeindemitgliedern besonders. Die vermehrte Abwanderung von ausländischen Niederlassungen in den traditionellen Sektoren im Lauf der 80er Jahre in Richtung Asien und später Osteuropa hatte mangels Alternativen ein ungleich stärkere Wirkung auf den Arbeitsmarkt als an der Ostküste in Dublin. Die IDA weist mit Sorge darauf hin, daß sie in den modernen, stark wachsenden Sektoren immer weniger Investoren von einer Ansiedlung in der irischen Provinz überzeugen kann.[845] Gerade der neue Hoffnungsträger für neue Arbeitsplätze, die International Services-Firmen, lassen sich fast ausschließlich in Dublin und Umgebung nieder.[846]

Daß einzelne große, ausländische Investoren gerade bestimmte strukturschwache Regionen dominieren, ist ein in vielen Ländern verbreitetes Phänomen. Der Grad der Abhängigkeit der gesamten Volkswirtschaft Irlands von der Präsenz multinationaler Unternehmen *insgesamt* ist aber europaweit einzigartig. Tabelle 21 faßt einige wesentliche Leistungsmerkmale der multinationalen Industrieunternehmen in Irland zusammen, so wie sie das CSO für das Jahr 1993 registrierte.[847] So beschäftigten die 690 Industriebetriebe 44,4% der Arbeitnehmer, erwirtschafteten 70,8% des Nettooutputs und gar 77,3% der Exporte im verarbeitenden Gewerbe der Insel. Zusätzlich wurde mehr als ein Viertel der in Irland nachgefragten Zuliefermaterialien von ausländischen Betrieben in Anspruch genommen, die zusätzlich noch für zwei Drittel der Forschungs- und Entwicklungsausgaben der gesamten irischen Privatwirtschaft verantwortlich waren.[848]

Diese Angaben verdeutlichen die außerordentlich große Bedeutung multinationaler Unternehmen für die Leistungsfähigkeit der Industrie und Volkswirtschaft Irlands. Es fällt daher leicht, sich der Aussage von Kennedy/ Giblin/ McHugh anzuschließen, daß ein ersatzloses, kurz- oder mittelfristiges Abwandern ausländischer Betriebe in größerem Umfang zu einem Desaster für die irische Wirtschaft und das irische Volk führen würde.[849]

---

844 Sieht man einmal von den ausländischen Chemiekonzernen ab, deren Ansiedlung teilweise von großen Protesten durch Umweltschützer begleitet war. Vgl. Kapitel IV.A.3.

845 In einer Rede vor Lokalpolitikern in Enniscorthy machte der Managing Director der IDA auf die Gefahren aufmerksam, die den peripheren Regionen drohen. IDA, The Changing Business of IDA Ireland, Pressemitteilung, Dublin, 15.4.1996. Vgl. auch McGowan, The Role of IDA Ireland in Industrial Development.

846 Ebenda.

847 Die Angaben des CSO erfassen weder die International Services-Bereiche noch die Rekordjahre 1994 bis 1996. Tabelle 21 untertreibt damit die heutige Bedeutung multinationaler Unternehmen für Irland.

848 Vgl. Kapitel IV.D.1.

849 Kennedy/ Giblin/ McHugh, S. 248f.

Tabelle 21: Zusammenfassung einiger Leistungsmerkmale in irischen und multinationalen Industrieunternehmen, 1993, gemäß CSO

Nationalität	*Anzahl Firmen*	*Gesamt-beschäftigte*	*Nettooutput in Tsd. IRP*	*In Irland eingekaufte Materialien, in Tsd. IRP*	*Exporte in Tsd. IRP*
Irisch	*3.854*	*111.167*	*3.419.034*	*4.905.283*	*3.661.531*
Ausländisch	*690*	*88.836*	*8.302.691*	*1.904.218*	*12.441.173*
davon:					
USA	*267*	*42.806*	*5.401.437*	*1.190.734*	*8.460.957*
Deutschland	*100*	*10.866*	*333.159*	*57.470*	*587.168*
Großbritannien	*112*	*12.763*	*908.398*	*314.085*	*613.765*
Andere EG-Staaten	*96*	*9.716*	*603.006*	*192.826*	*886.349*
Andere Nicht-EG-Staaten[850]	*105*	*12.685*	*1.056.691*	*146.492*	*1.892.934*
GESAMT	*4.544*	*200.003*	*11.721.726*	*6.808.742*	*16.102.704*

Anmerkung: Die Anzahl der Firmen in ausländischer Hand lag nach Angaben der IDA höher.[851]

Quelle: Unveröffentlichte Computerausdrucke des CSO: Manufacturing Local Units, 1993, Table 6, Table 9.

Tabelle 21 führt besonders die dominante Rolle der Firmen aus den Vereinigten Staaten vor Augen. Innerhalb der ausländischen Betriebe beschäftigten sie knapp die Hälfte der Arbeitnehmer. In allen anderen hier gewählten Kategorien ist ihre volkswirtschaftliche Bedeutung noch imposanter. Ihre Produktions- und Exportleistung übertrifft die der gesamten einheimischen Industrie bei weitem. Der Aufstieg der modernen, hochproduktiven und exportstarken Sektoren ist fast ausschließlich ihrer Anwesenheit in Irland zu verdanken. Da die modernen US-Niederlassungen maßgeblichen Anteil am irischen Wirtschaftswachstum der letzten Jahre hatten, drängt sich in Anlehnung an Murphys Aufsatz die Vermutung auf, daß ohne den US-Beitrag der "Celtic Tiger" Irland tatsächlich ein "Celtic Tortoise" geblieben wäre.[852] Der Beschäftigungsrückgang in der Industrie seit 1973 wäre wesentlich drastischer ausgefallen, der vielgefeierte Boom der 90er Jahre vermutlich ausgeblieben. Überspitzt, aber nicht übertrieben formuliert ist Irland zu einer Hi-Tech-Fertigungs-Kolonie von US-Konzernen geworden, die von dort aus den europäischen Markt mit Elektronik- und Chemiegütern belie-

850 Die stärkste Gruppe der Nicht-EG-Staaten stellt die Schweiz, in einigem Abstand folgen Japan und Kanada. CSO, Manufacturing Local Units, 1993, Table 6 und Table 9. Zu den großen Unternehmen aus der Schweiz gehören neben Nestlé und Asea Brown Boveri auch die Chemie- und Pharmakonzerne Hoffmann La Roche und Sandoz, die nach ihrer Fusion heute unter dem gemeinsamen Namen Novartis firmieren. IDA, Overseas Companies in Ireland.

851 Für das Jahr 1993 verzeichnet die Organisation 700 ausländische Industriebetriebe und 190 Firmen in Service-Bereichen. IDA, Annual Report 1994.

852 "Tortoise" ist die englische Bezeichnung für eine Schildkröte.

fern.[853] Das verdeutlichen auch die oben aufgeführten Beispiele der größten ausländischen Niederlassungen in Irland. Bislang hat dieser Prozeß nicht zu öffentlich geäußerten Bedenken in Irland geführt. Das ist nicht zuletzt auf die hervorragenden und engen Beziehungen zwischen der Republik Irland und den USA zurückzuführen, die unter anderem durch die große Zahl amerikanischer Staatsbürger irischer Abstammung getragen werden.[854] Dennoch bleibt festzuhalten: die früher bestimmende wirtschaftliche Abhängigkeit Irlands von der Landwirtschaft und von Großbritannien wurde spätestens seit Mitte der 80er Jahre abgelöst durch die Abhängigkeit von großen US-Firmen aus der chemisch-pharmazeutischen Industrie, der Elektronik und den International Services.

853 Hierbei ist zu berücksichtigen, daß auch die zukunftsträchtigen "International Services"-Projekte stark von US-Firmen frequentiert werden. Das IFSC wird allerdings eher von Unternehmen mit Stammsitz in Europa genutzt.

854 Ein bemerkenswertes Zeichen für die guten Beziehungen der beiden Staaten ist das aktive Bemühen des amerikanischen Präsidenten Bill Clinton bei der Beilegung des Nordirland-Konfliktes. Im Zuge seines Engagements wurde 1995 eine Konferenz einberufen, zu der Clinton amerikanische Wirtschaftsführer einlud und sie aufforderte, mit Hilfe von Direktinvestitionen in beiden Teilen Irlands den Friedensprozeß zu fördern. Vgl. auch den Artikel von Bill Clinton, "Bolstering the Process of Peace", Irish Times, "Investing in Ireland"-Beilage anläßlich der "White House Conference of Trade and Investment in Ireland", 24.5.1995, S. 1.

V. ZUSAMMENFASSUNG UND AUSBLICK

Nach den negativen Erfahrungen Irlands mit einer protektionistisch-autarkistischen Wirtschaftspolitik wurde Ende der 50er Jahre der radikale Wandel zu einer auf Freihandel basierenden Strategie des export-led-growth begonnen. Dies schloß eine geänderte Haltung gegenüber multinationalen Unternehmen ein. Noch in den 50er Jahren in Irland offiziell verboten, spielten sie nun in den Planungen der irischen Wirtschaftspolitik eine tragende Rolle. Sie sollten für dringend benötigte Arbeitsplätze und Exporte sorgen, die der in weiten Teilen ineffizienten und durch die Öffnung des heimischen Marktes unter Wettbewerbsdruck gesetzten irischen Industrie zunächst nicht zugetraut wurden. Mittelfristig sollte sich durch die Initialhilfe und im Windschatten der know-how-trächtigen und exporterfahrenen Ausländer dann eine international erfolgreiche irische Industrie entwickeln. Nach zunächst zögerlichem Beginn setzte der irische Staat die für die Implementierung der Outward-Looking Policies nötigen Maßnahmen konsequent durch. Dazu gehörten auch die Einführung umfangreicher Subventionen und Steuervorteile. Bereits in den 60er Jahren zeigte sich, daß diese Investitionsanreize vor allem der Ansiedlung multinationaler Unternehmen entgegenkamen. Die Wettbewerbsposition der einheimischen Industrie verbesserte sich kaum. Ende der wirtschaftlich sehr erfolgreichen 60er Jahre veränderte sich unter Beibehaltung der Outward-Looking Policies die Zielrichtung der staatlichen Entwicklungsbehörde IDA bei der Gewinnung ausländischer Investoren. Seit dieser Zeit hat sich die Organisation bei den von ihr zu betreuenden multinationalen Unternehmen besonders um kapitalintensive Betriebe in Wachstumssektoren gekümmert. Diese Veränderung wurde von Hoffnungen auf ein schnelleres Wirtschaftswachstum, höher qualifizierte Arbeitsplätze und einen verstärkten Demonstrationseffekt für die irische Industrie begleitet. Eben jene einheimischen Betriebe spielten in den Erwartungen der Regierungen und der IDA eine zunehmend geringere Rolle. Die Erfolge in den 70er Jahren bei der Ansiedlung von vor allem US-amerikanischen Unternehmen - maßgeblich gefördert durch die Mitgliedschaft Irlands in der EWG seit 1973 - erleichterten die wirtschaftspolitische Vernachlässigung der einheimischen Industrie, die sich enttäuschend entwickelte. Entgegen den Plänen zu Beginn der Outward-Looking Policies dominierten multinationale Unternehmen das industrielle Geschehen.

Anfang der 80er Jahre kam es mit dem Telesis-Report erstmals zu öffentlich wahrgenommener Kritik an der Konzentration irischer Industriepolitik auf ausländische Unternehmen. Der massive Arbeitsplatzabbau in irischen Betrieben und die Ernüchterung über das Ausmaß des "Demonstrationseffektes" der ausländischen Niederlassungen führten dazu, daß seit Mitte der 80er Jahre die Entwicklung der irischen Betriebe wieder stärker in den Mittelpunkt des wirtschaftspolitischen Interesses gerückt ist. Dies bedeutet nicht, daß es seither zu einer ablehnenden Haltung gegenüber multinationalen Unternehmen in Irland gekommen wäre. Vielmehr wird seitdem verstärkt auf eine bessere Integration der Multis in das Gastland durch Zulieferverbindungen mit der einheimischen Industrie und die Ansiedlung von

Funktionen wie Forschung und Entwicklung oder Marketing Wert gelegt. Um in Zeiten verschärften Wettbewerbs um "mobile investments" weiterhin erfolgreich multinationale Unternehmen nach Irland holen zu können, konzentriert die IDA ihre Anstrengungen seit Ende der 80er Jahre auf die Bereiche Elektronik- und Computerindustrie, Medizintechnik/Pharmazie, Maschinenbau sowie International Services. Unter Abwägung der spezifischen Vor- und Nachteile des Standorts Irland erkannte die IDA in diesen Branchen die besten Erfolgschancen für ihre Arbeit. Neben dem Zugang zur EU, der professionellen Betreuung durch die IDA, den jungen, gut ausgebildeten Arbeitskräften und den Subventionen ist es vor allem die niedrige Körperschaftsteuer, die multinationale Unternehmen an Irland schätzen und welche die großen Erfolge bei der Gewinnung gerade amerikanischer Investoren in den letzten Jahren ermöglicht hat. Die Erwartungen der irischen Regierungen - unabhängig von parteipolitischer Zusammensetzung - bezüglich der ausländischen Investoren konzentrieren sich in den 90er Jahren auf die Felder Wirtschaftswachstum, Exporte und die Förderung der einheimischen Unternehmen durch Zulieferbindungen und den Transfer von Know-how. Zentrale Zielsetzung jedoch ist seit den 50er Jahren die Schaffung von langfristigen, qualifizierten Arbeitsplätzen gewesen.

Die Beurteilung der Effekte multinationaler Unternehmen erfolgte in dieser Untersuchung einerseits nach dem Grad der Erfüllung politischer Wunschvorstellungen, andererseits im Vergleich mit der Leistungsfähigkeit der einheimischen Industrie.[855] Vor diesem Hintergrund kann man bezüglich der Beschäftigungseffekte, der Auswirkungen auf das Wirtschaftswachstum und auf die Exporte unzweifelhaft von einem positiven Beitrag multinationaler Unternehmen auf die Wirtschaft und die Industrie Irlands sprechen:

Multinationale Unternehmen beschäftigten 1995 über 28.000 Menschen mehr als noch 1973. Sie trugen damit wesentlich dazu bei, den Arbeitsplatzrückgang in der einheimischen Industrie zu kompensieren. Berücksichtigt man neben den direkt geschaffenen Vollzeit- und Teilzeitarbeitsplätzen in der Industrie und den International Services auch noch die indirekten Beschäftigungseffekte, so sind gut 217.000 Arbeitsplätze von der Präsenz multinationaler Unternehmen in Irland abhängig. Die erfolgreiche Ansiedlung multinationaler Unternehmen hat zu einer Transformation der irischen Industriestruktur geführt, weg von den traditionellen Sektoren hin zu modernen Wachstumssektoren. Die Lebensdauer der geschaffenen Stellen ist gleichwohl insgesamt gering. Attraktiver als Arbeitsplätze in den einheimischen Unternehmen sind sie aufgrund des höheren Anteils an besser qualifizierten Stellen und der durchschnittlich höheren Löhne und Gehälter. Aufgrund ihrer Dominanz in den modernen Sektoren waren und sind die ausländischen Betriebe wichtige Stützen des Wirtschaftswachstums in Irland. 1993 erwirtschafteten die ausländischen Betriebe 58% des Brutto- und knapp 71% des industriellen Nettooutputs. Noch beeindruckender war die Exportleistung der

855 Vgl. Kapitel I.B. und II.

internationalen Firmen, die neben dem positiven Beitrag für die Handelsbilanz auch die Abhängigkeit vom Handelspartner reduzieren halfen. Die Unterschiede zwischen BIP und BSP in Irland sind wesentlich auf Transfer-Pricing und die Gewinnrückführungen ausländischer Niederlassungen an die Muttergesellschaft zurückzuführen. Diese Praktiken der multinationalen Niederlassungen schmälern den Beitrag multinationaler Unternehmen für die wirtschaftliche Entwicklung des Landes und führen dazu, daß volkswirtschaftliche Indikatoren wie der Lebensstandard als BIP pro Kopf oder das Ausmaß der Staatsverschuldung in Irland geschönt dargestellt werden. Gegenwärtig kommt Irland diese Manipulation bei der Einhaltung der Beitrittskritierien für die Teilnahme an der Europäischen Währungsunion zugute; generell verzerrt es die Aussagekraft irischer Wirtschaftsstatistiken.

Die kluge Strategie der IDA, sich bei der Attraktion multinationaler Unternehmen auf ein enges Feld von Sektoren zu konzentrieren, hat damit wesentlich zum Erreichen der fundamentalen Wirtschaftsziele der Outward-Looking Policies beigetragen. Auch und gerade in den Zeiten schwerer wirtschaftlicher Krise - Ende der 50er und Mitte der 80er Jahre - waren multinationale Unternehmen im Vergleich zur einheimischen Industrie eine wichtige Stütze der irischen Wirtschaft.

Auch die bestehenden Zulieferbindungen mit der einheimischen Industrie stellen einen positiven Beitrag zur wirtschaftlichen Entwicklung Irlands dar. Daß sie sich, ähnlich wie die Forschungs- und Entwicklungsaufwendungen, auf niedrigem Niveau befinden, wird von den Kritikern der multinationalen Unternehmen in Irland beanstandet. Solche Kritik entspricht den Tatsachen; die irischen Erwartungen in diesen Bereichen haben sich nicht erfüllt. Allerdings basiert die Erwartungshaltung auf einer Ignoranz gegenüber der Motivation international operierender Unternehmen bei der Gründung von Niederlassungen im Ausland. Ein multinationales Unternehmen verlagert genau die Teile der Wertschöpfungskette in ein bestimmtes Gastland, von dem es sich aus Perspektive des Gesamtunternehmens die größten wirtschaftlichen Vorteile und die Realisierung eigener Ziele erhofft. Irland war bisher aufgrund seiner spezifischen Charakteristika vor allem bei der Ansiedlung von Niederlassungen erfolgreich, in denen technisch einfachere Wertschöpfungsstufen durchlaufen werden, um die niedrigen Kosten, die qualifizierten und flexiblen Mitarbeiter und die Steuervorteile in Irland bestmöglich nutzen zu können. Dem stehen als Standortnachteile die geographische Randlage, der kleine Binnenmarkt, die unterentwickelte einheimische Industrie und die teilweise mangelhafte Infrastruktur entgegen.

Eine Konzentration der irischen Industriepolitik auf multinationale Unternehmen mit diesen Eigenschaften stößt an ihre Grenzen, wenn, zusätzlich zu den unmittelbaren Auswirkungen auf den Arbeitsmarkt, das Wachstum und die Exporte, weitergehende Beiträge zur industriellen Entwicklung erwartet werden. Im Falle Irlands schließt das die Förderung der irischen Wirtschaft durch Zulieferverträge und die Stärkung der nationalen Innovationskraft durch Forschung und Entwicklung mit ein. Dies bedeutet nicht, daß solche Möglichkeiten durch multinationale Unternehmen nicht generell bestehen. Allerdings setzt dies eine andere Motivation für die Ansiedlung voraus, als sie gegenwärtig bei multinationalen Unternehmen in Irland vorherrscht.[856] Grundsätzlich gilt: die starke Präsenz multinationaler Unternehmen kann die Existenz einer leistungsfähigen einheimischen Industrie in Irland nicht ersetzen. Multinationale Unternehmen werden auch bei gänzlich ähnlichen Rahmenbedingungen wie im Herkunftsland große Teile ihres Inputs importieren, Gewinne zur Muttergesellschaft transferieren, Forschung und Entwicklung und andere zentrale Geschäftsfunktionen, wenn möglich, bündeln.[857] Der irische Staat muß sich die Kritik gefallen lassen, daß er die multinationalen Unternehmen nicht nur als "second-best-alternative"[858] angesehen hat, sondern seine Industriepolitik weitgehend auf sie abstimmte. Die Erfolge bei der Ansiedlung von multinationalen Unternehmen haben vor allem in den 60er und 70er Jahren dazu geführt, daß die Bemühungen um eine leistungsfähigere einheimische Industrie vernachlässigt wurden. Ein prominenter Kritiker, der renommierte Wirtschaftswissenschaftler Michael E. Porter, formuliert es so:

> "Ausländische multinationale Gesellschaften sollten nur *ein Bestandteil* der Wirtschaftsstrategie eines aufstrebenden Landes sein, und zwar ein fortschrittlicher. Irgendwann im Entwicklungsprozeß sollte sich die Aufmerksamkeit den einheimischen Unternehmen zuwenden. In Singapur und Irland war diese Zuwendung aus meiner Sicht zu schwach und kam zu spät. Keines der beiden Länder hat sich wirklich zu dem langsameren Prozeß bekannt, eine breitere Basis aus einheimischen Firmen zu entwickeln."[859]

Da der Entwicklungsbeitrag multinationaler Unternehmen in Irland grundsätzlich beschränkt sein muß, ist eine Verbesserung der Wettbewerbsfähigkeit der einheimischen Firmen unerläßlich. Sie ist eine wichtige Voraussetzung für eine prosperierende Zukunft der irischen Wirtschaft allgemein; aber auch für die Art und den Umfang der Effekte multinationaler Unternehmen spielt eine leistungsstarke irische Industrie eine wichtige Rolle. Diese These wird durch die folgende Skizzierung internationaler Trends und Zukunftsentwicklungen bekräftigt.

Ein zunehmender Anteil der Direktinvestitionen in Europa wird in Form von Joint-Ventures und Kooperationen vollzogen.[860] Dieser Trend wird sich noch weiter verstärken.[861] Voraussetzung für die Nutzung der so entstehenden Möglichkeiten sind leistungsfähige irische Firmen, die als Partner in Frage kommen.[862] Auch bei Greenfield-Investments legen im Zuge des Lean Management-Prozesses international operierende Firmen bei der Standortwahl zunehmend Wert auf die Existenz leistungsstarker

---

856 Vgl. Kapitel III.D.
857 McAleese/ Foley, "The Role of Overseas Industry in Industrial Development", S. 4.
858 Vgl. Kapitel II.D.
859 Porter, Nationale Wettbewerbsvorteile, S. 697. Hervorhebung durch Porter.
860 Ernst & Young/ Corporate Location, Regions of the New Europe, (London: Ernst & Young, 1995), S. 19f.
861 Forfás, Shaping Our Future, S. 145.
862 Forfás, 'Ireland Now Well Placed for Jobs Growth'- Forfás Chief, Pressemitteilung, Dublin, 15. Januar 1996, S. 6.

Partner. Dabei ist die Perspektive keineswegs auf Industriebetriebe begrenzt. Gerade im Service-Bereich ergeben sich Chancen aufgrund des Outsourcing-Prinzips internationaler Firmen, die Support-Services nach außen abgeben.[863] Insgesamt werden multinationale Dienstleister ihren relativen Anteil an den weltweiten Direktinvestitionen gegenüber den Industriebetrieben weiter erhöhen.[864] Daß gerade der Dienstleistungssektor eine Chance zur Entwicklung international erfolgreicher Unternehmen in irischer Hand ist, zeichnet sich schon seit Mitte der 90er Jahre ab. Der zunehmende Erfolg beispielsweise kleiner irischer Software-Firmen ist auf die geringen Markteintrittsbarrieren in Form von Kapital und das verbesserte Ausbildungsniveau zurückzuführen.

Ein stärkerer volkswirtschaftlicher Beitrag einheimischer Unternehmen würde zudem die Abhängigkeit von multinationalen Unternehmen - vor allem aus den USA - mildern können. Eine einfache Extrapolation der Beschäftigungsentwicklung der letzten 10 Jahre verdeutlicht die andernfalls drohende Entwicklung. Vollzöge sich die Beschäftigungsentwicklung der Dekade von 1996 bis zum Jahr 2005 in einheimischen und ausländischen Betrieben genau so wie in der Phase von 1986 bis 1995[865], so würden multinationale Unternehmen im Jahr 2005 dann 136.538 Menschen in der Industrie und in den International Services-Firmen beschäftigen, einheimische nur noch 123.754. Dies entspräche einem Anteil von 52,4% an Gesamtbeschäftigung gegenüber einem Wert von 46,8% heute.[866] Eine verringerte Abhängigkeit von multinationalen Unternehmen wird um so wichtiger sein, je schärfer der Wettbewerb um multinationale Investoren zwischen Staaten und Regionen ausgetragen wird. Die Intensität der Konkurrenz - schon gegenwärtig sehr hoch[867] - wird sich in Zukunft noch weiter verschärfen. Es gilt heute als gesicherte Erkenntnis, daß Irland in lohnintensiven Branchen keine neuen multinationalen Unternehmen mehr wird überzeugen können und einige der bestehenden Niederlassungen Irland verlassen werden.[868] Schärfster Konkurrent werden in diesen Segmenten nach Einschätzung der IDA - noch vor den Schwellenländern Ostasiens - die osteuropäischen Staaten bleiben. Verstärkt würde der Konkurrenzdruck im Falle einer EU-Mitgliedschaft der wirtschaftlich erfolgreicheren Reformstaaten des Ostens.

Bei den von Irland besonders umworbenen Multis in modernen Wachstumsindustrien bzw. International Services spielen die Osteuropäer noch keine bedeutende Rolle. Hier hat es die IDA vielmehr mit den Partnerstaaten der EU zu tun, von denen auch

863 Ernst & Young/ Corporate Location, S. 22.

864 Forfás, Shaping Our Future, S. 130.

865 Der hier gewählte Zeitraum umfaßt sowohl die Krisenjahre der späten 80er Jahre als auch den Boom seit 1993. Eine solche Extrapolation erhebt keinen Anspruch auf Gültigkeit in der Zukunft und dient hier allein der Illustration.

866 Zahlenmaterial aus: Forfás, 1995 Employment Survey, S. 4f.

867 Vgl. Kapitel III.D.

868 Siobhán Creaton, "Packard, Semperit, Were Main Casualties", Irish Times, 27.12.1996, "Business This Year"-Beilage, S. 8.

traditionell skeptisch eingestellte Staaten wie Frankreich nun intensiv multinationale Unternehmen umwerben. Das europaweite Absinken der Körperschaftsteuersätze ist für die Iren besonders beunruhigend. Staaten wie Belgien oder die Niederlande bieten international operierenden Gesellschaften Steuersätze, die den 10%-Satz in Irland noch unterschreiten. Der Steuerwettlauf zu Lasten der Staatsfinanzen in den OECD-Staaten ruft zunehmend Kritiker auf den Plan, die eine Angleichung der Unternehmensteuern fordern. Bislang sind solche Empfehlungen, z.B. im Ruding-Report, nicht realisiert worden.[869] Frances Ruane befürchtet aber, daß die EU-Kommission die Genehmigung für den 10%igen Steuersatz für das IFSC kaum über das Jahr 2005 aufrecht erhalten wird. Auch bei dem Steuervorteil für Industriebetriebe wird Irland aufgrund des Drucks anderer Mitgliedstaaten bei der Verlängerung des Steuervorteils nach 2010 Probleme bekommen.[870]

Der verschärfte Wettbewerb der Staaten mit Hilfe niedriger Steuern und die Probleme mit der Beibehaltung des gegenwärtig noch so bedeutsamen 10%-Satzes führen zu der anderen großen Herausforderung für die irische Politik. Neben der Entwicklung einer leistungsstarken einheimischen Wirtschaft muß die *Stärkung der internationalen Wettbewerbsfähigkeit Irlands* im Mittelpunkt stehen, *die den in Zukunft weniger bedeutsamen*[871] *Steuervorteil relativ zu anderen Staaten mindestens kompensiert.* Die von Forfás angekündigten Bemühungen um eine verbesserte Ausbildung der im europäischen Vergleich noch in absehbarer Zeit überdurchschnittlich jungen Bevölkerung, der Ausbau des Telekommunikationssystems und der Transport-infrastruktur[872] würden Irland nicht nur für ausländische Investoren attraktiver machen und die nationale Verhandlungsmacht stärken, sondern würden auch die Chancen der einheimischen Wirtschaft verbessern, sich international zu behaupten.[873]

Die gegenwärtigen Erfolge Irlands bei der Ansiedlung von multinationalen Unternehmen und die positiven Ansätze in einigen Bereichen der einheimischen Wirtschaft sind hoffnungsvolle Zeichen für die ökonomische Zukunft des Inselstaates. Die Summe der existierenden Standortvorteile und die Präsenz vieler weltweit renommierter Hi-Tech-Unternehmen bilden das Fundament für die positive Einschätzung der zukünftigen Attraktivität des Standorts Irland und damit der Effekte multinationaler Unternehmen auf die Wirtschaft des Landes. Die entscheidenden

---

869 Commission of the European Communities, "Ruding-Report", Report of the Commmittee of Independent Experts on Company Taxation, (Luxembourg: Office for Official Publications of the European Communities, März 1992)

870 Interview mit Frances Ruane, 25.4.1996 in Dublin.

871 Das bedeutet nicht, daß eine Steuererhöhung von Irland ausgehen sollte. Der Verfasser schließt sich der Meinung der IDA an, daß Irland ausländischen Investoren auch noch in absehbarer Zeit eine Entschädigung für seine periphere Lage und den kleinen heimischen Markt bieten muß.

872 Für eine umfassende Erläuterung der Pläne von Forfás, die nationale Wettbewerbsfähigkeit Irlands zu stärken, vgl. Forfás, Shaping Our Future.

873 Vgl. die Darstellung in Kapitel III.E. über die kontraproduktive Wirkung des Steuervorteils auf den Wunsch nach Ansiedlung von betrieblichen Wertschöpfungsstufen, die über die Produktion und Montage hinausgehen.

Herausforderungen für die Zukunft liegen aber in der Förderung einheimischer Firmen und in der Entwicklung Irlands als Standort, auch für multinationale Unternehmen, dessen internationale Wettbewerbsfähigkeit immer weniger auf künstlichen Investitionsanreizen beruht.

VERZEICHNIS DER QUELLEN UND DARSTELLUNGEN

I. QUELLEN

A. Interviews

Barrett, Dr. Sean, Senior Lecturer Economics, Trinity College, Dublin, 23. Januar 1992

Butler, Joe, Overseas Marketing Division, IDA, Dublin, 1. November 1995

Callanan, Brian, Trade and Industrial Affairs Director, Irish Business and Employers Confederation, Dublin, 18. April 1996

Drudy, Dr. P.J., Senior Lecturer Economics, Trinity College, Dublin, 15. April 1996 und 19. April 1996

Gallagher, Dr. Michael, Lecturer in Political Science, Trinity College, Dublin, 23. April 1996

Hayden, Pat, Department of Enterprise and Employment, Dublin, 24. April 1996

Horgan, John, Director of Human Resources - European Operations, Analog Devices, Limerick, 12. April 1996

McAvinue, Eamonn, Director - Finance & Administration, Analog Devices, Limerick, 12. April 1996

O'Hagan, John, Associate Professor of Economics and Fellow, Trinity College, Dublin, 24. Mai 1995

Pettigrew, Michael, Group Secretary, Jefferson Smurfit Group, Dublin, 11. April 1996

Riley, Bill, Public Affairs Manager, Intel Ireland Limited, Leixlip, Co. Kildare, 16. April 1996

Ruane, Frances, Associate Professor of Economics, Trinity College, Dublin/ Board Member Forfás, 1. November 1995 und 25. April 1996

Ryan, Dick, Manager, Planning Department, IDA, Dublin, 25. April 1996

Schon, Karl-Georg, Wirtschaftsattaché der Deutschen Botschaft in Irland, Booterstown, Co. Dublin, 7. November 1995

Seiwert, Lothar, Wirtschaftsattaché der Deutschen Botschaft in Irland, Booterstown, Co. Dublin, 10. April 1996

Stuart, Eugene, Department of Enterprise and Employment, Dublin, 24. April 1996

Tscherning, Dr. Dieter, Executive Director, Deutsch-Irische Industrie- und Handelskammer, Dublin, 18. April 1996

Tumelty, Finbar, Forfás, Dublin, 25. April 1996

Wall, Tom, Industrial Commissioner, Irish Congress of Trade Unions, 17. April 1996

B. Telefonate und Korrespondenz

Cannick, Bart, "Environmental Information Service" des irischen Staates in Dublin, Telefonat am 12. April1996

Denvir, Sean, IDA Büro Düsseldorf, Telefonat am 21. Mai 1996

Moriarty, Kevin, Central Statistics Office, Leiter der Census of Industrial Production-Division, Telefonat am 23. April 1996

Murphy, Mary, Central Statistics Office, Census of Industrial Production-Division, Cork, Korrespondenz und Telefonate im Herbst 1996

O'Callaghan, Dympna, Senior Press Officer - Industry, Shannon Development, Shannon Free Airport, Shannon, Co. Clare, Irland, Korrespondenz im April 1996

O'Connolly, Mary, Central Statistics Office, Balance of Payments-Division, Dublin, Telefonat am 2. April 1997

Tumelty, Finbar, Forfás, Dublin, Telefonate am 12. September 1996 und am 3. April 1997

C. Unveröffentlichte Quellen

Central Statistics Office, IDA data on grant aided fixed investment by foreign owned companies classified by country of ownership, unveröffentlichter Computerausdruck des CSO, zur Verfügung gestellt von Alice Creaton, Balance of Payments-Division, Central Statistics Office, Dublin

Central Statistics Office, Unveröffentlichte und vorläufige Dokumente, Manufacturing Local Units, 1993; Summary of Activity in Broad Industrial Sectors Classified by Nationality of Ownership; Industrial Local Units, 1993 - Details of Activity (59 Variables) for each Industrial Sector, zur Verfügung gestellt von Mary Murphy, Census of Industrial Production-Division des Central Statistics Office in Cork, September 1996.

Forfás, Forfás - 1994 Review Statement, Pressemitteilung, 1995

Forfás, Forfás Review of 1995, News Release, Januar 1996

IDA, End of Year Statement - 1995, IDA-Pressemitteilung, Dublin, 2. Januar 1996

IDA, End of Year Statement 1994, IDA-Pressemitteilung, 1995

IDA, End of Year Statement 1996, IDA-Pressemitteilung, 7. Januar 1997

McGowan, Kieran, Benefits of Foreign Investment, (Dublin: IDA, Januar 1995)

McGowan, Kieran, Foreign Direct Investment - A position paper, Manuskript der Rede anläßlich der "Ireland - Japan Association Conference" in Dublin, 31. Oktober 1995

McGowan, Kieran, The Role of IDA Ireland in Industrial Development, Redemanuskript, (Dublin: IDA, 1995)

D. Veröffentlichte Quellen

Allied Irish Banks, Overseas Investment in Ireland: A Report on the Attitudes of Overseas Companies towards Investment in Ireland, (Dublin: IDA, Dezember 1991)

Analysis Limited, Telecommunications and Enterprise: Building and Investing for Our Future, (Dublin: Forfás, 1996)

Arthur Andersen & Co., Reform of the Irish Taxation System from an Industrial Point of View, A Report to the IPRG, (Dublin: Stationery Office, September 1991)

Bastow Charleton & Co., The Causes of Failure in Industrial Projects in Ireland and Suggestions for Action, A Report to the IPRG, (Dublin: Stationery Office, 1991)

Beck, Jörg, "Die Wettbewerbsfähigkeit des irischen Marktes", German-Irish Business Yearbook 1995-96, Hg. Deutsch-Irische Industrie- und Handelskammer, (Dublin: Deutsch-Irische Industrie- und Handelskammer, Dezember 1995), S. 44-47.

Binder Dijker Otte & Co., Tax Incentives and Industrial Grants in Ireland, (Dublin: Dorset Press, Februar 1981)

Bradley, John/ John Fitz Gerald/ Karl Whelan, Economic Policy and Growth: The Context for Irish Industry, A Report by the Economic and Social Research Institute to the Industrial Policy Review Group, (Dublin: Stationery Office, 1991)

Breathnach, Marcus, Research and Development in the Business Sector, (Dublin: Forfás, September 1995)

Bundesstelle für Außenhandelsinformation, "Irland", Wirtschaftsdaten aktuell, 22. Januar 1993, S. 1-2

Central Bank of Ireland, Annual Report 1991, (Dublin: Central Bank of Ireland, 1992)

Central Bank of Ireland, Submission on Industrial Policy, Industrial Policy Review Group-Report, (Dublin: Stationery Office, 8. November 1991)

Central Statistics Office, 1994 Census of Industrial Production, Provisional Overall Results, Table 3, (Dublin: Central Statistics Office, 29. November 1996)

Central Statistics Office, Census of Industrial Production 1983, (Dublin: Stationery Office, Mai 1987)

Central Statistics Office, Census of Industrial Production 1984, (Dublin: Stationery Office, Oktober 1987)

Central Statistics Office, Census of Industrial Production 1985, (Dublin: Stationery Office, Juni 1988)

Central Statistics Office, Census of Industrial Production 1986, (Dublin: Stationery Office, April 1989)

Central Statistics Office, Census of Industrial Production 1987, (Dublin: Stationery Office, Mai 1990)

Central Statistics Office, Census of Industrial Production 1988, (Dublin: Stationery Office, Juni 1991)

Central Statistics Office, Census of Industrial Production 1990, (Dublin: Stationery Office, Mai 1993)

Central Statistics Office, National Income and Expenditure 1990, (Dublin: Stationery Office, November 1991)

Central Statistics Office, The Trend of Employment and Unemployment 1986-1988, (Dublin: Stationery Office, Juni 1991)

Central Statistics Office, Trade Statistics June 1995, (Dublin: CSO, 1996)

Clinton, Bill, "Bolstering the Process of Peace", Irish Times, "Investing in Ireland"-Beilage anläßlich der "White House Conference for Trade and Investment in Ireland", 24.5.1995, S. 1

Commission of the European Communities, "Ruding-Report", Report of the Commmittee of Independent Experts on Company Taxation, (Luxembourg: Office for Official Publications of the European Communities, März 1992)

Commission of the European Communities, European Economy: Annual Economic Report 1990-91, (Luxembourg: Office for Official Publications of the European Communities, Dezember 1991)

Commission of the European Communities, Second Survey on State Aids in the European Community in the Manufacturing and Certain Other Sectors, (Luxembourg: Office for Official Publications of the European Communities, 1991)

Commission of the European Communities, The Approximation of European Tax Systems, (Luxembourg: Office for Official Publications of the European Communities, 1986)

Cooper, Charles/ Noel Whelan, Science Technology and Industry in Ireland, (Dublin: Stationery Office, March 1973)

Datanet, Telecommunications in Ireland, (Dublin: Forfás, August 1994)

Deloitte Haskins & Sells, Doing Business in Ireland: A Guide for the Foreign Investor, (New York: Deloitte Haskins Sells, 1987)

Department for Enterprise and Employment, Employment through Enterprise - The Response of the Government to the Moriarty Task Force on the Implementation of the Culliton Report, (Dublin: Stationery Office, Mai 1993)

Department for Enterprise and Employment, Employment through Enterprise - A Progress Report 1994, (Dublin: Stationery Office, 1994)

Department of Industry and Commerce, Review of Industrial Performance, 1986, (Dublin: Stationery Office, 1987)

Department of Industry and Commerce, Review of Industrial Performance, 1990, (Dublin: Stationery Office, 1990)

Department of Industry and Commerce, White Paper on Industrial Policy, (Dublin: Stationery Office, Juli 1984)

Department of the Taoiseach, Programme for Economic and Social Progress, (Dublin: Stationery Office, Januar 1991)

Department of the Taoiseach, Programme for National Recovery, (Dublin: Stationery Office, Oktober 1987)

Deutsch-Irische Industrie- und Handelskammer, Deutsche Firmen in Irland, (Dublin: Deutsch-Irische Industrie- und Handelskammer, Mai 1995)

Deutsch-Irische Industrie- und Handelskammer, Survey of German Investors in Ireland, (Dublin: Deutsch-Irische Industrie- und Handelskammer, Oktober 1993)

Eolas, Business Expenditure on Reasearch & Development, (Dublin: keine Verlagsangabe, 1991)

Ernst & Young/ Corporate Location, Regions of the New Europe, (London: Ernst & Young, 1995)

European Commission (Directorate-General for Economic and Financial Affairs), "State Aid Control in the Context of other Community Policies", European Economy, Supplement A, No. 4, April 1994

Federation of Irish Industries, Challenge: Industry and Free Trade, (Dublin: FII, 1968)

Fitzpatrick & Associates, East Asian Investment in the UK and Republic of Ireland: Prospects for the 1990s, (London: The Economist Intelligence Unit, Juni 1991)

Fitzpatrick & Associates, Ireland to 1992 - Putting its House in Order, (London: The Economist Intelligence Unit, Juli 1988)

Fitzpatrick & Associates, Study on External Macroeconomic Issues, (Dublin: Stationery Office, Oktober 1991)

Flinter, Dan, "Overseas Industry: The Future Considerations", Overseas Industry in Ireland, Hg. Anthoney Foley/ Dermot McAleese, (Dublin: Gill and Macmillan, 1991), S. 191-198

Flinter, Dan, "The Business of Winning International Investment", Environment and Development in Ireland, Hg. John Feehan, (Dublin: UCD Environmental Institute, 1992), S. 172-175

Forbairt, Building Confidence and Capability, First Annual Report and Accounts 1994, (Dublin: Forbairt, 1995)

Forfás, 'Ireland Now Well Placed for Jobs Growth'- Forfás Chief, Pressemitteilung, Dublin, 15. Januar 1996

Forfás, 1994 Employment Survey, (Dublin: Forfás, Juli 1995)

Forfás, 1995 Employment Survey, (Dublin: Forfás, August 1996)

Forfás, Annual Report and Accounts, 1995, (Dublin: Forfás, August 1996)

Forfás, Annual Survey of Irish Economy Expenditures, (Dublin: Forfás, September 1995)

Forfás, Ireland's Cost and Competitiveness Environment, (Dublin: Forfás, Oktober 1995)

Forfás, Science, Technology and Innovation in Ireland, (Dublin: Forfás, Juni 1994)

Forfás, Shaping our Future - A Strategy for Enterprise in Ireland in the 21st Century, Summary Report, (Dublin: Forfás, Mai 1996)

Forfás, Shaping Our Future - A Strategy for Enterprise in Ireland in the 21st Century, (Dublin: Forfás, Mai 1996)

Forfás, Technological Innovation in Irish Manufacturing Industry, (Dublin: Forfás, November 1994)

Forum for Peace and Reconciliation, The Social and Economic Consequences of Peace and Economic Reconstruction, (Dublin: Stationery Office, Juli 1995)

Frank L. Benson & Associates, The Impact of Planning, Licensing and Environmental Issues on Industrial Development, (Dublin: Stationery Office, Dezember 1991)

Government of Ireland, "The Way Forward": National Economic Plan 1983-1987, (Dublin: Stationery Office, Oktober 1982)

Government of Ireland, Accession of Ireland to the European Communities, (Dublin: Stationery Office, Januar 1972)

Government of Ireland, Economic and Social Development 1976-1980, (Dublin: Stationery Office, September 1976)

Government of Ireland, Membership of the European Communities: Implications for Ireland, (Dublin: Stationery Office, April 1970)

Government of Ireland, National Development 1977-1980, (Dublin: Stationery Office, Januar 1978)

Government of Ireland, National Development Plan 1989-93, (Dublin: Stationery Office, 1989)

Government of Ireland, National Development Plan 1994-1999, (Dublin: Stationery Office, 1993)

Government of Ireland, Operational Programme for Industrial Development 1994-1999, (Dublin: Stationery Office, 1994)

Government of Ireland, Programme for Competitiveness and Work, (Dublin: Stationery Office, 1994)

Government of Ireland, Programme for Economic and Social Progress, (Dublin: Stationery Office, 1991)

Government of Ireland, Programme for Economic Expansion, (Dublin: Stationery Office, November 1958)

Government of Ireland, Programme for National Recovery, (Dublin: Stationery Office, Oktober 1987)

Government of Ireland, Second Programme for Economic Expansion, (Dublin: Stationery Office, August 1963)

Government of Ireland, Second Programme for Economic Expansion, Part II, (Dublin: Stationery Office, 1964)

Government of Ireland, Third Programme: Economic and Social Development 1969-72, (Dublin: Stationery Office, März 1969)

IDA, Achieve European Competitive Advantage - Guide to Taxes and Tax Reliefs in Ireland, (Dublin: IDA, Juli 1995)

IDA, Achieve European Competitive Advantage in Call Centres, (Dublin: IDA, September 1995)

IDA, Achieve European Competitive Advantage in Electronics, (Dublin: IDA, September 1995)

IDA, Achieve European Competitive Advantage in Ireland, (Dublin: IDA, November 1995)

IDA, Achieve European Competitive Advantage in Software, (Dublin: IDA, September 1995)

IDA, Achieve Global Competitive Advantage in Financial Services, (Dublin: IDA, September 1995)

IDA, Annual Report 1971-72, (Dublin: IDA, Dezember 1972)

IDA, Annual Report 1973-74, (Dublin: IDA, Dezember 1974)

IDA, Annual Report 1975, (Dublin: IDA, Juli 1976)

IDA, Annual Report 1976, (Dublin: IDA, Juli 1977)

IDA, Annual Report 1977, (Dublin: IDA, Juli 1978)

IDA, Annual Report 1978, (Dublin: IDA, Juli 1979)

IDA, Annual Report 1979, (Dublin: IDA, Juni 1980)

IDA, Annual Report 1980, (Dublin: IDA, Juli 1981)

IDA, Annual Report 1988, (Dublin: IDA, Juli 1989)

IDA, Annual Report 1989, (Dublin: IDA, Juli 1990)

IDA, Annual Report 1990, (Dublin: IDA, Juli 1991)

IDA, Annual Report 1991, (Dublin: IDA, Juli 1992)

IDA, Annual Report 1992, (Dublin: IDA, 1993)

IDA, Annual Report 1994, (Dublin: IDA, November 1995)

IDA, Annual Report 1995, (Dublin: IDA, Juli 1996)

IDA, Dublin: The International Financial Services Centre, (Dublin: IDA, Juli 1990)

IDA, Facts about Ireland, (Dublin: IDA, Januar 1992)

IDA, Facts about Ireland, (Dublin: IDA, Januar 1996)

IDA, Fakten über Irland 1995, (Düsseldorf: IDA, 1995)

IDA, IDA Industrial Plan 1978-82, (Dublin: IDA, 1979)

IDA, Industrial Plan, 1977-80, (Dublin: IDA, 1978)

IDA, Ireland - The Competitive Location in Europe, Internet-Homepage der IDA auf http:\\www.ida.ie, 25. September 1996

IDA, Ireland. Europe´s High-Speed, Cost-Effective Export Centre, (Dublin: Oktober 1994)

IDA, Irland - Europas neue Erfolgsgeschichte, (Düsseldorf: IDA, September 1991)

IDA, Irland: Ein Standort für Investitionen, (Düsseldorf: IDA, Juli 1991)

IDA, Overseas Companies in Ireland, (Dublin: IDA, April 1996)

IDA, Regional Industrial Plans 1973-1977 Part I, (Dublin: IDA, Juni 1972)

IDA, The Changing Business of IDA Ireland, Pressemitteilung, Dublin, 15. April 1996

IDA, The Competitive Location in Europe, Internet-Seiten der IDA auf http:\\www.ida.ie am 19. September 1996

IDA: Survey Team's Report, Survey of Grant-Aided Industry, (Dublin: IDA, Oktober 1967)

Industrial Policy Review Group, A Time for a Change: Industrial Policy for the 1990s, (Dublin: Stationery Office, Januar 1992)

Institute of European Affairs, Intergovernmental Conference: Issues, Options, Implications, (Dublin: Institute of European Affairs, 1995)

International Institute for Management Development/ The World Economic Forum, The World Competitiveness Report 1995, (Lausanne: IMD, 1995)

International Monetary Fund, Balance of Payments Statistics Yearbook, Part 1 and 2, (Washington: International Monetary Fund, 1993)

Irish Marketing Surveys, "Ireland as a Manufacturing Base", Allied Irish Bank Review, April 1981, S. 1-2

Krägenau, Henry, Internationale Direktinvestitionen 1950-1973, (Hamburg: Verlag Weltarchiv, 1975)

Krägenau, Henry, Internationale Direktinvestitionen: Ausgabe 1987, (Hamburg: Verlag Weltarchiv, 1987)

Krägenau, Henry, Internationale Direktinvestitionen: Ergänzungsband 1982, (Hamburg: Verlag Weltarchiv, 1982)

Locate in Scotland, Annual Review 1994-1995, (Glasgow: LIS, Juni 1995)

McAleese, Dermot, A Profile of Grant-Aided Industry, (Dublin: IDA, 1977)

Mjoset, Lars, The Irish Economy in a Comparative Institutional Perspective, NESC Report Nummer 93, (Dublin: NESC, Dezember 1992)

National Economic and Social Council, A Strategy for Competitiveness, Growth and Employment, (Dublin: NESC, 1993)

National Economic and Social Council, A Strategy for Economic Development 1986-1990, (Dublin: Stationery Office, 1986)

National Economic and Social Council, A Strategy for the Nineties, (Dublin: NESC, 1990)

National Economic and Social Council, Ireland in the European Communities: Performance, Prospects and Strategy, (Dublin: Stationery Office, 1989)

National Economic and Social Council, The Association between Economic Growth ad Employment Growth in Ireland, (Dublin: NESC, 1992)

Neary, Cariona, "A Vintage Year for the Electronics Industry in Ireland", German-Irish Business Yearbook 1995-96, Hg. Deutsch-Irische Industrie- und Handelskammer, (Dublin: Deutsch-Irische Industrie- und Handelskammer, Dezember 1995)

O. V., "The American Investment Dollar", Aspect, August 1991, S. XIV-XVII

O'Malley, Eoin/ Kieran A. Kennedy/ Rory O'Donnell, The Impact of the Industrial Development Agencies, A Report by the ESRI to the IPRG, (Dublin: Stationery Office, Januar 1992)

O'Riordan, Annette, "Irland auf dem Weg in eine 'grünere' Zukunft", German-Irish Business Yearbook 1995-96, Hg. Deutsch-Irische Industrie- und Handelskammer,
(Dublin: Deutsch-Irische Industrie- und Handelskammer, Dezember 1995), S. 51-53

OECD, Controls and Impediments Affecting Inward Direct Investment in OECD Member Countries, (Paris: OECD, 1982)

OECD, Industrial Policy in OECD Countries - Annual Review 1991, (Paris: OECD, 1991)

OECD, International Direct Investment and the New Economic Environment, (Paris: OECD, 1989)

OECD, International Investment and Multinational Enterprises - Recent Trends in International Direct Investment, (Paris: OECD, 1987)

OECD, Investment Incentives and Disincentives and the International Investment Process, (Paris: OECD, 1983)

OECD, Investment Incentives and Disincentives: Effects on International Direct Investment, (Paris: OECD, 1989)

OECD, OECD Economic Surveys 1994-1995: Ireland, (Paris: OECD, Juni 1995)

OECD, OECD Economic Surveys: Ireland 1990/91, (Paris: OECD, März 1991)

Price Waterhouse, Doing Business in the Republic of Ireland, (New York: Price Waterhouse, August 1989)

Research and Technology Survey Team to the Minister for Industry and Commerce, Science and Irish Economic Development, Band 1, (Dublin: Stationery Office, 1964)

Secretary of the Department of Finance, Economic Development, (Dublin: Stationery Office, November 1958)

Telesis Consultancy Group, A Review of Industrial Policy, (Dublin: NESC, 1982)

United Nations Centre on Transnational Corporations, Transnational Corporations in World Development: Trends and Prospects, (New York: United Nations Publications, 1988)

United Nations Conference on Trade and Development, World Investment Report 1993,
(New York: United Nations, 1993)

United Nations Conference on Trade and Development, World Investment Report 1994,
(New York/ Genf: United Nations, 1994)

United Nations Conference on Trade and Development, World Investment Report 1992,
(New York/ Genf: United Nations, 1992)

Whitaker, T.K., "Economic Development 1958-85", Ireland in Transition, Hg. Kieran A. Kennedy, (Dublin: Mercier Press, 1986), S. 10-18

II. DARSTELLUNGEN

A. Unveröffentlichte Darstellungen

Barry, Frank, Industrialization Strategies: Lessons from the Irish Experience, Policy Paper No. PP 90/1, University College Dublin, Department of Political Economy, 1990

Barry, Frank/ Aoife Hannan, "Multinationals and Indigenous Employment: An "Irish Disease"?", UCD Working Paper Series 1995, Oktober 1995

Buckley, Peter J., The Effects of Foreign Direct Investment on the Economy of the Irish Republic, unveröffentlichte Dissertation (Ph.D.), University of Lancaster, 1975

Durkan, Joseph, Industrial Policy from the 1930's to Culliton, (Dublin: University College Dublin/ Department of Economics Policy Paper Number PP92/4, 1992)

Foley, Anthoney, The Role of the Foreign and Irish Sectors in Manufacturing, Dublin Business School Series, Paper No. 1, Dublin City University, 1988

Gallagher, Mary, Government Incentives - Their Role in the Attraction of Direct Foreign Investment to Ireland 1985 -1990, unveröffentlichte Master of Public Administration - Thesis, University College Dublin, September 1985

Keating, William/ Tom Keane, Irish Industrial Structures, 1979-1985: A Longitudinal Analysis, unveröffentlichte Abschrift einer Rede vor der Statistical and Social Inquiry Society of Ireland, 18. Mai 1989

McDonnell, Valerie, Foreign Direct Investment & Spillover Efficiency Benefits in Irish Manufacturing Industries, unveröffentlichte Master of Business Science Thesis, Trinity College, Dublin, Juni 1990

McDonnell-Lenoach, Valerie, Foreign Direct Investment and its Effects on Irish Manufacturing Industries, unveröffentlichte Thesis für den Titel M.Litt., University of Dublin, Trinity College, 1993

McDowell, Moore, The Culliton Report: A Critical Review, (Dublin: UCD/ Department of Economics Policy Paper No. PP 92/2, 1992)

McHugh, Deirdre, The Changing Face of Irish Industrial Policy, unveröffentlichtes Vortragspapier zur Jahreskonferenz der Development Studies Association, Queen's University, Belfast, 20.-22. September 1989

Ruane, Frances, The Use of Sectoral Policies to Improve the Growth Potential of the Irish Economy, vorläufiges Manuskript vom 4.11.1993 für eine Rede vor der Irish Economic Conference über "Employment and Unemployment in Ireland" am 10.11.1993

Salerno-O'Shea, Paule, Les Implications Etrangères en Irlande 1973-1989, unveröffentlichte Dissertation, Université Charles de Gaulle Lille III, Lille, 1994

Teeling, John J., The Evolution of Offshore Investment, unveröffentlichte Dissertation, Harvard University, 1975

B. Veröffentlichte Darstellungen

Abdallah, Wagdy, International Transfer Pricing Policy, (Westport, Conn.: Quorum Books, 1989)

Ahiakpor, James C., Multinationals and Economic Development - an Integration of Competing Theories, (London: Routledge, 1990)

Aliber, Robert Z., The Multinational Paradigm, (Cambridge, Mass.: MIT Press, 1993)

Allen, Robert/ Tara Jones, Guests of the Nation: The People of Ireland versus the Multinationals, (London: Earthscan Publications, 1990)

Allison, Ron, "The Multinational Enterprise: Some Theoretical Issues", International Business, Hg. Jill Preston, (London: Longman, 1993), S. 107-118

Andersson, Thomas, Foreign Direct Investment in Competing Host Countries, (Stockholm: Economic Research Institute, 1989)

Ardagh, John, Ireland and the Irish, (London: Penguin, 1995)

Armbruster, Reinhard, Erfahrungen: Deutsche Unternehmer in der Republik Irland, (München: GBI Verlag, 1985)

Bailey, David/ George Harte/ Roger Sugden, Making Transnationals Accountable - a Significant Step for Britain, (London: Routledge, 1994)

Barlas, Stephen, "Europeans Eagerly Search for U.S. Investments", Marketing News, Vol. 24, Nr. 10, 14. Mai 1990, S. 6-7

Barrett, Sean D., "The Culliton Report - Three Years On", Irish Banking Review, Frühjahr 1995, S. 43-51

Barry, Frank, "Issues in the Analysis of Irish Unemployment", Medium-Term Review: 1991-1996, Hg. John Bradley/ John Fitzgerald/ Daniel McCoy, (Dublin: ESRI, Juni 1991), S. 103-112

Barry, Frank, "Review Symposium", Economic and Social Review, Vol. 21, Nr. 2, Januar 1990, S. 235-238

Baum, Herbert, "Industrie", Vahlen's Großes Wirtschaftslexikon, Hg. Erwin Dichtl/ Otmar Issing, Bd. 1, (München: Beck u. Vahlen, 1987), S. 842

Bew, Paul/ Henry Patterson, Seán Lemass and the Making of Modern Ireland, (Dublin: Gill and Macmillan, 1982)

Blackwell, John/ Eoin O'Malley, "The Impact of EEC Membership on Irish Industry", Ireland and the European Community, Hg. P.J. Drudy/ Dermot McAleese, (Cambridge: Cambridge University Press, 1984), S. 107-144

Boland, Colm, "Government will not be Stampeded - Reynolds", Irish Times, 28. April 1992, S. 6

Bowman, Andy, "Dublin Street Pollution 10 Times EU Limit", Irish Times, 1. November 1995, S. 2.

Boylan, T.A./ M. Cuddy, "Multinational Companies and Economic Development; Aspects of the Irish Experience", Irish Business and Administrative Research, Vol.9, 1988, S. 76-86

Bradley, Finbarr, "US Multinationals in Ireland: Perspectives on Risk in the IRS Transfer Pricing Proposals", The Irish Banking Review, 1. März 1991, S. 31-43

Bradley, John, "Economic Planning: Lessons of the Past and Future Prospects", Administration, Vol. 36, Nr. 1, 1988

Bradley, John/ John Fitzgerald/ Daniel McCoy, Medium-Term Review: 1991-1996, (Dublin: ESRI, Juni 1991)

Braun, Gerhard, Die Theorie der Direktinvestition, Dissertation Universität Tübingen, Sommersemester 1986, (Köln: Institut für Wirtschaftspolitik, 1988)

Breathnach, Proinnsias, "European Industrial Investment in Ireland: a Geographical Perspective", Ireland, Europe and the Single Market, Hg. Russell King, (Dublin: Geographical Society of Ireland, 1993), S. 44-55

Brock, Catherine, "The CIO Industrial Survey", Journal of the Statistical and Social Inquiry Society of Ireland, Vol. 21, Nr. 2, 1964, S. 176-188

Brown, John Murray, "'Paddy Network' Wires Up World's Computers: At Home and Abroad, Everyone Wants the Highly Skilled Irish", Financial Times, 27. Februar 1996

Brown, Terence, Ireland - A Social and Cultural History 1922-1985, 5. Aufl., (London: Fontana Press, 1990)

Brown, Wilson B./ Jan S. Hogendorn, International Economics, (Reading, Mass.: Addison-Wesley, 1994)

Buckley, Michael, "Employment Prospects in International Financial Services", Overseas Industry in Ireland, Hg. Anthoney Foley/ Dermot McAleese, (Dublin: Gill and Macmillan, 1991), S. 170-190

Buckley, Peter J., "Direktinvestitionen, Auswirkungen von", Handwörterbuch Export und Internationale Unternehmung, Hg. Klaus Macharzina/ Martin K. Welge, (Stuttgart: Poeschel, 1989), Spalten 289-307

Buckley, Peter J., "Some Aspects of Foreign Private Investment in the Manufacturing Sector of the Economy of the Irish Republic", The Economic and Social Review, Vol. 5, Nr. 3, April 1974, S. 301-321

Buckley, Peter J./ Michael Z. Brooke, International Business Studies: an Overview, (Oxford: Blackwell, 1992)

Buckley, Peter J./ Patrick Artisien, "Policy Issues of Intra-EC Direct Investment", Journal of Common Market Studies, Vol. 26, Nr. 2, 1987, S. 205-230

Buckley, Peter J./ Stephen Young, "The Growth of Global Business: Implications and Research Agendas", Hg. Howard Cox/ Jeremy Clegg/ Grazia Ietto-Gillies, The Growth of Global Business, (London: Routledge, 1993), S. 207-219

Bürgenmeier, Beat/ Jean-Louis Mucchielli, Multinationals and Europe 1992 - Strategies for the Future, (London: Routledge, 1991)

Bulcke, Daniel van den, "Belgian Industrial Policy and Foreign Multinational Corporations: Objectives versus Performance", Governments and Multinationals, Hg. Walter H. Goldberg, (Cambridge, Mass.: Oelgeschlager, Gunn & Hain, 1983), S. 219-248

Bulcke, Daniel van den, "Belgium", Multinational Enterprises, Economic Structure and International Competitiveness, Hg. John H. Dunning, (Chichester: John Wiley, 1987), S. 249-280

Burkard, Pascal, Direktinvestitionen und multinationale Unternehmen bei international unterschiedlicher Umweltregulierung, Dissertation Universität St. Gallen, (Hallstadt: Rosch-Busch, 1994)

Burrows, Emma, "Successful Investors", Business & Finance, Vol. 31, Nr. 29, 25. Mai 1995, S. 10-11

Byrne, Gerry, "The IDA: Is the Party Over?", The Sunday Tribune, 10. Mai 1992, S. C9

Canniffe, Mary, "IDA Warns on Use of EC Aid", Irish Times, 26. Juni 1992, S. 20

Casey, Terry, "The Growth of Overseas Industry in Ireland", Business & Finance, Vol. 26, Nr. 19, 8. März 1990, S. 33-34

Casey, Terry, "The Impact of Overseas Industry on Ireland", Business & Finance, Vol. 26, Nr. 21, 22. März 1990, S. 29-31

Caves, Richard, Multinational Enterprise and Economic Analysis, (Cambridge: Cambridge University Press, 1982)

Chynoweth, Emma, "Ireland: Pharmaceutical Gateway to the Unified Market", Chemical Week, Vol. 151, Iss. 2, 15. Juli 1992, S. 33

Clausewitz, Carl von, Vom Kriege, (Ditzingen: Reclam, 1991)

Clausewitz, Carl von, On War, (Princeton: Princeton University Press, 1976)

Cleary, Catherine, "Demand for Memory Drives Impressive Year for IDA", Irish Times, 29.12.1995, S. 8

Cleary, Catherine, "Telemarketing Harnesses Technology and Blarney", Irish Times, 29.12.1995, S. 7

Collins, Clive, "Overseas Investment in the UK Regions", Regional Development in the 1990's: British Isles in Transition, (London: Jessia Kingsley Publishers, 1992), S. 142-149

Conniffe, Denis/ Kieran A. Kennedy, Employment and Unemployment Policy for Ireland, (Dublin: ESRI, 1984)

Convery, Frank, "Economy and Environment - Towards Sustainability in Ireland", Environment and Development in Ireland, Hg. John Feehan, (Dublin: UCD Environmental Institute, 1992), S. 1-6

Coogan, Tim Pat, De Valera, (London: Arrow, 1993)

Coonan, Clifford, "Topping the Charts", Business & Finance, Vol. 32, Nr. 12, 25. Januar 1996, S. 12-13

Cooper, Matt, "Merrell Dow: A Test Case for Chemical Investment", Business & Finance, Vol. 25, Nr. 10, 1. Dezember 1988, S. 10-14

Cowling, Keith/ Roger Sugden, "Industrial Strategy: Guiding Principles and European Context", Europe's Economic Challenge: Analyses of Industrial Strategy and Agenda for the 1990s, Hg. Patrizio Bianchi/ Keith Cowling/ Roger Sugden, (London: Routledge, 1994)

Craig, Carole, "Home Truths for Ireland", International Management, Mai 1993, S. 32-37

Craig, Carole/ John Parry, "Ireland: Back from the Brink", International Management, Vol. 45, Iss. 2, März 1990, S. 54-58

Creaton, Siobhán, "Packard, Semperit, Were Main Casualties", Irish Times, 27.Dezember 1996, "Business This Year"-Beilage, S. 8

Czinkota, Michael R./ Ilkka A. Ronkainen/ Michael H. Moffett, International Business, 3. Aufl., (Fort Worth: The Dryden Press, 1994)

Deresky, Helen, International Management, (New York: HarperCollins, 1994)

Dicken, Peter, Global Shift: Industrial Change in a Turbulent World, (London: Harper and Row, 1986)

Dicken, Peter, Global Shift: The Internationalization of Economic Activity, 2. Aufl., (London: Paul Chapman Publishing, 1992)

Dillon, Eamon, "Irish Firms Low Down in Euro Patent League", The Sunday Tribune, 10. Mai 1992, S. C 6

Dillon, Eamon, "Tax Reform 'Inconsistency' Worries Foreign Companies", The Sunday Tribune, 10. Mai 1992, S. C2

Doerries, Reinhard R., Iren und Deutsche in der Neuen Welt, (Stuttgart: Franz Steiner, 1986)

Doz , Yves L., "Die Rolle des Staates im globalen Wettbewerb", Globaler Wettbewerb, Hg. Michael E. Porter, (Wiesbaden: Gabler, 1989), S. 257-306

Drudy, P.J., "From Protectionism to Enterprise: A Review of Irish Industrial Policy", Enterprise and the Irish Economy, Hg. Andrew E. Burke, (Dublin: Oak Tree Press, 1995), S. 71-92

Drudy, P.J., "Problems and Priorities in the Development of Rural Regions", Regional Policy at the Crossroads: European Perspectives, Hg. Louis Albrechts et al., (London: Kingsley, 1989), S. 125-141

Drudy, P.J., "The Regional Impact of Overseas Industry", Overseas Industry in Ireland, Hg. Anthoney Foley/ Dermot McAleese, (Dublin: Gill and Macmillan, 1991), S. 152-169

Dülfer, Eberhard, Internationales Management, 2. Aufl., (München: Oldenbourg, 1992)

Dunning, John H., "Some Conclusions and Policy Implications", Multinational Enterprises, Economic Structure and International Competitiveness, Hg. John H. Dunning, (Chichester: John Wiley, 1987), S. 407-431

Dunning, John H., "Trade, Location of Economic Activity and the MNE: A Search for an Eclectic Approach", The International Allocation of Economic Activity:

Proceedings of Nobel Symposium Held at Stockholm, Hg. B. Ohlin/ P.O. Hesselborn/ P.M. Wijkman, (London: Macmillan, 1977), S. 395-418

Dunning, John H., Explaining International Production, (London: Unwin Hyman, 1988)

Dunning, John H., Globalisation: The Challenge for National Economic Regimes, (Dublin: ESRI, 1993)

Dunning, John H., International Production and the Multinational Enterprise, (London: Allen & Unwin, 1981)

Dunning, John H., Multinational Enterprises and the Global Economy, (Wokingham: Addison-Wesley, 1993)

Dunning, John H., Multinationals, Technology and Competitiveness, (London: Unwin Hyman, 1988)

Dunsch, Jürgen, "Continental zieht sich aus Dublin zurück", Frankfurter Allgemeine Zeitung, 20. September 1996, Nr. 220, S. 26

Eckaus, Richard S., "A Survey of the Theory of Direct Investment in Developing Countries", Direct Foreign Investment: costs and benefits, Hg. Richard D. Robinson, (New York: Praeger, 1987), S. 111-130

Eden, Lorraine, "Bringing the Firm Back In: Multinationals in International Political Economy", Multinationals in the Global Political Economy, Hg. Lorraine Eden/ Evan H. Potter, (New York: St. Martin´s Press, 1993), S. 25-58

Eden, Lorraine, "Thinking Globally - Acting Locally: Multinationals in the Global Political Economy", Multinationals in the Global Political Economy, Hg. Lorraine Eden/ Evan H. Potter, (New York: St. Martin´s Press, 1993), S. 1-18

El-Kahal, Sonia, Introduction to International Business, (London: McGraw-Hill, 1994)

Encarnation, Dennis J./ Louis T. Wells, Jr., "Competitive Strategies in Global Industries: A View from Host Governments", Competition in Global Industries, Hg. Michael E. Porter, (Boston: Harvard Business School Press, 1986), S. 267-290

Fagre, N./ L.T. Wells, Jr., "Bargaining Power of Multinationals and Host Governments", Journal of International Business Administration, Vol. 13, Herbst 1982, S. 9-23

Farley, Noel J.J., "A Comparative Analysis of the Performance of the Manufacturing Sectors, North and South: 1960-1991", The Two Economies of Ireland, Hg. John Bradley, (Dublin: Oak Tree Press, 1995), S. 67-104

Fayerweather, John, "Internationale(n) Unternehmung, Begriff der", Handwörterbuch Export und Internationale Unternehmung, Hg. Klaus Macharzina/ Martin K. Welge, (Stuttgart: Poeschel, 1989), Sp. 926-948

Fitz Gerald, John/ Patrick Honohan, "Where Did all the Growth Go?", Medium-Term Review: 1994-2000, Hg. Sara Cantillon/ John Curtis/ John Fitz Gerald, (Dublin: ESRI, April 1994)

Fitzpatrick, Jim, "Foreign Investment in Ireland in the 1980s", Multinational Business, Nr. 4, 1982, S. 1-10

Fitzpatrick, Jim, "Foreign Investment in the Republic of Ireland", Multinational Business, Winter 1987, S. 1-12

Fitzpatrick, Jim/ Andy Storey, "Changing Policy Towards Overseas Investment", Overseas Industry in Ireland, Hg. Anthoney Foley/ Dermot McAleese, (Dublin: Gill and Macmillan, 1991), S. 48-64

Fitzpatrick, Jim/ John H. Kelly, "Industry in Ireland: Policies, Performance and Problems", Perspectives on Irish Industry, Hg. Jim Fitzpatrick/ John H. Kelly, (Dublin: Irish Management Institute, 1985), S. xvii-xlii

Flynn, Gerald, "A Yen for Ireland", Business & Finance, 6. Juni 1991, Vol. 27, Nr. 32, S. 10-15

Foley, Anthoney, "Interpreting Output Data on Overseas Industry", Overseas Industry in Ireland, Hg. Anthoney Foley/ Dermot McAleese, (Dublin: Gill and Macmillan, 1991), S. 29-47

Foley, Anthoney, "The Export and Foreign Exchange Contribution of Overseas Industry", Overseas Industry in Ireland, Hg. Anthoney Foley/ Dermot McAleese, (Dublin: Gill and Macmillan, 1991), S. 106-137

Froot, Kenneth A., "Introduction", Foreign Direct Investment, Hg. Kenneth A. Froot, (Chicago: University of Chicago Press, 1993), S. 1-11

Gallagher, M./ D. McAleese, "Ireland's Trade Dependence on the UK", Irish Banking Review, Frühjahr 1994

Gannon, Michael, "Foreign Direct Investment", Business & Finance, Vol. 25, Nr. 19, 9. Februar 1989, S. 35-37

Garnett, Nick, "Changes on the Way", Ireland: Financial Times Survey, 24. September 1987, S. 3

Garvin, Tom, "Political Cleavages, Party Politics and Urbanisation in Ireland: The Case of the Periphery-Dominated Centre", European Journal of Political Research, Nr. 2, 1974, S. 307-327

Gillmor, Desmond A., Economic Activities in the Republic of Ireland: A Geographical Perspective, (Dublin: Gill and Macmillan, 1985)

Girvin, Brian, Between Two Worlds: Politics and Economy in Independent Ireland, (Dublin: Gill and Macmillan, 1989)

Globerman, Steven, "Canada", Multinational Enterprises, Economic Structure and International Competitiveness, Hg. John H. Dunning, (Chichester: John Wiley, 1987), S. 187-215

Graham, Edward M./ Paul R. Krugman, "The Surge in Foreign Direct Investment in the 1980s", Foreign Direct Investment, Hg. Kenneth A. Froot, (Chicago: University of Chicago Press, 1993), S. 13-36.

Gray, Alan W., The Economic Consequences of Peace in Ireland, (Dublin: Indecon, 1995)

Gray, Tony, 5 mal Irland, 5. Aufl., (München: Piper, 1987)

Green, Martyn, "The Mouse Trap", Irish Times, 15. April 1996, S. 10

Greenaway, D., "Trade and Foreign Direct Investment", European Economy, No. 52, 1993, S. 103-127

Grubel, Herbert G., "Foreign Investment", The New Palgrave: A Dictionary of Economics, Hg. John Eatwell/ Murray Milgate/ Peter Newman, (London: Macmillan Press, 1987), S. 403

Grünärml, Frohmund, "Entwicklungspolitik und multinationale Unternehmung", Handwörterbuch Export und Internationale Unternehmung, Hg. Klaus Macharzina/ Martin K. Welge, (Stuttgart: Poeschel, 1989), Sp. 452-468

Guisinger, Stephen E., "Do Performance Requirements and Investment Incentives Work?", The World Economy, Vol. 9, Nummer 1, März 1986, S. 79-96

Guisinger, Stephen, Investment Incentives and Performance Requirements, (New York: Praeger, 1985)

Halbach, Axel J., "Deutsche Direktinvestitionen: Der Strukturwandel setzt sich fort", IFO-Schnelldienst, Jg. 47, Heft 24, 1994, S.18-21

Hamel, Gary/ C.K.Prahalad, Wettlauf um die Zukunft, (Wien: Wirtschaftsverlag Ueberreuter, 1995)

Hand, Michael, "Cork Looks Beyond Apple", The Sunday Tribune, 10. Mai 1992, S. C3

Hass, Nancy, "In Dublin's Fair City... How Ireland Won Intel's European Fabrication Plant", Financial World, Vol. 160, Nr. 21, 15. Oktober 1991, S. 38-40

Haughton, Jonathan, "The Historical Background", Economy of Ireland: Policy and Performance, Hg. John W. O'Hagan, 6. Aufl., (Dublin: Irish Management Institute, 1991), S. 1-51

Helleiner, G.K., "Manufactured Exports from the Less Developed Countries and Multinational Firms", Economic Journal, Vol. 83, Nr. 329, März 1973, S. 21-47

Bernhard Hemrich, "Scheidung auf irisch", Frankfurter Allgemeine Zeitung, 27.November 1995, S. 1

Hill, Charles W.L., International Business - Competing in the Global Marketplace, (Burr Ridge, Illinois: Irwin, 1994)

Hirschmann, Albert O., "The Political Economy of Import-Substituting Industrialisation in Latin America", The Quarterly Journal of Economics, Vol. XXXII, Nr. 1, 1968, S. 1-32

Hitchens, David M.W.N./ J.E. Birnie, The Competitiveness of Industry in Ireland, (Aldershot: Avebury, 1994)

Jacobsen, John Kurt, Chasing Progress in the Irish Republic, (New York: Cambridge University Press, 1994)

Jacobson, David/ Bernadette Andreosso, "Investment and Industrial Integration in Western Europe", Administration, Vol. 36, Nr. 2, 1988, S. 165-185

Jacobson, David/ Bernadette Andreosso, "Ireland as a Location for Multinational Investment", The Single European Market and the Irish Economy, Hg. Anthoney Foley/ Michael Mulreany, (Dublin: Institute of Public Administration, 1990), S. 307-334

Jones, Geoffrey, The Evolution of International Business, (London: Routledge, 1996)

Julius, DeAnne, Global Companies and Public Policy, (London: Royal Institute of International Affairs/ Pinter Publishers, 1990)

Jungnickel, Rolf, "Direktinvestitionen, internationale", Handwörterbuch Export und Internationale Unternehmung, Hg. Klaus Macharzina/ Martin K. Welge, (Stuttgart: Poeschel, 1989), Spalten 308-315

Jungnickel, Rolf, "Weltwirtschaft und internationale Unternehmung", Handwörterbuch Export und Internationale Unternehmung, Hg. Klaus Macharzina/ Martin K. Welge, (Stuttgart: Poeschel, 1989), Sp. 2232-2250

Kaplinsky, Raphael, "TNCs in the Third World: Stability or Discontinuity", Multinationals in the Global Political Economy, Hg. Lorraine Eden/ Evan H. Potter, (New York: St. Martin´s Press, 1993), S. 108-121

Keating, William/ Tom Keane, "The Contraction and Expansion Patterns of Overseas Industry", Overseas Industry in Ireland, Hg. Anthoney Foley/ Dermot McAleese, (Dublin: Gill and Macmillan, 1991), S. 138-151

Keatinge, Patrick, "Editor's Introduction", Ireland and EC Membership Evaluated, Hg. Patrick Keatinge, (London: Pinter Publishers, 1991), S. xviii-xxi

Keatinge, Patrick/ Brigid Laffan/ Rory O'Donnell, "Weighing Up Gains and Losses", Ireland and EC Membership Evaluated, Hg. Patrick Keatinge, (London: Pinter Publishers, 1991), S. 279-291

Keena, Colm, "High Tech, Low Pay Characterise New Sector", Irish Times, 27.12.1996, S. 9

Kennedy, Kieran A., "Economic Development and the Entrepreneurial Environment", Economic Performance in Two Small European Economies: Ireland and Austria Compared, Hg. Alan Matthews/ Eda Sagarra, (Dublin: Trinity College, Departments of Economics and German, März 1988), S. 108-124

Kennedy, Kieran A., "Employment", Economy of Ireland: Policy and Performance, Hg. John W. O'Hagan, 6. Aufl., (Dublin: Irish Management Institute, 1991), S. 250-285

Kennedy, Kieran A., "Industry: The Revolution Unfinished", Ireland in Transition, Hg. Kieran A. Kennedy, (Dublin: Mercier Press, 1986), S. 40-49

Kennedy, Kieran A., "Irish Enterprise in the 20th Century", Enterprise and the Irish Economy, Hg. Andrew E. Burke, (Dublin: Oak Tree Press, 1995), S. 53-70

Kennedy, Kieran A., "Linkages and Overseas Industry", Overseas Industry in Ireland, Hg. Anthoney Foley/ Dermot McAleese, (Dublin: Gill and Macmillan, 1991), S. 82-105

Kennedy, Kieran A./ Thomas Giblin/ Deirdre McHugh, The Economic Development of Ireland in the Twentieth Century, (London: Routledge, 1988)

Keogh, Dermot, Twentieth-Century Ireland: Nation and State, (Dublin: Gill & Macmillan, 1994)

Killeen, Michael J., Industrial Development and Full Employment, (Dublin: IDA, 1976)

Kindleberger, Charles P., "Multinationals and the Small Open Economy", Irish Business and Administrative Research, Vol. 2, Nr. 2, Oktober 1980, S. 115-128

Kindleberger, Charles P., American Business Abroad, (Yale: Yale University Press, 1969)

Kindleberger, Charles P., Multinationals and the Small Open Economy, (Cambridge, Mass.: MIT Press, 1984)

Kindleberger, Charles P., Multinational Excursions, (Cambridge, Mass.: MIT Press, 1984)

Kingston, William, "Entrepreneurship or Rent-Seeking?", Enterprise and the Irish Economy, Hg. Andrew E. Burke, (Dublin: Oak Tree Press, 1995), S. 249-270

Knipp, Thomas, "Dublin hat sich seinen Platz auf der Landkarte der Finanzplätze erstritten", Handelsblatt, 21.Mai 1996, S. B9

Knowles, Jonathan, "Exploring the Idea of International Business Strategy", International Business, Hg. Jill Preston, (London: Longman, 1993), S. 119-129

Kobrin, Stephen J., "Testing the Bargaining Hypothesis in the Manufacturing Sector in Development Countries", International Organization, Vol. 41, 1987, S. 609-638

Kumar, Brij Nino/ Helmut Haussmann, Handbuch der internationalen Unternehmenstätigkeit, (München: Beck, 1992).

Lall, Sanjaya, "Transnational Corporations and Economic Development", Transnational Corporations and Economic Development, Hg. Sanjaya Lall, (London: Routledge, 1993), S. 1-27

Lall, Sanjaya, "Transnationals in the Third World", National Westminster Bank Quarterly Review, Mai 1984, S. 2-16

Lall, Sanjaya, "Transnationals, Domestic Enterprises and Industrial Structure in Host LDCs: A Survey", Oxford Economic Papers, Vol. 30, Nr. 2, Juli 1978, S. 217-248

Lall, Sanjaya, Multinationals: Technology and Exports, (New York: St. Martin's Press, 1985)

Lane, Philip R., "Government Intervention", The Economy of Ireland, Hg. John O'Hagan, (Dublin: Gill and Macmillan, 1995), S. 104-126

Lane, Philip, "Government Intervention", The Economy of Ireland, 6. Auflage, Hg. John O'Hagan, (Dublin: Irish Management Institute, 1991), S. 110-135

Lecraw, Donald, "Singapore", Multinational Enterprises, Economic Structure and International Competitiveness, Hg. John H. Dunning, (Chichester: John Wiley, 1987), S. 379-405

Leddin, Anthony J./ Brendan M. Walsh, The Macroeconomy of Ireland, 3. Auflage, (Dublin: Gill and Macmillan, 1995)

Leddin, Anthony/ Jim O'Leary, "Fiscal, Monetary and Exchange Rate Policy", The Economy of Ireland, Hg. John O'Hagan, (Dublin: Gill and Macmillan, 1995), S. 159-195

Leddin, Anthony/ Jim O'Leary, "Fiscal, Monetary and Exchange Rate Policy", The Economy of Ireland, Hg. John O'Hagan, 6. Aufl., (Dublin: Irish Management Institute, 1991), S. 172-205

Lee, Joseph J., "Whither Ireland? The Next Twenty-Five Years!", Ireland in Transition, Hg. Kieran A. Kennedy, (Dublin: Mercier Press, 1986), S. 152-166

Lee, Joseph J., Ireland 1912-1985: Politics and Society, (Cambridge: Cambridge University Press, 1989)

Leonard, H. Jeffrey, Pollution and Multinational Corporations in Rapidly Industrializing Nations, (Washington D.C.: The Conservation Foundation, 1984)

Leonard, H. Jeffrey, Pollution and the Struggle for the World Product: Multinational Corporations, Environment, and International Comparative Advantage, (Cambridge: Cambridge University Press, 1988)

Long, Frank, "Foreign Direct Investment in an Underdeveloped European Economy - The Republic of Ireland", World Development, Vol. 4, Nr. 1, 1976, S. 59-84

Luke, Gerald, "Are We Ready for It?", Business & Finance, 25. Februar 1988, S. 7-8

Lynch, Fergal, "Evolution of the European Economy 1957-1989", The Single European Market and the Irish Economy, Hg. Anthoney Foley/ Michael Mulreany, (Dublin: Institute of Public Administration, 1990), S. 459-471

Maher, D.J., The Tortuous Path: The Course of Ireland's Entry into the EEC 1948-73, (Dublin: Institute of Public Administration, 1986)

Mahler, Armin, "'Ein heilsamer Schock'", Der Spiegel, 24. Februar 1997, S. 110

Maxcy, George, The Multinational Motor Industry, (London: Croom Helm, 1981)

McAleese, Dermot/ Fiona Hayes, "European Integration, the Balance of Payments and Inflation", The Economy of Ireland, Hg. John O'Hagan, (Dublin: Gill and Macmillan, 1995), S. 265-294

McAleese, Dermot, "Capital Inflow and Direct Foreign Investment in Ireland 1952 to 1970", Journal of the Statistical and Social Inquiry Society of Ireland, Vol. XXII, Part IV, 1971/72, S. 63-99

McAleese, Dermot, "European Integration, the Balance of Payments and Inflation", The Economy of Ireland: Policy and Performance, Hg. John W. O'Hagan, 6. Aufl., (Dublin: Institute of Public Administration, 1991), S. 286-309

McAleese, Dermot, "Industrial Policy and Performance in Ireland", A Competitive Future for Europe?, Hg. Paul R. Beije et al., (London/ New York: Croom Helm, 1987), S. 146-177

McAleese, Dermot, "Ireland in the World Economy", Ireland in Transition, Hg. Kieran A. Kennedy, (Dublin: Mercier Press, 1986), S. 19-30

McAleese, Dermot, "Overseas Industry in the Irish Economy", Irish Banking Review, Juni 1978, S. 11-17

McAleese, Dermot/ Anthoney Foley, "Overseas Industry: Conclusions and Assessment", Overseas Industry in Ireland, Hg. Anthoney Foley/ Dermot McAleese, (Dublin: Gill and Macmillan, 1991), S. 199-203

McAleese, Dermot/ Anthoney Foley, "The Role of Overseas Industry in Industrial Development", Overseas Industry in Ireland, Hg. Anthoney Foley/ Dermot McAleese, (Dublin: Gill and Macmillan, 1991), S. 1-28

McAleese, Dermot/ Donogh McDonald, "Employment Growth and the Development of Linkages in Foreign-Owned and Domestic Manufacturing Enterprises", Oxford Bulletin of Economics and Statistics, Vol. 40, Nr. 4, 1978, S. 321-339

McAleese, Dermot/ Michael Counahan, "'Stickers' or 'Snatchers'? Employment in Multinational Corporations during the Recession", Oxford Bulletin of Economics and Statistics, Nr. 4, 1979, S. 345-358

McCarthy, Alan, "Economic Development in the 1990s - Some Views on Policy Directions", Prosperity and Policy: Ireland in the 1990s, Hg. David Kennedy/ Aidan Pender, (Dublin: Institute of Public Administration, 1990), S. 21-34

McCarthy, John F., "Ireland's Turnaround: Whitaker and the 1958 Plan for Economic Development", Planning Ireland's Future: The Legacy of T.K. Whitaker, Hg. John F. McCarthy, (Dublin: Glendale Press, 1990), S. 11-73

McDermott, Michael C., "The Internationalization of the South Korean and Taiwanese Electronics Industries: The European Dimension", Europe and the Multinationals, Hg. Stephen Young/ James Hamill, (Aldershot: Edward Elgar, 1992), S. 206-234

McDonald, Frank, "Masonite Approval Shows Gap between Reality and Rhetoric over Development", Irish Times, 29. Dezember 1995, S. 62

McEntee, Aindreas, "The Long-Term Unemployed - the People the Boom Forgot", Irish Times, 29. Dezember 1995, S. 6-7

McEntee, Aindreas, "The Year in Business", Irish Times, 29. Dezember 1995, S. 4

McGee, John, "Absence of Innovation", Business & Finance, 14. September 1995, S. 2-3

McWilliams, David, "Ireland Now Set to Take on the World", Irish Times, Beilage "Business This Year", 29. Dezember 1995, S. 5

Meenan, James, The Irish Economy since 1922, (Liverpool: Liverpool University Press, 1970)

Mintzberg, Henry/ James Brian Quinn/ Sumantra Ghoshal, The Strategy Process, European Edition, (Hertfordshire: Prentice Hall, 1995)

Mirza, Hafiz, Multinationals and the Growth of the Singapore Economy, (London: Croom Helm, 1986)

Moran, Theodore H., "Governments and Transnational Corporations", Governments and Transnational Corporations, Hg. Theodore H. Moran, (London: Routledge, 1993),
S. 1-32.

Munday, Max, Japanese Manufacturing Investment in Wales, (Cardiff: University of Wales, 1990)

Murphy, Antoin E., The Irish Economy - Celtic Tiger or Tortoise, (Dublin: Money Markets International, November 1994)

Murphy, Kevin, "IBEC Sees No Threat Here from Enlargement of EU", Irish Independent, 25. April 1996, Business and Recruitment Supplement, S.14

Naim, Moses, "Government Regulation of Foreign Investment: Emerging Lessons from Latin America", Direct Foreign Investment: costs and benefits, Hg. Richard D. Robinson, (New York: Praeger, 1987), S. 41-67.

Nally, David, "IFSC Germans Beg to be Taxed", The Sunday Tribune, 3. Mai 1992, S. C1

Nolan, Seán, "Economic Growth: Theory and Analysis", The Economy of Ireland: Policy and Performance , Hg. John W. O'Hagan, 5. Aufl., (Dublin: Irish Management Institute, 1987), S. 216-275

Nolan, Seán/ Dermot Nolan, "Economic Growth: Theory and Analysis", The Economy of Ireland: Policy and Performance , Hg. John W. O'Hagan, 6. Aufl., (Dublin: Irish Management Institute, 1991), S. 208-249

Nolan, Sean, "The Telesis Report - A Review Essay", The Economic and Social Review, Vol. 14, Nr. 4, Juli 1983, S. 281-290

Ó Gráda, Cormac/ Kevin O´Rourke, "Economic Growth: Performance and Requirements", The Economy of Ireland, Hg. John O´Hagan, (Dublin: Gill and Macmillan, 1995), S. 198-264

O.V., "´Allein der Markt regiert´", Der Spiegel, Nr. 39, 23. September 1996, S. 80-95

O.V., "A Healthy Environment for the Healthcare Industry", Business Ireland, Vol. 10, Nr. 3, August 1996, S. 4

O.V., "Baileys Irish - die Sahne im Geschäft", Business Ireland, Nr. 3, August 1991, S. 4

O.V., "Bertelsmann Operation Expands on Two Fronts", Business Ireland, Mai 1996, Vol. 10, No. 2, S. 1

O.V., "Business & Finance Top 1000 Companies", Business & Finance, 25. Januar 1996, Vol. 32, No. 12, S. 12ff.

O.V., "Business Outlook Abroad: Ireland", Business America, Vol. 111, Nr. 13, 2. Juli 1990, S. 27-29

O.V., "Computer Companies Home in On", Business Ireland, Februar 1996, Vol. 10, Nr. 1, S. 3

O.V., "Deutsches Steuersystem muß sich dem internationalen Wettbewerb stellen", Handelsblatt, Nr. 188, 27./28. September 1996, S. 6

O.V., "Hitachi´s Fourth Project for Dublin", Business Ireland, Vol. 10, Nr. 1, Februar 1996, S. 1

O.V., "Intel Invests $ 1.5 bn to Expand its Hi-Tech Irish Facility", Business Ireland, Februar 1996, Vol. 10, Nr. 1, S. 1

O.V., "Investment - Will the German Tap Run Dry?", Business & Finance, Vol. 27, Nr. 32, 6. Juni 1991, S. 40-41

O.V., "Irrlehre in unseren Reihen", Der Spiegel, Nr. 24, 10.6.1996, S. 78-80

O.V., "natürliche Ressourcen", Gabler Wirtschaftslexikon, 13. Aufl., (Wiesbaden: Gabler, 1993), S. 2364

O.V., "Neues Leben in den Docks", Der Spiegel, 18. März 1996, S. 30f.

O.V., "Noch Gestaltungsspielräume für den Euro-Betriebsrat", Blick durch die Wirtschaft, 23. August 1996, S. 1

O.V., "R & D Spending is Well Below EU Average", Irish Times, 8. November 1995, S. 6

O.V., "Second Major Development in Ireland by Hewlett-Packard", Business Ireland, August 1996, Vol. 10, Nr. 3, S. 1

O.V., "Skepsis überwiegt wieder", Handelsblatt, 13. September 1995, S.23

O.V., "The Personnel Attraction for UPS", Business Ireland, Vol. 10, Nr. 1, Februar 1996, S. 2

O.V., "The Research Gap", Business & Finance, 14.9.1995, keine Seitenangabe

O.V., "The Top 1,200 Companies and Who's Who in Industry", Special Edition, Aspect, Januar 1992

O.V., "Unter drei Prozent", Frankfurter Allgemeine Zeitung, 3. Juni 1996, S. 12

O.V., "We Don´t Wish to Boast but...", Business Ireland, November 1995, Vol. 9, No. 4, S. 7

O.V., "Zahlungsbilanz", Gabler Wirtschaftslexikon, 13. Aufl., (Wiesbaden: Gabler, 1993), S. 3866f.

O´Brien, Ronan, "Technology and Industrial Development: The Irish Electronics Industry in an International Context", Perspectives on Irish Industry, Hg. Jim Fitzpatrick/ John H. Kelly, (Dublin: Irish Management Institute, 1985), S. 197-247

O´Doherty, Dermot P., "Globalisation and Performance of Small Firms within the Smaller European Economies", The Impact of Globalization on Europe´s Firms and Industries, Hg. Marc Humbert, (London: Pinter Publishers, 1993), S. 141-151.

O´Donnell, Rory, "Industrial Policy", The Single European Act and the Irish Economy, Hg. Anthoney Foley/ Michael Mulreany, (Dublin: Institute of Public Administration, 1990), S. 97-103

O'Donnell, Rory, "Manufacturing", The Economics of 1992, A Symposium on Sectoral Issues, (Dublin, ESRI Policy Research Series, Juni 1989), S. 5-42

O'Farrell, P.N./ R. Crouchley, "Industrial Closures in Ireland 1973-1981: Analysis and Implications", Regional Studies, Vol. 17, Nr. 6, 1983, S. 411-427

O'Farrell, Patrick N., "Ireland", Industrial Mobility and Migration in the European Community, Hg. L.H. Klaassen/ W.T. Molle, (Aldershot: Gower, 1983), S. 310-351

O'Farrell, Patrick N., "Multinational Enterprises and Regional Development: Irish Evidence", Regional Studies, Vol. 14, Nr. 2, 1980, S. 141-150

O'Farrell, Patrick N., Entrepreneurs and Industrial Change: The Process of Change in Irish Manufacturing, (Dublin: Irish Management Institute, 1986)

O'Farrell, Patrick N./ Brian O'Loughlin, An Analysis of New Industry Linkages in Ireland, (Dublin: IDA, 1980)

O'Hagan, John, "Employment and Unemployment", The Economy of Ireland, Hg. John O'Hagan, (Dublin: Gill and Macmillan, 1995), S. 228-264

O'Hagan, John, "Taxation Policy", The Economy of Ireland, Hg. John O'Hagan, 6. Aufl., (Dublin: Irish Management Institute, 1991), S. 136-171

O'Hagan, John/ Kyran P. McStay, The Evolution of Manufacturing Industry in Ireland, (Dublin: Helicon, 1981)

O'Hearn, Denis, "Estimates of New Foreign Manufacturing Employment in Ireland (1956-72)", The Economic and Social Review, Vol. 18, Nr. 3, April 1987, S. 173-188

O'Kane, Paul, "Investment Will Create 350 New jobs", Irish Times, 26. April 1996, S. C1

O'Kane, Paul, "Investors Won't Be Disappointed Says IDA Chief", Irish Times, 24. Mai 1995, S. 8, Sonderbeilage "Investing in Ireland"

O'Kane, Paul, "McCarter Brothers' Business Pitch Yields Spectacular Results", Irish Times, 24. Mai 1995, S. 3, Sonderbeilage "Investing in Ireland"

O'Leary, J., "Some Implications of the Revisions of the Balance of Payments and the National Bank Accounts", The Irish Banking Review, September 1984, S. 13-34

O'Loughlin, Brian/ Patrick N. O'Farrell, "Foreign Direct Investment in Ireland: Empirical Evidence and Theoretical Implications", The Economic and Social Review, Vol. 11, Nr. 3, April 1980, S. 155-185

O'Malley, E./ S. Scott, "Determinants of Profit Outflows from Ireland", Medium-Term Review: 1987-1992, Hg. John Bradley/ John Fitzgerald/ R.A. Storey, (Dublin: ESRI, 1987), S. 55-63

O'Malley, E./ S. Scott, "Profit Outflows Revisited", Economic Perspectives on the Medium-Term, Hg. Sara Cantillon/ John Curtis/ John Fitz Gerald, (Dublin: ESRI, 1994), S. 149-156

O'Malley, Eoin, "Foreign-Owned Industry in Ireland: Performance and Prospects", Special Article in: Peter Bacon, Medium-Term Outlook: 1986-1990, (Dublin: ESRI, Februar 1986), S. 45-53

O'Malley, Eoin, "Ireland", Social Europe: The Impact of the Internal Market by Industrial Sector, Hg. Directorate General for Economic and Financial Affairs, (Luxembourg: Official Publications of the European Communities, 1990), S. 259-261

O'Malley, Eoin, "Multinational versus Indigenous Industry in the Republic of Ireland", Unfamiliar Territory - The Reshaping of European Geography, Hg. Michael Hebbert/ Jens Christian Hansen, (Aldershot: Avebury, 1990), S. 55-72

O'Malley, Eoin, "The Impact of Transnational Corporations in the Republic of Ireland", Transnational Corporations and European Regional Restructuring, Hg. Peter Dicken/ Michel Quevit, (Utrecht: The Royal Dutch Geographical Society, 1994), S. 29-44

O'Malley, Eoin, Industrial Policy and Development: A Survey of Literature from the Early 1960s to the Present, (Dublin: Stationery Office, Dezember 1980)

O'Malley, Eoin, Industry and Economic Development - The Challenge for the Latecomer, (Dublin: Gill and Macmillan, 1989)

O'Malley, Eoin, Irish Engineering Industry: Strategic Analysis and Policy Recommendations, (Dublin: ESRI, 1987)

O'Malley, Eoin, The Employment Effects of Manufacturing Industry, Working Paper Number 42, (Dublin: ESRI, Mai 1993)

O'Sullivan, Mary, "Manufacturing and Global Competition", The Economy of Ireland, Hg. John O'Hagan, (Dublin: Gill and Macmillan, 1995), S. 363-396

O'Sullivan, Patrick J., "An Assessment of Ireland's Export-Led Growth Strategy via Foreign Direct Investment: 1960-1980", Weltwirtschaftliches Archiv, Band 129, Heft 1, 1993, S. 139-158

O'Toole, Francis, "Discretionary Tax Expenditure and Tax Reform in Ireland", Economic Perspectives on the Medium-Term, Hg. Sara Cantillon/ John Curtis/ John Fitz Gerald, (Dublin: ESRI, 1994), S. 89-102

Ohmae, Kenichi, Macht der Triade, (Wiesbaden: Gabler, 1985)

Oldenborgh, Marita van, "Market Report: Ireland", International Business, Vol. 5, Iss. 5, Mai 1992, S. 52-54

Oram, Hugh, "Doing Business with Industry", Irish Times, 8.11.1995, "The Regional Technical Colleges"-Beilage, S. 7

Oram, Hugh, "Firm Linkage", Irish Times, 8.11.1995, "The Regional Technical Colleges"-Beilage, S. 2.

Ozawa, T., "Japanese Multinationals and 1992", Multinationals and Europe 1992 - Strategies for the Future, Hg. Beat Bürgenmeier/ Jean-Louis Mucchielli, (London: Routledge, 1991), S. 135-154

Page, Renuka, Sources of Economic Information: Ireland, (Dublin: Institute of Public Administration, 1985)

Panic, M., "The Impact of Multinationals on National Economic Policies", Multinationals and Europe 1992: Strategies for the Future, Hg. B. Bürgenmeier/ J.L. Mucchielli, (London: Routledge, 1991), S. 204-223

Payne, Doug, "Family Man Beats Ireland's Drum", The European, 27.6.-3.7. 1996, S. 36

Payne, Doug, "Irish PC Workers are Looking for Payback", The European, 11.-17. April 1996

Pearson, Charles S., "Environmental Standards, Industrial Relocation, and Pollutional Havens", Multinational Corporations, Environment, and the Third World, Hg. Charles S. Pearson, (Durham: Duke University Press, 1987), S. 113-128

Penrose, Edith, "Multinational Corporations", The New Palgrave: A Dictionary of Economics, Hg. John Eatwell/ Murray Milgate/ Peter Newman, (London: Macmillan Press, 1987), S. 562

Pfeiffer, Werner/ Enno Weiß/ Markus Horneber, "'Warum in die Ferne schweifen, wenn das Gute so nahe liegt?'", Sonderdruck vom 5.-8. April 1993, Blick durch die Wirtschaft, S. 1-6

Plum, Monika, Auswirkungen von Direktinvestitionen in Empfängerländern, Dissertation Univ. Münster 1994, (Bergisch Gladbach/ Köln: Eul, 1995)

Porter, Michael E., "Der Wettbewerb auf globalen Märkten: Ein Rahmenkonzept", Globaler Wettbewerb, Hg. Michael E. Porter, (Wiesbaden: Gabler, 1989), S. 17-68

Porter, Michael E., "The Competitive Advantage of Nations", Harvard Business Review, März-April 1990, S. 73-93

Porter, Michael E., Nationale Wettbewerbsvorteile, (Wien: Ueberreuter, 1993)

Porter, Michael E., The Competitive Advantage of Nations, (London: Macmillan, 1990)

Poynter, Thomas A., "Managing Government Intervention: A Strategy for Defending the Subsidiary", Columbia Journal of World Business, Winter 1986, Vol. 21, S. 55-65

Prasad, S. Benjamin, "American and European Investment Motives in Ireland", Management International Review, Vol. 27. Nr. 3, 1987, S. 67-73

Pruzin, Daniel, "Europe's Top 10 Sites", World Trade, Vol. 7, Issue 5, Juni 1994, S. 106-113

Radice, Hugo, "Transnational Corporations and Eastern Europe", Hg. Howard Cox/ Jeremy Clegg/ Grazia Ietto-Gillies, The Growth of Global Business, (London: Routledge, 1993), S. 139-149

Reich, Robert B., "Who is Them?", Harvard Business Review, März/ April 1990, S. 77-88

Reich, Robert B., "Who is Us?", Harvard Business Review, Januar/ Februar 1990, S. 53-64

Rentergent, Monika, "Irland setzt auf Synergie", Industrie-Anzeiger, 114. Jahrgang, Nr. 27, 29. Juni 1992, S. 102-103

Robinson, John, Multinationals and Political Control, (Aldershot: Gower, 1983)

Robinson, Richard D., "Government Policy Options vis-à-vis Foreign Business Activity", Direct Foreign Investment: costs and benefits, Hg. Richard D. Robinson, (New York: Praeger, 1987), S. 3-13

Robinson, Richard D., "Preface", Direct Foreign Investment: costs and benefits, Hg. Richard D. Robinson, (New York: Praeger, 1987), S. ix-xvii

Ruane, Frances, "The Traded Sector: Industry", The Economy of Ireland, Hg. John W. O'Hagan, 6. Aufl., (Dublin: Irish Management Institute, 1991), S. 345-377

Ruane, Frances, "The Traded Sector: Manufacturing", The Economy of Ireland, Hg. John O'Hagan, 5. Aufl., (Dublin: Irish Mangement Institute, 1987), S. 372-407

Ruane, Frances/ Aebhric McGibney, "The Performance of Overseas Industry, 1973-1989", Overseas Industry in Ireland, Hg. Anthoney Foley/ Dermot McAleese, (Dublin: Gill and Macmillan, 1991), S. 65-81

Ruane, Frances/ Francis O'Toole, "Taxation Measures and Policy", The Economy of Ireland, Hg. John O'Hagan, (Dublin: Gill and Macmillan, 1995), S. 127-158

Sasseen, Jane, "Sustaining Europe's Poorer Regions", International Management, September 1991, S. 39-52

Sauvant, Karl P./ John H. Dunning, "Preface", Transnational Corporations and Economic Development, Hg. Sanjaya Lall, (London: Routledge, 1993), S. vii-viii

Savary, Julien, "European Integration, Globalisation and Industrial Location in Europe", Hg. Howard Cox/ Jeremy Clegg/ Grazia Ietto-Gillies, The Growth of Global Business, (London: Routledge, 1993), S. 150-179

Schmitt, Thomas, "Abenteuer, Spaß und viele Kuhflecken", Handelsblatt, 21. Mai 1996, S. 16

Schmitt, Thomas, "Dublin zittert dem Euro entgegen", Handelsblatt, 12. Dezember 1996, S. 8

Schmitt, Thomas, "Gute Voraussetzungen für Wachstum und Erfolg", Handelsblatt, 13. September 1995, S. 23

Schulte-Mattler, Hermann, Direktinvestitionen: Gründe für das Entstehen von multinationalen Unternehmen, Dissertation Universität-Gesamthochschule Essen, 1988, (Frankfurt: Peter Lang, 1988)

Schüning, Hartmut, Der Einfluß wirtschaftspolitischer Rahmenbedingungen auf das Investitionsverhalten multinationaler Unternehmen, (Stuttgart: Gustav Fischer Verlag, 1991)

Schwendiman, John S., "The Multinational Corporation and the Host-Country Environment", Direct Foreign Investment: Costs and Benefits, Hg. Richard D. Robinson, (New York: Praeger, 1987), S. 185-200

Servan-Schreiber, Jean-Jacques, The American Challenge, (New York: Avon, 1968)

Servan-Schreiber, Jean Jacques, Le Defi Americain, (Paris: Denoel, 1967)

Shirlow, Peter, "Transnational Corporations in the Republic of Ireland and the Illusion of Economic Well-Being", Regional Studies, Vol. 29, Nr. 7, S. 687-691, November 1995

Simango, Chris C.B., "Strategic Locational Factors Influencing Foreign Investment", European Business Review, Vol. 93, No. 4, 1993, S. 12-18

Simoes, Victor C., "Portugal", Multinational Enterprises, Economic Structure and International Competitiveness, Hg. John H. Dunning, (Chichester: John Wiley, 1987), S. 337-378

Sklair, Leslie, "Foreign Investment and Irish Development: A Study of the International Division of Labour in the Midwest Region of Ireland", Progress in Planning, Vol. 29, Part 3, 1988, S. 147-216

Sleuwagen, Leo, "Multinationals, the European Community and Belgium: the Small-Country Case", Multinationals and the European Community, Hg. John H. Dunning/ Peter Robson, (Oxford: Basil Blackwell, 1988), S. 153-170

Somers, Frans, et al., European Community Economies, 2. Aufl., (London: Pitman, 1994)

Staunton, Denis, "Ireland Now Germany's Land of Opportunity", Irish Times, 12. April 1996, S. C2

Stein, Ingo, "Die Theorien der Multinationalen Unternehmung", Kompendium der Internationalen Betriebswirtschaftslehre, Hg. Siegfried G. Schoppe, (München: Oldenbourg, 1991), S. 49-151

Steinmann, Horst/ Brij Kumar/ Albert Wasner, "Entwicklungspolitische Aspekte der Direktinvestitionen deutscher Mittelbetriebe in Brasilien", Internationale Unternehmensführung, Hg. Wilhelm Wacker/ Helmut Hausmann/ Brij Kumar, (Berlin: Erich Schmidt, 1981), S. 415-429

Stewart, J.C., "Aspects of the Financial Behaviour of Multinational Companies in Ireland", Perspectives on Irish Industry, Hg. Jim Fitzpatrick/ John H. Kelly, (Dublin: Irish Management Institute, 1985), S. 167-196

Stewart, J.C., "Foreign Direct Investment and the Emergence of a Dual Economy", Economic and Social Review, Vol. 7, Nr. 2, Januar 1976, S. 173-197

Stopford, John M., "European Practices and Policies", Direct Foreign Investment: Costs and Benefits, Hg. Richard D. Robinson, (New York: Praeger, 1987), S. 69-94.

Stopford, John M./ Louis Turner, Britain and the Multinationals, (Chichester: John Wiley, 1985)

Stopford, John M./ Susan Strange, Rival States, Rival Firms, (Cambridge: Cambridge University Press, 1991)

Strange, Susan, "Big Business and the State", Multinationals in the Global Political Economy, Hg. Lorraine Eden/ Evan H. Potter, (New York: St. Martin´s Press, 1993), S. 101-107

Suiter, Jane, "Boom Time for Software Sector", Irish Times, 26. April 1996, S. C2

Tansey, Paul, "Poor Value for Investment", Magill, 1. März 1989, Nr. 6, S. 55-59

Taylor, Cliff, "Foreign Industry Seen as Vital for Economy", Irish Times, 20. April 1992, S. 12

Taylor, Cliff, "Maximising the Benefits of a Soaring Economy", Irish Times, 29. Dezember 1995, S. 6.

Taylor, Cliff, "Strong Growth Takes Ireland´s Development to New Stage", Irish Times, 27. Dezember 1996, S. 8

Taylor, Sebastian, "Clarke Looks to Consumers to Direct Economic Trends", Irish Times, 29. Dezember 1995, S. 5

Thomsen, Stephen/ Stephen Woolcock, Direct Investment and European Integration, (London: Pinter Publishers, 1993)

Todaro, Michael P., Economic Development in the Third World, 4. Aufl., (London: Longman, 1989)

Todaro, Michael P., Economic Development, 5. Aufl., (New York: Longman, 1994)

Vanhove, Norbert/ Geert Sanders, "The Single European Market: An Overview", The Single European Market and the Irish Economy, Hg. Anthony Foley/ Michael Mulreany, (Dublin: Institute of Public Administration, 1990), S. 27-50

Vernon, Raymond, " Where are the Multinationals Headed?", Foreign Direct Investment, Hg. Kenneth A. Froot, (Chicago: University of Chicago Press, 1993), S. 57-84

Vernon, Raymond, "International Investment and International Trade in the Product Cycle", Quarterly Journal of Economics, Vol. LXXX, Nr. 2, Mai 1966, S. 199-207

Vernon, Raymond, "Sovereignty at Bay: Twenty Years After", Multinationals in the Global Political Economy, Hg. Lorraine Eden/ Evan H. Potter, (New York: St. Martin's Press, 1993), S. 19-24

Vernon, Raymond, Sovereignty at Bay: The Multinational Spread of U.S. Enterprises, (New York: Basic Books, 1971)

Walsh, Jim, "The Republic of Ireland", Regional Development in the 1990's: British Isles in Transition, (London: Jessica Kingsley Publishers, 1992), Hg. Peter M. Townroe/ Ron Martin, S. 127-135

Walsh, Michael, "Prosperity in Ireland - The Roles of Industry and Government", Prosperity and Policy: Ireland in the 1990s, Hg. David Kennedy/ Aidan Pender, (Dublin: Institute of Public Administration, 1990), S. 76-92

Walsh, Vivien, "Technology and the Competitiveness of Small Countries", Small Countries Facing the Technological Revolution, Hg. Christopher Freeman/ Bengt-Ake Lundvall, (London: Pinter, 1988), S. 37-66

Watzke, Gerard E., "An Irish Sweepstakes for American Corporations", Journal of General Management, Sommer 1982, S. 31-39

Welch, Lawrence R./ Finn Wiedersheim-Paul, "MNCs and the Australian Government: Some Emerging Policy Issues", Governments and Multinationals, Hg. Walter H. Goldberg, (Cambridge, Mass.: Oelgeschlager, Gunn & Hain, 1983), S. 249-269

Wells, Jr., Louis T., "Evaluating Foreign Investment: With Special Reference to Southeast Asia", Direct Foreign Investment: Costs and Benefits, Hg. Richard D. Robinson, (New York: Praeger, 1987), S. 17-39

Wells, Jr., Louis T., "Mobile Exporters: New Foreign Investors in East Asia", Foreign Direct Investment, Hg. Kenneth A. Froot, (Chicago: University of Chicago Press, 1993), S.173-196

Wells, Jr., Louis T./ Alvin Wint, "Marketing Strategies to Attract Foreign Investment", Multinationals in the Global Political Economy, Hg. Lorraine Eden/ Evan H. Potter, (New York: St. Martin's Press, 1993), S. 168-186

White, Padraic A., "Concluding Remarks: Identifying the Peace Dividend", The Two Economies of Ireland, Hg. John Bradley, (Dublin: Oak Tree Press, 1995), S. 299-302

Yannopoulus, George N., "FDI and European Integration: The Evidence from the Formative Years of the European Community", Journal of Common Market Studies, Vol. XXVIII, Nr. 3, März 1990, S. 235-259

Yeates, Padraig, "IDA Figures Confirm Evidence of Growth in Employment", Irish Times, 29.12.1995, S.1, Business Supplement

Yoffie, David B., "Foreign Direct Investment in Semiconductors", Foreign Direct Investment, Hg. Kenneth A. Froot, (Chicago: University of Chicago Press, 1993), S. 197-230

Young, S./ N. Hood/ S. Dunlop, "Global Strategies, Multinational Subsidiary Roles and Economic Impact in Scotland", Regional Studies, Vol. 22, 6, 1988, S. 487-497

Young, Stephen/ Neil Hood/ James Hamill, Foreign Multinationals and the British Economy, (Beckenham: Croom Helm, 1988)

Yuill, Douglas/ Kevin Allen/ John Bachtler/ Keith Clement/ Fiona Wishlade, European Regional Incentives, 1994-95, 14. Aufl., (London: Bowker Saur, 1994)

Yuill, Douglas/ Kevin Allen/ John Bachtler, European Regional Incentives: A Survey of Regional Incentives in the Countries of the European Community and Sweden, (London: Bowker-Saur, 1989)